LA DILIGENCE EN DROIT INTERNATIONAL

FONDEMENT THÉORIQUE

AWALOU OUEDRAOGO

Library and Archives Canada Cataloguing in Publication

Ouedraogo, Awalou
    La Diligence en Droit International: Fondement Théorique

ISBN 978-1-897160-96-1

dSP

de Sitter Publications
111 Bell Dr., Whitby, ON,
L1N 2T1, Canada

deSitterPublications.com
289-987-0656

À BINTOU, RIHANATA ET DJALILL

"Les malheureux systèmes de Kelsen, de Hart, de Ross ou même de Füller n'ont été que les résultantes d'une fausse *définition du droit*. La source de tant de discordances et de complications inutiles est dans une manière défectueuse de situer *l'essence du droit*. A quoi nous ne saurions répondre qu'en nous élevant à l'étage de *l'ontologie*".

Michel VILLEY, "Préface", in : Joseph MIEDZIANAGORA, *Philosophies positivistes du droit et droit positif*, Paris, LGDJ, 1970, p. III.

"Les dénominations des choses qui nous affectent, c'est-à-dire qui nous plaisent et nous déplaisent, sont, dans les entretiens ordinaires des hommes, d'une signification flottante, parce que la même chose n'affecte pas de même tous les hommes, ni le même homme en des moments différents (…). C'est pourquoi, en raisonnant, on doit prendre garde aux mots qui, outre la signification de ce que nous imaginons de leur nature, en ont une aussi qui vient de la nature, des dispositions et des intérêts de celui qui parle".

Thomas HOBBES, *Léviathan*, Paris, Tricaud, 1971, p. 35.

"De même que les mathématiciens, avant de passer à leur démonstrations elles-mêmes, ont l'habitude d'établir d'avance certaines notions communes sur lesquelles tout le monde est d'accord et qui représentent un point fixe auquel puisse être rapportée la preuve de ce qui suit, ainsi énoncerons-nous un certain nombre de règles et de lois très générales comme des notions innées qu'il ne s'agit pas tant d'apprendre que de se remémorer pour disposer d'un fondement établi sur lequel asseoir nos démonstrations".

Hugo GROTIUS, *De jure praedae commentarius /Commentary on the law of prize and booty Place*. The Classics of International Law, Carnegie Endowment for International Peace, Oxford/London, Clarendon Press/G. Cumberlege, 1950, chap. 1, p. 7.

"Peut-être, il semblera que je suis par trop long à ceux qui cherchent la brièveté; les autres me trouveront trop court, car l'œuvre ne peut être si grand, qu'il ne soit fort petit pour la dignité du sujet, qui est presque infini".

Jean BODIN, *Les six livres de la république*, Préface, Paris, 1583.

TABLE DES MATIÈRES

Préface

L'ouvrage du Professeur Ouedraogo que j'ai l'honneur et le plaisir de préfacer, constitue l'aboutissement d'un travail de recherche important dont l'intérêt scientifique est certain. Fruit d'une longue maturation et donc de grande maturité intellectuelle, il s'attaque à un des sujets les plus controversés en droit international : le fondement ontologique de l'obligation de diligence des États. Alors qu'elle constitue l'un des points d'appui de la théorie bien connue de la responsabilité des États bien qu'elle concerne des "obligations primaires" de comportement, la diligence en droit international n'a fait l'objet que de relativement peu de travaux doctrinaux au cours des cinquante dernières années.

L'une des qualités de ce travail tient à sa densité. L'auteur a su éviter des développements pléthoriques tout en s'appuyant sur une documentation très large et une réflexion approfondie. A sa lecture, on ne peut qu'être impressionné par l'originalité de la démarche méthodologique de l'auteur, par la vaste portée des recherches, par la profondeur et la maitrise de son analyse et par la cohérence de sa vision juridique. On y trouve une excellente synthèse, complète et très à jour des constructions théoriques et des apports de la pratique sur les contours fluctuants de la diligence en droit international. L'auteur a su aborder les origines théoriques de la notion de façon assez approfondie sans pour autant négliger certains de ses développements les plus récents. Il s'agit donc d'un travail systématique qui ouvre la voie à une meilleure intelligibilité et utilisation de la notion de diligence.

La construction de l'ouvrage est simple, cohérente et logique. Le chapitre premier marque bien les conditions dans lesquelles la notion a vu le jour en droit international, à l'occasion de la célèbre affaire de l'Alabama et du droit international de la neutralité. Le chapitre second s'engage dans la théorie du standard d'une façon assez systématique et originale. L'auteur opère, à la lumière des développements récents, une refonte presque totale d'une problématique classique qu'on croyait bien assise en droit de la responsabilité. L'une des caractéristiques de la diligence est sa dimension transversale; elle se manifeste notamment par le fait qu'on la retrouve partout où le contenu des obligations "de faire" n'est pas défini a priori avec suffisamment de précision dans la règle de droit positif. Le chapitre troisième est également, comme les deux précédents, d'un grand intérêt. Il traite de la notion de diligence en relation avec la théorie de la responsabilité. Il examine avec un sens aigu de la formule, le fondement de la faute et l'imputabilité au regards des travaux de la CDI, et propose une analyse de la notion comme intermédiaire entre les normes primaires et secondaires selon la terminologie de Hart. En effet, en elle-même, une obligation de diligence est une obligation primaire. Pourtant, sa structure même a des conséquences directes sur les normes secondaires qui constituent le droit de la responsabilité des États. Le travail passionné et passionnant du Pr. Ouedraogo renouvelle de manière heureuse la compréhension et les fondements de la notion de diligence et nous incite à la réflexion et donc à l'étonnement philosophique.

Me Dakuo Soumaïla
Président de l'Ordre des notaires du Burkina
Membre de la Chambre des notaires du Québec
Ouagadougou, le 18 juillet 2019

Avant-propos

Le présent ouvrage est issu des discussions souvent intenses et passionnées avec nos étudiants à l'occasion de nos enseignements et recherches en droit international et science politique. C'est le fruit d'une réflexion sur la place particulière de la diligence dans la structure de certaines obligations internationales. Eu égard aux enjeux actuels et à la complexité du monde due à l'extraordinaire avancée technologique, l'inter-connectivité des espaces naguère séparés par des frontières, les défis liés aux changements climatiques, l'élément diligent joue de plus en plus un rôle substantiel dans la normativité internationale contemporaine.

Ainsi, les questionnements relatifs aux fondements ontologiques de la diligence, au contenu et à l'étendue des obligations de diligence constituent le fil rouge ou, en quelque sorte l'arrière-fond "dramatique" de notre étude.

Remerciements

"C'est un grand et beau spectacle de voir l'homme sortir en quelque manière du néant par ses propres efforts; dissiper, par les lumières de sa raison, les ténèbres dans lesquelles la nature l'avait enveloppé; s'élever au-dessus de soi-même; s'élancer par l'esprit jusques dans les régions célestes; parcourir à pas de Géant ainsi que le Soleil, la vaste étendue de l'Univers; et, ce qui est encore plus grand et plus difficile, rentrer en soi pour y étudier l'homme et connaître sa nature, ses devoirs et sa fin"[1]. A l'évidence, cette assertion de Jean Jacques Rousseau en introduction de la première partie de son *Discours sur les sciences et les arts*, n'est point applicable à ce travail qui doit tant à de nombreuses personnes.

Tout d'abord, nos sincères remerciements aux professeurs Andrea Bianchi, Peter Haggenmacher, Éric Wyler, Pierre-Marie Dupuy et Marcelo Kohen de l'Institut de hautes études internationales et du développement. Humanistes dans la grande tradition italienne, ils nous ont inspiré la rigueur académique, et éveillé en nous la passion pour les aspects historiques et philosophiques de la discipline du droit international. Une mention toute spéciale va aux collègues et étudiants du Département Droits humains et équité et à l'ensemble du staff. Nous remercions également nos étudiants de York. Les débats et leurs interrogations en classe suscitent en nous une réflexion critique sur les enjeux actuels de la discipline du droit international.

Je remercie ensuite très sincèrement et affectueusement ma famille qui me soutient et m'encourage dans mes recherches. Malgré les difficultés inhérentes à la recherche, elle est une source de réconfort et d'inspiration inestimables. Je remercie en particulier mon épouse Bintou. Malgré ses charges professionnelles, elle a relu le manuscrit dans son intégralité et y apporté des remarques, des commentaires et des critiques qui ont permis d'améliorer le texte final. Qu'elle trouve dans ce travail, l'expression de ma fidélité et de ma reconnaissance pour son soutien et ses conseils. Enfin, à mes parents, je leur exprime toute ma reconnaissance, même si, illettrés, ils ne pourront jamais lire ces lignes.

NOTE

[1] J.-J. ROUSSEAU, "Discours sur les sciences et les arts", in: Bernard GAGNE-BIN, Marcel RAYMOND (dir.), Œuvres complètes, Société J.-J. Rousseau, Gallimard, 1964, vol. 3, Première Partie, p. 6. Rousseau reprend ici l'idée que Bossuet avait développée en 1681 dans son Discours sur l'histoire universelle, Paris, Flammarion, 1966, p. 50.

Index des abréviations

ACDI	Annuaire de la commission du droit international
AIDI	Annuaire de l'institut de droit international
AFDI	Annuaire français de droit international
AG	Assemblée générale des Nations Unies
AJIL	American Journal of International Law
ASIL	American Society of International Law
AUF	Agence universitaire de la francophonie
BGB	Bürgerliches Gesetzbuch
BYBIL	British Year Book of International Law
CCT	Comité contre le terrorisme
CDI	Commission du droit international
CE	Communautés européennes
CEDH	Cour européenne des droits de l'homme
CIJ	Cour internationale de Justice
CJCE	Cour de Justice des communautés européennes
COMMEDH	Commission européenne des droits de l'homme
CPJI	Cour permanente de Justice internationale
CYIL	Canadian Yearbook of International Law
Dir.	Sous la direction de
EJIL	European Journal of International Law
GYIL	German Yearbook of International Law
HCR	Haut-Commissariat pour les réfugiés
IDI	Institut de droit international
ICLQ	International and Comparative Law Quarterly
ILC	International Law Commission
ILR	International Law Reports
ISO	Organisation international de normalisation
IYIL	Italian Yearbook of International Law
JICJ	Journal of International and Criminal Justice
LGDJ	Librairie générale de droit et de jurisprudence
LJIL	Leiden Journal of International Law
MLC	Mouvement de libération du Congo
NILR	Netherlands International Law Review
OACI	Organisation de l'aviation civile internationale
OMC	Organisation Mondiale du Commerce
OMS	Organisation Mondiale de la Santé
ONU	Organisation des Nations Unies
OUA	Organisation de l'unité africaine
PUF	Presses universitaires de France

RBDI	Revue belge de droit international
RCADI	Recueil des cours de l'Académie de droit international de La Haye
RCSC	Recueil de la Cour suprême du Canada
RDILC	Revue de droit international et de législation comparée
RGDIP	Revue générale de droit international public
RSA	Recueil des sentences arbitrales des Nations Unies
RSDIE	Revue suisse de droit international et européen
RTNU	Recueil des traités des Nations Unies
RUDH	Revue universelle des droits de l'homme
SdN	Société des Nations
SFDI	Société française pour le droit international
STE	Série des traités européens
TPIY	Tribunal pénal international pour l'ex-Yougoslavie
Trad.	Traduction
Vol.	Volume
UCLA	University of California
UNC	United Nations Charter
WTO	World Trade Organization

Introduction générale

Le problème et son cadre

La problématique de la diligence est incontestablement une *vexata quaestio* en droit international. En effet, depuis l'émergence de la discipline autonome du droit international, les théoriciens ont consacré au moins un chapitre ou une section de leurs traités ou manuels à ce thème en relation avec l'épineuse question de la responsabilité internationale de l'État. Les prises de position doctrinale abondent surtout depuis que la CDI a inscrit le sujet de la responsabilité à son agenda en 1953. Leurs caractéristiques communes résident dans "le dépouillement un peu fruste mais non moins élogieux que l'on s'accorde volontiers en matière de choses paraissant trop évidentes"[2].

Depuis la publication en italien de l'ouvrage de Ricardo Pisillo Mazzeschi sur la *due diligence*[3], très peu de réflexions systématiques et approfondies sur la thématique ont été menées dans la langue française. Cette étude monumentale du professeur Pisillo-Mazzeschi suscite l'admiration du point de vue de sa philosophie générale qui consiste à examiner la nature de la responsabilité internationale des États, mais traduit un certain écueil au double plan méthodologique et sémantique. De plus, la problématique des obligations positives de l'État a fait l'objet d'incursions intellectuelles notamment en relation avec la jurisprudence en matière des droits de l'homme. L'environnement a également fourni un cadre conceptuel d'analyse des obligations générales de préventions des dommages graves et irréversibles. Mais toutes ces réflexions partielles et synchroniques ne tiennent pas suffisamment en compte la dimension holistique et diachronique de la normativité internationale actuelle.

Selon le *Grand dictionnaire de terminologie*, la diligence est le "soin attentif, rapide et sans délai, qu'une personne doit apporter dans l'accomplissement de ses obligations" ou encore la "qualité d'attention et d'application attendue d'une personne, appréciée par rapport à une norme, compte tenu des circonstances et des impératifs qui en découlent"[4]. On aperçoit à travers cette définition simple toute la complexité du concept. Mais les aspects des choses les plus importants pour nous ne sont-ils pas souvent dissimulés par la suite de leur simplicité et de leur banalité?[5] Il convient, pour bien saisir les contours de la notion de diligence et notre approche méthodologique, d'examiner ses fondements avant d'analyser sa cristallisation en droit international.

La diligence s'apprécie toujours par rapport à une *norme* qui constitue la mesure de conduite dans le sens de *regula*. On parle alors de diligence due, ou diligence requise, ou encore de diligence raisonnée pour désigner la *due diligence* ou *due care* d'expression anglo-saxonne. Elle fait partie des notions juridiques à contenu variable c'est-à-dire des notions "dont la dénomination, le signifiant, restent constant, mais dont le domaine, le champ, le signifié sont mouvants, évoluent, plus spécialement en fonction de facteurs spatio-temporels"[6]. Notion floue ou indéterminée, la *due diligence* varie en fonction des circonstances de chaque espèce. D'où son identification avec le concept de standard juridique. La *due diligence* est, comme nous allons le montrer, une espèce particulière de règle de droit qui traduit la normativité en termes de *normalité*. C'est pourquoi, il est important de relever qu'à ce titre, elle fait partie des obligations primaires de l'État. Mais qu'entend-on par obligation juridique? A quoi une norme oblige-t-elle son destinataire, celui à qui elle est opposable?

Cette interrogation en apparence simple, constitue une question centrale dans n'importe quel système juridique. Pourtant la problématique retient à peine l'attention des internationalistes. Comme le reconnaît à juste titre Pisillo Mazzschi, "il y a très peu d'études, d'ailleurs assez anciennes, qui traitent de façon systématique et organique l'ensemble des problématiques relatives à la notion, à la structure et à la classification des obligations internationales"[7]. En effet, ce qui préoccupe plus les juristes, c'est l'identification de la norme "obligatoire" par rapport à d'autres normes qui n'ont pas ce caractère, et la détermination des conséquences qui découlent de leurs violations.

Le concept d'*obligatio* et le développement d'un droit des obligations constituent l'une des grandes contributions du génie romain à la science du droit[8]. Le mot *ob-ligare* indique, nous semble-t-il, qu'il s'agit de "lier" de façon étroite. Il a d'abord un sens actif, désignant le fait de lier, non pas la situation de celui qui est lié[9]. L'obligation établit donc "un lien de droit" entre l'assujetti et le dominant. Son sens premier est celui d'assujettissement[10]. Ainsi défini, l'obligation diffère du droit réel, car elle fait "que quelqu'un contraigne (*obstringat*) quelqu'un envers nous à *dare, facere, praestare*"[11].

La problématique de l'obligation en droit internationale apparaît, paradoxalement, tout à la fois comme familière et étrangère au champ de préoccupation des juristes internationalistes. Ce paradoxe apparent, est sans doute lié à la polysémie du terme même d'obligation. Selon le *dictionnaire de droit international public*, au sens large, l'obligation peut être définie comme un " lien juridique par lequel un sujet de droit international est tenu envers un ou plusieurs autres, d'adopter un comportement déterminé ou de s'en abstenir"[12]. L'obligation est donc un lien de droit par lequel un État ou une organisation internationale est tenu envers d'autres ou envers la communauté internationale dans son ensemble, à une prestation déterminée, à faire ou à ne pas faire quelque chose, à agir d'une façon déterminée, à suivre une certaine ligne de conduite. Elle comporte des prescriptions auxquelles les destinataires sont tenus d'obéir. L'obligation est indissociable de l'idée de norme "en tant qu'expression de la puissance de contrainte qui lui est attachée"[13]. Pour Kelsen, l'ordre juridique étant un ordre de contrainte, l'obligation juridique n'est rien d'autre que la norme juridique elle-même en tant qu'elle oblige à un certain comportement, en attachant à la conduite contraire une sanction[14].

Mais l'obligation peut être entendue *stricto sensu*, comme le *vinculum iuris*[15], le lien juridique existant entre deux personnes, lien en vertu duquel l'une d'elle, le créancier, peut exiger de l'autre, le débiteur, une prestation donnée ou tout simplement une abstention. L'obligation peut être ainsi définie comme une situation subjective qui est la contrepartie d'un droit au sens objectif. D'après l'approche initiale de la structure du projet d'articles sur la responsabilité des États, la première partie (origine de la responsabilité) était conçue en termes d'obligations, alors que la deuxième (contenu, formes et degrés de la responsabilité) était axée sur les droits de l'État lésé[16]. Selon Ago, il est "tout à fait légitime, en droit international (…), de considérer l'idée de violation d'une obligation comme l'équivalent parfait de celle de lésion du droit subjectif d'autrui"[17]. La CDI dans son commentaire au chapitre trois du projet sur la responsabilité des États pour fait internationalement illicite, considère que "la règle est le droit au sens objectif tandis que l'obligation est une situation juridique subjective par rapport à laquelle intervient le comportement du sujet, soit qu'il se conforme à l'obligation soit qu'il la transgresse"[18]. L'examen de la *due diligence* sous l'angle des obligations primaires étatiques permet de lever le voile sur les sources et malentendus de la doctrine.

Le domaine de la responsabilité internationale des États a fait l'objet d'études qui se classent parmi les plus connues, les plus sérieuses, les plus profondes de toute la doctrine du droit des gens[19]. Cependant, cette matière de la responsabilité, au-delà de l'intérêt et de l'inspiration qu'elle suscite au sein des juristes, demeure toujours, à notre avis, un immense laboratoire, un gigantesque chantier pour emprunter les termes de Prosper Weil[20]. Force est donc de reconnaître que, du point de vue de la théorie, on ne saurait affirmer que le champ de recherche choisi est encore en friche. En effet, la responsabilité de l'État pour manquement à la *due diligence* c'est-à-dire pour négligence, a toujours attirée l'attention des internationalistes particulièrement au 20e siècle avec toute la question du traitement des étrangers. Mais le débat doctrinal sur la *due diligence* a très vite tourné, sinon exclusivement, du moins majoritairement, vers la théorie de la faute comme fondement de la responsabilité. En se plaçant du côté des obligations secondaires, la plupart des auteurs occultent ainsi un pan entier du problème de la diligence en droit international. En raison justement de peu de réflexion systématique sur son fondement ontologique.

Fondement ontologique de la diligence

Le concept de diligence est, nous semble-t-il, intrinsèquement rattaché à l'éthique de la prudence dont le premier théoricien fut incontestablement Aristote. Étymologiquement, le mot prudent vient de deux mots latins *porro videns*, voyant de haut ou de loin; de là dérive le mot *providentia* qui signifie prévoyance. Vertu métaphysiquement fondée, la *prudentia* s'enracine certes dans la tradition grecque de la *phronésis*[21] et est, selon Aristote, "une disposition, accompagnée de raison juste, tournée vers l'action et concernant ce qui est bien et mal pour l'homme"[22]. Suivant cette définition et partant de la méthode inductive, Aristote affirme que la prudence ne saurait relever ni de la science ni de l'art. Elle n'est pas une science "parce que ce qui est de l'ordre de l'action est susceptible de changement, non plus qu'un art, parce qu'action et création sont différentes de nature"[23].

Pour Saint Thomas, la prudence se distingue matériellement des vertus intellectuelles parce qu'elle a pour objet les choses contingentes. Ainsi, l'homme prudent est celui qui voit loin parce que "sa perspicacité lui fait prévoir la solution des choses incertaines"[24]. L'homme prudent considère les choses qui sont éloignées, en tant qu'elles peuvent lui être ou un moyen ou un obstacle pour les devoirs qu'il a présentement à remplir. La vertu philosophique de la prudence permet de juger de l'avenir en ayant recours aux dispositions des choses passées et présentes. La prudence devient ainsi la *recta ratio* appliquée à ce que l'on doit faire. Les actions humaines s'accomplissent par l'effet de la prudence et de la vertu moral. Comme le reconnait Aristote, la vertu fixe à l'être son vrai but et la prudence les moyens d'atteindre ce but[25]. Par conséquent, il y a diversité d'espèce de prudence, comme il y a diversité de fins: d'abord "la prudence proprement dite, qui se rapporte au bien individuel; puis la prudence économique, qui a pour objet le bien de la maison ou de la famille; et enfin la prudence politique, qui se rapporte au bien général de la cité ou de l'État"[26].

Avec la métaphysique aristotélicienne et thomiste, on voit bien que la théorie de la prudence est solidaire d'une cosmologie et, plus encore, d'une ontologie de la contingence car la prudence n'est rien d'autre que la droite raison dans les choses pratiques. Le *prudent* est l'homme *raisonnable* en toute chose y compris dans ses délibérations voire ses jugements. La prudence vient en aide à toutes les vertus et opère en chacune d'elles. Elle commande et structure l'action humaine. Comme l'affirme Saint Thomas, la "prudence est une sentinelle qui déploie la plus grande vigilance, dans la crainte qu'un mauvais conseil ne se glisse peu à peu dans notre esprit et ne nous égare"[27]. Il appartient donc à la prudence de bien conseiller, juger et ordonner les actions qui mènent à une fin légitime. Mais si la prudence a pour objet l'action contingente, peut-on regarder la précaution comme une partie de cette vertu? A cette interrogation, Saint Thomas répond par l'affirmative. Pour lui, la précaution, tout comme le bon sens et le discernement sont nécessairement rattachés à la prudence "afin que nous prenions toujours le bien de manière à éviter le mal"[28].

Certains vices s'opposent à la vertu de prudence. Il s'agit évidemment de l'imprudence mais aussi et surtout de la négligence. Pour Saint Thomas, "la négligence est l'opposée de la diligence. Or la diligence est requise dans une vertu quelconque"[29]. La diligence dérivée du verbe latin *diligere* qui veut dire aimer, chérir, et substantif du mot *dilection*, est considérée comme synonyme de sollicitude; "car c'est dans les choses qui sont l'objet de notre diligence ou, ce qui revient au même, de notre dilection, que nous montrons le plus de sollicitude. Aussi la diligence, tout comme la sollicitude, est-elle requise dans toute vertu, par la raison que toute vertu exige certains actes de la raison"[30]. Du mot latin *non élisant*, la négligence est un défaut de diligence et relève de l'imprudence. Comme vice qui s'oppose à la vertu de prudence, elle se traduit par une mauvaise *élection* des moyens qui doivent conduire à une fin.

Si la raison humaine commande l'action diligente c'est-à-dire conforme à la vertu de prudence, peut-on considérer le "gouvernement de la multitude", autrement dit l'État, comme assujetti aux principes prudentiels? Il appartient à la prudence de bien conseiller, juger et ordonner les choses qui mènent a une fin légitime donnée, cette "vertu a pour objet, non seulement le bien de l'individu, mais encore celui de la multitude"[31]. De ce point de vue, la vertu de prudence rejoint l'idée de modération de Montesquieu. Comme l'affirme, à juste titre, Simone Goyard-Fabre, "le concept de modération est l'exigence principielle de la politique de liberté" puisqu'il représente "l'axiome du constitutionalisme libéral de Montesquieu"[32]. Dans *L'Esprit des lois*, la modération se comprend à duplicité: celle du législateur et celle des régimes politiques. Pour qu'il excelle dans l'art de faire des lois, le législateur doit être animé par l'esprit de modération: "Je le dis, et il me semble que je n'ai fait cet ouvrage que pour le prouver: l'esprit de modération doit être celui du législateur; le bien politique, comme le bien moral, se trouve toujours entre deux limites"[33]. Un bon législateur doit suivre la vertu de prudence et adapter son activité à la multiplicité des circonstances notamment le temps, le lieu voire le climat social. Il doit être attentif surtout aux mœurs et aux manières d'être particulières du peuple. Il doit "suivre l'esprit de la nation (…) car nous ne faisons rien de mieux que ce que nous faisons librement, et en suivant notre génie naturel"[34]. Le respect de la diversité des circonstances et des mœurs de chaque peuple s'inscrit contre l'idée d'uniformité en matière de législation.

La métaphysique aristotélicienne et thomiste nous a permis de montrer que diligence, prévoyance et précaution, font partie de la vertu de prudence qui commande toute action humaine. Cette vertu permet d'atteindre non seulement le bien individuel, mais aussi et surtout celui de la collectivité. La diligence joue ainsi un rôle essentiel dans l'ordre juridique international dans la mesure où c'est elle, en fin de compte qui structure la normativité et, de ce fait, oriente le comportement des États.

Méthodologie et structure de l'ouvrage

Notre sujet est à la fois classique et complexe au regard de l'extraordinaire développement et la spécialisation ou fragmentation grandissante du droit international. Mais nous voulons pratiquer cette vertu de "l'étonnement" comme le suggérait Paul Amselek il y a un peu plus de cinquante ans[35]. Le domaine de la responsabilité internationale des États a fait l'objet d'études qui se classent parmi les plus connues, les plus sérieuses, les plus profondes de toute la doctrine du droit des gens[36]. Cependant, cette matière de la responsabilité, au-delà de l'intérêt et de l'inspiration qu'elle suscite au sein des juristes, demeure toujours, à notre avis, un immense laboratoire, un gigantesque chantier pour emprunter les termes de Prosper Weil[37]. Force est donc de reconnaître que, du point de vue de la théorie, on ne saurait affirmer que le champ de recherche choisi est encore en friche. En effet, la responsabilité de l'État pour manquement à la diligence c'est-à-dire pour négligence, a toujours attirée l'attention des internationalistes particulièrement au 20e siècle avec toute la question du traitement des étrangers. Elle l'est encore davantage aujourd'hui compte tenu de l'humanisation progressive de l'ordre international. Mais le débat doctrinal sur la diligence a très vite tourné, sinon exclusivement, du moins majoritairement, vers la théorie de la faute comme fondement de la responsabilité. En se plaçant du côté des obligations secondaires, la plupart des auteurs occultent ainsi un pan entier du problème de la diligence en droit international.

La façon dont la doctrine a abordé la question de la diligence nous incite à avancer qu'il existe encore de nombreux aspects sous l'angle desquels le sujet choisi s'avère digne d'une nouvelle incursion intellectuelle. Mieux, le thème de la diligence présente aujourd'hui un intérêt pratique croissant. Les changements structurels qu'a connu l'ordre juridique international, l'apparition des nouvelles menaces à la paix et à la sécurité, la dégradation continuelle de l'environnement global, "l'émergence de la communauté internationale dans la responsabilité des États"[38] et la standardisation progressive de cette responsabilité au cours des dernières années, démontrent avec une acuité particulière, à quel point le concept de diligence demeure d'actualité dans cette civilisation hautement technologique.

Nous avons choisi de centrer notre analyse sur les principaux aspects théoriques de la notion de diligence telle qu'elle s'est établie depuis des décennies dans le droit international général. La méthode expérimentale galiléenne a été privilégiée. En d'autres termes, il s'agira d'examiner soigneusement la pratique et la jurisprudence internationales pour tenter de cerner les contours exacts du concept de diligence. Nous avons choisi, dans le cadre limité de cette étude sur le fondement théorique de la diligence, de ne pas traiter en profondeur de l'utilisation qui a été faite de cette notion traditionnelle et générale dans certains domaines tels que la sécurité des États, la protection de l'environnement, le droit des investissements ou encore le droit international des droits humains. L'ouvrage n'a aucune prétention d'être une théorie générale de la diligence en droit international. Il ne saurait pas non plus question ici, de traverser, de bout en bout, l'immense océan de la responsabilité internationale des États.

Le présent ouvrage est structuré en trois chapitres. Le chapitre premier présente le point d'effervescence du concept, sa cristallisation et sa fortune en droit international. Il décrit la manière dont la diligence a pénétré la sphère internationale par le biais du droit de la neutralité avant de se propager comme un pollen dans le champ du traitement des étrangers. Le chapitre deux aborde la problématique du degré de diligence requis de l'État par le droit international. Se plaçant exclusivement du côté du juge international, ce chapitre examine la place de la diligence dans la technique juridique et la manière dont le juge détermine le degré de diligence. Le chapitre trois est consacré à l'analyse de la diligence dans la responsabilité des États. Ce chapitre examine la diligence en rapport avec des notions voisines en droit international telles la faute ou encore l'imputabilité. Il décrit notre position consistant à montrer que la controverse doctrinale sur la notion de diligence est due en réalité à des prémisses épistémologiques erronées.

NOTES

[2] R. KOLB, La Bonne foi en droit international. Contribution à l'étude des principes généraux de droit, Paris, PUF, 2000, p. XXXV.

[3] R. PISILLO MAZZESCHI, "Due diligence" e responsabilità internazionale degli stati, Milano, Giuffrè, 1989

[4] Grand dictionnaire de terminologie, Office québécois de la langue française. Disponible sur http://www.olf.gouv.qc.ca/ressources/gdt.html

[5] L. WITTGENSTEIN, Investigations philosophiques, trad. P. KLOSSOWSKI, Paris, Gallimard, 1961, p. 36.

[6] R. LEGROS, "Les notions à contenu variable en droit pénal", in: Ch. PERELMAN, R. VANDER ELST (éds.), Les notions à contenu variable en droit, Bruxelles, Bruylant, 1984, p. 21.

[7] R. PISILLO MAZZESCHI, "Responsabilité de l'Etat pour violation des obligations positives relatives aux droits de l'homme", RCADI, vol. 333 (2008), p. 191.

[8] R.-M. RAMPELBERG, "l'obligation romaine: perspective sur une évolution", Archives de philosophie du droit, vol. 44 (2000), p. 51.

[9] J. GAUDEMET, "Naissance d'une notion juridique: les débuts de l'obligation dans le droit de la Rome antique", Archives de philosophie du droit, vol. 44 (2000), p. 27.

[10] *Ibid.*

[11] *Ibid.*

[12] J. SALMON (dir.), *Dictionnaire de droit international public*, Bruxelles, Bruyllant/AUF, 2001, p. 765.

[13] J. CHEVALLIER, "L'obligation en droit public", *Archives de philosophie du droit*, vol. 44 (2000), p. 179.

[14] H. KELSEN, *Théorie pure du droit*, trad. C. EISENMANN, Paris, Dalloz, 1962, pp. 4-23. J. CARBONNIER estime pour sa part que l'obligation juridique est l'expression de la puissance normative du droit, attachée à l'existence d'une sanction. Pour plus de développement, voir J. CARBONNIER, *Droit civil: Les obligations*, t. 4, Paris, PUF, 21ᵉ éd., 1978, pp. 25-30.

[15] CHEVALLIER, *supra* note 12, p. 180. L'expression *vinculum iuris* a traversé les siècles. Mais cette formule utilisée pour désigner le lien de droit vient, nous semble-t-il, des *institutes* de justinien où l'on peut lire: "l'obligation est un lien de droit (*vinculum iuris*) par la rigueur duquel nous sommes astreints (*adstringimur*) à exécuter une prestation (*alicuius solvendae rei*) conformément au droit de notre cité".

[16] L.-A. SICILIANOS, "Classification des obligations et dimension multilatérale de la responsabilité internationale", in: P.-M. DUPUY (dir.), *Obligations multilatérales, droit impératif et responsabilité internationale des États*. Colloque international de Florence, Paris, Pedone, 2003, p. 62.

[17] R. AGO, "Deuxième rapport sur la responsabilité des États", *ACDI*, vol. II (1970), p. 62.

[18] *ACDI*, vol. II (1976), 2ᵉ partie, p. 70.

[19] R. AGO, "Le délit international", *RCADI*, vol. 68 (1939-II), p. 419.

[20] P. WEIL, "Le droit international en quête de son identité. Cours général de droit international public", *RCADI*, vol. 237 (1992-VI), p. 329.

[21] P. AUBENQUE, *La prudence chez Aristote*, pp. 33-41.

[22] ARISTOTE, Éthique de Nicomaque, Paris, Flammarion, 1965, Livre VI, chap. V, p. 175.

[23] Ibid.

[24] Saint Thomas d'AQUIN, La somme théologique, Paris, L. Vives, 1863, p. 272.

[25] ARSITOTE, Ethique, p. 186.

[26] Saint Thomas, p. 297.

[27] Ibid., p. 292.

[28] Ibid., p. 335.

[29] Ibid., p. 383.

[30] Ibid., p. 384.

[31] Ibid. p. 292.

[32] Goyard-Fabre Simone, *Montesquieu: la Nature, les lois, la liberté*, PUF, 1993, p. 262.

[33] C. S. MONTESQUIEU, De l'esprit des lois, Paris, Didot, 1851, XXIX, 1, p. 865.

[34] XIX, 5, p. 559.

[35] P. AMSLEK, "L'étonnement devant le droit", *Archives de philosophie du droit*, vol. 13 (1968), pp. 163-183.

[36] R. AGO, "Le délit international", *RCADI*, vol. 68 (1939-II), p. 419.

[37] P. WEIL, "Le droit international en quête de son identité. Cours général de droit international public", *RCADI*, vol. 237 (1992-VI), p. 329.

[38] S. VILLALPANDO, *L'émergence de la communauté internationale dans la responsabilité des Etats*, Paris, PUF, 2005.

Chapitre I.

Émergence et cristallisation de la diligence dans l'ordre juridique international

Historiquement, la thématique de la diligence est apparue en droit international dans le domaine de la neutralité. Le droit de la neutralité qui régit les relations entre les belligérants et les États tiers au conflit, était donc étroitement lié à celui de la guerre. Il figurait d'ailleurs dans les traités et manuels de droit international dans la partie consacrée au *jus belli*. Même si le régime juridique de la neutralité n'était applicable qu'à l'occasion d'un fait de guerre, nous n'allons pas examiner le droit de la guerre en tant que tel car cela nous éloignerait de notre sujet et n'apporterait aucun élément pertinent pour notre démonstration. Dans ce chapitre, nous entendons montrer que le concept de la diligence est né en droit international avec les devoirs des neutres. Son champ d'application limité à la neutralité en faisait une règle 'sectorielle'.

Le précédent jurisprudentiel qui a constitué l'effervescence du concept fut incontestablement l'affaire de l'*Alabama*. Dans la célèbre affaire, le tribunal arbitral de Genève, en admettant la responsabilité de la Grande-Bretagne pour les dommages causés aux Américains nordistes notamment par le croiseur *Alabama* que des particuliers britanniques ont vendu aux Sudistes pendant la Guerre de Sécession, a contribué dans une large mesure à fixer le contenu de la règle de la *due diligence* (section I). La densification des relations internationales liées au développement économique qui s'est amorcé à la fin du 19e siècle, l'accroissement des échanges commerciaux et des investissements du Nord vers le Sud, vont entrainer un glissement du concept vers les règles matérielles de la condition juridique des étrangers. La *due diligence* devient ainsi une règle essentielle en matière de protection des étrangers (section II).

Section I.

Le *point d'effervescence* ou la due diligence comme une règle de la neutralité

Face à une guerre, la question primordiale qui a dû être résolue afin de fixer le régime juridique de la neutralité a été celle de savoir si les États tiers étaient, en droit, libres de choisir entre la participation et l'abstention, entre la belligérance ou la neutralité. La liberté de choix a fini par triompher. Mais pour y arriver, il a fallu plusieurs siècles.

De structure fragile et extrêmement précaire, la neutralité[39], loin de constituer l'œuvre d'une seule pièce, est un produit de l'histoire. En tant que *fait* ou *attitude* - c'est-à-dire la situation de l'État qui se tient à l'écart d'un conflit, l'existence d'un "état pacifique impartial envers chacun des belligérants"[40], la neutralité est aussi vieille que la guerre elle-même. Elle existe donc depuis qu'il y a des hommes qui se font la guerre. En tant qu'*institution juridique*, par contre, elle est une notion essentiellement *moderne*, inconnue des auteurs classiques. Son régime juridique a pleinement émergé au milieu du 18e siècle pour atteindre son point culminant au tout début du 20e siècle avec les codifications de La Haye 1907. Durant les trois siècles qui ont précédé cette deuxième conférence internationale de la paix, souveraineté, guerre et neutralité ont été trois notions étroitement liées: "de la souveraineté découlait, comme une conséquence logique et nécessaire, le droit absolu et inconditionné de guerre, qui avait à son tour pour conséquence, non moins logique et nécessaire, le droit également absolu et inconditionné de neutralité"[41].

Tout comme la neutralité ne peut exister qu'en présence d'un état de guerre, les droits et devoirs des États neutres forment un couple inséparable. Ils sont intimement liés. Les neutres n'ont de droits que dans la mesure où ils observent leurs devoirs de neutralité c'est-à-dire "aussi longtemps qu'aucune violation caractérisée de la neutralité ne peut leur être imputée"[42]. Les deux principaux droits des États neutres, l'inviolabilité de leur territoire et leur liberté de commerce, constituent les devoirs des belligérants. Il faut donc admettre qu'il y a une parfaite synallagmaticité entre les droits des neutres et les devoirs des belligérants. Le trait de liaison entre les deux consiste en ce que le neutre ne participe d'aucune manière aux actes de guerre, ni de son propre gré, ni sous la pression des belligérants. Il ne prend aucune part active aux hostilités, et ne tolère pas, de la part des belligérants, d'actes qui impliqueraient son immixtion dans la guerre[43].

La *due diligence*, concept forgé par le droit civil romain à travers la figure du *bonus pater familias*, est apparue en droit international avec les devoirs des États neutres (A). Parmi ces devoirs, une distinction importante est opérée entre ceux incombant à l'État neutre et ceux qui pèsent sur ses sujets. De ce point de vue, la célèbre affaire de l'*Alabama* a apporté une contribution substantielle dans la détermination de l'étendue des devoirs de la neutralité, clarifiant en même temps pour la première fois, la règle de la *due diligence* (B).

A. Devoirs des États neutres

Martin Hübner affirmait déjà en 1759 que l'obligation générale de toute Nation neutre est

"de pratiquer également envers l'un & l'autre de ceux qui se font la guerre, les devoirs enjoints par le Droit de la Nature & des Gens; d'en observer à leur égard, sans aucune partialité, toutes les Loix, tant absolues que conditionnelles; & de satisfaire avec la même exactitude, aux obligations parfaites, ou seulement imparfaites, où elle peut se trouver par rapport aux deux Parties; dès que les actions que ces obligations exigent, ont le moindre rapport à la Guerre"[44].

De cette obligation générale découlent deux principaux devoirs à la charge des États qui entendent demeurer en paix avec chacun des belligérants.

Le premier de ces devoirs est de s'opposer à l'utilisation du territoire neutre par l'un des belligérants pour poser des actes d'hostilité à l'égard de l'autre. Ce devoir consiste pour l'État neutre à exiger, au besoin par la force, le respect de son droit à l'inviolabilité de son territoire terrestre ou maritime. Ce principe fondamental de l'inviolabilité du territoire neutre est affirmé par les conventions V et XIII de La Haye de 1907: "Le territoire des Puissances neutres est inviolable"[45]. Les belligérants sont de ce fait "tenus de respecter les droits souverains des Puissances neutres et de s'abstenir, dans le territoire ou les eaux neutres, de tous actes qui constitueraient de la part des Puissances qui les toléreraient, un manquement à leur neutralité"[46]. La violation du principe de l'inviolabilité par l'un des belligérants engage sa responsabilité internationale et ouvre droit à réparation.

L'État neutre a l'obligation de faire respecter son droit de demeurer neutre. Il a, en particulier, le devoir de ne pas permettre que ses ports, ses rades ou ses eaux littorales servent de lieu de stationnement aux bâtiments des belligérants, ni que ces bâtiments y embarquent du matériel de guerre. L'article 5 de la XIIIe Convention interdit "aux belligérants de faire des ports et des eaux neutres la base des opérations navales contre leurs adversaires, notamment d'y installer des stations radiotélégraphiques ou tout appareil destiné à servir comme moyen de communication avec les forces belligérantes sur terre ou sur mer"[47].

Il est pour ainsi dire tenu de faire obstacle, dans les limites de sa juridiction, à tout acte qui serait la préparation, l'accomplissement ou la continuation d'une opération de guerre de la part des belligérants. Les actes d'hostilité auxquels l'État neutre doit s'opposer sur son territoire terrestre ou maritime "comprennent tous les faits de guerre, c'est-à-dire non seulement le combat entre les forces militaires de l'ennemi, mais encore la capture ou simplement la visite de navires de commerce, soit ennemis, soit neutres"[48]. Mais la neutralité d'un État n'est pas compromise par le simple passage dans ses eaux territoriales des navires de guerre et des prises des belligérants[49]. Cette question très controversée du passage des navires de guerres avait été disputée dans l'*affaire Altmark*, un navire d'approvisionnement allemand.

En février 1940, l'*Altmark*, en partance d'Allemagne avec à son bord plus de trois cent marins marchands anglais capturés par le croiseur *Graf Spee*, entra dans les eaux territoriales norvégiennes. La Grande-Bretagne demanda aux autorités norvégiennes de procéder à la libération des prisonniers dont la plupart étaient de simples marchands. La Norvège refusa la demande britannique car pour elle il s'agissait d'un navire marchand. Le 16 février 1940 dans la nuit, la marine de guerre britannique pénétra dans les eaux territoriales norvégiennes et libéra tous les prisonniers après quelques échanges de tirs. La Norvège protesta vigoureusement contre une telle violation flagrante de sa neutralité.

Si l'État neutre a le devoir de ne pas permettre l'usage de son territoire pour des actes de guerre, *a fortiori*, doit-il lui être défendu de s'immiscer dans le conflit en dehors de sa juridiction. Il a le devoir de s'abstenir de tout acte qui pourrait gêner les opérations militaires des belligérants en dehors du territoire neutre notamment par blocus. La violation de ce devoir est une ingérence directe dans le conflit entre les deux parties et constitue donc la fin de la neutralité.

Le deuxième principal devoir des neutres – qui est de loin le plus important – consiste à observer, à l'égard des deux belligérants, une impartialité complète et absolue. Sur ce point, Vattel dépasse de loin tous ses prédécesseurs[50]. Nul avant lui n'avait proclamé si fort que l'impartialité à l'égard des deux belligérants ne peut s'obtenir par assistance mais seulement par abstention. Cette impartialité consiste à ne pas prendre part ni directement, ni indirectement aux hostilités, à s'abstenir de fournir quoi que ce soit à l'un des belligérants qui puisse augmenter ses forces et lui donner une chance de succès. L'Institut de droit international, dans sa résolution sur les devoirs internationaux des États neutres précisait que:

"L'État neutre désireux de demeurer en paix et amitié avec les belligérants et de jouir des droits de la neutralité, a le devoir de s'abstenir de prendre à la guerre une part quelconque, par la prestation de secours militaires à l'un des belligérants ou à tous les deux, et de veiller à ce que son territoire ne serve pas de centre d'organisation ou de point de départ à des expéditions hostiles contre l'un d'eux ou contre tous les deux"[51].

Ce devoir d'impartialité par abstention comporte de nombreuses implications. D'abord, l'État neutre ne doit point fournir aux belligérants, directement ou indirectement, du matériel tel des armes, munitions ou vivres susceptibles de servir à la guerre ou d'augmenter les forces d'un des belligérants. Il ne peut non plus mettre, d'une manière quelconque, à la disposition d'aucun des belligérants ni leur vendre ses vaisseaux de guerre ou vaisseaux de transport militaire[52]. A ce sujet, la Convention XIII de La Haye est très claire: "la remise, à quelque titre que ce soit, faite directement ou indirectement par une Puissance neutre à une Puissance belligérante, de vaisseaux de guerre, de munition, ou de matériel de guerre quelconque, est interdite"[53].

L'État neutre ne doit pas non plus permettre sur son territoire l'enrôlement de troupes par les belligérants: "Des corps de combattants ne peuvent être formés, ni des bureaux d'enrôlement ouverts, sur le territoire d'une Puissance neutre au profit des belligérants"[54]. La création ou le recrutement d'une force à employer dans une guerre est une opération relative à cette guerre interdite sur un territoire neutre. L'enrôlement de troupes sur le territoire neutre est illégal même s'il est le fait de particuliers qui sympathisent avec l'un des belligérants[55]. Mais la responsabilité d'une Puissance neutre n'est pas engagée par le fait que des individus passent isolément la frontière avec l'intention de se mettre au service d'un des belligérants. C'est dire que l'État neutre, s'il doit empêcher la levée de troupes ou la formation de corps combattants, ne peut être rendu responsable des engagements individuels qui, par la force même des choses, lui échapperont le plus souvent. Dès la fin du 18e siècle, les États-Unis d'Amérique interdisent, par le *Neutrality Act*, la levée de troupes sur leur territoire au profit des belligérants. Les *Foreign Enlistment Acts* anglais de 1819[56] et 1870 interdisent à leur tour à tout sujet britannique l'entrée dans l'armée ou dans la marine d'un État belligérant et le recrutement de volontaires.

Le devoir d'impartialité de l'État neutre implique ensuite qu'il ne doit pas laisser construire et équiper sur son territoire de bâtiments ou navires de guerre au profit d'un des belligérants. Il doit également interdire à ses sujets la vente de tels navires et s'opposer à leur départ de ses ports et rades. Cet aspect du devoir d'impartialité fait appel à la notion de *due diligence*; car selon la Convention XIII de La Haye,

> "[u]n Gouvernement neutre *est tenu d'user des moyens dont il dispose* pour empêcher dans sa juridiction l'équipement ou l'armement de tout navire, qu'il *a des motifs raisonnables de croire* destiné à croiser ou à concourir à des opérations hostiles contre une Puissance avec laquelle il est en paix. *Il est aussi tenu d'user de la même surveillance pour empêcher le départ hors de sa juridiction* de tout navire destiné à croiser ou à concourir à des opérations hostiles, et qui aurait été, dans ladite juridiction, adapté en tout ou en partie à des usages de guerre"[57].

L'État neutre doit donc veiller à ce qu'aucun des belligérants ne fasse armer dans ses ports des bâtiments de guerre ou des corsaires; car il ne doit pas permettre que son territoire serve de lieu de préparation à des actes de guerre. Cette règle en apparence d'application simple a soulevé d'énormes difficultés dans la pratique des tribunaux de prises, notamment anglais et américains, du milieu du 19e siècle[58]. Mais la *due diligence* comme règle de la neutralité n'a reçu sa consécration jurisprudentielle qu'avec la célèbre affaire de l'*Alabama*.

Une fois le contenu et l'entendue de la *due diligence* fixés avec précision par la XIIIe Convention, son champs d'application va s'élargir au siècle suivant non plus dans le domaine de la neutralité, mais dans celui de la condition des étrangers. En effet, le début du 20e siècle a été marqué par un extraordinaire développement des relations internationales économiques. Les pays du nord ont investi massivement dans les économies émergentes notamment en Amérique latine. Mais les pays du sud, de plus en plus jaloux de leur souveraineté ont voulu remettre en cause les nombreux privilèges longtemps accordés aux investisseurs étrangers. D'où l'établissement des différentes commissions mixtes de réclamations en vue de résoudre le problème des atteintes aux droits des étrangers.

L'institution de la protection diplomatique et la pratiques de ces Commissions mixtes ont permis le développement du droit de la responsabilité des États. C'est donc là, un véritable changement de perspective. La *due diligence* est passé d'une règle de la neutralité à un principe général de traitement des étrangers. Nous examinerons plus en détail la diligence, règle matérielle du traitement des étrangers, dans la section suivante. Car, comme l'affirmait Vattel, "Quiconque maltraite un Citoyen offense indirectement l'État, qui doit protéger ce Citoyen. Le Souverain de celui-ci doit venger son injure, obliger, s'il le peut, l'agresseur à une entière réparation, ou le punir; puisqu'autrement le Citoyen n'obtiendrait point la grande fin de l'association Civile, qui est la sûreté"[59]

B. L'affaire de l'Alabama ou la consécration jurisprudentielle de la diligence

I. Circonstances de l'affaire

Le 19 avril 1861, à peine 6 mois après la réélection d'Abraham Lincoln, éclate un conflit fratricide, latent depuis longtemps, entre les riches États du Nord et les sept États sécessionnistes du sud. L'enjeu de cette guerre civile est immense. Elle doit décider si les États-Unis d'Amérique ou toute autre nation, conçue dans la liberté et l'égalité de tous peuvent durer longtemps, et pour "empêcher que le gouvernement du peuple par le peuple, pour le peuple ne disparaisse de ce monde"[60]. Du sort des armes dépendent donc en définitive l'abolition de l'esclavage et surtout l'avenir des États-Unis comme une grande puissance mondiale.

La guerre civile était apparue comme inéluctable, tant la scission entre le Nord et le Sud était parfaite: au Nord démocratique, l'industrie, le commerce et la marine; au Sud, les grandes cultures, coton, tabac, canne à sucre. Le Sud, peu à peu affaibli, reproche sa décadence aux tarifs douaniers du Nord; pour se justifier le Nord reproche au Sud l'emploi du travail servile. A la politique protectionniste du Nord, les États du Sud opposent la liberté des échanges et l'esclavagisme; à la décentralisation voulue par le Sud, les États du Nord opposent une politique de centralisation et de concentration[61]. La conscience de l'unité nationale cède le pas à un sentiment d'hostilité et de séparation. Les États-Unis ont, reconnaissent Albert de Lapradelle et Nicolas Politis, trop vite passé de "la forme distendue de la Confédération (1778) au régime resserré de l'État fédéral (1787) pour n'avoir pas un jour à se reprocher d'avoir, en neuf ans, brûlé l'étape"[62]. Cette profonde divergence d'intérêts politiques et économiques va conduire aux armes au printemps 1861.

Dans la guerre qui s'ouvrait, le Nord et le Sud vont chercher à se concilier l'aide et l'amitié de la Grande-Bretagne anti-esclava-giste comme l'un, libre-échangiste comme l'autre. L'Angleterre, n'écoutant que son intérêt, va très vite marquer sa sympathie pour les États confédérés. Sans doute que pour elle, la liberté des échanges, principe économique, a plus de prise sur l'esprit de lucre d'une nation marchande que la liberté des esclaves, principe moral, n'a de poids sur sa conscience[63]. Mais la Grande-Bretagne avait une autre raison de soutenir les Sudistes. Comme puissance maritime, elle regardait avec inquiétude les progrès croissants de la flotte amé-ricaine qui menaçait de plus en plus sa domination sur les mers. Elle espérait donc voir ses rivaux très affaiblis au sortir de la guerre. Le 13 mai 1861, répondant à la déclaration de blocus faite par les États du Nord, elle proclame sa neutralité et reconnaît les États du Sud comme belligérants, au grand mécontentement du Nord.

Les Sudistes voient dans cette reconnaissance hâtive une véri-table offre de service. Puisqu'ils manquent cruellement d'armes, de munitions et de navires de guerre, la Grande-Bretagne devient le grand fournisseur et principal acheteur de leur coton. Les achats d'armes, de munitions et leur transport ne présentent pas d'énormes difficultés. Le devoir d'impartialité impose à l'Angleterre neutre de ne fournir à l'un des belligérants ni armes, ni munitions, ni toutes autres choses pouvant servir à la guerre. Mais à l'époque, cette inter-diction ne concerne pas ses sujets qui peuvent, à leurs risques et périls, vendre du matériel de guerre aux belligérants. Toutefois, le belligérant peut, sans autre, saisir tout ce qui est considéré comme contrebande de guerre.

Si les confédérés ont réussi, grâce à des bateaux légers et rapides, à importer massivement des armes et des munitions, il leur était beaucoup plus difficile de faire construire et d'équiper des navires de guerre par des armateurs anglais. Car les articles 4 à 7 du *Foreign Enlistment Act* de 1819 interdisaient non seulement l'enrô-lement ou l'engagement des sujets de sa Majesté au service d'un bel-ligérant, mais aussi l'armement de guerre ou l'équipement sur un port quelconque du Royaume-Uni ou toutes autres possessions anglaises, de tout navire ou bâtiment destiné à servir dans une guerre dans laquelle sa Majesté aura proclamé sa neutralité. L'article 8 du même texte prévoyait la confiscation des navires de guerre en cas d'infraction.

Cette loi anglaise, s'inspirant du *Neutrality Act* américain était assez sévère. Selon un auteur, si elle avait été appliquée pendant la guerre de Sécession, les Sudistes n'auraient pas pu fabriquer des navires qui leur manquaient et qui étaient la condition de leur résistance[64]. L'exigence en matière de preuve du *Foreign Enlistment Act* rendait la loi difficilement applicable et la procédure lente et très compliquée. Les autorités judiciaires ne peuvent saisir un navire sur la base de simples soupçons ou présomptions. Il leur fallait des preuves matérielles irréfutables. Aussi, les Sudistes ont eu recours à plusieurs stratagèmes pour contourner la loi: les navires, notamment le *Florida*, le *Georgia* et l'*Alabama*, sortaient par ruse ou clandestinement des ports anglais et recevaient leur armement et leur commission soit en haute mer soit dans un autre port étranger. Bien que ces manœuvres frauduleuses aient été connues, les autorités britanniques se prétendaient désarmées. La loi anglaise ne visait que les *navires en état*. Dans la construction et le départ du navire *'209'* connu plus tard sous le nom d'*Alabama*, les preuves fournies par le Consul américain à Liverpool étaient tellement pertinentes que les autorités anglaises, après des hésitations et surtout la pression et les menaces des États-Unis, décidèrent enfin de réagir. Mais avant même que l'ordre de la saisie du navire ne fût exécuté, l'*Alabama* quittait le port de Liverpool sans armement ni équipages, recevait dans le port de Moelfra au moyen d'un autre navire les marins nécessaires à la navigation et terminait son armement dans un port portugais, entamant ainsi sa longue et désastreuse carrière qui causera d'énormes pertes à la marine et au commerce des États-Unis.

A la fin de la guerre, les États-Unis exigent la réparation tant des dommages directs causés par les différents corsaires construits en Grande-Bretagne que des dommages indirects causés au commerce américain. Dans un premier temps, le gouvernement de sa Majesté refusa toute responsabilité, estimant n'avoir rien à se reprocher. Mais le monde maritime se rendit rapidement compte que l'attitude de la Grande-Bretagne pourrait se retourner contre ses propres intérêts dans une guerre future, si l'adversaire éventuel pouvait se procurer en toute liberté chez les neutres des navires de guerre pour combattre la marine britannique[65]. La Grande-Bretagne procéda alors à la révision du *Foreign Enlistment Act*. La loi de 1870 introduit de nouvelles incriminations et un renversement de la charge de la preuve. À la suite d'âpres négociations et d'échanges de notes diplomatiques, les deux États signèrent le 8 mai 1871 le compromis d'arbitrage en vue du règlement pacifique de leur différend. L'article 6 du traité pose le droit matériel applicable à travers les fameuses règles de Washington. L'importance de ces règles est telle que nous les citons *in extenso*:

"Un gouvernement neutre est tenu:

1. D'user de la diligence due pour empêcher le lancement, l'armement ou l'équipement dans sa juridiction, de tout vaisseau qu'il a juste motif de croire destiné à croiser ou à entrer en guerre contre une puissance avec laquelle il est en paix; et aussi d'employer la même diligence à empêcher le départ de sa juridiction de tout vaisseau destiné à croiser ou à entrer en guerre comme il a été dit ci-dessus, quand ce vaisseau a été spécialement adapté, en tout ou en partie, dans cette juridiction, à un usage de guerre.

2. De ne permettre ou de tolérer qu'aucun des belligérants ne se serve de ses ports ou de ses eaux comme base de ses opérations navales contre l'autre, ni pour le renouvellement ou l'augmentation de ses forces, en approvisionnements militaires, en armes ou en hommes.

3. D'exercer la diligence due dans ses propres ports et dans ses eaux, vis-à-vis de toute personne de sa juridiction, pour empêcher toutes violation des obligations et des devoirs qui précèdent"[66].

Dans le traité de Washington, l'Angleterre avait réussi à introduire une précision de taille sur la question de la rétroactivité des règles applicables. Pour elle,

"le gouvernement de sa Majesté ne peut donner son assentiment aux règles ci-dessus, comme étant l'expression de principe du droit international, en vigueur à l'époque où les réclamations (...) ont pris naissance. Mais, afin de prouver son désir de fortifier les rapports d'amitié des deux pays et de pourvoir d'une manière satisfaisante aux éventualités de l'avenir, le gouvernement de sa Majesté consent à ce que, dans le jugement des questions soulevées entre les deux pays par ces réclamations, les arbitres supposent que le gouvernement de sa Majesté a entendu se conformer aux principes énoncés dans ces règles"[67].

La composition du tribunal qui s'est réuni à Genève le 15 décembre 1871 était en elle-même une importante innovation. Pour la première fois dans l'histoire du règlement des différends entre États, un organe arbitral n'a pas une composition purement mixte. Celui-ci était composé de 5 arbitres dont: le comte Fédérico Sclopis, homme d'État italien, et président du tribunal, auteur d'une célèbre monographie sur l'histoire du droit italien; le président de la Confédération suisse Jacob Staempfli, membre du Conseil fédéral helvétique à trois reprises; le baron d'Itajuba, Marcos A. d'Araujao, du Brésil. La Grande-Bretagne nomma sir Alexander Cockburn, lord en chef d'Angleterre, et les États-Unis désignèrent Francis Adams, vigoureux et talentueux ministre à Londres pendant la guerre de Sécession.

II. Position des parties

La question fondamentale – à part celle des dommages indirects – qui a profondément divisé les deux parties et qui a suscité tant de discussion lors des plaidoiries, était bien celle de la base de la responsabilité de l'Angleterre, État neutre. La troisième des règles de Washington stipulait qu'un gouvernement neutre est tenu d'exercer la *diligence due* dans ses propres ports et dans ses eaux, vis-à-vis de toute personne de sa juridiction, pour empêcher toutes violations de ses devoirs de neutralité. Cette formule de la *due diligence* employée par le traité manquait de précision. Elle ne fournissait aucun élément pour déterminer le degré de diligence requis. Elle indiquait bien que la diligence imposée au gouvernement neutre doit être caractérisée. Mais la formule ne disait pas quelle est la diligence exigible. On pouvait se demander si cette imprécision avait été voulue, auquel cas elle eût signifié que nulle définition n'était possible, la diligence due devant dès lors être appréciée d'après les circonstances de chaque espèce; ou bien si elle n'était que l'effet d'une inadvertance rédactionnelle – ce qui nous paraît très peu probable au regard des débats qui entouraient la rédaction du compromis – auquel cas la recherche de l'intention probable des contractants eût laissé le champ libre à toutes sortes d'interprétations.

Dans son mémoire, les États-Unis fustigent l'attitude de complaisance de la Grande-Bretagne, sa reconnaissance hâtive des insurgés sudistes comme belligérants, les insuffisances notoires du *Foreign Enlistment Act* et surtout la violation inadmissible des devoirs qui incombent à l'État neutre. Sur le degré de la diligence requise dans l'accomplissement des devoirs du neutre, les États-Unis donnaient une interprétation très large et très étendue des règles de Washington. Pour eux, l'étendue de la diligence requise pour échapper à toute responsabilité est déterminée par le caractère et l'importance de la matière qu'elle peut affecter, par la condition réciproque des parties, par la capacité d'exercer la diligence due à raison de l'exigence des cas, et par l'importance du préjudice qui peut suivre le défaut de diligence[68]. En matière de neutralité, la diligence due n'est pas une règle fixe, mais une règle qui change avec les circonstances. Les États-Unis considèrent que:

> "la *due diligence* est une diligence proportionnelle à l'importance du sujet, à la dignité et à la force de la puissance qui l'exerce; - une diligence qui doit, grâce à l'emploi d'une vigilance active, empêcher par tous les moyens au pouvoir du neutre la violation du territoire; - une diligence qui doit de toute manière détourner de commettre des actes de guerre sur le territoire du neutre contre sa volonté et détourner aussi de l'entraîner contre son gré dans une guerre qu'il veut éviter; une diligence qui pousse le neutre aux mesures les plus énergiques pour découvrir toute intention ou préparation d'actes contraires à sa neutralité et qui, sitôt connue l'intention de commettre un tel acte, lui impose l'obligation d'employer tous les moyens en son pouvoir pour prévenir l'exécution"[69].

Et si le neutre n'a pas une législation suffisante pour assurer ses devoirs, il est tenu de changer ses lois à la demande du belligérant. En conséquence, les États-Unis estiment que l'Angleterre n'a pas respecté ses devoirs de neutralité. Le défaut de diligence, c'est-à-dire sa négligence, la rendait entièrement responsable des dommages directs et indirects causés par les navires de guerre construits sur son territoire.

Mais le gouvernement de sa Majesté ne voyait pas les choses ainsi. Ne connaissant pas encore les arguments et les thèses américains, l'Angleterre, dans cette bataille judiciaire qui s'annonçait, avait du mal à construire sa défense. Elle s'est donc contentée de généralités dans son mémoire. C'est plutôt dans son contre-mémoire qu'elle développe des arguments juridiques solides. Sur la *due diligence*, la Grande-Bretagne estime que les trois règles de Washington n'innovent aucunement. Elle admet pour sa part que le soin à déployer pour empêcher la violation de la neutralité doit être proportionnel aux conséquences probables de ces violations. Le degré de soin à apporter, s'il n'est pas défini par l'usage international ou la convention des parties, se déduit de la nature même de l'obligation et des considérations de justice et d'équité[70]. La Grande-Bretagne considère qu'il serait "déraisonnable et impraticable de demander ici plus de soin que les gouvernements civilisés n'ont coutume d'en mettre dans les matières qui concernent tant leur sécurité que celles de leurs ressortissants"[71]. Si la diligence due peut être appréciée en proportion des conséquences probables de son omission, elle ne consiste pas à toujours réussir. Il suffit que l'État neutre ait fait en toute bonne foi ce qui était raisonnablement possible pour empêcher la violation de sa neutralité. Ici le degré de soin exigé est celui que tout État emploie dans ses propres affaires, renvoyant ainsi à la notion de *diligentia quam in suis* sur laquelle nous reviendrons ultérieurement.

Ces deux visions, l'une étendue, l'autre restreinte, de la *due diligence* se sont affrontées tout au long des plaidoiries. Les deux arbitres des parties, sir Alexander Cockburn et Francis Adams, ont vigoureusement défendu les positions respectives de leurs gouvernements. Même les autres arbitres ont eu des points de vues différents; et la décision du tribunal a, dans une large mesure, suivi l'opinion de son président le comte Sclopis.

III. Décision du tribunal de Genève et ses implications

Lors des délibérations, le comte Sclopis s'était longuement exprimé sur la question du degré de diligence requis d'un État neutre. Pour lui, "il est impossible de définir *a priori*, abstraitement, un devoir absolu de diligence. C'est la chose à laquelle cette diligence se rapporte qui en détermine le degré"[72]. Rejetant la position anglaise d'une diligence moyenne, il a proposé d'établir la formule suivante pour déterminer le degré de diligence dans l'accomplissement des devoirs du neutre: "[la diligence due] doit être en raison directe des dangers réels que le belligérant peut courir par le fait de la tolérance du neutre, et en raison inverse des moyens directs que le belligérant peut avoir d'éviter ces dangers"[73]. Il résulte de cette formule que plus le belligérant encourt un danger réel sur le territoire du neutre, plus l'État neutre sera tenu de veiller sur sa neutralité en empêchant qu'elle soit violée au profit de l'un ou de l'autre des belligérants[74].

Le tribunal a suivi les idées de son Président. Il affirme dans sa sentence que la *due diligence*

> "doit être employée par les gouvernements neutres en raison directe des risques auxquels l'un ou l'autre des belligérants pourrait être exposé à la suite du défaut d'observation de leur part des devoirs de la neutralité (…) et que le gouvernement de sa Majesté Britannique ne peut se justifier du défaut de diligence due, en invoquant l'insuffisance des moyens légaux en sa possession"[75].

La diligence due est perçue par le tribunal, non comme une *assurance*, mais bien comme une notion dont le contenu varie en fonction de l'importance du préjudice éventuellement encouru. Sur la base de ce principe, la sentence proclame qu'il y avait eu des moments où la rigueur de la surveillance anglaise avait failli et que cette négligence avait causé aux États-Unis des préjudices qui devaient être réparés.

La décision du tribunal arbitral souleva un fort mécontentement en Angleterre où elle a fait l'objet de vives critiques. Ces critiques étaient d'ailleurs prévisibles car sir Alexander Cockburn, dans son opinion que l'on peut qualifier de dissidente, réaffirmait la position du gouvernement anglais d'une diligence plus limitée. Pour lui, la diligence requise d'un gouvernement dans la prévention des infractions de sa neutralité se rapporte à l'état de sa législation interne, aux moyens dont il dispose et aux soins qu'il doit apporter à l'application de ces moyens[76]. C'est donc celle qui peut être raisonnablement demandée à un État bien organisé, prudent et consciencieux, conformément à ses institutions et au mode ordinaire de gestion de ses propres affaires. On reprochait au tribunal d'avoir eu une conception trop large de la *due diligence* et d'imposer un devoir absolu de prévention à la charge des État neutres en les rendant responsables de tout dommage qui pourrait être causé sur leur territoire à l'un des belligérants; de telle sorte qu'il serait plus convenable de participer au conflit qu'à demeurer neutre.

Sur ce point, les critiques à l'égard du tribunal étaient, à notre avis, infondées et fort exagérées. Le tribunal n'a pas entendu aggraver la situation des neutres en les rendant responsables de leur moindre négligence. Le devoir de prévention ne saurait être absolu. Et, quels que soient les risques potentiels encourus par le belligérant sur territoire neutre, il faudrait appliquer le principe général selon lequel la bonne foi de l'État est présumée jusqu'à preuve du contraire. *Ad impossibilia nemo tenetur*. Dans l'esprit du tribunal, "le critérium des risques ne s'appliquait pas à l'appréciation de la responsabilité encourue, mais à celle des circonstances dont la gravité doit tenir leur vigilance particulièrement en éveil"[77].

En revanche, la vraie critique que l'on pouvait formuler à l'égard de la Sentence est que la formule adoptée par le tribunal à l'instigation de son président était trop vague et imprécise pour résoudre l'ensemble des questions que soulevaient les deuxième et troisième règles de Washington. Loin de préciser l'étendue et la portée de la notion de *due diligence*, elle a ajouté une couche supplémentaire d'obscurité ou de difficulté. C'est pourquoi, l'Institut de droit international d'abord et la seconde Conférence de la paix de La Haye ensuite, ont recherché, nous semble-t-il, d'autres formules plus claires et précises. Ainsi, l'Institut dans sa résolution de 1875 sur *les devoirs internationaux des États neutres et les règles de Washington*, considéra que: "[l]e seul fait matériel d'un acte hostile commis sur le territoire neutre ne suffit pas pour rendre responsable l'État neutre. Pour qu'on puisse admettre qu'il a violé son devoir, il faut la preuve soit d'une intention hostile (*dolus*), soit d'une négligence manifeste (*culpa*)"[78]. Cette formule n'était guère satisfaisante. Plutôt que de préciser le contenu de la *due diligence*, elle n'a fait que contourner la difficulté en faisant appel à la notion très controversée de faute.

C'est en fin de compte la XIIIᵉ convention de La Haye de 1907 qui sembla apporter la formulation la plus claire de la notion de *due diligence*: "[u]ne puissance neutre est tenue d'exercer la sur-veillance, que comportent les moyens dont elle dispose, pour empê-cher dans ses ports ou rades et dans ses eaux toute violation des dispositions qui précèdent"[79]. Le degré de diligence due est établi sur la base des *moyens dont l'État dispose*. L'obligation du neutre n'a rien d'absolu. Elle est déterminée en tenant compte des possibilités matérielles qui existent dans chaque cas d'espèce et l'on ne peut exiger que les moyens que l'État possède soient à la hauteur des évé-nements. L'obligation du neutre consiste donc à faire son devoir sans s'inquiéter des résultats[80]. Mais la diligence due ne dépend pas uni-quement des moyens dont dispose l'État. Elle est aujourd'hui appré-ciée, notamment dans le domaine des droits de l'homme, en tenant compte surtout des moyens dont l'État *aurait dû disposer* pour pou-voir faire face à ses obligations internationales. Nous reviendrons sur ces points dans notre analyse du contenu de la diligence et des élé-ments qui déterminent le degré de la diligence.

Le traité de Washington et la décision du tribunal de Genève marquent un tournant décisif dans l'histoire des relations internatio-nales. Ils montraient, par la détermination des deux parties que la guerre et la violence n'étaient pas les seuls moyens de résoudre les différends interétatiques, et que, quelles que soient la grandeur et la complexité d'un conflit entre États, il ne serait plus possible d'écarter la voie pacifique. Avec les commissions mixtes instituées par les trai-tés Jay en 1794, la sentence de l'*Alabama* constitue incontestable-ment le point de départ de l'arbitrage international moderne de par la composition et la compétence du tribunal arbitral[81]. En effet, par la nature du différend, l'ampleur des débats, les pouvoirs des arbitres, les particularités de la procédure et de la sentence, cette affaire occupe une place exceptionnelle dans l'histoire du droit international et surtout dans le développement du droit de la responsabilité internationale en raison des dommages causés à la personne et aux biens des étrangers.

Section II.

Le *point de cristallisation* ou la diligence comme une règle coutumière du droit international relatif au traitement des étrangers

Le droit international classique, né à partir de la discipline médiévale du *jus belli*, est caractérisé par sa nature essentiellement interétatique et la bilatéralité de sa structure normative. C'est, à l'évidence, un droit de la coexistence des souverainetés léviathanesques. Dans ce droit classique, la diligence occupe une place importante particulièrement dans le domaine du traitement des étrangers. Le déclin de la neutralité qui a pourtant été le catalyseur à l'émergence et à la consécration de la notion de diligence en droit international va donc entrainer à partir du 20e siècle l'éclatement du contenu de la diligence. La responsabilité des États est désormais examinée en raison des dommages causés non plus aux belligérants du fait de la violation des devoirs de la neutralité, mais aussi et surtout des dommages causés à la personne et aux biens des étrangers. Il convient dès lors d'examiner l'idée même de traitement que l'État accorde ou doit accorder aux étrangers admis sur son territoire (A), le rôle de la diligence en rapport avec la condition juridique des étrangers (B) et enfin la substitution ou transformation de de ce droit classique par les droits de l'homme (C).

A. L'idée générale de traitement des étrangers

Le traitement juridique des étrangers a été, pendant longtemps, le domaine privilégié du droit international classique et de la responsabilité des États[82]. C'est cette matière qui a permis l'émergence et la cristallisation des règles coutumières de la responsabilité internationale. Ce droit international classique relatif aux individus étrangers est construit suivant la logique interétatique du système. L'individu n'est protégé qu'en tant qu'étranger, ou plutôt en tant que sujet d'un État étranger. Il n'est de ce fait qu'objet dans l'ordre juridique international. Le véritable titulaire du droit à la protection n'est pas l'étranger, mais son État national, et une infraction de l'État d'accueil contre l'individu étranger est en réalité conçue comme un délit à l'égard de son État national. Comme l'affirme Pisillo-Mazzeschi, "the content of the main *primary norms* on the treatment of aliens reflects the same traditional approach"[83].

Le traitement des étrangers est un vaste domaine qui englobe leur admission, leur condition de séjour sur l'État territorial, et leur éventuelle expulsion ou refoulement. La règle générale est que l'État territorial dispose un pouvoir discrétionnaire dans ces matières. C'est un principe bien établi que les États, sans préjudice des engagements découlant pour eux des traités, ont "le droit de contrôler l'entrée, le séjour et l'éloignement des non-nationaux"[84]. Dans le cadre de cette étude, nous n'allons pas examiner la thématique de l'admission[85] ni celle de l'expulsion[86] des étrangers. Ces questions, certes importantes, demeurent éloignées du thème de la diligence. Elles relèvent en fait, du point de vue du droit international classique, de la compétence nationale des États ou font l'objet de conventions spécifiques.

Nous n'allons pas non plus nous pencher sur la problématique du traitement des étrangers dans le cadre des conflits armés. Cette question qui a connu une grande évolution au regard du concept de belligérants et de la distinction entre *inimicus* et *hostis*, nécessiterait un réexamen du droit de la guerre en général et du *droit de guerre* en particulier, c'est-à-dire l'ensemble des maux qu'un belligérant est autorisé à infliger à son adversaire. Ces précisions étant faites, revenons à la condition juridique des étrangers sur le territoire d'un État.

Le droit matériel de la condition des étrangers, a connu un développement substantiel à partir du 20e siècle, à travers la pratique des États et les décisions de commissions arbitrales mixtes. Comme l'affirme Philip Jessup, "The practice which has become so frequent in the course of the last century and a half of setting up mixed claims commissions for the adjudication of claims presented by states for injuries to their nationals in other states, has provided an abundant body of "case law" which appeals so strongly to the lawyer trained in the common law"[87].

C'était un droit dont le contenu fluctuait en fonction des ordres juridiques internes. Mais l'idée générale est que l'État, en admettant les étrangers sur son territoire, s'engage à les protéger. C'est pourquoi la diligence occupe une place de choix dans ce droit des étrangers. À cet égard, Vattel disait que:

> "Le Souverain ne peut accorder l'entrée de ses États pour faire tomber les étrangers dans un piège: Dès qu'il les reçoit,

il s'engage à les protéger comme ses propres sujets, à les faire jouir, autant qu'il dépend de lui, d'une entière sûreté. Aussi, voyons-nous que tout Souverain, qui a donné asile à un étranger, ne se tient pas moins offensé du mal qu'on peut lui faire, qu'il le serait d'une violence faite à ses sujets"[88].

L'idée que les États ne peuvent traiter les étrangers à leur gré, mais qu'ils doivent les reconnaître comme personnes juridiques et les traiter comme tel, a été confirmée peu à peu par la doctrine dominante[89]. Anzilotti considère qu'on ne peut pas douter que l'État soit tenu d'octroyer quelque protection légale aux étrangers qu'il reçoit chez lui[90]. Pour lui,

"ce serait tout à fait contraire à la raison même de la communauté internationale qu'il eût quelque part des individus humains, auxquels toute protection des lois et des autorités ferait défaut parce qu'il ne seraient pas sujets de l'État où ils se trouvent: ce qui rendrait indifférents, ou même licite, tout acte dirigé contre leur personne et leurs biens. Il suffit de considérer les conséquences qui dériveraient d'une telle situation des choses pour se convaincre que les États civilisés sont bien loin de se reconnaître mutuellement une semblable liberté, et qu'ils se sentent plutôt obligés de l'exclure de la manière la plus absolue"[91].

En ce sens, l'Institut de droit international a déclaré dès sa première session, en 1874, que la capacité juridique des étrangers ainsi que leur admission à la jouissance des droits civils "existent indépendamment de toute stipulation des traités et de toute condition de réciprocité"[92]. A propos de la jurisprudence internationale sur la condition des étrangers, Verdross note que

"cette jurisprudence est couronnée par l'arrêt n° 7 de la Cour permanente de Justice internationale, lequel, à plusieurs reprises, se réfère à un droit international commun concernant le traitement des étrangers. Ces règles se basent sur *l'idée chrétienne de la personnalité humaine*, qui doit être reconnue et respectée partout. Cette idée, introduite dans notre science par François de Vitoria, ainsi que nous aurons l'occasion de le redire, a été acceptée peu à peu par la coutume internationale qui, graduellement, a développé les règles régissant notre matière"[93].

Plus complète encore est la formule d'Anzilotti, formule qui semble traduire l'opinion générale. D'après celle-ci, "tout État est tenu envers les autres États de reconnaître à leurs nationaux respectifs la qualité de personnes, de sujets de droits, avec les conséquences de droit public et de droit privé qui en découlent et de leur octroyer la protection juridique voulue par la reconnaissance de cette qualité"[94].

En affirmant cela, Anzilotti reconnait implicitement, à juste titre, que la protection des étrangers se situe en réalité à un double niveau. Il y a d'abord la protection de l'individu par son État national. En effet, tout individu à l'étranger demeure sous la compétence personnelle de son État national. Et la protection qu'un État assure à ses nationaux à l'étranger, passe par exiger de l'État territorial le respect de ses obligations internationales. C'est d'ailleurs ce qui justifie l'institution de la protection diplomatique. Comme l'affirme Oppenheim, "Although foreigners fall at once under the territorial supremacy of the State they enter, they remain nevertheless under the protection of their home State"[95]. Cette protection par son État de nationalité, dans le droit international classique, est un droit propre à l'État qui l'exerce de façon discrétionnaire. Il y a ensuite, corrélativement, un devoir de l'État territorial de protéger l'étranger dans sa personne et dans ses biens.

B. La condition juridique des étrangers et le standard de traitement

Comme nous l'avons déjà mentionné, la diligence relève des règles substantielles régissant le traitement des étrangers. On parle alors de standard de traitement pour bien montrer qu'il s'agit d'une règle imprécise, variant suivant chaque cas d'espèce[96]; car le contenu des droits des étrangers établis sur le territoire ne peut être indiqué de manière fixe. L'étendue de ces droits dépend assez souvent de l'existence d'un traité de commerce et d'établissement. En dehors de toute convention, l'étranger doit être traité suivant un standard. Mais lequel?

En examinant soigneusement la pratique étatique, on se rend vite compte que le standard de traitement n'était pas appréhendé de la même manière par les États. Pour certains États, notamment ceux du Nord développés, la condition juridique des étrangers doit suivre un '*minimum international standard*'[97]. Ce qui revenait à exiger pour la protection de leurs nationaux à l'étranger, les mêmes normes de traitement généralement reconnues et appliquées par les États occidentaux. En contre-épreuve, les pays du Sud notamment latino-américains ont opposé le concept de *traitement national* c'est-à-dire que les étrangers doivent être traités en fonction des législations internes de chaque État. Pour Malcolm Shaw, "the reason for the evolution of [the national treatment standard] is to be found in the increasing resentment of Western economic domination rather than in a necessary neglect of basic standards of justice. The Latin American states felt, in particular, that the international minimum standard concept has been used as a means of interference in internal affairs"[98].

Un certain nombre d'auteurs notamment Frederick Dunn[99] et Elihu Root[100] utilisent le concept de standard de justice. Pour ces auteurs, les États connaissent une telle différence d'organisation, de niveau de développement et de culture que la protection des étrangers doit être fondée sur un "minimum standard of justice"[101]. Ainsi, Elihu Root considère que:

> "There is a standard of justice very simple, very fundamental, and of such general acceptance by all civilized countries as to form a part of the international law of the world. The condition upon which any country is entitled to measure the justice due from it to an alien by the justice which it accords to its own citizens is that its system of law and administration shall conform to this general standard. If any country's system of law and administration does not conform to that standard, although the people of the country may be content and compelled to live under it, no other country can be compelled to accept it as furnishing a satisfactory measure of treatment to its citizens"[102].

En réalité, l'idée de justice comme fondement de la protection des étrangers renvoie au concept de standard international minimum tel qu'employé dans la jurisprudence internationale. En effet, dans l'affaire *Neer* par exemple où un citoyen américain, responsable d'une mine à Mexico avait été assassiné et que les autorités mexicaines avaient totalement manqué de diligence dans la poursuite des auteurs du crime, la Commission mixte avait reconnu que:

> "the propriety of governmental acts should be put to the test of international standards, and that the treatment of an alien, in order to constitute an international delinquency, should amount to an outrage, to bad faith, to willful neglect of duty, or to an insufficiency of governmental action so far short of international standards that every reasonable and impartial man would readily recognize its insufficiency. Whether the

insufficiency proceeds from deficient execution of an intelligent law or from the fact that the laws of the country do not empower the authorities to measure up to international standards is immaterial"[103].

Dans l'affaire relative à *certains intérêts allemands en Haute-Silésie polonaise*, la CPJI a admis l'existence d'un "droit international commun" régissant la condition juridique des biens privés étrangers. Pour elle, en matière d'expropriation pour utilité publique, "le traitement des biens, droits et intérêts privés (…) doit être le traitement admis par le droit international commun"[104]. Selon C. Rousseau "La grande majorité de la doctrine estime qu'il existe à cet égard un standard international minimum suivant lequel les États sont tenus d'accorder aux étrangers certains droits,…même dans le cas où ils refuseraient ce traitement à leurs nationaux"[105]. L'*American Law Institute* définit la norme internationale de justice comme étant la norme requise pour le traitement des étrangers en vertu a) des principes applicables du droit international tels que les ont établis le droit international coutumier, les décisions judiciaires et arbitrales internationales et les autres sources reconnues du droit ou, en l'absence de ces principes, b) des principes analogues de justice généralement reconnus par les États qui possèdent un système juridique raisonnablement développé[106].

Une analyse des écrits de Root, de Borchard et de celui plus systématique de Roth, montre que le standard minimum de traitement n'était pas d'application uniforme. Pour Roth par exemple, "The law of the treatment of aliens, as part of international law, lacks uniformity, not only with regard to the rules of positive law but still to a greater extent as regards the fundamental concepts underlying its structure"[107]. Mais le standard de traitement a considérablement évolué dans la conscience juridique des Etats. C'est devenu une pratique générale des Etats de verser une indemnisation pour les atteintes commises contre les étrangères dans un contexte de violence insurrectionnelle. Cette pratique de réparation par indemnisation était dictée non par de simples considérations de courtoisie diplomatique mais bien par la conscience de l'existence une règle coutumière générale en matière de traitement des étrangers. Certains auteurs par contre considèrent le standard de traitement comme relevant des "principes généraux de droit reconnus par les nations civilisées". Roth considère que,

> "Through the fact that this standard has evolved on the legal conscience of civilized nations and is more or less identical

with what is considered a normal situation in an organic community, its precise limits are necessarily ill-defined. It appears
to be useful therefore to interpret its fundamental idea in the
light of the 'general principles of law recognized by civilized
nations. Consequently, in case of doubt, the content of the
fundamental idea must be determined by the principles which
the civilized nations recognize in general in their municipal
organization"[108].

La diligence dans le traitement des étrangers et la responsabilité de l'État pour négligence doivent être considérées comme le
résultat d'une évolution progressive de la pratique; les États ayant
graduellement reconnus dans leurs relations mutuelles certains
devoirs envers les étrangers notamment le droit à un procès équitable
et à la protection de leurs propriétés. La diligence devient ainsi l'expression commune d'un standard de conduite des États. A cet égard,
l'encyclopédie de droit international public considère le standard
minimum comme

> " concept (sometimes called the international standard of jus-
> tice) [which] affirms that there are rights created and defined
> by international law that may be asserted against States by or
> on behalf of aliens [that includes] the rights of aliens to fair
> civil or criminal judicial proceedings (i.e. not to be subject
> to denial of justice), to decent treatment if imprisoned, and
> to protection against disorders, violence, and against depor-
> tation in abusive ways, and to the enjoyment of their property
> unless taken for a public purpose with fair compensation"[109].

L'obligation coutumière de diligence relative au traitement
des étrangers est structurée autour du devoir de protection et celui
de répression. Il convient de préciser que le devoir d'abstention qui
impose aux États l'obligation négative de prendre des mesures qui
portent directement atteintes aux biens et à la personne des étrangers,
ne comportent pas l'élément diligent. En effet, l'examen de la jurisprudence en matière de responsabilité internationale des États pour
les actes de leurs organes compétents, montre que la diligence n'est
pas utilisée dans l'appréciation du comportement de ces dits organes.
La diligence n'est pas mentionnée dans les affaires qui concernent
notamment l'usage inapproprié des armes contre des étrangers par
les autorités policières ou dans les cas de responsabilité pour arrestation arbitraire ou mauvais traitements lors de l'arrestation ou la
détention[110].

Comme on le sait, le devoir de protection comporte deux obligations de nature distincte: l'obligation de prévenir les actes dommages des particuliers à l'égard des étrangers et lorsque ces actes dommageables sont commis, l'obligation de poursuivre et de punir les responsables. Ces aspects de la diligence dans la prévention seront examinés en détails dans le chapitre 3 consacré à la responsabilité des États. Voyons maintenant brièvement la diligence dans le contexte particulier des investissements et l'impact des droits de l'homme dans le domaine du traitement des étrangers.

C. Le standard de traitement dans le contexte des investissements étrangers

Dans le domaine tout particulier des investissements, le standard de traitement a connu un développement exponentiel ces dernières décennies en raison de la densification des relations économiques qu'entraine le phénomène de la mondialisation. En fait c'est tout le champ du droit international économique qui subit des bouleversements tant sur le plan normatif qu'institutionnel. Le triomphe du libéralisme de l'après-guerre et les progrès de la science économique ont entraîné au passage une transformation profonde du droit international économique. C'est alors que la notion d'investissement, notion dynamique, a fait son apparition dans la langue du droit international, et s'est substituée à la notion classique de bien ou propriété, notion statique[111].

L'investissement présuppose la création de liens économiques durable. C'est donc une notion dynamique, en ce sens qu'elle ne peut se concevoir que dans la durée et dans le mouvement. La durée lui est essentielle car le profit qu'un investisseur retire de son investissement est un profit différé, ce qui signifie que l'investissement ne peut être qu'à moyen ou à long terme. Cela explique le fait que le droit international des investissements ne coïncide que très partiellement avec la teneur du droit matériel de la condition juridique des étrangers. Formé de sources internes et internationales conventionnelles ou coutumières, le droit des investissements comprend deux strates: d'un côté, un certain nombre de règles destinées à permettre la libre circulation des investissements; de l'autre côté, un certain nombre de principes et de règles destinés à définir le traitement et la protection de l'investissement.

La diligence dans le contexte de l'investissement renvoie au principe du "traitement juste et équitable" visant à assurer la protection de l'investissement direct étranger par les pays d'accueil. Selon l'OCDE, l'obligation de l'État territorial d'accorder un "traitement juste et équitable" est souvent énoncée concurremment avec d'autres normes visant à assurer la protection de l'investissement direct étranger par les pays d'accueil. Il s'agit d'une norme de traitement à caractère absolu et non contingent[112], c'est-à-dire une norme qui définit le traitement qui doit être accordé selon des termes dont le sens exact reste à déterminer en fonction d'un contexte spécifique d'application, à l'inverse des normes relatives intégrées dans les principes du "traitement national" et de "la nation la plus favorisée"[113], qui définissent le traitement requis eu égard au traitement accordé à d'autres investissements[114]. Comme on le sait, l'objectivation du contenu du "traitement juste et équitable" fait l'objet de controverse[115]. Le débat qu'a suscité ce principe a porté principalement sur la question de savoir si elle est mesurée au regard de la norme minimale du droit international coutumier, une norme élargie du droit international incluant d'autres sources comme les obligations de protection des investissements généralement contenues dans les traités de même que des principes généraux, ou si elle constitue un concept autonome inscrit dans les traités et qui n'est pas expressément lié au droit international coutumier.

Mais au-delà de la controverse sur son contenu, son étendue et son autonomie normative, on constate synchroniquement que le traitement juste et équitable est repris systématiquement dans presque tous les accords, bilatéraux, régionaux, multilatéraux ou autres instruments internationaux d'inversement. Par exemple, l'article 12 (d) de la Convention portant création de l'Agence multilatérale de garantie des investissements adoptée en 1985 dispose que lorsqu'elle garantit un investissement, l'Agence s'assure qu'il reçoit dans le pays hôte un traitement juste et équitable et une protection juridique. Il semble que cela constituerait, selon l'OCDE, non seulement un principe d'ordre prudentiel qui permettrait d'atténuer le risque lié aux investissements garantis, mais aussi un moyen pour l'Agence multilatérale de garantie des investissements de remplir son mandat en vertu des articles 2 et 23, à savoir favoriser les flux d'investissements vers les pays en développement et entre ces pays, ce qui englobe l'action en faveur de la protection des investissements.

Le principe du traitement juste et équitable est également pris en compte dans la Quatrième convention de Lomé, signée en 1990 par le Groupe des États d'Afrique, des Caraïbes et du Pacifique et la Communauté économique européenne ainsi que dans l'article IV du traité de l'ASEAN pour la promotion et la protection des investissements. L'article 159 du traité de 1994 instituant le Marché commun de l'Afrique de l'Est et de l'Afrique australe (COMESA) demande également aux États membres d'accorder un traitement juste et équitable aux investisseurs privés. L'article 1105 (1) de l'ALENA, entré en vigueur le 1er janvier 1994, stipule, sous la rubrique "Norme minimale de traitement": "Chacune des Parties accordera aux investissements effectués par les investisseurs d'une autre Partie un traitement conforme au droit international, notamment un traitement juste et équitable ainsi qu'une protection et une sécurité intégrales"[116].

La jurisprudence arbitrale en matière d'investissement a reconnu l'autonomie du traitement juste et équitable par rapport à d'autres principes du droit international économique notamment la clause de la nation la plus favorisée et le principe du traitement national. Dans l'affaire Mondev, le tribunal arbitral CIDI, a considéré que l'article 1105 de l'ALENA "is not limited to issues concerning the treatment of investments before the courts of the host State. This would be clear in any event, since the "minimum standard of treatment" under international law as applied by arbitral tribunals and in State practice applies to a wide range of factual situations, whether in peace or in civil strife, and to conduct by a wide range of State organs or agencies"[117]. Le tribunal, tout en rejetant *in fine* l'interprétation donnée le 31 juillet 2001 par la Commission du libre-échange[118] de l'ALENA, conclut que "Article 1105(1) prescribes the customary international law minimum standard of treatment of aliens as the minimum standard of treatment to be afforded to investments of investors of another Party"[119].

Pour certains Etats, notamment le Canada, le principe du traitement juste et équitable, affirmé dans l'article 1105 de l'ALENA, reflète le droit international coutumier tel qu'établi par la jurisprudence *Neer*. Comme on le sait, la question spécifique dans cette affaire concernait la responsabilité du Mexique pour absence de diligence dans la poursuite et l'arrestation, par les autorités policières, des auteurs du meurtre d'un citoyen américain. La Commission mixte de réclamations avait conclu, dans sa sentence du 15 octobre 1926 que, à l'occasion d'actes de particuliers, l'Etat engage sa responsabilité seulement si "the treatment of an alien (…) amount to an outrage, to bad faith, to wilful neglect of duty, or to an insufficiency of governmental action so far short of international standards that every reasonable and impartial man would readily recognize its insufficiency"[120].

Or, à l'analyse, cette affaire ne concernait pas le traitement des investissements étrangers *per se*, mais la sécurité physique de ressortissant étranger. Ce qui nous dire que le traitement juste et équitable contenu dans les accords d'investissement, tout en incorporant la règle coutumière reconnue dans l'affaire *Neer* visant à protéger l'investisseur étranger d'actes illicites de particuliers, impose aussi à l'Etat d'accueil lui-même l'obligation de ne pas traiter l'investissement de manière injuste et inéquitable. En d'autres termes, le contenu normatif du traitement juste et équitable du droit international des investissements d'aujourd'hui, est beaucoup plus vaste que le standard international minimum reconnu dans la jurisprudence arbitrale des années 1920, pour la protection de la sécurité physique des étrangers. Car, comme l'affirme à juste titre le tribunal dans l'affaire *Mondev*, "To the modern eye, what is unfair or inequitable need not equate with the outrageous or the egregious. In particular, a State may treat foreign investment unfairly and inequitably without necessarily acting in bad faith"[121]. Le tribunal arbitral conclu en ces termes:

> "the vast number of bilateral and regional investment treaties (more than 2000) almost uniformly provide for fair and equitable treatment of foreign investments, and largely provide for full security and protection of investments. Investment treaties run between North and South, and East and West, and between States in these spheres inter se. On a remarkably widespread basis, States have repeatedly obliged themselves to accord foreign investment such treatment. In the Tribunal's view, such a body of concordant practice will necessarily have influenced the content of rules governing the treatment of foreign investment in current international law. It would be surprising if this practice and the vast number of provisions it reflects were to be interpreted as meaning no more than the *Neer* Tribunal (in a very different context) meant in 1927"[122].

En somme, le traitement juste et équitable réaffirme dans le domaine tout particulier des investissements, l'importance de la diligence. Étant donné que la diligence s'apprécie toujours en fonction des circonstances, on comprend qu'il n'y ait pas de définition précise du traitement juste et équitable dans le droit des traités. La question est de savoir quel est le degré de protection voulu par les parties signataires d'un accord bilatéral d'investissement. Deux lectures sont possibles: la première s'appuie sur l'idée qu'adopter un traitement juste et équitable c'est accorder aux investisseurs étrangers un traitement conforme au standard établi par le droit international, c'est à dire assurer la protection de droits personnels et procéduraux élémentaires comme l'accès à la justice et garantir la personne de l'investisseur ainsi que ses biens contre des atteintes injustifiées ou discriminatoires de la part de l'État d'accueil, et la seconde, selon laquelle, l'obligation de traitement juste et équitable n'aurait pas un contenu prédéterminé et renverrait aux notions de justice et d'équité entendues objectivement mais en tenant compte des circonstances de faits de l'espèce[123].

D. Le droit international contemporain et le traitement des étrangers

C'est devenu un principe reconnu en droit international classique que les États doivent traiter les étrangers établis sur leurs territoires avec diligence c'est-à-dire que les États doivent offrir aux étrangers un traitement adéquat. Un tel traitement signifie effectivement que l'État doit protéger la personne et la propriété de l'étranger au moyen d'un mécanisme approprié et des mesures concrètes de prévention et de répression des infractions qui peuvent être perpétrées contre lui à la fois par les organes de l'État et par des particuliers. Toute défaillance de l'appareil judiciaire de l'État dans la poursuite et la répression d'éventuelles infractions commises contre les étrangers constitue dès lors un déni de justice.

De nos jours, le droit matériel du traitement des étrangers qui a connu une importante fortune au début du 20e siècle, est aujourd'hui absorbé par le droit international des droits de l'homme. Puisque les normes relatives aux droits de l'homme sont, en principe, valable pour chaque individu, la conclusion logique est que ces normes sont également valables pour les étrangers même si le droit classique du traitement des étrangers subsiste de façon résiduelle notamment en matière d'admission. Telle est, par exemple, l'approche de l'Assemblée générale des Nations Unies dans sa déclaration sur les droits de l'homme des personnes qui ne possèdent la nationalité du pays dans lequel elles résident[124]. Dans son rapport final sur la prévention de la discrimination et les droits des non-ressortant, le rapporteur spécial David Weissbrodt, s'appuyant sur le droit international des droits de l'homme, conclu que «ême, jouir de tous les droits fondamentaux. Il ne devrait exceptionnellement être fait de distinctions – par exemple entre ressortissants et non-ressortissants – que pour servir un objectif légitime de l'État et ces distinctions devaient être proportionnées à la recherche de cet objectif"[125].

Ainsi, les non ressortissants ont des droits fondamentaux c'est-à-dire ne pas être exposés à une mort arbitrairement infligée, à des traitements inhumains, à l'esclavage, au travail forcé, à l'exploitation de la main-d'œuvre enfantine, à des arrestations arbitraires, à des procès injustes, à des atteintes à leur vie privée ou au refoulement, ni faire l'objet de violations du droit humanitaire. Ils ont aussi le droit de se marier, d'être protégés en tant que mineurs, de se réunir pacifiquement et de s'associer librement; ils ont droit à l'égalité, à la liberté de religion et de conviction. Le Comité des droits de l'homme, dans son observation générale n° 15 sur la situation des étrangers au regard du Pacte reconnait que chaque État partie doit garantir les droits visés par le Pacte à tous les individus se trouvant dans leur territoire et relevant de leur compétence. Ces droits de l'homme énoncés dans le Pacte s'appliquent à toute personne, sans considération de réciprocité, quelle que soit sa nationalité ou même si elle est apatride.

La théorie des droits de l'homme a donc eu un impact extraordinaire sur le contenu des normes primaires à caractère substantiel, non seulement dans les secteurs où viennent en évidence les intérêts de l'individu, mais aussi dans les secteurs traditionnellement réservés aux intérêts interétatiques[126]. On ne parle plus d'un standard de traitement réservé aux étrangers, mais de l'application des principes fondamentaux des droits de l'homme en toute circonstance, peu importe la nationalité de l'individu. Garcia-Amador avait déjà émis l'idée dans son rapport sur la responsabilité des États, de dépasser le clivage Nord/Sud, standard international versus traitement national, par une "une reconnaissance internationale de droit fondamentaux de l'homme"[127] qui, comme on le sait, ne tient pas compte de la qualité de national ni de celle d'étranger. Selon le premier rapporteur spécial de la CDI sur la thématique de la responsabilité des États,

> "La "norme internationale de justice" est apparue et a été acceptée à une époque où régnaient des conceptions différentes de celles qui dominent aujourd'hui: le droit international reconnaissait et protégeait les droits fondamentaux de l'homme, considéré comme étranger, c'est-à-dire à raison de sa qualité de ressortissant d'un État. Le principe de l'égalité, de son côté, a été conçu pour remédier aux conséquences résultant des situations juridiques différentes faites aux nationaux et aux étrangers. Les deux principes avaient par conséquent le même fondement: la distinction, admise dans le premier cas et refusée dans le second, entre deux catégories de droits et deux types de protection. Cette distinction a dis-

paru du droit international contemporain lorsqu'on a reconnu les droits de l'homme et les libertés fondamentales sans faire aucune distinction entre nationaux et étrangers"[128].

Ainsi, les droits de l'homme assurent une protection à tout individu sur la base de l'égalité de droits et de libertés sans aucune discrimination fondée notamment sur l'origine ou la race. A cet égard, l'article 2 du Pacte international relatif aux droits civils et politiques dispose que: "Les États parties au présent Pacte s'engagent à respecter et à garantir à tous les individus se trouvant sur leur territoire et relevant de leur compétence les droits reconnus dans le présent Pacte, sans distinction aucune, notamment de race, de couleur, de sexe, de langue, de religion, d'opinion politique ou de toute autre opinion, d'origine nationale ou sociale, de fortune, de naissance ou de toute autre situation"[129].

Il faut noter cependant que, même si ces instruments affirment solennellement le principe fondamental de la non-discrimination, des différences de traitements entre nationaux et non-nationaux sont inévitables eu égard à la jouissance de certains droits notamment politiques ou d'accès au travail. Ce qui signifie, de notre point de vue, que le droit international des droits de l'homme n'a pas purement et simplement occupé *toute la place* naguère réservée au traitement des étrangers. Ce serait donc trop idéaliste de croire que le droit matériel des étrangers est devenu sous le poids des droits de l'homme, simplement d'application résiduelle et de nature limitée à certaines circonstances exceptionnelles. Quoiqu'il en soit, le droit matériel du traitement des étrangers (tout au moins dans leur personne) dont la diligence constitue le noyau dur, fait désormais parti du droit international des droits de l'homme. Comme l'a reconnu la Cour interaméricaine des droits de l'homme dans l'affaire concernant la disparition de Manfredo Velasquez:

"Il est clair qu'en principe est imputable à l'État toute violation des droits reconnus par la Convention résultant d'un acte des pouvoirs publics ou de personnes se prévalant des pouvoirs qu'ils tirent de leurs fonctions officielles. Cela n'épuise cependant pas les situations où un État est obligé de prévenir, rechercher et sanctionner les violations des droits de l'homme, ni les cas où sa responsabilité peut se voir engagée pour atteinte à ces mêmes droits"[130].

Après avoir affirmé ces différents titres d'imputabilité, la Cour poursuit en ces termes:

"En effet, un acte attentatoire aux droits de l'homme et qui, initialement, ne serait pas directement imputable à un État - par exemple s'il est l'œuvre d'un particulier ou si son auteur n'est pas identifié - peut néanmoins engager la responsabilité internationale de cet État, non en raison du fait lui-même, mais en raison du manque de diligence de l'État pour prévenir la violation des droits de l'homme ou la traiter dans les termes requis par la Convention"[131].

La théorie des droits de l'homme a substantiellement modifié la structure des normes secondaires concernant l'institution de la protection diplomatique[132]. En effet, dans le droit international classique, la mise en œuvre de la protection diplomatique relevait d'un pouvoir discrétionnaire de l'État national qui exerçait un droit propre. L'institution de la protection diplomatique a été, de longue date, perçue comme un droit exclusif de l'État au sens où celui-ci l'exerce pour son propre compte parce qu'un préjudice causé à un de ses nationaux est considéré comme un préjudice causé à l'État lui-même. A cet égard, Emer de Vattel affirmait dans son *magnum opus* de 1758 que:

"Quiconque offense l'État, blesse ses droits, trouble sa tranquillité, ou lui fait injure en quelque manière que ce soit, se déclare son Ennemi, & se met dans le cas d'en être justement puni. *Quiconque maltraite un Citoyen offense indirectement l'État, qui doit protéger ce Citoyen.* Le Souverain de celui-ci doit venger son injure, obliger, s'il le peut, l'agresseur à une entière réparation, ou le punir; puisqu'autrement le Citoyen n'obtiendrait point la grande fin de l'association Civile, qui est la sûreté"[134].

D'où la fiction que tout État a un droit propre, celui de voir le droit international respecté en la personne de ses ressortissants. Car, "en prenant fait et cause pour l'un des siens, en mettant en mouvement, en sa faveur, l'action diplomatique ou l'action judiciaire internationale, cet État fait, à vrai dire, valoir son propre droit, le droit qu'il a de faire respecter en la personne de ses ressortissants le droit international".

Avec l'irruption des droits de l'homme dans l'ordre juridique international, comme nous l'avons montré un peu plus haut, les normes internationales sur le traitement des étrangers imposent désormais à l'État territorial, des obligations internationales à la fois envers l'État national de l'étranger mais aussi et surtout envers l'individu étranger lui-même. Par conséquent, selon Pisillo Mazzeschi, "dans le cas d'un individu qui aurait subi une lésion de la part d'un État étranger suite à la violation d'une disposition sur le traitement des étrangers, un rapport de responsabilité internationale s'instaure non seulement entre l'État auteur du fait illicite et l'État national de l'individu, mais *aussi entre l'État auteur et l'individu*"[135].

La CIJ a admis cette nouveauté dans l'exercice de la protection diplomatique dans l'affaire *LaGrand*. Répondant à l'argument américain selon lequel l'exercice de la protection diplomatique est un droit exclusif de l'État national de l'individu lésé, la Cour conclut que l'article 36 par. 1 de la convention de Vienne sur les relations consulaires "crée *des droits individuels* qui, en vertu de l'article premier du protocole de signature facultative, peuvent être invoqués devant la Cour par l'État dont la personne détenue a la nationalité"[136]. Elle reconnaît au passage une situation "d'interdépendance des droits de l'État et des droits individuels"[137]. Dans son arrêt du 24 mai 2007 en l'affaire *Ahmadou Sadio Diallo*, la CIJ a mis un point d'orgue au débat engagé ces dernières années aux niveaux de la doctrine, des États et de la jurisprudence sur l'impact des droits de l'homme sur les normes secondaires de la responsabilité. En l'espèce, la Guinée prétendait exercer sa protection diplomatique en faveur de M. Diallo en raison de la violation des droits de celui-ci que la RDC aurait commise du fait de son arrestation, de sa détention et de son expulsion, violation qui aurait constitué un fait internationalement illicite de cet État mettant en cause sa responsabilité. Pour répondre aux prétentions de la Guinée et apprécier les exceptions d'irrecevabilité de la RDC, la Cour va examiner si le demandeur satisfait aux conditions de l'exercice de la protection diplomatique, à savoir si M. Diallo a la nationalité de la Guinée et s'il a épuisé les voies de recours internes disponibles en RDC. À l'occasion d'un célèbre *obiter dictum*, la Cour affirme sans ambiguïté que: "En raison de l'évolution matérielle du droit international, au cours de ces dernières décennies, dans le domaine des droits reconnus aux personnes, le champ d'application *ratione materiae* de la protection diplomatique, à l'origine limité aux violations alléguées du standard minimum de traitement des étrangers, s'est étendu par la suite pour inclure notamment les droits de l'homme internationalement garantis"[138].

On voit ainsi que la théorie des droits de l'homme a profondément influencé les normes secondaires classiques en matière de protection diplomatique. Désormais, lorsque l'État national d'un individu lésé à l'étranger exerce une action en protection diplomatique, il affirme non seulement son propre droit, mais aussi et surtout le droit de son ressortissant lésé. Dès lors, le droit à la réparation appartient à la fois tant à l'État qu'à l'individu[139]. L'irruption des droits de l'homme dans l'ordre international a entrainé une expansion de ses destinataires formels et une profonde modification de son contenu. Au côté d'un droit de la coexistence fondée sur le principe de réciprocité, s'est progressivement cristallisé un droit de la coopération fondée sur la solidarité et la hiérarchie normative. Les États doivent ainsi assurer la jouissance des droits fondamentaux aux non-nationaux sur leur territoire. Ils ont le devoir juridique de prévenir raisonnablement les violations des droits de l'homme, de rechercher sérieusement et de bonne foi, avec les moyens dont il dispose, celles qui sont commises dans le cadre de leur juridiction, afin d'en identifier les coupables et d'assurer à la victime une réparation équitable. Les mesures de prévention dépendent des circonstances spécifiques à chaque cas, et c'est au juge d'en apprécier la pertinence. C'est pourquoi il convient d'examiner dans le chapitre suivant la manière dont le juge international détermine le degré de diligence requis de l'État par le droit international.

NOTES

[39] Pour une définition du concept, Voir notamment, E. De VATTEL, *Le droit des gens ou principes de la loi naturelle appliqués à la conduite et aux affaires des Nations et des Souverains*, The Classics of International Law, Carnegie Institute of Washington, 1916, Livre II, Chap. VII, p. 79, par. 103: "Les peuples neutres, dans une Guerre, sont ceux qui n'y prennent aucune part, demeurant Amis communs des deux parties, & ne favorisant point les armes de l'un, au préjudice de l'autres"; A. RIVIER, *Principes du droit des gens*, Paris, Rousseau, 1896, p. 108: "Un Etat est neutre lorsque, durant une guerre, il ne prend parti ni pour l'un ni pour l'autre des belligérants, mais reste en paix et amitié avec chacun d'eux"; M. HÜBNER, *De la saisie des bâtiments neutres, ou du droit qu'ont les nations belligérantes d'arrêter les navires des peuples amis*, La Haye, 1759, Partie I, Chap. II, p. 31, par. 1: "Toute neutralité consiste dans une inaction entière, relativement à la guerre, et dans une impartialité exacte et parfaite, manifestée par les faits"; N. POLITIS, *Neutrality and Peace*, transl. F. C. MACKEN, Carnegie Institute of Washington, 1935, p. 3: "Neutrality designates the condition of that State which, while war is being carried on between two or more other States, remains outside of the struggle and strives to preserve with each of the belligerents, so far as possible, the normal relations which it maintained with them before"; R. KLEEN, *Lois*

et usages de la neutralité d'après le droit international conventionnel et coutumier des Etats civilisés, Paris, Chevalier-Marescq, 1898, Tome I, p. 73: "la neutralité est la situation juridique dans laquelle un Etat pacifique est, autant que possible, laissé en dehors des hostilités qui ont lieu entre des Etats belligérants, et s'abstient lui-même de toute participation ou ingérence dans leur différend, en observant vis-à-vis d'eux une stricte impartialité"; J. H. W. VERZIJL, *International Law in Historical Perspective*. Part 9-B: *The Law of Neutrality*, Leyden, Sijthoff, 1979, pp.15-16: "Neutrality properly so called is the status under international law of a State which remains uninvolved in an armed conflict between two or more other States".

[40] P. FAUCHILLE, *Traité de droit international public.* Tome 2: *Guerre et neutralité*, Paris, Rousseau et Cie, 1921, p. 636. La neutralité, du point de vue étymologique, dérive du latin *neuter* signifiant "ni l'un ni l'autre". Il n'existe donc pas de mot latin qui répond exactement aux expressions de neutre et de neutralité. Les romains employaient, selon Ernest Nys, les expressions *medii* et *amici* plutôt que *neuter*. Les dérivées *neutralis* et *neutraliter*, sortes de barbarisme, n'étaient utilisés, nous semble-t-il, que par les grammairiens. Ils renvoyaient aux mots invariables c'est-à-dire "aux mots qui ne sont ni masculins ni féminins". Le substantif *neutralitas* est une construction du Moyen Âge. Il apparaît pour la première fois officiellement en 1408 dans un décret par lequel le roi de France proclama la neutralité entre les papes de Rome et d'Avignon, puis dans une résolution de 1478 par laquelle la Principauté de Liège proclama sa "bonne et vraie neutralité". E. NYS, "Notes sur la neutralité", in: *Etudes de droit international et de droit politique*, deuxième série, Bruxelles/Paris, Castaigne/Fontemoing, 1901, p. 57. Sur l'étymologie de la neutralité, voir également S. SCHOPFER, *Le principe juridique de la neutralité et son évolution dans l'histoire du droit de la guerre*, Lausanne, Corbaz et Cie, 1894, pp. 74-78; W. G. GREWE, *The Epochs of International Law*, Transl. M. BYERS, Berlin/New York, Walter de Gruyter, 2000, p. 371; W. S. M. KNIGHT, "Neutrality and Neutralization in the Sixteenth Century Liège", *Journal of Comparative Legislative and International Law*, vol. 2 (1920), pp. 98-104.

[41] N. POLITIS, *Neutralité et paix*, Paris, Hachette, 1935, p. 19.

[42] P. J. POINTET, *La neutralité de la Suisse et la liberté de la presse*, Zurich, Polygraphiques S. A., 1945, p. 33.

[43] K. H. L. HAMMARSKJÖLD, "La neutralité en général: leçons données à l'académie de droit international de La Haye", *Bibliotheca Visseriana*, vol. 3 (1924), p. 79.

[44] HÜBNER, *supra* note 21, pp. 36-37, par. 4.

[45] Art. 1er de la Convention V de La Haye de 1907 sur la neutralité terrestre. Pour E. CHADWICK, "The Impossibility of Maritime Neutrality during World War 1", *NILR*, vol. 54 (2007), p. 338, "While belligerency is fairly self-explanatory, neutral states were held to two duties by the law of Nations: first, abstention from any direct involvement in the hostilities was required, and secondly, an attitude of impartiality towards the belligerents was to be maintained".

[46] Art. 1er de la Convention XIII de La Haye sur la neutralité maritime.

[47] Cette disposition prohibant l'installation de stations radiotélégraphiques tire son origine de la guerre russo-japonaise de 1904 durant laquelle la Russie installa des stations radio sur les territoires neutres chinois et coréen. VERZIJL, *supra*, note 21, p. 164, considère que le principe d'inviolabilité est absolu et "implies first if of all the inadmissibility of the committal by a belligerent of any sort of hostilities there, either against the neutral State itself, or against enemy or neutral (non-enemy) ships or other property present in neutral waters. Such armed action is even prohibited in the form of a continuation of hostilities which were commenced on the high seas or in adjacent enemy territorial waters". Bynkershoek admettait par contre que, sous le feu de l'action, le belligérant peut poursuivre l'ennemi jusque sur le territoire neutre. C. van BYNKERSHOEK, *Quaestionum juris publici libri duo*, Transl. T. FRANK, The Classics of International Law, Carnegie Institute of Washington, 1930, Livre I, Chap. VIII.

[48] FAUCHILLE, *supra* note 22, p. 659. Sur ce point, voir aussi l'article 2 de la Convention XIII de La Haye sur la neutralité sur mer: "Tous actes d'hostilité, y compris la capture et l'exercice du droit de visite, commis par des vaisseaux de guerre belligérants dans les eaux territoriales d'une Puissance neutre, constituent une violation de la neutralité et sont strictement interdits".

[49] Art. 10 de la Convention XIII de La Haye de 1907.

[50] Vattel fut, nous semble-t-il, le premier auteur a posé la règle selon laquelle, l'impartialité véritable, due par le neutre à chacun des belligérants, ne peut pas s'obtenir dans l'assistance, mais uniquement par l'abstention. Il considère que la neutralité se rapporte uniquement à la guerre et comprend deux choses: "1°. Ne point donner de secours quand on n'y est pas obligé, ne fournir librement ni Troupes, ni Armes, ni Munitions, ni rien de se qui sert directement à la Guerre. Je dis ne point donner de secours, & non pas en donner également; car il serait absurde qu'un Etat secourût en même-tems deux Ennemis: Et puis il serait impossible de le faire avec égalité; les mêmes choses, le même nombre de Troupes, la même quantité d'armes, de munitions &c. fournies en des circonstances différentes, ne forment plus des secours équivalents. 2°. Dans tout ce qui

ne regarde pas la Guerre, une Nation neutre & impartiale ne refusera point à l'un des partis, à raison de sa querelle présente, ce qu'elle accorde à l'autre". VATTEL, *supra* note 21, Livre III, Chap. VII, p. 79, par. 104. Pour un examen critique du *magnum opus* du neuchâtelois, voir notamment P. HAGGENMACHER, V. CHETAIL (éds), *Le droit international de Vattel vu du 21ᵉ siècle*, Leyden, Brill, 2010; E. JOUANNET, *Emer de Vattel et l'émergence doctrinale du droit international classique* Paris, Pedone, 1998; W. Van der VLUGT, "L'œuvre de Grotius et son influence sur le développement du droit international", *RCADI*, vol. 7 (1925-II), pp. 395-509; P. HAGGENMACHER, *Grotius et la doctrine de la guerre juste*, Paris, PUF, 1983; F. S. RUDDY, *International Law in the Enlightenment. The Background of Emmerich de Vattel's Le Droit des Gens*, New York, Oceania Publications, 1975; P. GUGGENHEIM, *Emer de Vittel et l'étude des relations internationales en Suisse*, Genève, Georg et Vie, 1956; J. J. MANZ, *Emer de Vattel, Versuch einer Würdigung: unter besonderer Berücksichtigung der individuellen Freiheit und der souveränen Gleichheit*, Zürich, Schulthess, 1971; H. MUIR-WATT, "Droit naturel et souveraineté de l'Etat dans la doctrine de Vattel" *Archives de philosophie du droit*, vol. 32 (1987), p. 71-83; S. BEAULAC, "Emer de Vattel and the Externalization of Sovereignty", *Journal of the History of International Law*, vol. 5 (2003), pp. 237-292.

[51] Institut de droit international, Session de La Haye de 1875, avec Johann Caspar Bluntschli comme rapporteur, Annuaire 1877, p. 439.

[52] Au 18ᵉ siècle, il était admis qu'un Etat neutre ne viole pas sa neutralité s'il fournit des contingents ou du matériel de guerre à l'un des belligérants en application d'un traité d'alliance. Sur la controverse qu'a soulevé cette règle, voir notamment L. OPPENHEIM, *International Law a Treatise*. Vol. 2: *Disputes, War and Neutrality*, London/New York, Longmans Green and co, 1905-1906, pp. 686-687.

[53] Art. 6 de la Convention XIII de La Haye de 1907.

[54] Art. 4 de la Convention V de La Haye de 1907.

[55] J. WESTLAKE, *International Law*. Part I: *War*, Cambridge, Cambridge University Pess, 1907, p. 611; FAUCHILLE, *supra* note 22, p. 666.

[56] Cette loi anglaise de 1819 visait également à restreindre l'aide britannique faite aux colonies espagnoles d'Amérique latine dans leur lutte pour l'indépendance.

[57] Art. 8. Les italiques sont ajoutés.

[58] Voir par exemple les affaires *Santissima Trinidad* de 1822 et *Meteor* de 1866 analysées par WESTLAKE, *supra* note 37, p. 618-620. Sur ce point, voir également OPPENHEIM, *supra* note 34, pp 713.

[59] VATTEL, *supra* note 21, Livre II, Chap. VI, p. 309, par. 71 *in fine*.

[60] Célèbre discours d'Abraham Lincoln prononcé sur le champ de bataille de Gettysburg le 19 novembre 1863.

[61] E. REALE, *Le Règlement judiciaire du conflit de l'Alabama*, Lausanne/Genève, Payot, 1929, p. 16.

[62] *Affaire de l'Alabama* (Grande-Bretagne/Etats-Unis), Sentence du 14 septembre 1872, in: A. De LAPRADELLE, N. POLITIS, *Recueil des arbitrages internationaux*, Paris, Pedone, 1905-1954, vol. II, p. 715.

[63] *Ibid.*, p. 717.

[64] REALE, *supra* note 43, p. 21.

[65] REALE, *supra* note 43, p. 61; P. A. ZANNAS, *La responsabilité internationales des Etats pour les actes de négligence*, Montreux, Ganguin & Laubsher, 1952, p. 75-76.

[66] Traité de Washington du 8 mai 1871, *Affaire de l'Alabama*, *supra* note 44, p. 779.

[67] *Ibid.*

[68] Mémoire des Etats-Unis, *Affaire de l'Alabama*, *supra* note 44, p. 789.

[69] *Ibid.*

[70] *Ibid.*, Contre-Mémoire britannique, p. 796.

[71] *Ibid.*

[72] *Ibid.*, Délibérations du tribunal, p. 855.

[73] *Ibid.*, p. 856.

[74] *Ibid.*

[75] *Ibid.*, Sentence, p. 890.

[76] *Ibid.*, Délibérations du tribunal, p. 861.

[77] *Ibid.*, note doctrinale, p. 970. Voir également le commentaire de WESTLAKE, *supra* note 37, pp. 628-630.

[78] Institut de droit international, session de La Haye de 1875.

[79] Art. 25, Convention XIII de La Haye de 1907.

[80] Voir sur ce point, l'opinion de M. Hardy à la Chambre des communes, R. SHABTAI, *Les conférences de la Paix de La Haye de 1899 et 1907 et l'arbitrage international: Actes et documents*, Bruxelles, Bruylant, 2007. Rapport L. RENAULT, *actes et documents de la Conférence*, vol. I, p. 302. Voir également B. J. SCOTT, *The Hague Peace Conferences*, pp. 629-630 et p. 647.

[81] Pour un examen du développement de l'arbitrage, voir notamment J. H. RALSTON, *International Arbitration from Athens to Locarno*, California, Stanford University Press, 1929.

[82] Dans la première moitié du 20e siècle, la majorité de la doctrine examinait la question de la responsabilité sous l'angle de la condition juridique des étrangers. Sur ce point, voir notamment D. ANZILOTTI, "La responsabilité internationale des Etats à raison des dommages soufferts par des

étrangers", *RGDIP*, vol. 13 (1906), pp. 5-29 et pp. 285-309; E. M. BOR-CHARD, *The Diplomatic Protection of Citizens Abroad or the Law of International Claims*, New York, Banks Law, 1916, pp. 33-109; C. EAGLETON, *The Responsibility of State in International Law*, New York, New York University Press, 1928; F. S. DUNN, *The Protection of Nationals: a Study in the Application of International Law*, Baltimore, The Johns Hopkins Press, 1932; R. B. LILLICH, "The Current Status of the Law of State Responsibility for Injuries to Aliens", in: R. B. LILLICH, (ed.), *International Law of State Responsibility for Injuries to Aliens*, Charlotteville, University Press of Virginia, 1983, pp. 1-60.

[83] Pisillo-Mazzeschi, "The Relationship Between Human Rights and the Rights of Aliens and Immigrants", in Ulrich Fastenrath, Bruno Simma (eds.), *From Bilateralism to Community Interest: Essays in Honor of Burno Simma*, Oxford, Oxford University Press, 2001, p. 2 (online version).

[84] Affaire *TI c. Royaume Uni*, arrêt CEDH, 2000-III, p. 456.

[85] Sur l'admission voir notamment A. VERDROSS, "Règles générales du droit de la paix", *RCADI*, vol. 30 (1929-V), pp. 438-440.

[86] Ce sujet d'actualité est inscrit au programme de la CDI depuis 2005. Le rapporteur spécial Maurice Kamto a fourni 5 rapports dont le dernier date de 2009. Voir Rapport de la CDI, session de 2009, A/64/10, pp. 320-333.

[87] P. C. JESSUP, "Responsibility of States for Injuries to Individuals", *Columbia Law Review*, vol. 46 (1946), p. 904.

[88] VATTEL, *supra* note 21, Livre II, Chap. VIII, p. 331, par. 104.

[89] A. VERDROSS, "Règles internationales concernant le traitement des étrangers", *RCADI*, vol. 37 (1931-III), p. 349.

[90] ANZILOTTI, "La responsabilité internationale des Etats...", *supra* note 64, p. 18.

[91] *Ibid.*

[92] Annuaire de l'IDI, vol. I (1874), p. 52.

[93] A. Verdross, "Les règles internationales concernant le traitement des étrangers", *RCADI*, vol. 37 (1931-III), p. 332.

[94] ANZILOTTI, "La responsabilité internationale des Etats...", *supra* note 64, p. 19.

[95] OPPENHEIM, *supra* note 34, p. 374.

[96] Pour une analyse de du concept de standard, voir le chapitre suivant.

[97] Pour un examen du débat doctrinal, voir notamment A. H. ROTH, *The Minimum Standard of International Law Applied to Aliens*, Leiden, Sijthoff, 1949.

[98] M. N. SHAW, *International Law*, 5th ed., Cambridge, Cambridge University Press, 2003, p. 734. Philip Jessup va dans le même sens lorsqu'il

affirme: "Latin-American jurists and governments have long asserted that the test for appropriate treatment of aliens should be equality with the nationals of the country in which they come to reside. This position has been countered, especially by the United States, with the assertion that there exists such a thing as an international standard for the administration of justice and the protection of the individual. If, in a particular state, that international standard is not maintained, the alien is entitled to the protection of his government". JESSUP, "Responsibility of States...", *supra* note 67, p. 910.

[99] F. S. DUNN, "International Law and Private Property Rights", *Columbia Law Review*, vol. 28 (1928), pp. 166-180.

[100] E. ROOT, "The Basis of Protection of Citizens Abroad", *American Society of International Law Proceedings*, vol. 4 (1910), pp. 16-22.

[101] DUNN, "International Law and Private Property Rights", *supra* note 78, p. 174.

[102] ROOT, *supra* note 79, p. 21.

[103] Affaire *LFH Neer and Pauline Neer* (USA c. Mexique), *RSA*, vol. 4 (1926), p. 61-62. Voir également dans le même sens: Affaire *Garcia*, (USA c. Mexique) *RSA*, vol. 4 (1926), p. 119; Affaire *Roberts*, (USA c. Mexique) *RSA*, vol. 4 (1926), p. 77.

[104] *Affaire relative à certains intérêts allemands en Haute-Silésie polonaise*, fond, arrêt, CPJI Recueil 1926, série A, n° 7, p. 21.

[105] C. Rousseau, Droit international public, Paris, 1970, p. 46. Voir dans le même sens: G. Roha, "Is the Law of Responsibility of States for Injuries to Aliens a Part of Universal International Law?", *American Journal of International Law*, 1961, p. 863 et ss. Voir également M. Sornarajah, The International Law on Foreign Investment, Cambridge, 1994, p. 126 et ss.

[106] *Restatement (Second) of Foreign Relations Law* of the United States, 1965, par.165.2

[107] Roth, supra, p. 61.

[108] Ibid., p. 87.

[109] Encyclopedia of Public International Law, vol. 3, p. 408-409.

[110] Voir notamment les affaires *Swinney*, RSA, Vol. IV, p. 98; *Falcon*, RSA, vol. IV, p. 104; *Caire*, RSA, vol. V, p. 516.

[111] Patrick Julliard, "L'évolution des sources du droit des investissements", RCADI, vol. 250 (1994), p. 24.

[112] Le Canada a officiellement déclarée que l'article 1105 (1) de l'ALENA "provides for a *minimum absolute standard* of treatment, based on longstanding principles of customary international law". Pour le texte complet de cette declaration, voir Canada, Department of External Affairs, North American Free Trade Agreement, Canadian Statement on Implementa-

tion, Canada Gazette, 1 January 1994, p. 68 at p. 149. Les italiques sont ajoutés.

[113] Ces deux règles constituent l'ossature du droit de l'OMC.

[114] OCDE, *La norme du traitement juste et équitable dans le droit international des investissements*, Document de travail sur l'investissement international, 2004/3, p. 2.

[115] Controverse liée d'ailleurs aux concepts tout aussi flous de justice et d'équité.

[116] Pour une analyse détaillée des sources conventionnelles du droit des investissements, voir notamment Ioana Tudor, *The Fair and Equitable Treatment Standard in the International Law of Foreign Investment*, Oxford Scholars hip Online, 2009, chapitre 1.

[117] Affaire Mondev, CIRDI,

[118] Conformément à l'article 2001 (2) (c), le rôle de la Commission est de résoudre les différends concernant l'interprétation ou l'application des dispositions de l'ALENA.

[119] Affaire Mondev, par. 122.

[120] Affaire Neer, RSA, vol….. p. Pour une analyse de l'article 1105 dans la doctrine, voir notamment: J.C. Thomas, "Reflexions on Article 1105 NAFTA: History, State Practice and the Influence of Commentators", (2002) 17 ICSID Review FILJ-21-101

[121] Affaire Mondev, par. 116.

[122] Ibid., par. 117

[123] Telles sont les conclusions du tribunal arbitral CIRDI dans l'affaire Consortium RFCC c. Royaume du Maroc, 22 décembre 2003, p. 418.

[124] A/RES/40/144 du 13 décembre 1985.

[125] Rapport final du Rapporteur spécial, M. David Weissbrodt soumis en application de la décision 2000/103 de la Sous-Commission, de la résolution 2000/104 de la Commission et de la décision 2000/283 du Conseil économique et social, E/CN.4/Sub.2/2003/23 du 26 mai 2003.

[126] PISILLO MAZZESCHI, "Responsabilité de l'Etat…", *supra* note 6, p. 209.

[127] *ACDI*, vol. II (1956), p. 202, par. 22.

[128] *Ibid.*, pp. 203-204, par. 157.

[129] Pacte international relatif aux droits civils et politiques, *RTNU*, vol. 999, p. 171. Dans le même sens, l'article 1er de la Convention européenne des droits de l'homme prévoit que: "Les Hautes Parties contractantes reconnaissent à toute personne relevant de leur juridiction les droits et libertés définis au titre I de la présente Convention".

[130] Affaire *Velasquez Rodriguez v. Honduras*, Cour interaméricaine des droits de l'homme, arrêt du 29 juillet 1988, série C, n° 4, par. 172.

[131] *Ibid.* Pour une analyse doctrinale de ces questions, voir notamment A.

CLAPHAM, *Human Rights in the Private Sphere*, Oxford, Oxford University Press, 1993, pp. 340-352.

[132] Pour un examen approfondi de l'impact des droits de l'homme sur le droit international général, voir notamment MT Kamminga and M Scheinin, *The Impact of Human Rights Law on General International Law*, Oxford, Oxford University Press, 2009. Sur les transformations de l'institution de la protection diplomatique, voir notamment le projet d'articles de la CDI et les commentaires y relatifs, *ACDI*, vol. II (2006), 2ᵉ partie, pp. 22-103.

[133] VATTEL, *supra* note 21, Livre II, Chap. VI, p. 309, par. 71.

[134] *Concessions Mavrommatis en Palestine* (Grèce c. Royaume-Uni), arrêt, CPJI, série A n°2, Recueil 1924, p. 12. Ce *dictum* a été repris 15 ans plus tard dans l'affaire du *Chemin de fer Panevezyś-Saldutiskis* (Estonie c. Lituanie), arrêt, CPJI, série A/B n° 76, Recueil 1939, p. 16.

[135] PISILLO MAZZESCHI, "Responsabilité de l'Etat...", *supra* note 6, p. 219.

[136] *LaGrand* (Allemagne c. Etats-Unis d'Amérique), arrêt, CIJ Recueil 2001, pp. 493-494, paras. 76-77. Les italiques sont ajoutés.

[137] *Avena et autres ressortissants mexicains* (Mexique c. Etats-Unis d'Amérique), arrêt, CIJ Recueil 2004, p. 36, par. 40.

[138] Ahmadou Sadio Diallo (République de Guinée c. République démocratique de Congo), Arrêt, CIJ Recueil, 2009, par. 39.

[139] PISILLO MAZZESCHI, "Responsabilité de l'Etat...", *supra* note 6, p. 220.

Chapitre II.

Le degré de diligence requis: le juge international et la technique du standard

Nous avons déjà montré dans le chapitre précédent que le tribunal arbitral dans l'affaire de l'*Alabama* n'avait pas fourni une définition claire et précise de la notion de diligence. Pour le tribunal de Genève, la diligence est une notion à contenu variable, une notion qui doit être appréciée en fonction des circonstances de chaque espèce. En réalité la définition d'un tel concept flou, constitue un des problèmes les plus épineux dans le domaine de la responsabilité internationale. Curieusement les réflexions doctrinales sur le concept, ne sont pas proportionnelles à la quantité d'études sur la responsabilité des États. On pourrait donc affirmer que la doctrine n'a pas progressé depuis qu'en 1887 le secrétaire d'État américain déclara que "Due diligence is the diligence good governments are accustomed to exercise under the circumstances"[140]. La Harvard Law School, dans son projet de codification de 1929 affirmait que "Due diligence is a standard, not a definition"[141].

Le contenu du concept de diligence ne peut être précisé *a priori*. L'étendue de l'obligation à la charge de l'État ne peut être déterminée avec précision qu'en présence des faits matériels de chaque cas d'espèce. Il revient donc au juge international dans l'administration de la justice, "d'examiner les tendances et les intérêts opposés pour déterminer la limite de la responsabilité. Il ne saurait pourtant réussir dans l'accomplissement de cette tâche sans avoir recours à une certaine *mesure de conduite*"[142], au critère du *bonus pater familias*. C'est en se référant à cette mesure moyenne de conduite sociale correcte que le juge international peut déterminer si la *conduite effective* de l'État est ou n'est pas susceptible de constituer un fait illicite. Le contenu de la *due diligence* c'est-à-dire le degré de diligence requis, parce qu'il ne peut être fixé *a priori*, parce qu'il est imprécis et variable au cas par cas, renvoie donc au concept de standard défini comme une normativité variable. Ce qui signifie que le juge international dispose, dans la mise en œuvre du standard, d'une plus grande liberté d'appréciation (section I).

La doctrine et la pratique internationales ont pu dégager les éléments constitutifs de ce standard international. Il est donc bien possible "à travers les opinions souvent divergentes ou même opposées de discerner certaines constances"[143], certains éléments positifs capables de former la charpente du standard de diligence (section II).

Section I.
Le standard en droit international:
Une normativité variable

La métaphysique finaliste classique d'obédience aristotélicienne nous enseigne que l'Être ne peut être *approché* univoquement dans son illusoire transparence *essentialiste*, mais seulement *dit de façon multiple*, c'est-à-dire selon une pluralité de point de vue, donc analogiquement, en tenant compte de ses différences spécifiques et de son *épaisseur* dynamique, toute réalité de ce monde étant complexe et changeante[144]. Appliquée au standard, cette métaphysique d'Aristote nous permet de mieux comprendre et surtout de mieux expliciter les malentendus de la doctrine sur le concept dans la normativité internationale. Si nous partons du postulat selon lequel l'être se dit de façon multiples, on conçoit aisément que les malentendus doctrinaux sont dus en réalité au fait que le standard de diligence est envisagé sous des angles différents suivant chaque cas d'espèce.

A. Éléments de définition d'une notion 'innomée'

La conférence de codification de 1930 organisé sous l'égide de la Société des Nations avait tenté, à travers sa deuxième sous-commission chargée de codifier la responsabilité des États à raison des préjudices causés sur leur territoire à la personne ou aux biens des étrangers, de définir de façon rigoureuse et exhaustive le standard de diligence. Charles de Visscher, rapporteur spécial de cette sous-commission admettait devant la Conférence que: "nous avons vainement cherché le moyen de préciser la teneur de l'obligation [de *due diligence*]. Il a été reconnu qu'il était impossible de le faire"[145]. La réalité est que toute tentative de définition d'un concept flou ou indéterminé se heurte à un obstacle de taille: l'absence d'uniformité. A propos des difficultés liées à tout travail définitoire, Kant admettait déjà dans sa *Critique de la raison pure* que: "Définir, comme l'expression même l'indique, ce ne peut être, à proprement parler, qu'exposer originairement le concept explicite d'une chose *in concreto*. D'après ces conditions, un concept empirique ne peut pas du tout être défini, mais simplement expliqué"[146]. Pour ce philosophe, "On ne peut, pour parler exactement, définir aucun concept donné *a priori*, comme, par exemple, ceux de substance, de cause, de droit, d'équité, etc. Car je ne peux jamais avoir la certitude que la représentation claire d'un concept (encore confus) donné a été explicitement développée qu'à la condition de savoir qu'elle est adéquate à l'objet"[147].

Comment alors élaborer une théorie générale, comment *approcher* le concept du standard face à des pratiques fluctuantes souvent contradictoires. Au-delà de la question du standard, c'est tout le problème de l'objectivation du seuil de la normativité internationale, la frontière entre le droit et le non-droit, qui se trouve posé. Dès lors, il nous parait nécessaire d'analyser le concept de standard en le rapprochant d'une autre notion tout aussi complexe qu'est la règle de droit. Avant d'examiner la dialectique règle versus standard, il nous parait important de revoir la position de celui qui a été à l'origine du débat contemporain sur le concept de standard.

I. La technique juridique selon Roscoe Pound

Le débat contemporain sur la théorie des standards est né, nous semble-t-il avec l'œuvre de Roscoe Pound (1870-1964), philosophe américain et doyen de la *Harvard Law School*. Le vaste "mouvement du standard" serait parti d'une communication faite par Pound lors du congrès de l'American Bar Association en 1919 intitulée: *The Administrative Application of Legal Standards*[149]. Les thèses avancées dans sa théorie du droit se ramènent à l'idée que le rôle du juge est de confronter en permanence la *technique juridique* qui se traduit par des concepts, des règles, des principes ou des standards, aux intérêts de la société dont il doit se faire l'interprète. Cependant, le rôle du juge dans l'ordre juridique n'est pas seulement de s'en tenir à l'interprétation technique du droit en vigueur, mais de rechercher, avec l'aide des théoriciens et praticiens, quels sont les intérêts sociaux qui se trouvent en présence pour aboutir à des solutions d'équilibres, compatibles avec le progrès de la société[150].

1. Rule of law

Selon Roscoe Pound,

"Writers on jurisprudence, in and out of the profession, speak of law as an aggregate of rules. But in truth a modern legal system is much more complex. We have rules, in the sense in which a real-property lawyer thinks of them, but we have much besides; and I venture to think we shall understand the matter much better by distinguishing rules, principles, conceptions and standards"[151].

Cette tétralogie poundienne de rules-principes-conceptions-standards est au cœur de toute technique juridique. Le *rule of law* pour lui constitue "a definite detailed provision for a definite detailed state of facts"[152]. Certains auteurs notamment du côté français, Stéphane Rials et avant lui Edouard Lambert considèrent que le *rule* poundien n'est pas la règle de droit dans le langage français. Ce sont "les solutions jurisprudentielles dont chacune s'explique en vertu de la force du précédent, toutes les fois que la même espèce de litige, le même point de droit se représente devant les juges"[153] nous dit Lambert. Le *rule of law* se ramènerait aux solutions de détail dégagés des précédents judiciaires.

Le *rule of law* dans le système anglo-saxon, a, nous semble-t-il, une double acception. Il renvoie en effet à une disposition particulière notamment d'un code, d'une loi, d'un règlement: "In English, *the* law is the *body of rules* that govern our lives in society; *a* law is an act of legislation"[154]. Mais le *rule of law* signifie également et le plus souvent d'ailleurs, le *ruling of the judge*, c'est-à-dire la solution particulière d'un cas donné. Il renvoie à la théorie des *stare decisis*, selon laquelle les tribunaux sont juridiquement liés par les précédents émanant d'autres tribunaux de rang supérieur ou égal et même par leurs propres précédents ; et de la *ratio decidendi* ou le raisonnement du juge "reliant la règle générale, ou le droit objectif, par une sorte de fil d'Ariane logique, aux situations subjectives"[155].

Sans être spécialiste de l'étude des langues, nous ne pensons pas que Roscoe Pound dans la tétralogie rules-principles-conceptions-standards ait visé les *précédents judiciaires* du système de la *Common Law*[156]. Comme technique juridique, le *rule* n'est pas le précédent de la jurisprudence. En effet, après avoir énuméré les quatre éléments de la technique juridique, Pound commence l'explication du *rule of law* par "Rules were the staple for the beginnings of law. Ancent *codes* are made up of a series of detailed rules for definite detailed situations"[157]. Il cite ensuite des exemples historiques de codes notamment le code Hammurabi, la loi romaine des douze tables. Ainsi, le *rule* poundien renvoie à la norme de caractère général, abstrait et impersonnel c'est-à-dire "tout précepte, doué de force obligatoire et qui a pour objet – et non pas seulement pour résultat – de créer des droits, et corrélativement, des obligations, quels que soient le mode de création de ce précepte, sa portée et ses destinataires"[158].

Cela étant, il nous semble que le doyen Pound ait une conception assez restrictive du *rule of law*. En effet le *rule of law* ne peut se réduire à la seule technique juridique. Il signifie, le plus souvent d'ailleurs, l'état de droit et non la règle de droit. Par état de droit, il faut entendre une situation juridico-institutionnel dans lequel tous les individus, gouvernants ou gouvernés, sont soumis au droit. Cela renvoie donc à "l'état civil, où tous les droits sont fixés par la loi"[159]. Il faut admettre que le concept de *rule of law* est beaucoup plus complexe. Comme l'affirme un auteur, "The rule of law is the most important political ideal today, yet there is much confusion about what it means and how it works"[160]. La confusion s'amplifie lorsque l'on admet qu'un corps politique où règne l'état de droit est appelé *État de droit*.

Si le *rule of law* se rattache de nos jours à l'État libéral et à l'idée du constitutionnalisme par opposition aux totalitarismes, il plonge incontestablement ses racines dans la philosophie sociale et politique du 18e siècle avec des penseurs comme Samuel Puffendorf[161], John Locke[162], Baron de Montesquieu[163] et Jean-Jacques Rousseau[164]. Ainsi, l'État de droit moderne, construit sur les rudiments de la paix de Westphalie, est le règne du droit et de la justice. En cela, Brian Tamanaha a certainement raison lorsqu'il affirme: "Notwithstanding this variety and complexity, every version of liberalism reserves an essential place for rule of law. And the rule of law today is thoroughly understood in terms of liberalism"[165].

L'économiste autrichien Friedrich A. Hayek, dans sa célèbre monographie *The Road of Selfdom* publiée en 1944 a, nous semble-t-il, fourni une conception du *rule of law* qui va influencer toutes les théories politiques de l'après-guerre. Cet ouvrage est traduit en français sous le titre *La route de la servitude*. Selon Hayek,

> "Le critère le plus sûr auquel on reconnaît un pays libre et le distingue d'un pays gouverné arbitrairement, est le respect des grands principes représentés par *la règle de la loi*. Si l'on fait abstraction de tous les détails et procédures, cela signifie que le gouvernement est lié dans tous ses actes par des règles immuables et préétablies, règles qui permettent de prévoir avec certitude que, dans des circonstances déterminées, l'autorité exécutive s'exercera d'une façon déterminée"[166].

Il est surprenant de constater que le *rule of law* a été traduit littéralement par *règle de la loi*. L'expression *règle de la loi* n'est pas heureuse. Elle apporte, nous semble-t-il, plus de confusion au concept de *rule of law*. Il aurait fallu usuter la notion de *règne de la loi* pour désigner la suprématie absolue ou l'acceptation générale des lois établies par le corps social, et qui s'opposent à tout pouvoir arbitral ou à tout acte arbitraire. C'est ce que Ronald Dworkin appelle "l'autorité de la loi"[167].

Quoiqu'il en soit, *le rule of law* promeut les libertés individuelles en encadrant les relations sociales à la fois verticales et hori-
zontales dans les bornes du droit. En cela,

"The rule of law is inextricably linked to the principle 'no
power without accountability'. This may include a system of checks
and balances usually ensured by the separation of powers, trans-
parency, justification of decisions, financial and administrative control, and political or judicial mechanism reviewing governmental and
administrative action to ensure observance of constitutional
limits"[168].

En tant qu'état de droit ou règne de la loi, le *rule of law* peut-
il exister en dehors d'un système démocratique? Si à première vue
l'interrogation parait surprenante pour quiconque soutient un libéralisme à outrance, la pratique étatique actuelle en relation avec notamment la lutte contre la terreur, nous force à répondre par la négative.
Pour Joseph Raz, "A nondemocratic legal system (...) may, in principle, conform to the requirements of the rule of law better than any
of the legal systems of the more enlightened Western democra-
cies"[169]. La relation entre le *rule of law* et la démocratie est donc une
relation asymétrique. Comme l'affirme un auteur, "the rule of law
can exist without democracy, but democracy needs the rule of law,
for otherwise democratically established laws may be eviscerated at
the stage of application by not being followed"[170].

Il est généralement admis que le *rule of law* requiert un
double impératif, formel et substantiel. Sur le plan formel, l'accent
est mis sur ses aspects procéduraux notamment le respect de la séparation et de l'indépendance des pouvoirs législatif, exécutif et judiciaire, la promulgation des lois, l'accès à la justice. En soi, cette
condition formelle ou procédurale, aussi importante soit-elle, n'a pas
d'incidence sur la substance du *rule of law*. Selon Paul Craig,

"Formal conceptions of the rule of law address the manner
in which the law was promulgated (was it by a properly
authorised person, in a properly authorised manner, etc.); the
clarity of the ensuing norm (was it sufficiently clear to guide
an individual's conduct so as to enable a person to plan his
or her life, etc.); and the temporal dimension of the enacted
norm (was it prospective or retrospective, etc.). Formal
conceptions of the rule of law do not however seek to pass
judgment upon the actual content of the law itself. They are
not concerned with whether the law was in that sense a good
law or a bad law, provided that the formal precepts of the rule
of law were themselves met"[171].

Pour le positivisme légaliste, le *rule of law* doit être exclusivement défini suivant la forme. S'intéressant uniquement à la *lex lata*, il s'interdit, comme on le sait, toute incursion dans les intentions du *ruler*. Le *rule* ainsi désaxiologisé peut faire l'objet de scientificité, oubliant que: "The law may offer citizens the *certainty* that they will be dealt with arbitrarily"[172]. C'est pourquoi, au-delà de sa forme, le *rule of law* doit être également appréhendé eu égard à son contenu. En cela, l'idée de Dworkin de ramener le *rule of law* à la Justice nous parait pertinente. Pour cet auteur, le *rule of law* ou autorité de la loi

> "suppose que les citoyens ont des droits et des devoirs moraux les uns envers les autres, et des droits politiques que l'État dans son ensemble doit lui reconnaître. Elle souligne que ces droits moraux et politiques doivent être positivement reconnus dans le droit, pour qu'ils puissent être appliqués à la requête de simples citoyens, par l'intermédiaire des tribunaux ou des institutions judiciaires habituels, dans la mesure du possible (…). On ne trouve pas ici de distinction, comme dans la théorie du texte de loi, entre *l'autorité de la loi* et le contenu donné à la justice ; au contraire, cet idéal requiert que les règles consignées dans les textes prennent en compte les droits moralement reconnus et contribuent à les faire respecter"[173].

Le *rule of law* ainsi conçu *in foro domestico* peut-il être transposé purement et simplement dans la sphère internationale caractérisé par la coexistence des souverainetés et l'absence d'un pouvoir législatif centralisé?

Selon James Crawford, le *rule of law* nécessite la combinaison de quatre éléments: l'absence d'un pouvoir arbitraire, la non-rétroactivité générale, la soumission du gouvernement aux lois quels que soient leurs contenus, enfin l'indépendance du pouvoir judiciaire établi en vertu de la loi[174]. Appliquant ces quatre facteurs à la sphère internationale, il reconnaît que "the basic value of the *rule of law* at the international level is conditioned by certain facts of life, notably the absence of legislative power such as exists in internal legal system, and the correlative need for many decisions to be made by consensus if they are to be made at all"[175].

Cependant, sans tomber dans une analogie exacerbée avec le droit interne[176], il faut admettre qu'il existe un *international rule of law*. En effet, si nous concevons le *rule of law* comme le triomphe du droit sur l'arbitraire, alors c'est dans la société internationale même qu'il existe. Peut-on imaginer une coexistence pacifique entre souverainetés, un ordre juridique international fondé sur la justice dans un état de non droit? A cet égard, l'Assemblée générale des Nations Unies réaffirmait "la nécessité de voir l'état de droit respecté et mis en œuvre universellement, aux niveaux national et international, et son engagement solennel en faveur d'un ordre international fondé sur l'état de droit et le droit international, ce qui, avec le principe de la justice est essentiel à la coexistence pacifique et à la coopération entre les États"[177].

Ainsi, le *rule of law* doit exister sur le plan international. Car pour l'Assemblée générale, "les droits de l'homme, l'état de droit et la démocratie sont interdépendants, se renforcent mutuellement et font partie des valeurs et des principes fondamentaux, universels et indissociables de l'Organisation des Nations Unies"[178].

2. Principe général

Le second élément dans la technique juridique est pour Pound le principe général: "these general premises for judicial and juristic reasoning, to which we turn to supply new rules, to interpret old rules, to meet new situations, to measure the scope and application of rules and standards, and to reconcile them when they conflict"[179]. En droit international, ce sont les principes généraux de l'article 38 du statut de la CIJ c'est-à-dire d'une part les principes généraux de droit reconnus par les principaux systèmes juridiques étatiques et transposables dans l'ordre juridique international[180], et d'autre part les principes dits *fondamentaux* du droit international. Ces principes fondamentaux sont, de l'avis de la chambre constituée dans l'affaire de la *Délimitation de la frontière maritime dans la région du golfe du Maine*, "des règles du droit international pour lesquels l'appellation de principes peut être justifiée en raison de leur caractère plus général et plus fondamental"[181]. En d'autres termes, ces principes se caractérisent par leur portée très générale et abstraite, et se placent au regard des valeurs de la société internationale qu'ils protègent, au sommet du système normatif international. Ces principes qui sont à la base de la normativité internationale reflètent d'un point de vue synchronique, l'état de la conscience juridique universelle et constitue pour nous, l'ultime source matérielle de toute règle juridique. Ces principes généraux ont non seulement une dimension axiologique dans la production normative[182], mais ils sont surtout un indicateur du *status conscientiae* de la communauté internationale d'aujourd'hui. Cette conscience universelle s'est traduite par une humanisation progressive du système international. En recourant au

principe général non pas seulement comme l'une des sources for-
melles de l'article 38 du statut de la CIJ mais comme fondement de
la normativité, nous reconnaissons par là même, le point de cristallisation du droit des gens cosmopolitique. Car entre un universalisme
arrogant et sans scrupule, et un relativisme sectaire et dangereux,
seul le cosmopolitisme permet l'affirmation des valeurs essentielles
de la communauté internationale plus juste et qui tient compte à la
fois des diversités enrichissantes et du nécessaire dialogue entre les
peuples fondés sur le partage[183].

De ce point de vue, le débat doctrinal sur la question de l'autonomie de ces principes généraux nous semble vide de contenu. Si
à l'origine le recours aux principes généraux de droit visait à combler
les situations de *non liquet*, c'est-à-dire le constat par le juge que,
faute de de règle de droit applicable, il se trouve dans l'impossibilité
de statuer, les principes fondamentaux du droit international n'ont
pas cette fonction. Ces principes ne sont pas "simplement une pierre
d'angle[184]". Ils n'ont donc pas une fonction supplétive même si très
souvent il y a confusion entre principe général et coutume générale.

3. Concept juridique

Le troisième élément de la définition du doyen Pound constitue les concepts ou notions juridiques. Ceux-ci pour lui, "are more
or less well-defined types to which we refer or by which we classify
cases, so that when a particular case is so classified we may attribute
to it the legal consequences attaching to the type"[185]. Ainsi définis,
les concepts ou catégories juridiques forment l'essence même du
droit. Ils constituent la sève nourricière du raisonnement juridique.
Pensons par exemple aux concepts ou notions d' 'État', de 'territoire',
de 'source', de 'traité', de 'responsabilité', de 'plateau continental'
etc. Ce sont, sans conteste, des briques ou pierres de construction,
des *building blocks*[186] du système juridique international. Toute la
question de la *qualification*, propre à l'interprète du droit, n'est autre
chose qu'une œuvre intellectuelle d'indentification de concept juridique. Le dictionnaire Basdevant définit d'ailleurs la qualification
juridique comme "l'opération intellectuelle consistant à classer un
fait, une action, une institution, une relation juridique déterminée en
vue de lui appliquer le régime juridique correspondant à cette catégorie (…)"[187].

La qualification juridique transforme les faits, les actions en
concepts opérationnels. Par exemple, la structure de la proposition
normative selon laquelle "tout peuple a droit à l'autodétermination"
contient un concept, celui de peuple. L'application de cette règle dans

un cas précis dépendra de l'existence ou non d'un peuple selon le droit international. Une autre proposition normative particulièrement importante pour l'ordre juridique international est la règle suivant laquelle "tout fait internationalement illicite de l'État engage sa responsabilité internationale". Cette proposition met en exergue l'articulation de trois concepts juridiques: le concept d''État', celui de 'fait internationalement illicite' et celui de 'responsabilité internationale'. On voit donc par ces exemples la relation entre la règle de droit et le concept juridique. La première s'articule à travers la seconde. Comme l'affirme Hugh Thirlway, "legal rules must have something to "bite on"; they must be accompanied by, or expressed in terms of, legal concepts (…). It may be possible to regard a legal concept as a bundle of rules"[188].

La distinction entre propositions normatives et concepts juridiques a été admise par la CIJ notamment dans l'affaire *compétence en matière de pêcheries* entre l'Espagne et le Canada. Le 28 mars 1995, l'Espagne a introduit une instance contre le Canada au sujet d'un différend relatif à la modification, le 12 mai 1994, de la loi canadienne sur la protection des pêches côtières, et aux modifications subséquentes du règlement d'application de ladite loi, ainsi qu'à certaines actions menées sur la base de cette loi et de ce règlement modifiés, notamment la poursuite, l'arraisonnement et la saisie en haute mer, le 9 mars 1995, d'un bateau de pêche – l'*Estai* – battant pavillon espagnol. La requête invoquait comme base de compétence de la Cour les déclarations par lesquelles les deux États ont accepté la juridiction obligatoire de celle-ci conformément au paragraphe 2 de l'article 36 de son Statut[189]. Le Canada ayant formulé des réserves dans sa déclaration d'acceptation de la compétence de la Cour, les débats judiciaires se sont tournés essentiellement vers l'interprétation des dites réserves. Qui dit interprétation dit qualification et définition de concepts. La Cour fait une distinction entre une prescription normative et un concept juridique en affirmant ceci:

> "La Cour partage les vues de l'Espagne selon lesquelles toute interprétation d'un instrument international doit se faire à l'aune du droit international. Toutefois, lorsque l'Espagne expose que l'expression "mesures de gestion et de conservation" utilisée dans la réserve canadienne ne peut que recouvrir des mesures "conformes au droit international", elle semble confondre deux choses. Une chose est en effet de rechercher si *une notion* est connue d'un système juridique - en l'occurrence le droit international -, si elle entre dans les catégories

qui lui sont propres et si elle y revêt un sens particulier: la question de *l'existence et du contenu de la notion dans le système est une question de définition.* Autre chose est de rechercher si un acte déterminé, inclus dans le champ d'application d'une notion connue d'un système juridique, enfreint les prescriptions normatives de ce système: *la question de la conformité de l'acte au système est une question de licéité*"[190].

Ainsi pour la Cour, il faut soigneusement faire une distinction entre les concepts ou notions et les prescriptions normatives. L'existence et le contenu des premiers dans l'ordre juridique est une question de définition voire de qualification tandis que la conformité d'un acte ou d'un fait avec une proposition normative est une question de licéité ou de légalité. Mais si l'on admet avec François Gény, Alf Ross, Herbert Hart et bien d'autres, que le langage juridique possède une "texture ouverte"[191], il faut reconnaître que toute concrétisation du concept juridique affecte son extension, son étendue c'est-à-dire l'ensemble des objets qu'il peut désigner ou dont il est l'attribut. Ainsi, la relation entre règle de droit et concept juridique soulève des interrogations notamment la question du droit intertemporel. En effet comment tenir compte du double impératif de l'évolution et de la sécurité des relations juridiques lorsqu'une règle ou prescription normative se réfère à un concept dont la portée ou la signification a varié dans le temps?

L'Institut de droit international dans sa session de Wiesbaden en 1975, avait abordé cette question dans le cadre plus général du droit intertemporel en droit international public. Il avait été admis que le problème intertemporel général, dans l'ordre juridique international comme en droit national, concerne la délimitation du domaine d'application des normes dans le temps. La résolution adoptée sur proposition de son rapporteur Max Sørensen affirmait que:

"Lorsqu'une disposition conventionnelle se réfère à une notion juridique ou autre sans la définir, il convient de recourir aux méthodes habituelles d'interprétation pour déterminer si cette notion doit être comprise dans son acception au moment de l'établissement de la disposition ou dans son acception au moment de l'application. Toute interprétation d'un traité doit prendre en considération l'ensemble des règles pertinentes de droit international applicables entre les parties au moment de l'application"[192].

C'est donc dire que la règle de droit n'est opérationnelle que lorsque le concept juridique qui en est le vecteur, est clairement défini. Le phénomène juridique étant par essence non immuable, le contenu des concepts et autres notions juridiques varient également en fonction de l'évolution de l'ordre juridique international. Certains concepts juridiques peuvent ainsi évoluer et changer de contenu avec le temps. Comme l'a admis la CIJ dans son avis consultatif sur la Namibie, "tout instrument international doit être interprété et appliqué dans le cadre de l'ensemble du système juridique en vigueur au moment où l'interprétation a lieu"[193]. C'est notamment sur cette base que la Cour trancha le différend entre la Grèce et la Turquie à propos du plateau continental de la mer Egée. Pour la Cour,

> "l'expression ayant trait au statut territorial de la Grèce qui figure dans la réserve *b)* doit être comprise comme une formule générique désignant toutes les questions qui peuvent légitimement être considérées comme entrant dans la notion de *statut territorial* en droit international général; elle inclut par conséquent non seulement le régime juridique particulier mais l'intégrité territoriale et les frontières d'un Etat (…). Une fois admis que l'expression "le statut territorial de la Grèce" a été employée dans l'instrument d'adhésion grec comme une formule générique englobant toutes les questions qui relèvent de la notion de *statut territorial* en droit international général, *il faut nécessairement présumer que son sens était censé évoluer avec le droit et revêtir à tout moment la signification que pourraient lui donner les règles en vigueur*"[194].

4. Standard

Le quatrième et dernier élément de la technique juridique a trait aux standards. Roscoe Pound les définit comme "legally defined mesures of conduct to be applied by or under the direction of tribunals"[195]. Comme illustrations, il cite le "standard of due care under circumstances which obtains in the law of torts, the standard of reasonable service in the law of public utilities, the standard of conduct of a fiduciary in equity, the standard of reasonableness in the law as to restraint of trade, and the standard of due process of law in passing on the validity of legislation under the Fourteenth Amendment"[196].

Ainsi, le standard est une directive générale destinée à guider le juge dans l'administration du droit. Avec ce standard, le doyen Pound introduit dans la technique juridique, un instrument juridique souple et susceptible d'une grande adaptabilité pour régir des rapports sociaux divers et incessamment changeants. Le standard ne tend pas à une délimitation objective de ce qui est permis et de ce qui est défendu. Il constitue plutôt une formule d'appréciation de la conduite des sujets de droit sur la base d'un type-modèle.

Le standard fait partie des "notions à contenu variable" dont la caractéristique principale est la très grande liberté d'appréciation laissée aux juges chargés de les interpréter ou de les appliquer[197]. Ce sont des notions dont la dénomination, le signifiant restent constant, mais dont le domaine, le champ, le signifié, évoluent plus spécialement en fonction de facteurs spatio-temporels[198]. Ces notions sont variables soit en raison d'une transformation du concept après une certaine période de temps, soit en raison de la diversité des situations de fait que la notion peut couvrir. La *due diligence* et la notion de raisonnable font partie de ces notions à contenu variable[199].

D'un point de vue historique, le standard de diligence comme élément de la technique juridique n'était pas connu dans l'ancien droit romain. Les juges à cette époque avaient "besoin d'instructions précises, de règles détaillées, pour les appliquer strictement et littéralement aux rapports sociaux simples d'un état de civilisation primitive"[200]. Pensons par exemple à la loi des XII Tables considérée comme le plus ancien document en matière de délit[201]. Elle réprimait de la manière la plus détaillée possible certains actes dommageables à autrui tels la destruction des récoltes, l'incendie d'une maison. Elle prévoyait également la vengeance privée sur la personne physique du coupable comme mode de répression des délits privés. Le rôle du juge est d'appliquer de façon quasi mécanique la règle générale au cas particulier. Il se borne à tirer les conséquences légales, fixées par le législateur, d'un état de fait établi objectivement, un *iniuria* au sens d'acte commis sans droit. C'est donc un système juridique assez rudimentaire qui régissait des rapports sociaux simples. Il s'agit là de ce que Norberto Bobbio appelle "système normatif simple"[202].

La technique du standard de diligence va apparaitre à l'époque classique avec les progrès de la civilisation et la complexité toujours croissante de la vie sociale, à travers la figure du *bonus pater familias*, ce bon père raisonnable, normalement prudent et diligent. Au lieu de donner aux juges des instructions précises et détaillées, tâche dont il ne peut jamais s'acquitter, puisqu'il lui est impossible de tout prévoir, le droit se contente de leur donner de simples directives, de grandes lignes de conduite, qu'ils peuvent eux-mêmes adapter aux circonstances changeantes, sans être entravés par la rigidité d'une règle précise et immuable. Cette technique du standard va se développer et se généraliser du côté de la *Common Law* à travers la *Law of Tort*. Le terme "standard" est d'ailleurs apparu pour la première fois dans la doctrine anglo-saxonne, nous semble-t-il, en 1881 dans l'ouvrage de Olivier Wendell Holmes *The Common Law*. Dans ce livre, Holmes utilise le terme standard en rapport avec la négligence[203]. Il estime que "The defendant's behavior is negligent if his alleged conduct does not come up to the legal standard"[204]. Le standard a connu de ce fait ces plus importants développements dans le domaine du droit privé.

L'apparition de la technique du standard en droit international est le signe que l'ordre juridique international est devenu un "système normatif complexe"[205] c'est-à-dire un système qui comprend l'articulation de normes primaires et secondaires. La distinction entre normes primaires et secondaires dont l'union est la condition nécessaire et suffisante à l'existence d'un ordre juridique a été, comme on le sait, particulièrement systématisée par Hart. Selon sa théorie, l'ordre juridique se distingue de tous les autres systèmes normatifs par le fait qu'il est le résultat d'une combinaison de règles primaires et secondaires. Les premières définissent les droits et obligations des sujets de droit puissent qu'elles leur prescrivent "d'accomplir ou de s'abstenir de certains comportements, qu'ils le veuillent ou non"[206], tandis que les secondes veillent à ce que les sujets de droits puissent "en accomplissant certains actes ou en prononçant certaines paroles, introduire de nouvelles règles de type primaire, en abroger ou en modifier d'anciennes, ou, de différentes façon, déterminer leur incidence ou contrôler leur mise en œuvre"[207].

Les règles secondaires de Hart sont de trois espèces: les règles de reconnaissance par lesquelles le système juridique qu'il soit simple ou complexe, reconnaît les siens, c'est-à-dire identifie les règles qui lui appartiennent. C'est la règle qui régit la validité interne des règles, les conditions de leur existence juridique du point de vue du système; des "règles de changement" *(rules of change),* ayant trait à la naissance, la modification et la disparition des règles, en d'autres termes aux sources de droit; et des "règles de décision" *(rules of adjudication),* qui s'attachent à l'application des règles générales aux situations concrètes, mais également à la sanction de ces constatations. Pour Hart, le droit international est un système normatif simple, dépourvu de règles de type secondaire. Il arrive à la conclusion que:

> "bien qu'il soit conforme à l'usage des 150 dernières années d'employer l'expression 'droit', l'absence, au niveau international d'un corps législatif, de juridictions dotées d'un pou-

voir coercitif, et de sanctions organisées d'une manière centralisée, a entrainé des hésitations, à tout le moins, dans l'esprit des théoriciens du droit. L'absence de ces institutions a
pour conséquence que les règles qui gouvernent les États res-
semblent à cette forme élémentaire de structure sociale qui
consiste exclusivement en des règles primaires d'obligation,
et que nous avons l'habitude, lorsque nous la rencontrons au
sein de sociétés d'individus, d'opposer à un système juridique
développé"[208].

Pour Hart tout comme pour Austin avant lui, tout le droit se
réduit à un commandement ou à un ordre hiérarchique, accompagné
de menaces: la sanction en cas de désobéissance. Le droit se confond
ainsi avec la volonté supérieure, de l'État souverain, qui détient le
monopole de la violence légale pour faire respecter cette volonté. Ce
positivisme juridique s'inscrit dans la théorie hobbesienne du droit
et de l'État, postulant qu'il n'y a d'ordre juridique qu'à l'intérieur
du Léviathan niant ainsi, de ce point de vue, l'existence d'une *law
of nations*.

L'absence en droit international de sanctions organisées de
manière centralisée ne le disqualifie pas en tant qu'ordre juridique.
De plus, comme le reconnait Abi-Saab, "si des sanctions matérielles
ou coercitives sont possibles et même nécessaires dans des sociétés
d'individus qui sont approximativement égaux en force physique et
vulnérabilité, cela n'est pas le cas dans une société composée d'États,
ce qui fait que les sanctions ajoutent peu aux autres facteurs naturels
de dissuasion, tels les risques et les enjeux des violations et les
besoins mutuels ou communs des États"[209].

L'ordre juridique international est bel et bien un système juridique dans le sens que lui donne Santi Romano qui, dans son analyse
du phénomène juridique, se place d'un point de vu exactement
opposé à celui de Kelsen. En effet, celui-ci partait de la norme, élément du *Tout*, et ne parvenait qu'en second temps à l'ordre juridique
tout entier. Romano part de l'ordre juridique, du système dans sa globalité et dans le cadre de celui-ci, explique aussi le droit comme
norme[210]. Selon cet éminent juriste italien, l'"ordre juridique pris
dans son ensemble et son unité est le concept d'institution. Tout ordre
juridique est une institution et, inversement tout institution est un
ordre juridique"[211].

L'apparition et le développement tous azimuts de la standardisation dans les domaines notamment du commerce international,

de la santé et surtout de la protection de l'environnement, sont le signe que le système juridique international, loin d'être rudimentaire, a atteint un niveau tel que l'on peut le qualifier de système développé. Car la standardisation est un phénomène qui correspond à la complexité croissante des relations internationales et à l'insuffisance évidente des règles pour tout prévoir et tout régir. C'est d'ailleurs pour cette raison que toutes les définitions du standard proposées par la doctrine sont conçues à partir de la règle de droit. Il convient d'analyser soigneusement les deux concepts afin de mieux comprendre les malentendus au sein de la doctrine. Mais avant, il est nécessaire de montrer très brièvement que la conception des standards du doyen Pound ne prend pas en compte toute la standardisation internationale actuelle dans les domaines scientifiques et techniques.

II. Les limites de la technique juridique de Pound: l'apparition des standards techniques ou scientifiques dans la normativité internationale

Avec le doyen Pound, le concept de standard est appréhendé exclusivement du côté de l'interprète en l'occurrence le juge[212]. En soi, cela se justifie parfaitement car en dernière analyse, c'est le juge qui détermine à l'aide de critères objectifs, le contenu et l'étendue exacte de tel ou tel standard. Force est cependant de constater que cette vision réduit considérablement la portée et surtout le rôle important que jouent de plus en plus les standards techniques dans la normativité juridique internationale[213]. En effet, comme l'affirme un auteur, "la complexité des situations et des relations que l'on rencontre dans l'ordre international, explique que la normalisation internationale soit demandeuse et porteuse de technicité"[214]. Cette complexification a une incidence sur la règle de droit qui doit désormais tendre à objectiver les éléments de la science et de la technique. A cet égard, Jacques Chevallier estime que le système normatif dans son ensemble doit s'imprégner de plus de savoir scientifique. Car pour lui

> "(…) la spécificité de la norme juridique par rapport à d'autres dispositifs normatifs est d'autant moins évidente qu'elle tend de plus en plus à prendre appui sur eux. La relation entre normes techniques et normes juridiques avait, par exemple, été conçue en termes d'opposition dichotomique (…) tandis que la juridicisation des standards techniques est indispensable pour leur donner leur plein effet, la technicisation de la norme juridique contribue à conforter son efficacité"[215].

Le standard, dans un contexte de normalisation internationale, est un document "established by consensus and approved by a recognized body, that provides for common and repeated uses, rules, guidelines or characteristics for activities or their results, aimed at the achievement of the optimum degree of order in a given context"[216]. On perçoit alors l'importance des standards scientifiques et techniques élaborés notamment dans le cadre de l'Organisation de la normalisation internationale, appelés communément 'normes ISO', ou dans le cadre de l'Union internationale des télécommunications.

Les normes ISO par exemple "permettent de garantir certaines caractéristiques des produits et services, notamment la qualité, le respect de l'environnement, la sécurité, la fiabilité, l'efficacité et l'interchangeabilité - à un coût économique"[217]. De ce point de vue, le standard renvoie à l'idée d'harmonisation et de mise en place de pratiques uniformes dans le but de faciliter la coopération internationale. C'est ainsi que l'Accord sanitaire et phytosanitaire de l'OMC définit les règles fondamentales concernant l'innocuité des produits alimentaires, ainsi que les normes sanitaires pour les animaux et les végétaux. Il prévoit qu'afin "d'harmoniser le plus largement possible les mesures sanitaires et phytosanitaires, les Membres établiront leurs mesures sanitaires ou phytosanitaires sur la base de normes, directives ou recommandations internationales, dans les cas où il en existe"[218]. Les normes et directives dont il est question sont celles édictées en particulier par le Codex Alimentarius, organe subsidiaire à la fois de l'OMC et de l'Organisation des Nations Unies pour l'Alimentation et l'Agriculture, qui élabore des codes d'usage notamment sur l'innocuité des produits alimentaires. Ces normes ISO, principalement celles concernant la santé ou la sécurité, ont un impact évident sur les législations nationales des États. Dans le cadre de l'ISO, les normes sont élaborées par des experts scientifiques pour les besoins du marché mondial.

Les standards scientifiques ou techniques jouent donc de plus en plus un rôle important dans la normativité juridique internationale en harmonisant progressivement les bonnes pratiques dans des domaines clés tels la sûreté des machines, la qualité des aliments ou encore la cybersécurité. En ce sens, ils participent à la dynamique de technicisation de la règle de droit internationale par le biais de la normalisation internationale[219]. Il convient dès lors d'examiner la relation 'interne' entre standard et règle de droit afin de mieux comprendre la complexité grandissante de la normativité internationale.

III. La dialectique règle versus standard

Les différentes réflexions qui ont été menées çà et là sur le concept de standard, montrent que ces standards constituent une des caractéristiques même du système juridique. Parmi les juristes qui ont particulièrement observé les méthodes de raisonnement en droit, il convient de citer entre autre, Chaïm Perelman[220] et Herbert L. A. Hart[221]. Le premier auteur, dans la tradition d'Aristote, a montré comment le seul raisonnement dialectique est susceptible de prendre en compte les "lieux communs", les standards, qu'il considère d'ailleurs comme des notions confuses. Quant au second, c'est la conception de modèles de conduite qui l'a amené à réfléchir sur la notion de "texture ouverte" du discours[222].

La notion de standard est toujours appréhendée en relation avec la règle de droit. Or le concept même de règle de droit n'est pas un concept universel ou universalisable. C'est une notion polymorphe qui ne présente pas une structure typique. Tous les théoriciens du droit que ce soit John Austin, John Rawls, Ronald Dworkin, Hebert Hart, Hans Kelsen et bien d'autres, raisonnant *in abstracto*, ont relevé toute la difficulté d'une objectivation du contenu de la juridicité et de la normativité. Si certains mettent l'accent sur les aspects formels en examinant les modes de formation ou de création de la règle de droit, d'autres l'envisagent d'un point de vue matériel c'est-à-dire ses caractéristiques intrinsèques permettant de singulariser la norme juridique par rapport à d'autres normes relevant de l'éthique ou de la religion. Dans le cadre de cette étude, nous n'entendons pas élaborer une théorie générale du droit. Notre ambition est d'examiner les caractères particuliers de la règle de droit afin de montrer la non-pertinence de la distinction règle/standard.

1. Le standard comme instrument de mesure des comportements sociaux

On dit traditionnellement que pour qu'il y ait règle de droit, il faut que la norme ait un caractère général, abstrait et impersonnel. On s'accorde habituellement à reconnaître que "pour qu'il y ait norme il faut que soient déterminés des droits et des obligations. Le droit ordonne, interdit, permet, autorise"[223]. Au-delà de cette généralité, la règle de droit peut être définie comme "tout précepte, doué de force obligatoire et qui a pour objet – et non pas seulement pour résultat – de créer des droits et corrélativement des obligations, quels que soient le mode de création de ce précepte, sa portée et ses destinataires"[224]. De cette définition, un constat s'impose. On ne peut pas réduire la règle de droit international à celle qui a un caractère général, abstrait et impersonnel. En effet, la nature du système international caractérisé par l'absence d'un législateur supranational, fait qu'il existe davantage des règles abstraites non générales – par exemple les traités bilatéraux entre deux États –, et des règles particulières – par exemple les actes unilatéraux ou les accords non écrits.

La règle de droit donne une solution fixe à une hypothèse déterminée. Fixité quant aux faits prévus et fixité quant à la solution applicable[225]. Le standard, notion polysémique et polymorphe dans ses fonctions[226], n'a pas cette fixité rigide ni la précision de la règle. Il ne vise pas des situations ou des faits déterminés et précis pour leur donner une solution juridique invariable et inflexible ; "à la rigidité de la règle, on peut opposer la souplesse du 'standard', qui se borne à donner, en termes généraux, la mesure de conduite moyenne d'une personne normale dans des circonstances déterminées, laissant au juge le soin d'adapter cette mesure à chaque espèce particulière"[227]. Selon le *dictionnaire de droit international public*, il renvoie "tôt à des principes n'ayant pas un seuil de normativité suffisante pour répondre à la définition de 'norme' (…) de façon spécifique, le standard renvoie à une norme impliquant l'idée d'un 'niveau' à atteindre ou d'un 'modèle' auquel il faut se conformer et par rapport auquel l'évaluation d'une situation ou d'un comportement doit être opérée"[228].

La règle de droit précise ses conditions d'application et le juge, par une logique déductive, l'interprète pour ensuite les appliquer aux faits. Le standard exige par contre un pouvoir discrétionnaire de l'interprète. Il lui faut non pas "le travail d'une machine aveugle, mais le doigté d'un artisan habile"[229]. Dans l'ordre juridique international, la règle de droit donne une solution stable à une hypothèse déterminée. Le standard présente quant à lui des aspects de souplesse et d'adaptabilité. Ceux-ci répondent de manière adéquate aux besoins d'adaptation et d'évolution, ces caractéristiques l'emportent sur le besoin de sécurité juridique. Selon Al-Sanhoury, la règle et le standard diffèrent également quant à leur mode de fonctionnement. En effet, l'application du standard est empirique, et aboutit à une justice individualisée tandis que celle de la règle est logique et aboutit à une justice abstraite[230].

2. *Le standard comme élément de la règle de droit*

Le standard suppose, par son essence même, qu'il y a plusieurs façons de se conduire selon les circonstances et c'est au juge international qu'incombe la délicate tâche de déterminer dans chaque circonstance, qu'elle est la meilleure façon de se conduire. Au regard des caractéristiques du standard, on s'aperçoit qu'en fait il a une double acception. Tantôt le standard est "une directive générale destinée à guider le juge dans l'administration du droit et à lui donner une idée de son but et de sa finalité"[231], tantôt il est "la mesure de la conduite moyenne d'une personne normale dans des circonstances déterminées"[232]. Ainsi, le standard est l'étalon de référence propre au comportement en cause.

De cette définition, la doctrine du mouvement du standard propose de distinguer celui-ci de la règle de droit. Même si les deux notions sont des éléments de la technique juridique, elles diffèrent fondamentalement par leur forme, leur contenu et leur fonctionnement. Pour notre part, cette distinction entre règle et standard est non pertinente pour deux raisons. La première raison est qu'il est classique de définir la règle de droit comme instrument de mesure. Étymologiquement, règle vient du mot latin *Regula* désignant un instrument de bois, de métal ou de quelque autre matière qui sert à guider la main quand on veut tracer des lignes droites. La règle guide donc la main qui trace le trait et permet de mesurer celui-ci, et la *norma* est une équerre romaine. Paul Amselek, théoricien de la phénoménologie juridique, reconnaît que "tout jugement, toute évaluation, toute mesure, par quelque biais, sur quelque plan qu'elle intervienne, implique, de la part du sujet, la mise en œuvre d'un *instrument de mesure*"[233]. Ce qui caractérise le standard, ce n'est donc pas en réalité qu'il soit un étalon, un instrument de mesure:

> "toute qualification implique la mesure mais toute qualification n'implique pas la mise en œuvre d'un standard. La spécificité du standard tient à ce qu'il est pur instrument de mesure en termes de normalité. Cet instrument a vocation à être accouplé avec des concepts variés et dès lors ceux-ci doivent être nommés standards"[234].

En d'autres termes, le standard de diligence à la charge de l'État dans un cas donné par exemple, est la mesure de *diligence normalement* requise dans de telles circonstances. L'étalon de mesure ici est le *bonus pater familias* ou la *diligentia quam in suis*.

La deuxième et principale raison pour laquelle la distinction règle/standard n'est pas pertinente tient au fait que *le standard est la règle*. En effet les auteurs qui soutiennent cette dichotomie dans la normativité, définissent le standard exclusivement sous l'angle matériel. Pour eux, une prescription normative imprécise ou vague est par nature insusceptible d'être une règle de droit. Or, en termes de normativité, le standard est une technique particulière d'expression de la règle de droit. Illustrons cela par un exemple. L'article 22 alinéa 2 de la convention de Vienne sur les relations diplomatiques stipule que "L'État accréditaire a l'obligation spéciale de prendre toutes mesures appropriées afin d'empêcher que les locaux de la mission ne soient envahis ou endommagés, la paix de la mission troublée ou sa dignité amoindrie". Nulle ne contestera le caractère juridique de cette prescription. Elle n'est pas, loin s'en faut, moins impérative que s'il était convenu que "Tout État accréditaire doit poster autour de la mission, 1500 soldats armés en tout temps afin d'empêcher que les locaux de la mission ne soient envahis ou endommagés". La règle énoncée en termes généraux laissant aux parties d'abord, au juge ensuite, un pouvoir plus ou moins large d'appréciation selon les circonstances n'est pas moins impérative que la règle formulée en termes précis. L'impératif demeure une certaine conduite à tenir, mais celle-ci n'est pas déterminée d'avance, ce qui donne ouverture à un choix raisonné de la part du sujet, sans pour autant le délier d'obligation. Le standard ne "fabrique"[235] donc pas la règle de droit international. Il est un élément de la règle et l'opposition règle/standard perd tout son sens.

Une partie de la doctrine, venant souvent de la pratique des tribunaux internationaux, semble avoir perçu cette nuance. Antonio Cassesse par exemple dans son ouvrage *International Law*, a consacré la 3e partie à la "Creation and Implementation of International Legal Standards"[236]. Il examine dans cette partie du livre, l'ensemble des sources du droit international telles que prévues par l'article 38 du statut de la CIJ. C'est donc pour lui une autre façon de montrer que *legal rules* et *legal standards* reflètent la même réalité normative. D'ailleurs Ronald Dworkin, dans sa critique du positivisme de Austin et surtout de Hart, propose un modèle de règle où justement principes et règles de droit sont des standards qu'il faut appliquer non pas parce qu'ils assureront la survenue ou la protection d'une situation économique, politique ou sociale jugée désirable, mais parce qu'ils sont une exigence dictée par la justice et l'équité[237]. Le standard renvoie en définitive aux sources du droit international comme l'affirme à juste titre Chittharanjan F. Amerasinghe, "The sources of such obligation [obligations de l'Etat en vers les étrangers] are coextensive with the sources of international law in general. Thus, it would follow that the standards governing such obligations are determined by international law. These standards may be contained in a treaty or they may stem from customary international law or the general principles of law but they still remain international standards"[238].

Ainsi, l'opposition entre ces deux notions juridiques est dépourvue de sens ; le standard n'étant autre chose qu'une expression particulière de la règle de droit. C'est dire donc que la texture langagière d'une disposition n'affecte pas sa juridicité. Ce qui compte, ce n'est pas la précision ou l'imprécision de la norme ; mais sa source et surtout l'intention de l'auteur. La controverse doctrinale qu'a soulevée la standardisation en droit international est due au fait que la plupart des auteurs se placent du point de vu de la mise en œuvre de la norme pour dire que la norme-standard donne au juge une plus grande liberté d'appréciation, un pouvoir discrétionnaire ; et, de ce fait elle n'est pas une règle de droit. Car le contenu normatif est trop indéterminé pour être aisément identifiable, ce qui compromet la fonction sécurisante du droit. Le test de juridicité se réduirait à la justiciabilité de la règle.

Pour nous, l'existence d'une norme juridique est une chose, son application ou mise en œuvre en est une autre. En d'autres termes, la normativité s'apprécie par ses éléments intrinsèques et non par son caractère justiciable ou les pouvoirs qu'elle laisse au main du juge chargé de l'appliquer. La CIJ a d'ailleurs reconnu cette nuance lorsqu'elle affirme, à propos de la gestion du Mandat dans le Sud-ouest africain notamment la relation entre le Mandataire et le Conseil de sécurité, que "l'existence d'obligations dont l'exécution ne peut faire, en dernier ressort, l'objet d'une procédure judiciaire a toujours constitué la règle plutôt que l'exception"[239].

Le standard de diligence est une de règle de droit. Comme l'affirme Georg Platon, "a legal rule is a precept prescribing definite consequences when certain facts exist; *a rule operates by incorporating either standards or concepts*; standards are elastic, whereas concepts are rigid abstraction"[240]. Est-il alors pertinent de l'opposer à la *soft law*?

IV. Standard de diligence et soft law dans la production normative

Le débat contemporain sur le concept de *soft law* en relation avec la théorie traditionnelle des sources du droit international, ne date pas d'aujourd'hui. Si certains voient dans la *soft law* une pathologie du système normatif international – car effaçant le seuil de la normativité – pour d'autres comme Abi-Saab, s'inscrivant dans la tradition *finaliste et dynamique* d'Aristote, proposent d'appréhender

"le phénomène juridique dans sa globalité, dès sa conception, à travers les différentes phases vers la maturité, et dans ses transformations ultérieures aussi bien que dans ses différentes variétés, qu'elles
soient justiciables ou non justiciables"[241]. Sans cette vision dynamique du phénomène juridique international, sans une approche systémique de l'ordre juridique, "comment peut-on comprendre
complètement l'édifice juridique fini sans prendre en considération
les différentes pierres de construction et les différentes phases de sa
formation qui constituent son parcours et ses origines "génétique",
quel que soit le nom qu'on leur donne: *soft law, hard law, lex lata,
lex ferenda?*"[242].

La notion même de *soft law* par opposition à la *hard law* est
vague, et le débat doctrinal qu'elle a suscité ces derniers temps
montre qu'elle possède tout au moins deux significations différentes.
Le terme *soft law* désigne généralement et le plus souvent d'ailleurs,
le contenu de la norme c'est-à-dire la proposition normative elle-
même, le *negotium*. De ce point de vue, il s'oppose à *hard law* qui,
lui, possède une force obligatoire: "The essence of any soft-law rule
is that it is not enforceable. A soft law is like a head without a body.
The head knows where it wants to go but it lacks the means to get
there"[243].

Mais la *soft law* peut aussi désigner le support de la norme.
C'est donc l'*instrumentum* qui est *soft* indépendamment du contenu
de la norme. Pour certains auteurs, cette dualité dans la conception
de la *soft law* fondée sur le caractère non contraignant soit de la
norme, soit de son support, fait de la *soft law* du non-droit. En effet,
selon Malcolm Shaw, "the terminology is meant to indicate that the
instrument or provision in question is not of itself 'law', but its
importance within the general framework of international legal
development is such that particular attention requires to be paid to
it. Soft law is not law"[244]. L'absence de toute force obligatoire du
support ou de la proposition normative fait de la *soft law* un instrument qui ne relèverait pas de la technique juridique telle que nous
avons mentionnée précédemment: "A norm is either legally binding
or it is not, and it can either be invoked in a legal forum or not. There
is nothing in between: law cannot be more or less binding. Thus, the
term 'soft law' does not, legally speaking, make any sense, because
a norm is either a postulate, or it is hard law in its strict sense"[245].

Cette idée simpliste qui voudrait qu'une norme soit ou ne soit
pas, qu'il n'y ait pas de catégories intermédiaires d'instruments juridiques méconnait "la polynormativité"[246] du système international.

En réalité, la *soft law* de Malcolm Shaw vise ici une catégorie particulière d'instruments juridiques dont l'*instrumentum* et le *negotium* coïncident tous deux en *soft*. C'est par exemple une résolution ou une recommandation de l'Assemblé générale au contenu *soft*, les codes de conduites tels le *Codex Alimentarius* ou les normes techniques élaborées dans le cadre de l'organisation internationale pour la normalisation (ISO). Ces genres d'instruments, comme le reconnaît Karl Zemanek,

> "cannot be explained by the dichotomy of "binding" and "non-binding" because neither is their purpose. They are primarily tools for shaping the future development of the law, either by building *opinio juris* for custom or by shaping a consensus for future multilateral conventions. They define the principles of that development but are not "binding" in a legal sense. They define a consensus of opinion, existing at a given moment, on how the law should progress. Whether the law follows the prescribed course can only be judged later"[247].

Pour nous, tous ces instruments font parties de la normativité internationale. Ils définissent des règles primaires en vue de façonner le comportement des sujets du droit international, même si le *negotium* et l'*instrumentum* n'ont pas en soi, une valeur contraignante.

Face à cette complexification des relations internationales, on ne peut réduire tout le phénomène juridique à sa seule obligatoriété ou caractère contraignant. Des traités internationaux relevant de la catégorie *hard* contiennent souvent des dispositions *soft*. C'est le cas notamment de l'article 34 de la convention de 1951 relative au statut des réfugiés qui stipule que: "Les États contractant faciliteront, dans toute la mesure du possible, l'assimilation et la naturalisation des refugiés. Ils s'efforceront notamment d'accélérer la procédure de naturalisation et de réduire dans toute la mesure du possible, les taxes et les frais de cette procédure". C'est aussi le cas de l'article 56 de la Charte des Nations Unies considéré comme "a duty not to do nothing"[248], qui dispose que: "Les Membres s'engagent, en vue d'atteindre les buts énoncés à l'Article 55, à agir, tant conjointement que séparément, en coopération avec l'Organisation". Ces dispositions sont incontestablement *soft* tandis que leur contenant, la Convention ou la Charte est bien *hard*. Inversement, la résolution 2625 de l'Assemblé générale des Nations Unies de 1970 sur la *déclaration relative aux principes du droit international touchant les rela-*

tions amicales et la coopération entre États, relève de la catégorie de *soft law* quant au contenant alors que son contenu matériel qui est une affirmation des principes fondamentaux du droit international, est *hard*.

En d'autres termes, il peut arriver que l'*instrumentum* et le *negotium* coïncident ou non en *hard* ou *soft*. Une disposition précise et contraignante figurant dans un traité est *hard law* à la fois par son contenu et par son contenant. Une disposition peu contraignante et imprécise figurant dans une résolution de l'Assemblée générale est *soft law* à la fois par son contenu et par son contenant. Mais les deux aspects peuvent aussi ne pas se recouvrir. Une convention en vigueur entre deux parties – *hard law* par excellence – peut définir des droits et obligations au contenu imprécis et peu contraignant, c'est-à- dire de la *soft law*. A l'inverse, des droits et obligations au contenu appa- remment précis et contraignant peuvent être énoncés dans un instru- ment qui relève de la *soft law,* telle une résolution de l'Assemblée générale[249]. C'est donc dire que "(…) juridicité ne signifie pas néces- sairement obligatoriété et pertinence ou effet juridique ne se réduit pas seulement à effet obligatoire"[250]. Dès lors, "la *soft law* n'est ni du non-droit ni une *lex imperfecta*. Elle n'est pas non plus toujours et nécessairement un droit en gestation, car il peut s'agir également d'un droit différent, ou d'une variété de droit qui remplit une fonction différente de celle du droit limite ; non pas le droit du justicier ou du gendarme, mais celui, plus discret et malléable, de l'architecte social"[251].

Il est vrai que la frontière entre le standard et la *soft law* est difficile à tracer. Si l'on se place exclusivement du côté du *negotium*, du contenu matériel des normes, on se rend vite compte de l'extrême similitude entre les deux instruments juridiques. En effet, le standard est opposé à la règle de droit du fait qu'il ne détermine pas de façon précise les droits et obligations des sujets de droit. Il ne vise pas des situations ou des faits déterminés et précis pour leur donner une solu- tion juridique invariable et inflexible. La *soft law*, elle, est opposée à la *hard law* pour la simple raison qu'elle est non contraignante, souple et fluide. Mais malgré leur similitude, standard et *soft law* ne doivent pas être confondus. Le standard, comme nous l'avons déjà montré, est un instrument de mesure, un étalon des comportements moyens normaux. Il traduit le phénomène juridique en termes de *nor- malité*. La *soft law* en revanche traduit le contenu normatif en termes d'*obligatoriété*. Elle ne relève pas *mutatis mutandis* d'un processus de standardisation ou de normalisation internationale.

Si tous deux relèvent de la normativité internationale, de cette "polynormativité", la singularité du standard tient au fait qu'il ne tend pas à une délimitation objective de ce qui est permis et de ce qui est défendu. Il constitue plutôt une directive générale, *une formule d'appréciation de la conduite des sujets de droit sur la base d'un type-modèle.* Illustrons cela par un exemple. La 1ere des fameuses trois règles de Washington que nous avons analysées dans le chapitre précédent à propos de l'Affaire de l'*Alabama*, prévoit qu'un gouvernement neutre a l'obligation "[d]'user de la diligence due pour empêcher le lancement, l'armement ou l'équipement dans sa juridiction, de tout vaisseau qu'il a juste motif de croire destiné à croiser ou à entrer en guerre contre une puissance avec laquelle il est en paix (…)". Cette disposition est-elle un standard ou une *soft law?* Puisqu'elle est vague et imprécise, on pourrait à première vue, croire qu'elle relève de la *soft law* même si l'*instrumentum* qui la porte est *hard.* Pourtant, elle n'est pas une *soft law* dans le sens de disposition non contraignante. Elle est ce que nous appelons règle-standard c'est-à-dire une espèce particulière de règle qui, plutôt que de déterminer de façon précise les obligations de l'État neutre *en toutes circonstances,* laisse le soin au juge, dans un cas donné, d'apprécier en fonction des faits, le degré de diligence normalement requis dans pareils cas. Comme on peut le constater, ce n'est pas le caractère contraignant ou non du support ou de la norme qui est en cause ; ce n'est pas non plus la justiciabilité de la règle qui est cause. Le point central ici tient au fait que c'est la norme elle-même qui laisse au juge, à l'occasion d'un différend, le soin de préciser le degré de prudence et de vigilance que requiert la situation. Mais cette grande liberté d'appréciation du juge signifie-t-elle un risque plus élevé d'arbitraire? Le juge devient-il dans l'appréciation du standard, un législateur international?

B. Standard et pouvoir discrétionnaire du juge international

Le standard tel que nous venons de voir, permet, de par sa nature même, une adaptation permanente du droit à la vie sociale internationale changeante. Avec un système de standardisation, la norme internationale donne au juge un instrument lui permettant d'adapter constamment le droit aux circonstances sociales variables. Ce besoin d'adaptabilité et de changement introduit par la technique du standard, soulève néanmoins des objections qui de notre point de vue, restent injustifiées.

I. Technique du standard: atteinte à la séparation des pouvoirs?

Le standard donne au juge un pouvoir élevé d'appréciation factuelle. De par sa nature vague et imprécise, le juge dispose d'un pouvoir discrétionnaire. C'est pourquoi il a été soutenu qu'avec la technique du standard, le juge acquiert des attributions qui le font sortir de sa tâche traditionnelle, en réunissant dans sa personne le pouvoir judicaire et législatif[252]. Puisque seul le législateur et non pas le juge, peut légiférer en édictant des règles abstraites et générales, la technique du standard aboutirait à un transfert de la réalité du pouvoir normatif dont les sujets du droit international sont les seuls détenteurs, au juge ou à l'arbitre ; confirmant ainsi la théorie de l'interprétation-création si chère à l'herméneutique moderne.

Cette critique se fonde en réalité sur une herméneutique positiviste qui plonge ses racines dans l'école de l'exégèse ou même celle de Savigny. Ce positivisme juridique héritage du nominalisme, entend, au contraire de la doctrine classique d'Aristote ou de St Thomas, "édifier sur la loi et sur la loi seule, l'ensemble de l'ordre juridique"[253]. Il préconise une séparation nette entre d'un côté le législateur chargé d'édicter les règles de droit et de l'autre l'organe judicaire dont l'unique rôle est d'appliquer les lois dans le sens de Montesquieu pour qui le juge est simplement "la bouche qui prononce les paroles de la loi"[254]. La fonction judiciaire doit donc suivre une logique hypothético-déductive empruntée aux sciences dites exactes, sur la base d'un raisonnement par "subsomption"[255] encré dans une série de "méthode d'interprétations formalisées"[256] parmi lesquelles le syllogisme juridique occupe une place de choix.

L'œuvre subtile du juge, véritable mouvement dialectique entre faits et droit impliquant sélections d'éléments en vue de la découverte d'une solution juste à donner *dans le cas d'espèce*, se trouve ainsi ramenée à une simple opération logique, déductive, ne requérant aucune *prudence*[257] particulière. Ainsi, le rôle du juge, dans cette métaphysique de l'univocité, doit être de "subsumer le fait de l'espèce sous la forme préconstituée. Ici une norme objective, claire et préexistante ; là des faits déterminés par le travail judiciaire relatif à la preuve ; et enfin la synthèse des deux dans une décision découlant nécessairement et strictement de la loi"[258].

La condition de possibilité de cette approche fut une transformation du concept de loi assimilée au droit, laquelle passa du *statut de directive* à celui de "commandement"[259] formulé d'une manière *claire et à priori*.

Le système de standard ne donne pas au juge international un pouvoir législatif plus qu'il n'a dans un système normatif fondé exclusivement sur des règles claires et précises. L'ordre juridique international ne connaît pas – ou très peu – une justice obligatoire avec un législateur supranational. L'étendue de la compétence du juge international est donc fonction de la volonté des parties à un différend donné. Ce consentement qui se manifeste à travers le compromis ou autres clauses compromissoires, constitue la pierre angulaire de toute l'instance judiciaire ou arbitrale. Il est le fondement même de la juridiction internationale. Comme l'affirme la CPJI, "il est bien établi en droit international qu'aucun Etat ne saurait être obligé de soumettre ses différends avec les autres Etats soit à la médiation, soit à l'arbitrage, soit enfin à n'importe quel procédé de solution pacifique, sans son consentement"[260].

Si le juge, en appliquant le standard de diligence dans un cas donné, légifère, ce n'est qu'en vue d'une hypothèse particulière pour la solution du différend. Il ne fait pas œuvre législative en ce sens qu'il ne crée pas de règles toute nouvelles pour les parties, règles devant régir leurs relations à venir. Une fois que sa compétence a été établie dans un différend donné et qu'il est appelé à décider sur la base des "règles et principes du droit international applicables"[261], le juge international examine les éléments de preuve des parties et détermine les éventuelles violations de ces règles et principes ainsi que les conséquences juridiques qui en découlent. Si la règle applicable est la *due diligence*, le juge décide en fonction d'un *type-modèle* de comportement admis dans de telles circonstances.

Même avec la très grande liberté d'appréciation qu'elle confère au juge international, la technique du standard ne porte pas atteinte à une quelconque séparation des pouvoirs pour la simple raison qu'il n'existe pas de séparation des pouvoirs dans la sphère internationale. En effet, le TPIY en se prononçant sur l'allégation de la défense selon laquelle la création du Tribunal est illégale parce qu'il n'a pas été "établi par la loi", a admis que:

> "Il est clair que la séparation des pouvoirs entre le législatif, l'exécutif et le judiciaire, qui est largement retenue dans la plupart des systèmes nationaux, ne s'applique pas au cadre international ni, plus spécifiquement, au cadre d'une organisation internationale comme les Nations Unies. La répartition des trois fonctions judiciaire, exécutive et législative entre les principaux organes des Nations Unies n'est pas clairement tranchée. S'agissant de la fonction judiciaire, la Cour inter-

nationale de Justice est, de toute évidence, l'"organe judiciaire principal" (voir Charte des Nations Unies, art. 92). Il n'existe pas, cependant, d'organe législatif dans l'acception technique du terme dans le système des Nations Unies et, plus généralement, pas de Parlement dans la communauté mondiale. Cela signifie qu'il n'existe pas d'organe officiellement habilité à promulguer des lois ayant un effet contraignant direct sur des sujets juridiques internationaux"[262].

Si la question de la séparation des pouvoirs peut se poser dans les ordres juridiques internes, elle n'est pas transposable en droit international. Ainsi, le processus d'interprétation et d'application des normes internationales est une adaptation constante de la normativité. Il s'agit "d'une (re-)création, d'une correction, permanente de la norme"[263]. Le droit n'étant pas une donnée statique, la norme devient une sorte "d'injonction en puissance qui ne s'actualise qu'à travers l'acte de volonté de l'interprète. Celui-ci la réaffirme dans un contexte nouveau, la concrétise, la précise, lui adjoint une exception, en un mot l'enrichit dans des contextes toujours renouvelés"[264]; que la norme en cause soit une norme-règle ou norme-standard, le pouvoir créateur du juge reste le même.

II. Technique du standard: risque d'arbitraire du juge?

Avec un pouvoir discrétionnaire du juge dans la mise en œuvre du standard, ne tomberons-nous pas dans l'arbitraire le plus déplorable? La sécurité des relations juridiques n'est-elle-pas compromise? Une fois de plus l'objection selon laquelle l'application du standard sacrifie la sécurité des rapports juridiques – en consacrant des solutions taillées sur mesure – vient de cette idée positiviste de la complétude matérielle et formelle de l'ordre juridique. Le système de droit serait un système complet, ne laissant pas de place à la lacune: *lex semper loquitur*. Tout est dans la loi et celle-ci prévoit tout à l'avance dans un langage clair et précis. Il y aurait dès lors un "danger sérieux pour la sécurité des intérêts et l'égalité de justice due à tous, à reconnaître ouvertement l'autorité de l'appréciation individuelle, en des affaires qui sembleraient devoir être soumises à une règle abstraite, connue d'avance, et assurée d'une application uniforme"[265].

L'autorité décisionnelle du juge reste limitée à l'espèce sur laquelle il statue. A cet égard, l'article 59 du statut de la CIJ stipule que "La décision de la Cour n'est obligatoire que pour les parties en litige et dans le cas qui a été décidé". Le cas lui ayant été volontairement confié par les parties, et l'étendue de sa compétence circonscrite, nous ne voyons pas comment sa décision serait arbitraire. Le but même de la mission du juge exige pleine autonomie de décision. Et les raisons qui inspirent son jugement ne sauraient être autres que celles que lui inspirent les règles et principes juridiques applicables dans le cas d'espèce. La technique du standard ne constitue pas en soi, une aporie du système judiciaire. En la supposant claire, parfaite et complète, la règle de droit, nous dit François Gény, "ne peut, à elle seule, porter directement toutes les injonctions, de nature à satisfaire les besoins tout concrets de la vie juridique. Entre ces besoins, si complexes, si variés, si fuyants, et la formule rigide du texte légal, il faut un intermédiaire, qui puisse et sache adapter cette formule aux situations et circonstances, pour lesquelles elle est écrite"[266].

Nous irons plus loin pour dire que dans la mise en œuvre du droit en général, il y a toujours une part de jugement individuelle. Mais le juge international dans l'appréciation du standard de diligence n'est pas laissé à son seul arbitraire, "au libre caprice de sa fantaisie"[267]. Sous le masque des mots troubles, le juge ne peut pas tout faire. Il décide en dernier ressort dans le cadre limité de sa compétence telle que voulue par les parties, et dans le cadre plus général du système normatif international. Même s'il a un pouvoir d'appréciation élevé dans l'application de la diligence, sa décision n'est pas livrée à la mobilité et au désordre des différentes conceptions subjectives. La pratique a su dégager les éléments constitutifs de ce standard de telle sorte qu'il est possible de retracer l'ossature de la diligence qui est propre au droit international. C'est ce que nous nous proposons de faire dans la section qui suit.

Section II.

Le juge international et la détermination du degré de diligence

La *due diligence* est, comme nous l'avons montré, une notion à contenu variable. Elle doit être appréciée *in concreto*, au cas par cas. Le degré de diligence requis dépend toujours des circonstances factuelles de chaque espèce. Selon le tribunal arbitral dans l'affaire de l'*Alabama*, la diligence "doit être employée par les gouvernements neutres en raison directe des risques auxquels l'un ou l'autre des belligérants pourrait être exposé à la suite du défaut d'observation de leur part des devoirs de la neutralité"[268]. La *due diligence* est perçue par le tribunal, non comme une assurance, mais bien comme une notion dont le contenu varie en fonction de l'importance du préjudice éventuellement encouru.

Il est donc incontestable que l'importance du risque, c'est-à-dire les conséquences éventuelles du défaut de vigilance, est un élément à considérer dans la détermination du degré de diligence. Mais le risque éventuel n'est pas le seul élément constitutif du standard de diligence. En d'autres termes, les conséquences de la négligence étatique ne peuvent pas à elles seules déterminer la limite exacte de la diligence telle qu'exigée par le droit international. Cela est d'autant plus vrai que la véritable nature d'un événement ne se découvre souvent qu'après coup et l'on ne peut prédire de façon précise et *a priori*, les conséquences qui sont susceptibles de découler des actes de négligence. La gravité des circonstances dont on peut raisonnablement imposer à un État de tenir compte, ce n'est pas leur gravité réelle, c'est leur gravité *apparente*. C'est pourquoi la jurisprudence utilise le critère des moyens dont dispose l'État ou dont il aurait dû disposer et le soin dans l'emploi de ces moyens pour déterminer le degré de diligence exigé dans un cas donné.

A. La diligence due et les moyens dont dispose l'État

La Convention XIII de La Haye sur les droits et les devoirs des Puissances neutres en cas de guerre maritime, prévoit qu'un gouvernement neutre "*est tenu d'user des moyens dont il dispose* pour empêcher dans sa juridiction l'équipement ou l'armement de tout navire, qu'il *a des motifs raisonnables de croire* destiné à croiser ou à concourir à des opérations hostiles contre une Puissance avec laquelle il est en paix"[269].

Cette formule montre très clairement que les moyens dont dispose l'État sont un élément capital dans la détermination du degré de diligence.

I. La notion de moyens dont dispose l'État

Ces moyens doivent être appréciés en fonction de la gravité des circonstances et du risque. Illustrons nos propos par un exemple. Supposons qu'une révolution éclate dans un pays (A) et que certains chefs de ce mouvement viennent chercher refuge sur le territoire d'un État voisin (B). Supposons ensuite que l'État (A) étant parfaitement calme, quelques individus, inconnus jusque-là comme révolutionnaires, profitent de leur séjour sur le territoire de l'État (B) pour y organiser un coup d'état contre le gouvernement de l'État (A). Personne ne soutiendra que l'État (B) est tenu à faire preuve de la même diligence dans les deux hypothèses. Il est évident que sa vigilance devra être beaucoup plus grande dans la première que dans la seconde. Et cependant cette différence ne dépend pas des seuls moyens dont il dispose. Elle tient également à la gravité des circonstances et du risque.

L'importance du préjudice encouru, autrement dit la nature du droit protégé, peut entrainer de la part de l'État territorial, ce que nous appelons une *due diligence* renforcée c'est-à-dire une vigilance spéciale à l'égard par exemple des personnes revêtues d'un caractère public notamment les représentants des États. Cette obligation de vigilance spéciale à l'égard des agents diplomatiques, a été particulièrement mise en relief par Vattel:

> "Admettre un Ministre, le reconnaître en cette qualité, c'est engager à lui accorder la protection la plus particulière, à la faire jouir de toute la sûreté possible. Il est vrai que le Souverain doit protéger tout homme qui se trouve dans ses États, Citoyens ou Étrangers, & le mettre à couvert de la violence ; mais cette attention est dûe au Ministre étranger dans un plus haut degré. La violence faite à un particulier, est un délit commun, que le Prince peut pardonner, selon les circonstances: A-t-elle pour objet un Ministre Public? C'est un crime d'État et un attentat contre le Droit des gens"[270].

C'est ce que, par exemple, la convention de Vienne sur les relations diplomatiques qualifie *d'obligation spéciale* en charge de l'État accréditaire en vue de la protection des agents diplomatiques et des locaux de la mission. Ainsi après avoir solennellement proclamé l'inviolabilité des locaux d'une mission diplomatique, l'article 22 de la convention de 1961 dispose en son paragraphe 2 que, *"L'État accréditaire a l'obligation spéciale de prendre toutes mesures appropriées afin d'empêcher que les locaux de la mission ne soient envahis ou endommagés*, la paix de la mission troublée ou sa dignité amoindrie". De même, après avoir stipulé que la personne de l'agent diplomatique est inviolable et qu'il ne peut être soumis à aucune forme d'arrestation ou de détention, l'article 29 prévoit: "L'État accréditaire le traite avec le respect qui lui est dû, *et prend toutes mesures appropriées pour empêcher toute atteinte à sa personne, sa liberté et sa dignité*"[271].

Cette *due diligence* renforcée a été longuement examinée par la CIJ à l'occasion de l'affaire du *Personnel diplomatique et consulaire des États-Unis à Téhéran*. Ce différend qui a opposé les États-

Unis et la République islamique d'Iran est né de la prise et de la détention en otage par un groupe d'étudiants, de membres du personnel diplomatique et consulaire et de certains autres ressortissants des États-Unis le 4 novembre 1979. Après avoir reconnu sa compétence, la Cour a subtilement procédé à une analyse des évènements en deux phases. Pour la Cour, elle doit tout d'abord "déterminer dans qu'elle mesure les comportements en question peuvent être considérés comme juridiquement imputables à l'État iranien. Ensuite elle doit rechercher s'ils sont compatibles ou non avec les obligations incombant à l'Iran en vertu des traités en vigueur ou de toute autre règle de droit international éventuellement applicable"[272].

C'est la première phase de l'affaire qui recouvre l'attaque armée perpétrée le 4 novembre 1979 par des militants contre l'ambassade des États-Unis, l'invasion de ses locaux, la prise en otages des personnes qui s'y trouvaient, la saisie de ses biens et de ses archives et le comportement des autorités iraniennes devant ces événements, qui nous intéresse ici.

Selon la Cour, l'attaque et l'occupation progressive de l'ambassade en soi ne peuvent pas être imputables à l'Iran, car les éléments de preuves dont elle dispose ne permettent pas "d'établir avec le degré de certitude nécessaire"[273] que les militants aient agi en qualité d'organes de l'État. Mais cette absence de lien officiel entre les militants et l'État iranien "ne signifie pas que l'Iran soit, en conséquence, exonéré de toute responsabilité à propos de ces attaques. Son propre comportement était en effet incompatible avec ses obligations internationales (…). L'Iran avait, en tant qu'État accréditaire, l'obligation la plus formelle de prendre des mesures appropriées pour protéger l'ambassade et les consulats des États-Unis, leur personnel, leurs archives, leurs moyens de communication et la liberté de mouvement des membres de leur personnel"[274].

Les obligations du Gouvernement de l'Iran dont il s'agit ne sont pas simplement des obligations contractuelles établies par les conventions de Vienne de 1961 et de 1963 ; ce sont aussi des obligations imposées par le droit international général, c'est-à-dire les obligations coutumières de *due diligence* renforcée. Car selon la Cour, "la carence du Gouvernement de l'Iran *était due à plus qu'une simple négligence ou un simple manque de moyens*"[275]. Cette carence du Gouvernement de l'Iran constituait en tant que telle *une violation grave et manifeste des obligations* dont l'Iran était tenu à l'égard des États-Unis. La Cour est donc nécessairement amenée à conclure, au sujet de la première phase des événements prise en considération, que, le 4 novembre 1979, "les autorités iraniennes *disposaient des moyens de s'acquitter de leurs obligations* et ont totalement manqué de se conformer auxdites obligations"[276].

On voit avec cette affaire des otages que le degré de diligence requis d'un État dépend non seulement des moyens dont il dispose, mais aussi et surtout de la gravité des circonstances et du risque encouru. Grotius lui-même dans sa théorie générale de la responsabilité avait admis que "les Rois et les Magistrats qui n'emploient pas les moyens dont ils peuvent et doivent se servir pour empêcher les brigandages et pirateries, sont responsables de leur négligence à cet égard"[277].

II. La nature des moyens dont dispose l'État

Ces moyens dont dispose l'État doivent être des moyens légaux ou des moyens matériels. Les premiers concernent la mise en place d'une législation appropriée conforme aux injonctions du droit international, car, un État ne "saurait se justifier du manque de *due diligence* en alléguant l'insuffisance des moyens légaux dont il pouvait disposer"[278]. Les deuxièmes, c'est-à-dire les moyens non-légaux, concernent l'organisation interne de l'État, notamment sa police, sa gendarmerie, ses magistrats, son administration en générale.

Selon certains auteurs notamment Pavlos Zannas, James L. Brierly, l'organisation interne de l'État joue un rôle particulièrement important dans l'évaluation du degré de diligence exigé par le droit international. Pour eux, puisque le droit international exige un minimum d'organisation de la part de l'État pour garantir le respect de ses engagements internationaux, les moyens dont il dispose dépendent de cette organisation. Et la négligence de l'État doit être appréciée sur la base de ce minimum. Brierly affirme à cet égard que:

> "A la base des règles du droit, il y a la supposition que la qualité des institutions gouvernementales des États sujets du droit international, et donc Membres de la même communauté, répond à un certain minimum. Si dans un État ce minimum n'est pas atteint, et si en conséquence un étranger en souffre dans sa personne ou ses biens, la conduite de cet État devient un sujet de préoccupation pour le droit international et le met dans l'obligation de faire réparation envers l'État du national qui a subi ce dommage"[279].

Avant d'apporter quelques clarifications sur cette affirmation, une remarque préliminaire s'impose. En parlant d'organisation interne de l'État, ces auteurs replacent la question du degré de diligence dans la problématique plus générale du rapport entre l'ordre juridique international et l'ordre juridique interne. Le droit international ne pouvant se réaliser qu'à travers le droit étatique, l'État est tenu de "maintenir des organes de gouvernement propres à assurer, en période normale, l'exécution des obligations découlant du droit international et des traités"[280]. A notre avis, il s'agit là d'une question superflue. La qualité même d'État, sujet du droit international implique ce minimum d'organisation. Une entité est un État au sens du droit international ou ne l'est pas. Dès lors que l'État est reconnu comme tel par le droit international, avec affirmation de sa subjectivité juridique internationale, la question de son organisation devient purement accessoire. Mieux, le principe fondamental d'auto-détermination lui donne une liberté dans le choix de son mode de gouvernance. Ce qui est vrai par contre, c'est que dans un contentieux de la responsabilité, un État ne "saurait invoquer vis-à-vis d'un autre État sa propre constitution pour se soustraire aux obligations que lui imposent le droit international"[281]. Mais revenons aux critères de détermination du degré de diligence.

En parlant de minimum d'organisation de l'État, il nous semble qu'il s'agit en réalité de la capacité d'agir de l'État c'est-à-dire la titularité de droits et de devoirs internationaux et la possibilité de "se prévaloir de ses droits par voie de réclamation internationale"[282]. Il s'agit en fait de l'exercice de la compétence territoriale et personnelle de l'État. Max Hubert avait perçu cette nuance lorsqu'il a admis que "La souveraineté territoriale implique le droit exclusif d'exercer les activités étatiques. Ce droit a pour corollaire un devoir: l'obligation de protéger à l'intérieur du territoire, les droits des autres États, en particulier leur droit à l'intégrité et à l'inviolabilité en temps de paix et en temps de guerre, ainsi que les droits que chaque État peut réclamer pour ses nationaux en territoire étranger"[283].

L'État exerce sa juridiction sur toute l'étendue de son territoire de manière à protéger les droits des autres États ainsi que leurs nationaux. Cependant, aucun État, fut-il le mieux organisé, ne peut prévenir de façon absolue tous les dommages qui peuvent être commis sur son territoire. *Ad impossibile nemo tenetur*. Cela relève d'ailleurs de la *finitude humaine* que nous enseigne la philosophie des lumières. Aucune police ni aucune administration de justice n'est donc parfaite, et il faut sans doute accepter, même dans les pays les mieux administrés, une marge considérable où la tolérance s'impose. Mais "la restriction ainsi apportée au droit des États d'intervenir pour protéger leurs ressortissants lésés, *présuppose que la sécurité géné-rale dans les pays de résidence de ceux-ci ne tombe pas au-dessous d'un certain niveau, et qu'au moins leur protection par la justice ne devienne pas purement illusoire*"[284].

Ainsi, l'État a le devoir d'user de tous les moyens dont il dis-pose, et de bonne foi pour *prévenir* les actes dommageables des par-ticuliers contre la personne ou les biens d'étrangers se trouvant sur son territoire. Mais l'État n'a pas seulement l'obligation de prendre des mesures préventives. Il a aussi et surtout un devoir de répression. L'État engage sa responsabilité non seulement pour son manquement dans la prévention des actions des particuliers, mais aussi pour n'avoir pas réprimé de tels actes ou pour n'avoir pas puni les coupa-bles. Car, d'une manière générale, une personne établie dans un État étranger est, pour la protection de sa personne et de ses biens, placée sous la législation territoriale et cela dans les mêmes conditions que les ressortissants du pays[285]. La responsabilité de l'État peut donc être engagée non seulement par un manque de vigilance dans la pré-vention des actes dommageables, mais également par le manque de diligence dans la poursuite pénale des fauteurs, ainsi que dans l'ap-plication des sanctions[286].

Dans le domaine de la condition des étrangers, la doctrine a établi une distinction entre le devoir de protection *stricto sensu* et le devoir de s'abstenir[287]. L'abstention signifie ici que le droit interna-tional général impose à l'État territorial, une obligation négative de s'abstenir de prendre toutes mesures susceptibles de porter atteinte à la sécurité des étrangers. Sur ce point, il faut noter que le critère de la diligence ne joue aucun rôle dans la mesure où les actions dom-mageables des organes de l'État lui sont directement attribuables[288]. Comme nous l'avons précédemment décri, le critère de la diligence n'intervient pas, par exemple, lorsque l'étranger a fait l'objet d'ar-restation, de détention ou d'emprisonnement arbitraire par les auto-rités administratives ou policières. La responsabilité de l'État pour les actes de ses organes[289] compétents, des actes de l'instrument de la puissance publique, ne fait donc pas appelle à la règle de la dili-gence due.

Cette affirmation est aussi valable pour la responsabilité des États pour les actes *ultra vires*[290] de ses organes. Il est de nos jours clairement établi que le comportement d'un organe de l'État ou d'une entité habilitée à l'exercice des prérogatives de puissance publique, lorsqu'il agit en sa qualité officielle, est attribuable à l'État même si l'organe ou l'entité a outrepassé son pouvoir ou contrevenu aux instructions reçues. Le critère de la diligence due ne joue guère dans l'appréciation de la responsabilité de l'État pour de tels actes.

III. L'effectivité des moyens dont dispose l'État

Il s'agit ici d'un autre aspect, très souvent ignoré de la doctrine, des moyens de l'État dans l'évaluation du degré de diligence. Pour la doctrine classique, il est impossible de demander à un État normalement constitué une diligence qui dépasserait les moyens qu'il possède. On ne s'attend donc pas à ce que l'ensemble des moyens soient à la hauteur des circonstances car ce "serait imposer à l'État des charges auxquelles il ne pourrait souvent pas faire face"[291]. Il est donc impossible, comme nous le rappelait Vattel, "à l'État le mieux réglé, au Souverain le plus vigilant et le plus absolu, de modérer à sa volonté toutes les actions de ses sujets, de les contenir en toute occasion dans la plus exacte obéissance ; il serait injuste d'imputer à la Nation, ou au Souverain, toutes les fautes des Citoyens. On ne peut donc dire en général que l'on a reçu une injure d'une Nation, parce qu'on l'aura reçu de quelqu'un de ses membres"[292].

A notre avis, il faut soigneusement distinguer entre d'une part les moyens dont l'État dispose *effectivement* dans une circonstance donnée et les *moyens dont il aurait dû disposer*. Dans certains cas, la responsabilité de l'État est engagée même si ses moyens effectivement mis en œuvre ne sont pas à la hauteur des évènements. Si donc un État fait application de ses lois nationales, mais que celles-ci ne lui permettent pas de remplir ses engagements internationaux, cet État commettrait un fait internationalement illicite. Il n'aura pas fourni la diligence due. Cependant, il aura mis en œuvre les moyens dont il dispose. Le fondement de sa responsabilité est qu'il *aurait dû* mettre en place une législation appropriée. L'État doit continuellement s'assurer les moyens nécessaires à l'accomplissement de ses obligations internationales.

Dans l'affaire du *Montijo* par exemple, le tribunal arbitral a estimé que le Gouvernement général de l'Union, par ses fonctionnaires à Panama, faillit à son devoir d'étendre aux citoyens des États-Unis la protection qu'il était tenu de leur assurer en vertu du droit des gens aussi bien que des traités spéciaux. Le tribunal poursuit en ses termes:

> "C'était un devoir très net du président de Panama, agissant en qualité d'agent constitutionnel du Gouvernement général de l'Union, de reprendre le *Montijo* aux révolutionnaires et de le rendre à ses propriétaires. Il est vrai qu'*il n'avait pas*

les moyens de le faire, n'ayant pas à sa disposition de forces navales ou militaires colombiennes suffisantes pour une telle tâche ; mais *le défaut de forces laisse intacte l'obligation.* Le premier devoir de tout gouvernement est de se faire respecter dans son pays et à l'étranger. S'il promet protection à ceux qu'il consent à admettre sur son territoire, *il doit pourvoir aux moyens de la rendre effective*"[293].

La responsabilité de l'État n'est pas exonérée uniquement du fait que ses moyens ne sont pas à la hauteur ou sont simplement insuffisants. Il engage sa responsabilité parce que, en tant qu'État au sens du droit international, il aurait dû avoir ces moyens compte tenu des circonstances.

B. La question de la diligentia quam in suis

Nous avons vu que la jurisprudence utilise le critère des moyens dont dispose l'État et la gravité des évènements pour évaluer le degré de diligence imposée par le droit international. Une question récurrente se pose à savoir: l'État territorial est-il exonéré s'il a fait ce qu'on peut raisonnablement lui demander, en tenant compte de sa situation effective? Ou est-il tenu de garantir un certain degré de sécurité, étant responsable de l'incapacité éventuelle de l'assurer?

Pour répondre à cette question, il nous faut rappeler que la diligence est un standard. Et nous avons défini ce standard comme la mesure moyenne de conduite sociale correcte. Le juge international apprécie ce standard au cas par cas en fonction des moyens dont chaque État dispose et de l'importance du risque. Mais il ne peut établir l'étendue de la diligence qu'en ayant à l'esprit le comportement moyen correct. C'est pour cela que la doctrine a proposé le recours à la notion romaine de la *diligentia quam in suis* c'est-à-dire le degré de soin qu'un État emploie dans ses propres affaires. Selon Henry Wheaton, "en l'absence d'une définition claire par l'usage ou par les accords, du degré de diligence, il doit être déterminé par le degré de vigilance qu'apporte normalement un gouvernement civilisé dans les matières qui ont trait à sa propre sécurité et à celle de ses ressortissants"[294]. Cette idée de *diligentia quam in suis* a été utilisé par le département d'État américain pour déterminer la diligence due par un État dans la répression d'une révolte en 1888: "La mesure de la diligence qu'un État doit exercer dans la répression des irrégularités n'est pas celle d'un assureur ; elle est celle que les gouvernements prudents ont l'habitude d'exercer selon les circonstances du cas"[295].

C'est donc la figure du *bonus pater familias*, cet homme moyen, raisonnablement prudent dans ses affaires qui est appliquée dans les relations entre États.

Cependant, en recourant à la *diligentia quam in suis*, la doctrine considère que le comportement moyen correct est "la conduite d'un État normal, civilisé"[296]. Elle introduit ainsi, dans la détermination du degré de diligence, la notion de "l'État normalement constitué"[297]. A notre avis, cette notion d'État normalement constitué apporte une couche supplémentaire de confusion dans l'évaluation du degré de diligence. En effet, il n'y a pas en droit international, des États normaux et ceux que l'on pourrait qualifier d'États anormaux ou non civilisés, incapables de remplir leurs obligations internationales. Ce n'est pas, comme l'avait suggéré Oppenheim en son temps, une distinction entre "Full and not-full Sovereign States"[298], c'est-à-dire des États parfaits et imparfaits. Au regard du droit international, la qualité d'État est une et indivisible.

Comme nous l'avons affirmé précédemment, un État est ou n'est pas. La notion d'État normalement constitué ne saurait intervenir dans la détermination du contenu de la diligence. A cet égard l'arbitre Max Huber affirmait: "La vigilance qu'au point de vue du droit international l'État est tenu de garantir, peut être caractérisée, en appliquant par analogie un terme du droit romain, comme une *diligentia quam in suis*. Cette règle, conforme au principe primordial de l'indépendance des États dans leurs affaires intérieures, offre en fait aux États, pour leurs ressortissants, le degré de sécurité auquel ils peuvent raisonnablement s'attendre"[299].

Si par exemple les soins qu'un État (A) apporte à ses propres affaires sont manifestement inférieurs à ceux d'un État (B), et que l'État (B) se trouve de ce fait lésé, le mécanisme de la responsabilité internationale se met en marche. C'est en cela que Max Huber conclut en ces termes: "Du moment que la vigilance exercée tombe manifestement au-dessous de ce niveau par rapport aux ressortissants d'un État étranger déterminé, ce dernier est en droit de se considérer comme lésé dans des intérêts qui doivent jouir de la protection du droit international"[300].

Nous avons montré dans ce chapitre, le contenu du standard de diligence c'est-à-dire le degré de diligence requis de l'État dans l'accomplissement de ses devoirs internationaux. La diligence dépend en définitive de la gravité des évènements, des moyens dont dispose l'État ainsi que l'utilisation raisonnable de ces moyens. Le standard de diligence ne peut donc être établi a priori de manière abstraite. Il est toujours fonction des circonstances de chaque espèce et le juge international dispose, dans l'application de ce standard, d'un pouvoir d'appréciation plus élevé. Si la diligence relève indubitablement des obligations primaires de l'État, le contentieux de la responsabilité a permis de déterminer son étendue. Dans le chapitre qui suit nous nous proposons d'examiner la place de la diligence dans la taxonomie des obligations internationales, son rôle dans le processus d'attribution du fait illicite, sa relation avec la théorie classique de la faute.

NOTES

[140] Affaire *Negrete*, Note du secrétaire d'Etat americain, in: J. B. MOORE, *History and Digest of International Law*, Washington, 1906, vol. VI, p. 962.

[141] Harvard Law School, *Research in International Law. The Law of Responsibility of States*, Supplement Section, *AJIL*, vol. 23 (1929), pp. 136-137.

[142] ZANNAS, *supra* note 47, p. 72.

[143] ZANNAS, *supra* note 47, p. 73.

[144] Pour Aristote, il existe une pluralité articulée de points de vue sur les choses. La présence de n'importe quel objet dans l'univers ordonné par une intelligence, le *cosmos*, s'explique par la conjugaison de quatre causes ou principe d'intelligibilité: la cause matérielle (de quoi est fait l'objet), la cause efficiente (par qui ou par quoi l'objet a-t-il été fait), la cause formelle (comment est-il fait) et enfin la cause finale (vers quoi tend-il ou à quoi sert l'objet). De la loi par exemple, nous dirons qu'elle est faite de mots constituant le texte écrit (cause matérielle), elle est adoptée par la volonté du législateur (cause efficiente) en vue du bien commun, la justice (cause finale). Sa cause formelle serait la Raison.

[145] Actes de la Société des Nation, 1930, doc. C. 351/M145, p. 114.

[146] E. KANT, *Critique de la raison pure*, trad. A TREMESAYGUES, B. PACAUD, Paris, Félix Alcan, 1905, p. 577.

[147] *Ibid.* Dans une note de bas de page, Kant affirmait que "les jurisconsultes cherchent encore une définition de leur concept de droit". Pour lui "Sans doute, le concept du Droit (vom Recht) dont se sert le sens commun, renferme bien ce que peut en tirer la plus subtile spéculation; seulement, dans l'usage vulgaire et pratique qu'on en fait, on n'a pas conscience des diverses représentations contenues dans cette pensée. On ne peut pas dire pour cela que le concept vulgaire soit sensible et ne désigne qu'un simple phénomène, car le droit ne saurait pas du tout être un objet de perception (das Recht kann gar nicht erscheinen), mais son concept réside dans l'en-

tendement et représente une manière d'être (la qualité morale) des actions qui leur appartient en elles-mêmes".

[148] S. RIALS, *Le juge administrative français et la technique du standard. Essai sur le traitement juridictionnel de l'idée de normalité*, Paris, LGDJ, 1980, p. 16.

[149] R. POUND, "The Administrative Application of Legal Standard", Presentation at the meeting of the American Bar Association at Boston, November 2, 1919. Nous tenons à remercier la bibliothèque de York University d'avoir permis de consulter le manuscrit original du texte de Pound. Sur sa philosophie du droit voir notamment R. POUND, *An Introduction to the Philosophy of Law*, New Haven, Yale University Press, 2ᵉ éd., 1952.

[150] A. BRIMO, *Les grands courants de la philosophie du droit et de l'Etat*, Paris, Pedone, 1967, p. 350.

[151] POUND, "The Administrative Application ...", *supra* note 106, p. 10.

[152] *Ibid.*

[153] RIALS, *supra* note 105, pp. 23-24; E. LAMBERT, *Le gouvernement des juges et la lutte contre la législation sociale aux Etats-Unis: l'expérience américaine du contrôle judiciaire de la constitutionnalité des lois*, Paris, Giard, 1921, p. 205.

[154] H. THIRLWAY, "Concepts, Principles, Rules and Analogies: International and Municipal Legal Reasoning", *RCADI*, vol. 294 (2002), p. 281.

[155] G. ABI-SAAB, "Cours général de droit international public", *RCADI*, vol. 207 (1987-VII), p. 129.

[156] Certes il développe la théorie des *stare decisis* et de la *ratio decidendi* notamment dans son ouvrage *An Introduction to the Philosophy of Law*, *supra* note 106, pp. 48-71.

[157] POUND, "The Administrative Application ...", *supra* note 106, pp. 10-11.

[158] J. SALMON (dir), *Dictionnaire de droit international public*, Bruylant, Bruxelles, 2001, p. 959.

[159] J.-J. ROUSSEAU, *Du contrat social ou principes du droit politique*, 2ᵉ éd., Paris, 1865, p. 54.

[160] B. Z. TAMANAHA, *On the Rule of Law. History, Politics, Theory*, Cambridge, Cambridge University Press, 2004, Avant Propos. Pour un aperçu de la literature récente sur le concept de *rule of law*, voir notamment T. H. BINGHAM, *The Rule of Law*, London, Allen Lane, 2010; J. J. HECKMAN *et al* (eds.), *Global Perspectives on the Rule of Law*, London, Routledge, 2010; A.-M. SLAUGHTER, "Shielding the Rule of Law", in: A. MADS, F. DUNCAN (eds.), *Tom Bingham and the Transformation of the Law: a Liber Amicorum*, New York, Oxford University Press, 2009, pp. 761-771; Ph.

SANDS, "Towards an International Rule of Law?", in: *Tom Bingham and the Transformation of the Law: a Liber Amicorum*, New York, Oxford University Press, 2009, pp. 461-476; W. W. BRADLEY, "Government Lawyers, Democracy, and the Rule of Law", *Fordham Law Review*, vol. 77 (2009), pp. 1333-1362; S. BEAULAC, "The Rule of Law in International Law Today", in: P. GIANLUIGI, W. NEIL, (eds.), *Relocating the Rule of Law*, Oxford, Hart, 2009, pp. 197-223; J. RAZ, *The Authority of Law: Essays on Law and Morality*, 2nd ed., Oxford, Oxford University Press, 2009; M. KRYGIER, "The Rule of Law: Legality, Teleology, Sociology", in: P. GIANLUIGI, W. NEIL, (eds.), *Relocating the Rule of Law*, Oxford, Hart, 2009, pp. 45-69; T. NARDIN, "Theorising the International Rule of Law", *Review of International Studies*, vol. 34 (2008), pp. 385-401; J. H. YOUNG, (ed.), *International Election Principles: Democracy & the Rule of Law*, Chicago, Chicago University Press 2009; J. JEFFREY, O. DAWN, (eds.), *The Changing Constitution*, 6th ed., Oxford, Oxford University Press, 2009; S. COYLE, "Positivism as a Statist Philosophy of Law", *Northern Ireland Legal Quarterly*, vol. 59 (2008), pp. 49-72; P. P. CRAIG, "Formal and Substantive Conception of the Rule of Law: An Analytical Framework", *Public Law*, 1997, pp. 467-487; S. COYLE, "Positivism, Idealism and the Rule of Law", *Oxford Journal of Legal Studies*, vol. 26 (2006), pp. 257-288; W. LUCY, "Abstraction and the Rule of Law", *Oxford Journal of Legal Studies*, vol. 29 (2009), pp. 481-509; T. A. O. ENDICOTT, "The Impossibility of the Rule of Law", *Oxford Journal of Legal Studies*, vol. 19 (1999), pp. 1-18.

[161] S. PUFENDORF, *Du droit de la nature et des gens, ou système général des principes les plus importants de la morale, de la jurisprudence et de la politique*, trad. J. BARBEYRAC, tome 1, Amsterdam, Gerard Kuyper, 1956.

[162] J. LOCKE, *Deux traités du gouvernement*, trad. B. GILSON, Paris, Vrin, 1997.

[163] C. de S. MONTESQUIEU, *De l'esprit des lois*, Paris, Didot, 1851.

[164] ROUSSEAU, *supra* note 116.

[165] TAMANAHA, *supra* note 117, p. 32.

[166] F. A. HAYEK, *La route de la servitude*, trad. G. BLUMBERG, Paris, PUF, 2002, p. 58. Italiques ajoutés.

[167] R. DWORKIN, *Une question de principe*, trad., A. GUILLAIN, Paris, PUF, 1985, p. 14.

[168] V. GOWLLAND-DEBBAS, V. PERGANTIS, "Rule of Law", in: V. CHETAIL, (ed.), *Post-conflict Peacebuilding: A Lexicon*, Oxford, Oxford University Press, 2009, p. 321. Rousseau reconnaissait lui-même que "le pouvoir souverain, tout absolu, tout sacré, tout inviolable qu'il est, ne passe ni ne

peut passer les bornes des conventions générales, et que tout homme peut disposer pleinement de ce qui lui a été laissé de ses biens et de sa liberté par ces conventions; de sorte que le souverain n'est jamais en droit de charger un sujet plus qu'un autre, parce qu'alors, l'affaire devenant particulière, son pouvoir n'est plus compétent". ROUSSEAU, *supra* note 116, p. 99.

[169] J. RAZ, "The Rule of Law and Its Virtue", in: R. L. CUNNINGHAM, (ed.), *Liberty and the Rule of Law*, College Station, Texas University Press, 1979, p. 4. Le même auteur affirmait deux années plutôt dans la *Law Quarterly Review*, vol. 93 (1977), p. 196: "It is also to be insisted that the rule of law is just one of the virtues by which a legal system may be judged and by which it is to be judged. It is not to be confused with democracy, justice, equality (before the law or otherwise), human rights of any kind or respect for persons or for the dignity of man".

[170] TAMANAHA, *supra* note 117, p. 32.

[171] P. P. CRAIG, "Formal and Substantive Conception of the Rule of Law: An Analytical Framework", *Public Law*, 1997, p. 467.

[172] T. A. O. ENDICOTT, "The Impossibility of the Rule of Law", *Oxford Journal of Legal Studies*, vol. 19 (1999), p. 3.

[173] DWORKIN, *Une question de principe*, *supra* note 124, p. 15. Italiques ajoutés.

[174] J. CRAWFORD, "International Law and the Rule of Law", *Adelaide Law Review*, vol. 24 (2003), p. 4.

[175] *Ibid.*, p. 10.

[176] Nous faisons référence ici à l'idée de Hersh Lauterpacht pour qui le droit interntional n'est autre chose qu'une analogie avec le droit privé interne. Pour une analyse de ses arguments, voir sa "Préface" in: *Private Law Sources and Analogies of International Law*, London, Longmans, 1927.

[177] A/RES/61/39 (2006) du 18 décembre 2006. Sur la question des valeurs, voir notamment I. BROWNLIE, "The Politics of Human Rights in Relation to the Rule of Law", *Indian Journal of International Law*, vol. 49 (2009), pp. 1-7; Sir A. WATTS, "The International Rule of Law", *GYIL*, vol. 36 (1992), pp. 15-45; M. BYERS (ed.), *The Role of Law in International Politics: Essays in International Relations and International Law*, Oxford, Oxford University Press, 2000; A. BIANCHI, "Ad-hocism and the Rule of Law", *EJIL*, vol. 13 (2002), pp. 263-272.

[178] Préambule de la résolution A/RES/64/116 du 15 janvier 2010.

[179] POUND, "The Administrative Application ...", *supra* note 106, p. 11.

[180] C'est dans ce sens qu'affirme le Juge McNair: "Que doit faire une Cour internationale lorsqu'elle se trouve en présence d'une nouvelle institution juridique dont l'objet et la terminologie rappellent les règles et institutions

du droit privé? Dans qu'elle mesure est-il utile ou nécessaire d'examiner ce qui peut apparaître à première vue comme des analogies pertinentes avec les systèmes de droit interne et d'y chercher aide et inspiration? Le droit international a emprunté et continue à emprunter à des systèmes de droit privé un grand nombre de ses règles et de ses institutions. L'article 38 (1) *(c)* du Statut de la Cour témoigne que cette méthode est toujours en usage et l'on observera que cet article autorise la Cour à "appliquer .... c) les principes généraux de droit reconnus par les nations civilisées". Quand le droit international puise à cette source, ce n'est pas en important des institutions de droit privé, "en bloc, toutes faites et complètement équipées" d'un ensemble de règles". *Statut international du Sud-Ouest africain*, Avis consultatif, CI J Recueil 1950, opinion individuelle de Sir Arnold McNair, p. 148.

[181] *Délimitation de la frontière maritime dans la région du golfe du Maine*, arrêt, CIJ Recueil 1984, pp. 288-289, para., 79. Sur ce point, voir notamment I. BROWNLIE, *Principles of Public International Law*, 7e éd., Oxford, Oxford University Press, 2008, pp. 16-19; G. SCHWARZENBERGER, *International Law*. Vol. 1: *International Law as Applied by International Courts and Tribunals*, London, Stevens, 3rd ed., 1957, pp. 43-49. Pour un aperçu général de la problématique des principes généraux en droit international, voir entre autres B. CHENG, *General Principles of Law as applied by International Courts and Tribunals*, Cambridge, Grotius Publications, 1987, pp. 1-26; A. VERDROSS, "Les principes généraux de droit dans le système des sources du droit international", in: *Recueil d'études de droit en hommage à Paul Guggenheim*, Genève, Tribune de Genève, 1968, pp. 521-530; O. SCHACHTER, "International Law in Theory and Practice. General Course in Public International Law", *RCADI*, vol. 178 (1982-V), pp. 74-90; G. DEL VECCHIO, *Les principes généraux du droit*, trad. E. DEMONTÈS, Paris, LGDJ, 1925, pp. 1-67.

[182] Sur ce point, voir notamment Ian Brownlie, *Principles of Public International Law*, 7e éd., Oxford, Oxford University Press, 2008, pp. 16-19; Georg Schwarzenberger, *International Law*. Vol. 1: *International Law as Applied by International Courts and Tribunals*, London, Stevens, 3rd ed., 1957, pp. 43-49. Pour un aperçu général de la problématique des principes généraux en droit international, voir entre autres Bin Cheng , *General Principles of Law as applied by International Courts and Tribunals*, Cambridge, Grotius Publications, 1987, pp. 1-26; Alfred Verdross, "Les principes généraux de droit dans le système des sources du droit international", in *Recueil d'études de droit en hommage à Paul Guggenheim*, Genève, Tribune de Genève, 1968, pp. 521-530; Oscar Schachter, "International Law in Theory and Practice. General Course in Public

International Law", *RCADI*, vol. 178, 1982-V, pp. 74-90; Giorgio Del Vecchio, *Les principes généraux du droit*, trad. E. Demontès, Paris, LGDJ, 1925, pp. 1-67.

[183] Pour une analyse plus approfondie de la notion de principe général, voir notamment nos travaux sur "Progressive Humanization of international Law: a Kantian Perspective", *African Yearbook of International Law*, vol. 22 (2019), pp. 202-240; "La renaissance du jus gentium ou fondement cosmopolitique du droit de la communauté internationale", *Revue juridique et politique des États francophones*, vol. 70:1 (2016), pp. 77-105.

[184] J. VERHOEVEN, "Le droit, le juge et la violence", *RGDIP*, vol. 91 (1987), p. 1207.

[185] POUND, "The Administrative Application …", *supra* note 106, p. 11. Voir également la définition proposée par L. DUGUIT, *Droit constitutionnel*. Tome 1: *La règle de droit – Le problème de l'Etat*, 3ᵉ éd., Paris, Fontemoing, 1927, pp. 71-73.

[186] ABI-SAAB, *supra* note 112, p. 203.

[187] J. BASDEVANT (dir.), *Dictionnaire de terminologie du droit international*, Paris, Sirey, 1960, p. 493. Sur la qualification juridique, voir notamment *Compétence en matière de pêcheries (Espagne c. Canada)*, compétence de la Cour, arrêt, CIJ Recueil 1998, opinion dissidente du juge Ranjeva, p. 569, para. 41 et opinion dissidente du juge Torres, p. 685, para. 278.

[188] THIRLWAY, *supra* note 111, p. 292.

[189] *Compétence en matière de pêcheries (Espagne c. Canada)*, compétence de la Cour, arrêt, CIJ Recueil 1998, p. 435.

[190] *Ibid.*, p. 460, par. 68. Les italiques sont ajoutés. Pour un aperçu de la position de la jurisprudence internationale sur l'interprétation des déclarations et des réserves voir notamment *Phosphates du Maroc*, arrêt, CPJI, série A/B n° 74, 1938, p. 23; *Frontière terrestre et maritime entre le Cameroun et le Nigéria*, exceptions préliminaires, arrêt, CIJ Recueil 1998, p. 291, par. 25; *Affaire de l'Anglo-Iranian Oil Co. (compétence)*, arrêt, CIJ Recueil 1952, p. 105; *Affaire relative à certains emprunts norvégiens*, arrêt, CIJ Recueil 1957, p. 27; *Plateau continental de la mer Egée*, arrêt, CIJ Recueil 1978, p. 29, par. 69; *Activités militaires et paramilitaires au Nicaragua et contre celui-ci* (Nicaragua c. Etats-Unis d'Amérique), compétence et recevabilité, arrêt, CIJ Recueil 1984, p. 41 8, par. 59.

[191] H. L.A. HART, *Le concept de droit*, Trad. M. van DE KERCHOVE, Bruxelles, Facultés universitaires Saint-Louis, 1976, pp. 155-160. François Gény rejette la méthode traditionnelle d'interprétation parce que, dit-il celle-ci aboutit "à faire tenir, a priori, tout le système du droit positif, en un nombre limité de catégories logiques, qui seraient prédéterminées

par essence, immuables dans leur fonds, régies par des dogmes inflexibles, insuscetibles par conséquent de s'assouplir aux exigences changeantes et variées de la vie". F. GÉNY, *Méthode d'interprétation et sources du droit privé positif. Essai Critique*, t. 1, Paris, LGDJ, 2ᵉ éd., 1954, p. 129.

[192] Institut de droit international, *Le problème intertemporel en droit international public*, Session de Wiesbaden, *AIDI*, vol. 56 (1975), pp. 536-541. Il faut reconnaître que c'est le suisse Max Huber dans l'affaire de l'*Ile de Palmas* qui a, pour la première fois nous semble-t-il, clairement énoncé la théorie du droit intertemporel. En effet examinant la pertinence des titres juridiques en présence, il affirma dans un passage de la sentence arbitral devenu célèbre que: "As regards the question which of different legal systems prevailing at successive periods is to be applied in a particular case (the so-called intertemporal law), a distinction must be made between the creation of rights and the existence of rights. The same principle which subjets the act creative of a right to the law in force at the time the right arises, demands that the existence of the right, in other words its continued manifestation, shall follow the conditions required by the evolution of law". *Island of Palmas Case* (Netherlands, USA), *RSA*, vol. II (1928), p. 845. Voir également Max SØRENSEN, "Le problème dit du droit intertemporel dans l'ordre international – Rapport provisoire", *AIDI*, vol 55 (1973), p. 20. Pour une critique de ce rapport, voir notamment A. A. C. TRINDADE, "International Law for Human Kind: Towards a New Jus Gentium. General Course on Public International Law", *RCADI*, vol. 316 (2005), pp. 61-66; M. G. KOHEN, *Possession contestée et souveraineté territoriale*, Paris, PUF, 1997, pp. 183-191.

[193] *Conséquences juridiques pour les Etats de la présence continue de l'Afrique du Sud en Namibie (Sud-Ouest africain) nonobstant la résolution 276 (1970) du Conseil de sécurité*, avis consultatif, CIJ Recueil 1971, p. 31, para. 53. Mais pour dégager le sens d'une notion juridique dans un contexte historique, il faut tenir compte de la manière dont cette notion était comprise à l'origine dans le contexte. Voir notamment la position de la CIJ dans l'affaire *Droits des ressortissants des Etats-Unis d'Amérique au Maroc*, arrêt, CIJ Recueil 1952, p. 189. Cette manière d'appréhender les concepts juridiques dans un contexte historique sera confirmée quelques années plus tard dans l'affaire du *Sud-Ouest africain, deuxième phase*, arrêt, CIJ Recueil 1966, p. 23, par. 16, à propos du régime juridique des Mandat. Pour la CIJ, "C'est en qualité d'anciens Membres de la Société des Nations que les demandeurs se présentent devant la Cour et les droits qu'ils revendiquent sont ceux dont, d'après eux, jouissaient les Membres de la Société des Nations à l'époque de celle-ci. En consé-

quence, pour déterminer les droits et les devoirs passés et présents des Parties à l'égard du Mandat - à supposer celui-ci encore en vigueur mais sans préjuger la question - pour déterminer en particulier s'ils comportent, du côté des demandeurs, le droit propre d'exiger la bonne exécution des dispositions relatives à la gestion du Mandat et, du côté du défendeur, l'obligation de répondre de l'administration du Mandat devant les demandeurs, *la Cour doit se placer à l'époque où le système des Mandats a été institué et où les actes de Mandat ont été rédigés. Elle doit tenir compte de la situation à cette date, qui est la date critique, et des intentions que les intéressés semblent bien avoir eues ou que l'on peut raisonnablement leur attribuer en fonction de la situation.* Les intentions qu'ils auraient pu avoir si le Mandat avait été rédigé beaucoup plus tard, une fois connues certaines circonstances absolument imprévisibles à l'origine, comme la dissolution de la Société des Nations et ses suites, sont sans pertinence. Telle est la seule manière d'apprécier correctement les droits des Parties". Les italiques sont ajoutés.

[194] *Plateau continental de la mer Egée*, arrêt, CIJ Recueil 1978, p. 32, par. 77. Les italiques sont ajoutés.

[195] POUND, "The Administrative Application …", *supra* note 106, p. 12.

[196] *Ibid.*

[197] Pour une analyse approfondie de ces notions à contenu variable dans les différentes branches du droit, voir notamment PERELMAN, VANDER ELST, *Les notions à contenu variable, supra* note 5.

[198] LEGROS, *supra* note 5, p. 21.

[199] J. SALMON, "Les notions à contenu variable en droit international public", in: PERELMAN, VANDER ELST, *supra* note 5, p. 253. Pour une analyse du concept de raisonnable, sa place et son rôle en droit international, voir notamment O. CORTEN, *L'utilisation du "raisonnable" par le juge international. Discours juridique, raison et contradictions*, Bruxelles, Bruylant, 1997.

[200] A. A. AL-SANHOURY, *Les restrictions contractuelles à la liberté individuelle de travail dans la jurisprudence anglaise. Contribution à l'étude comparative de la règle de droit et du standard juridique*, Paris, Marcel Giard, 1925, p. 23; POUND, "The Administrative Application …", *supra* note 106, p. 12.

[201] J. DECLAREUIL, *Rome et l'organisation du droit*, Paris, La renaissance du livre, 1924, p. 217.

[202] N. BOBBIO, "Réflexion sur les normes primaires et secondaires", in: Ch. PERELMAN (dir.), *La règle de droit*, Bruxelles, Bruylant, 1971, p. 116.

[203] Pour une analyse des positions de Holmes, voir notamment V. SCHREIBER, "What are International Standards?", in: P. NOBEL (ed.), *International*

Standards and the Law, Berne, Staempfli, 2005, p. 4.

[204] O. W. HOLMES, *The Common Law*, Boston, Little Brown, 1881, p. 122.

[205] BOBBIO, *supra*, note 157.

[206] HART, *supra* note 146, p. 105.

[207] *Ibid.*

[208] *Ibid.*, p. 254. La position de Hart sur le droit international n'est pas nouvelle en soi. Elle reprend les thèses avancées par John Austin vers la fin du 19ᵉ siècle, thèses qui suivent en quel que sorte la tradition hobbesienne. Pour Austin, "Laws proper, or properly so-called, are commands: Laws which are not commands are laws improper or improperly so-called". Il ne peut y avoir de Droit comme commandement, sans sanctions. Et l'absence de sanction organisée en droit international fait de ce système "a moral system". J. AUSTIN, *Lectures on Jurisprudence or the Philosophy of Positive Law*, 4ᵗʰ ed., vol. 1 et 2, London, John Murray, 1879, p. 594. Pour une critique des thèses de Austin sur le droit international, voir notamment, T. A. WALKER, *A History of the Law of Nations*. Vol 1: *From the Earliest Times to the Peace of Westphalia, 1648*, Cambridge, Cambridge University Press, 1899, pp. 1-19. Voir également la critique du positivisme hartien proposée par R. DWORKIN, *Prendre les droits au sérieux*, trad. M.-J., ROSSIGNOL, F. LIMARE, Paris, PUF, 1995, pp. 31-34. Pour lui, le positivisme de Hart est une représentation infidèle du phénomène juridique car il laisse croire à un pouvoir discrétionnaire du juge et surtout il méconnait le fait que le droit ne se résume pas à un système de règles et la séparation entre droit et moral ne peut être complète.

[209] ABI-SAAB, *supra* note 112, p. 118. Pour une vue différente de la sanction, voir notamment H. KELSEN, *Principles of International Law*, 2ᵉ éd., New York, Holt, Rinehart and Winston, 1967, pp. 3-16. Pour lui, "law is a coercive order. It provides for socially organized sanctions and thus can be clearly distinguished from religious and moral orders. As a coercive order the law is that specific social technique which consists in the attempt to bring about the desired social conduct of men though the threat of a measure of coercion which is to be taken in case of contrary, that, is legally wrong, conduct". p. 4.

[210] F. GUIDO, *Histoire de la philosophie du droit: XIX et XX siècle,* trad. C. ROUFFET, Paris, LGDJ, 1976, p. 226.

[211] S. ROMANO, *L'ordre juridique*, trad. L. FRANÇOIS, P. GOTHOT, Paris, Dalloz, 1975, p. 19. Pour d'autres conceptions de l'ordre juridique, voir notamment, C. LEBEN, "De quelques doctrines de l'ordre juridique", *Droits*, vol. 33 (2001), pp. 19-39; J.-L. HALPÉRIN, "L'apparition et la portée de la notion d'ordre juridique dans la doctrine internationaliste du XIXe siècle", *Droit*, vol. 33 (2001), pp. 41-52; J. CHEVALLIER, "L'ordre

juridique", in: *Le droit en procès*, Paris, PUF, 1983, pp. 7-49; KELSEN, *Théorie pure du droit, supra* note 13; N. LUHMANN, "L'unité du système juridique", *Archives de philosophie du droit*, t. 31 (1986), pp. 163-188; J. RAZ, *The Concept of Legal System. An Introduction to the Theory of Legal System,* Oxford, Clarendon Press, 1970; M. TROPER, "Système juridique et Etat", *Archives de philosophie du droit*, vol. 31 (1986), pp. 29-44; G. BARILE, "La structure de l'ordre juridique international: règles générales et règles conventionnelles", *RCADI*, vol. 161 (1978-III), pp. 9-126; F. RIGAUX, "Les situations juridiques individuelles dans un système de relativité générale. Cours générale de droit international privé", *RCADI*, vol. 213 (1989-I), pp. 9-407; D. ALLAND, "De l'ordre juridique international", *Droits*, vol. 35 (2002) pp. 79-101.

[212] Pour un examen critique des constructions du doyen Pound, notamment sa théorie des sources et du rôle du juge dans le système de la *Common Law*, voir entre autres B. Z. TAMANAHA, *Beyond the Formalist – Realist Divide: the Role of Politics in Judging*, Princeton/Oxford, Princeton University Press, 2010, pp. 13-26.

[213] Voir l'influence des normes ISO en matière d'hamonisation des pratiques étatiques dans le domaine commercial ou industriel.

[214] L. B. DE CHAZOURNES, "Normes, standards et règles en droit international", in: E. BROSSET, E. TRUILHÉ-MARENGO (dir.), *Les enjeux de la normalisation technique internationale: entre environnement, santé et commerce international*, Paris, Documentation française, 2006, p. 46.

[215] J. CHEVALLIER, "Vers un droit post-moderne? Les transformations de la régulation juridique", *Revue du Droit Public*, vol. 3 (1998), p. 679. Voir également dans le même sens, L. BOY, "Liens entre la norme technique et la norme juridique en droits communautaire et international", in: BROSSET, TRUILHÉ-MARENGO, *supra* note 169, pp. 57-79.

[216] SCHREIBER, *supra* note 158, p. 3.

[217] http://www.iso.org/iso/fr/about/discover-iso_why-standards-matter.htm. Pour des exemples de normes ISO et leur impact dans l'adoption des règles internationales et internes, voir sur le site de l'ISO.

[218] Art. 3, par. 1 de l'Accord SPS. Pour une analyse de l'importance de la normalisation pour le commerce international, voir notamment L. KAPLOW, "Rules versus Standards: An Economics Analysis", *Duke Law Journal*, vol. 42 (1992-1993), pp. 567-629.

[219] J. KOKOTT, "Soft Law Standards under International Law", in: NOBEL, *supra* note 158, p. 19-21. Voir également L. BOY, "La valeur juridique de la normalisation", in: J. CLAM, G. MARTIN (dir.), *Les transformations de la régulation juridique*, Paris, LGDJ, 1998, pp. 179-185.

[220] Ch. PERELMAN, *Le raisonnable et le déraisonnable en droit*, Paris, LGDJ,

1984.

[221] HART, *supra* note 146.

[222] S. LETURCQ, *Standards et droits fondamentaux devant le conseil constitutionnel français et la Cour européenne des droits de l'homme*, Paris, LGDJ, 2005, p. 4.

[223] J. SALMON, "La règle de droit en droit international public", in: PERELMAN, *La règle de droit, supra* note 157, p. 204.

[224] *Dictionnaire* SALMON, *supra* note 11, p. 959. Pour une analyse de cette définition, voir notamment J. MASQUELIN, "La formulation de la règle de droit", in: PERELMAN, *La règle de droit, supra* note 157, pp. 24-25.

[225] AL-SANHOURY, *supra* note 155, p. 38

[226] DE CHAZOURNES, "Normes, standards et règles en droit international", *supra* note 169, p. 44.

[227] AL-SANHOURY, *supra* note 155, p. 40.

[228] *Dictionnaire* SALMON *supra* note 11. L'expression "standard" est définie dans le *dictionnaire de terminologie juridique* publiée sous la direction de J. BASDEVANT, comme "terme désignant le comportement moyen des Etats civilisés par référence auquel on apprécie la correction du comportement d'un Etat en la matière considérée".

[229] A. A. AL-SANHOURY, "Le standard juridique", in: *Les sources générales des systèmes juridiques*, Recueil d'études en l'honneur de François Gény, Paris, Sirey, 1934, t. II, p. 146.

[230] *Ibid.*, pp. 45-46. Pour une analyse des vices et vertus des standards et des règles, voir entre autre P. SCHLAG, "Rules and Standards", *Ucla Law Review*, vol. 33 (1985), pp. 383-390.

[231] AL-SANHOURY, *supra* note 155, p. 23.

[232] *Ibid.*, p. 41. Voir également la définition proposée par Pound.

[233] P. AMSELEK, *Méthode phénoménologique et théorie du droit*, Paris, LGDJ, 1964, p. 66. Les italiques sont ajoutés. Pour une analyse de la phénoménologie d'Amselek, voir notamment M. VIRALLY, "Le phénomène juridique", in: *Le droit international en devenir. Essais écrits au fil des ans*, Paris, PUF, 1990, pp. 31-74; N. A. POULANTZAS, "Notes sur la phénoménologie et l'existentialisme juridiques", *Archives de Philosophie du droit*, vol. 8 (1963), pp. 213-220. Voir également P. AMSELEK, "The phenomenological description of law", in: *Phenomenology and the Social Sciences*, Evanston, Northwestern University Press, 1973, pp. 367-449; P. AMSELEK, "La teneur indécise du droit", in: *Le doute et le droit*, Paris, Dalloz, 1994, pp. 57-78; P. AMSELEK, "Brèves réflexions sur la notion de sources du droit" *Archives de philosophie du droit*, vol. 27 (1982), pp. 251-258.

[234] RIALS, *supra* note 105, p. 73.

[235] DE CHAZOURNES, "Normes, standards et règles en droit international", *supra* note 169, p. 45.

[236] A. CASSESE, *International Law*, 2nd ed., Oxford, Oxford University Press, 2005, pp. 153-210. Voir également I. BROWNLIE, "International Law at the Fiftieth Anniversary of the United Nations. General Course on Public International Law", *RCADI*, vol. 255 (1996), pp. 36-50.

[237] DWORKIN, *Prendre les droits au sérieux*, *supra* note 163, pp. 79-86. Sur la relation entre source de droit et positivisme juridique, voir notamment J. CARBONNIER, *Flexible droit*, 10e éd., Paris, LGDJ, 2001; H. G. GADA-MER, *Vérité et méthode*, Paris, Seuil, 1996; M. LACHS, *Le monde de la pensée en droit international*, Paris, Economica, 1989; A. PAPAUX, E. WYLER, *L'éthique du droit international*, Paris, PUF (Que sais-je?), 1997; Ch. PERELMAN, *Logique juridique*, Paris, Dalloz, 1979; F. RIGAUX, *La loi des juges*, Paris, Jacob, 1997; F. RIGAUX, "Les situations juridiques indi-viduelles dans un système de relativité générale. Cours général de droit international privé", *RCADI*, vol. 213 (1989-I), pp. 9-407; J. SALMON, "Le fait dans l'application du droit international", *RCADI*, vol. 175 (1982-II), pp. 257-414; J.-M. TRIGEAUD, "Du cercle sans origine ou l'éternel anti-humanisme du droit abstrait", *Archives de philosophie du droit*, vol. 33, (1988), pp. 207-225; E. WYLER, "L'internationalité en droit interna-tional public", *RGDIP*, vol. 108 (2004), pp. 633-678; J.-F. B. ATIBASAY, "La double impuissance du positivisme juridique au regard de la norma-tivité du droit international", *Revue générale de droit*, vol. 33 (2003), pp. 1-38.

[238] C. F. AMERASINGHE, *State Responsibility for Injuries to Aliens*, Oxford, Clarendon Press, 1967, p. 43.

[239] *Sud-Ouest africain, deuxième phase*, arrêt, CIJ Recueil 1966, p. 46, par. 86.

[240] G. W. PATON, D. P. DERHAM (eds), *A Textbook of Jurisprudence*, 4th ed., Oxford, Clarendon Press, 1972, pp. 236-238. Les italiques sont ajoutés. Voir aussi T. ECKHOFF, "Guiding Standards in Legal Reasoning", *Current Legal Problems*, vol. 29 (1976), p. 205; E. RIEDEL, "Standards and Sources. Farewell to the Exclusivity of the Sources Triad in International Law?", *EJIL*, vol. 2 (1991), pp. 59-60, pour qui "standards can better explain some of the more recent processes of norm creation than did the traditional sources. In discussing the nature of legal standards some space will have to be devoted to showing that although the term is frequently used by many authors, it often suffers from ambiguity and definitional looseness, many times simply serving as a synonym for 'legal rule' or 'legal principle'".

[241] ABI-SAAB, *supra* note 112, p. 209.

[242] *Ibid.* Pour une vision systémique de l'ordre juridique international, voir notre étude sur "Le positivisme en droit international: Fondement épisté-mologique d'un paradigme mécaniciste", *Revue générale de droit*, vol. 41 (2010). Voir également C. GRZEGORCZYK, "Evaluation critique du paradigme systémique dans la science du droit", *Archives de philosophie du droit*, vol. 31 (1986), pp. 282-285; J.-L. VULLIERME, "Descriptions sys-témiques du droit", *Archives de philosophie du droit*, vol. 31 (1986), pp. 155-167; M. van de KERCHOVE, F. OST, *Le système juridique entre ordre et désordre*, Paris, PUF, 1988, p. 12; E. WYLER, "Henri Batiffol face aux conceptions classique et moderne du droit", *Journal du droit internatio-nal*, vol. 131 (2004), p. 114; E. WYLER, "Propos sur la fécondité du para-digme systémique en droit international à la lumière de la théorie de Georges Abi-Saab", in: V. GOWLLAND-DEBBAS, L. B. DE CHAZOURNES (eds.), *The International Legal System in Quest of Equity and Universa-lity/L'Ordre juridique international, un système en quête d'équité et d'universalité, Liber Amicorum Georges Abi-Saab*, La Haye, Nijhoff, 2001, p. 25.

[243] A. D'AMATO, "Softness in International Law: A Self-Serving Quest for New Legal Materials: A Reply to Jean d'Aspremont", *EJIL*, vol. 20 (2009), p. 899. Pour lui, cette nature de la *soft law* la distingue de la *hard law*: "Does soft law have a place in the international legal system? From the viewpoint of any legal system, whether domestic or international, the basic difference between soft law and hard law can be identified by the system's reaction to violations. A soft-law system will allow an infraction to be cost-effective: that is, a violator of a norm of soft law may suffer a reputational loss, but reputational damage may be well worth the benefits that are derived from non-compliance with the norm. By contrast, a hard-law system must, without exception, endeavour to make every violation cost-ineffective", p. 902. Pour une vue contraire de la *soft law* voir notam-ment J. D'ASPREMONT, "Softness in International Law: A Self-Serving Quest for New Legal Materials: A Rejoinder to Tony D'Amato", *EJIL*, vol. 20 (2009), pp. 911-917; J. D'ASPREMONT, "Softness in International Law: A Self-Serving Quest for New Legal Materials", *EJIL*, vol. 19 (2008), pp. 1075-1093.

[244] SHAW, *supra* note 77, pp. 110-111.

[245] D. THÜRER, "Soft Law", in: R. WOLFRUM (ed.), *The Max Planck Ency-clopedia of Public International Law*, Oxford University Press, 2010, online edition, [www.mpepil.com], visité le 24 mars 2010, par. 8. Voir aussi, KOKOTT, *supra* note 174, p. 17. Pour cet auteur, "the use of the term soft law is self-contradictory because the term "law" implies its obligatory character. Thus, strictly speaking, the term "soft law" does not make

sense".

246 Cette idée de polynormativité a été avancée par WEIL, "Le droit international en quête de son identité", *supra* note 19, p. 219. Pour lui il y a
un "éclatement du contenu normatif". Voir également WEIL, "Vers une
normativité relative en droit international?" *RGDIP*, vol. 86 (1982), p. 5.
Pour une version anglaise du même article, voir "Towards Relative Normativity in International Law?", *AJIL*, vol. 77 (1983), p. 413.

247 K. ZEMANEK, "The Legal Foundations of the International System. General Course on Public International Law", *RCADI*, vol. 266 (1997), p.
143. D'ailleurs pour lui, "In legal terms "binding force" signifies that the
obligation is enforceable if not performed (…). Individual enforcement
of international obligations is not as readily available as in domestic law.
If one takes the ILC draft on State Responsibility into account, individual
enforcement is subject to severe limitations, among them steps to settle
the dispute by other means. And, international courts and tribunals, especially the ICJ, take instruments which might be labelled "soft law" frequently into account when deciding a case. In consequence it is submitted
that, regardless of its dogmatical correctness, the distinction between
binding and non-binding international instruments makes little sense in
practice", p. 41. Pour une analyse de la valeur juridique des ces différents
instruments voir notamment: Le panel de discussion organisé par l'American Society of International Law, "A Hard Look at Soft Law", *ASIL
Proceedings*, vol. 82 (1988), 371-395; Rapport de M. VIRALLY à la 7e
Commission de l'Institut de droit international, *Annuaire de l'Institut de
droit international*, vol. I (1983), 166-374; O. SCHACHTER, "The Twilight
Existence of Non-binding Agreements", *AJIL*, vol. 71 (1977), pp. 296-
304; M. VIRALLY, "Sur la notion d'accord", in: *Le droit international en
dvenir. Essais écrits au fil des ans*, Paris, PUF, 1990, pp. 135-145; C.
SCHREUER, "Recommendations and the Traditional Sources of International Law", *GYIL*, vol. 20 (1977), pp. 103-118; K. SKUBISZEWSKI, "Resolutions of the UN General Assembly and Evidence of Custom", in: *Etudes
en l'honneur de Roberto Ago*, Milano, Giuffré, vol. I, 1987, pp. 503-519;
C. SEPÚLVEDA, "Methods and Procedures for the Creation of Legal Norms
in the International System: An Inquiry into the Progressive Development
of International Law in the Present Era", *GYIL*, vol. 33 (1990), 432-459;
J. BARBERIS, "Les résolutions des organisations internationales en tant
que source du droit des gens", in: U. BEYERLIN *et al.* (eds.), *Recht zwischen Umbruch und Bewahrung*, Berlin, Festschrift für R. Bernhardt,
1995, pp. 21-39.

248 A. PELLET, "The Normative Dilemma: Will and Consent in International
Law-making", *Australian Yearbook of International Law*, vol. 12 (1988-

1989), p. 28; V. H. GODEFRIDUS, *Rethinking the Sources of International Law*, Deventer, Kluwer, 1983, p. 243. La Cour suprême de Californie a admis que les articles 1, 55 et 56 de la Charte sont assez vagues et imprécis pour être invocables devant un tribunal: "In determining whether a treaty is self-executing courts look to the intent of the signatory parties as manifested by the language of the instrument, and, if the instrument is uncertain, recourse may be had to the circumstances surrounding its execution (...). In order for a treaty provision to be operative without the aid of implementing legislation and to have the force and the effect of a statute, it must appear that the framers of the treaty intended to prescribe rule that, standing alone, would be enforceable in the court". *Affaire Sei Fujii v. State of California, AJIL*, vol. 46 (1952), p. 560.

[249] WEIL, "Le droit international en quête de son identité", *supra* note 19, p. 216. Sur la relation entre le contenant et le contenu, voir notamment, M. BOTHE, "Legal and Non-Legal Norms. A Meaningful Distinction in International Relations", *NYIL*, vol. 11 (1980), pp. 65-95; I. SEIDL-HOHENVELDERN, "International Economic Soft Law", *RCADI*, vol. 163 (1979-II), pp. 194-213; J. GOLD, "Strengthening the Soft International Law of Exchange Arrangements", *AJIL*, vol. 77 (1983), pp. 443-489; C. M. CHINKIN, "The Challenge of Soft Law: Development and Change in International Law", *ICLQ*, vol. 38 (1989), pp. 850-866; L. HENKIN, *International Law, Politics and Values*, Dordrecht, Nijhoff, 1995, p. 94; M. REISMAN, "The Concept and Functions of Soft Law in International Politics", in: E. G. BELLO, B. A. AJIBOLA (eds), *Contemporary International Law and Human Rights*. Essays in Honour of Judge Taslim Olawale Elias, vol. I, Dordrecht, Nijhoff, 1992, pp. 135-144; A. BOYLE, "Some Reflections on the Relationship of Treaties and Soft Law", *ICLQ*, vol. 48 (1999), pp. 901-912; F. FRANCIONI, "International Soft Law: A Contemporary Assessment", in: V. LOWE, M. FITZMAURICE (eds), *Fifty Years of the International Court of Justice*. Essays in Honour of Sir Robert Jennings, Cambridge, Cambridge University Press, 1996, pp. 167-178; A. BOYLE, "Soft Law in International Law-Making", in: M. D. EVANS (ed.), *International Law*, Oxford, Oxford University Press, 2006, pp. 141-157.

[250] ABI-SAAB, *supra* note 112, p. 208.

[251] *Ibid.*, p. 213.

[252] AL-SANHOURY, *supra* note 155, p. 73.

[253] M. VILLEY, *La formation de la pensée juridique moderne*, Paris, PUF, 1e édition "Quadrige", 2006, p. 230.

[254] MONTESQUIEU, *supra* note 120, Livre I, Chap. 3.

[255] A. PAPAUX, *Essai philosophique sur la qualification juridique: de la subsomption à l'abduction*, Paris/Bruxelles, LGDJ/Bruylant, 2003. L'ou-

vrage dans son ensemble est une critique de l'herméneutique positiviste.

[256] R. KOLB, *Interprétation et création du droit international. Esquisse d'une herméneutique juridique moderne pour le droit international public*, Bruxelles, Bruylant, 2006, p. 75.

[257] Au sens aristotélicien du terme.

[258] KOLB, *Interprétation et création du droit international, supra* note 211, p. 75.

[259] PAPAUX, *Essai philosophique sur la qualification juridique, supra* note 210, pp. 47-48.

[260] *Statut de la Carélie orientale*, avis consultatif, CPJI, Série B, n° 5, 1923, p. 27. Cette position de CPJI a été confirmée à plusieurs reprises par la CIJ: "Le consentement des Etats parties à un différend est le fondement de la juridiction de la Cour en matière contentieuse". *Conséquences juridiques de l'édification d'un mur dans le territoire palestinien occupé*, avis consultatif, CIJ Recueil 2004, p. 157, par. 47. Voir également *Interprétation des traités de paix conclus avec la Bulgarie, la Hongrie et la Roumanie*, première phase, arrêt, CIJ Recueil 1950, p. 71; *Sahara occidental*, avis consultatif, CIJ Recueil 1975, p. 24, par. 31.

[261] Pour une analyse de l'activité du juge et la question des lacunes en droit international, voir notamment H. LAUTERPACHT, *The Functions of Law in the International Community*, Connecticut, Hamden, 1966, pp. 85-104.

[262] Affaire IT-94-1-AR 72, *Procureur c. Duško Tadic*, Arrêt relatif à l'appel de la défense concernant l'exception préjudicielle d'incompétence, 2 octobre 1995, par. 43.

[263] KOLB, *Interprétation et création du droit international, supra* note 211, p. 112.

[264] *Ibid.* L'herméneutique dite moderne semble opérée un retour à la métaphysique classique aristotélicienne qui définissait le droit comme un *jus in re* c'est-à-dire la mesure par laquelle les individus s'ajustent entre eux. Dans l'acte de connaissance, le juge prudent et sage, fait passer le juste qui était puissance dans la loi à travers le cas.

[265] GÉNY, *supra* note 146, p. 208.

[266] *Ibid.*, p. 212.

[267] *Ibid.*, p. 219.

[268] *Affaire de l'Alabama, supra* note 44, Sentence, p. 890.

[269] Art. 8 de la convention. Les italiques sont ajoutés.

[270] VATTEL, *supra* note 21, Livre IV, Chap. VII, p. 315, par. 82

[271] L'ensemble des italiques sont ajoutés.

[272] *Personnel diplomatique et consulaire des États-Unis à Téhéran*, arrêt, CIJ Recueil 1980, p. 26, par. 56.

[273] *Ibid.*, par. 58.

[274] *Ibid.*, p. 30, par. 61.

[275] *Ibid.*, p. 31, par. 63. Les italiques sont ajoutés.

[276] *Ibid.*, p. 33, par. 68. Les italiques sont ajoutés.

[277] H. GROTIUS, *Le droit de la guerre et de la paix*, trad. P. PRADIER-FODÉRÉ, Paris, PUF, 1999, Livre II, Chap. XVII, p. 528, par. 20, 1.

[278] *Affaire de l'Alabama, supra* note 44, Sentence, p. 890.

[279] J. L. BRIERLY, "Règles générales du droit de la paix", *RCADI*, vol. 58 (1936-IV), p. 167. Voir également BORCHARD, *The Diplomatic Protection of Citizens Abraod, supra* note 64, p. 23; P. JESSUP, *A Modern Law of Nations*, Cambridge, Cambridge University Press, 1956, p. 103; WESTLAKE, *supra* note 37, p. 629.

[280] Harvard Law School, Projet de recherche, article 4.

[281] *Traitement des nationaux polonais et des autres personnes d'origine ou de langue polonaise dans le territoire de Dantzig*, avis consultatif, CPJI, Série A/B, n°44, 1932, p. 24. Voir également sur ce point, *Zones franches de la Haute-Savoie et du Pays de Gex*, arrêt, CPJI, Série A/B, n° 46, 1932, p. 167; *Affaire du Vapeur Wimbledon*, arrêt, CPJI, Série A, n°1, 1923, p. 29.

[282] *Réparation des dommages subis au service des Nations Unies*, avis consultatif, CIJ Recueil 1949, p.179.

[283] Affaire de *L'île de Palmas* (Etats-Unis d'Amérique c. Pays-Bas), *RSA*, vol. II (1949), p. 839.

[284] Affaire des *Biens Britanniques au Maroc espagnol* (Espagne c. Royaume-Uni), *RSA*, vol. II (1925), p. 642.

[285] *Ibid.*, p. 640.

[286] *Ibid.*, p.645.

[287] R. PISILLO MAZZESCHI, "The Due Diligence Rule and the Nature of International Responsibility of States", *GYIL*, vol. 35 (1992), p. 22.

[288] Art. 4 et suivant du projet d'article de la CDI sur la responsabilité internationale des Etats.

[289] Nous entendons par "organes de l'Etat" toutes les personnes ou entités qui entrent dans l'organisation de l'Etat et qui agissent en son nom.

[290] Sur ce sujet, voir notamment le Rapport de la CDI sur les travaux de sa 53e session, doc. A/56/10, 2001; l'art. 7 dispose: "Le comportement d'un organe de l'État ou d'une personne ou entité habilitée à l'exercice de prérogatives de puissance publique est considéré comme un fait de l'Etat d'après le droit international si cet organe, cette personne ou cette entité agit en cette qualité, même s'il outrepasse sa compétence ou contrevient à ses instructions". Pour une analyse de cette question, voir entre autre, C. FISCHER, *La responsabilité internationale de l'Etat pour les comportements ultra vires de ses organes,* Thèse de Licence, Faculté de droit de

l'Université de Lausanne, 1993, pp. 131-162.

[291] L. DELBEZ, "La responsabilité internationale pour crimes commis sur le territoire d'un Etat et dirigés contre la sûreté d'un Etat étranger", *RGDIP*, vol. 4 (1930), p. 472; ZANNAS, *supra* note 47, p. 94. Voir également *Affaire des Biens Britanniques*, *supra* note 239, p. 644.

[292] VATTEL, *supra* note 21, Livre II, Chap. VI, p. 310, par. 73.

[293] *Affaire du Montijo* (Colombie/Etats-Unis), Sentence du 26 juillet 1875, in: A. De LAPRADELLE, N. POLITIS, *Recueil des arbitrages internationaux*, vol. 1, pp. 678. Les italiques sont ajoutés.

[294] H. WHEATON, *Eléments du droit international*, 5e éd., Leipzig, Brockhaus, vol. 2, 1874, p. 302.

[295] Affaire *Negrete*, *supra* note 97, p. 962

[296] W. E. HALL, *A Treatise on International Law*, 8th ed., Oxford, Clarendon Press, 1924, pp. 271-272; T. J. LAWRENCE, *The Principles of International Law*, 7th ed., London, MacMillan, 1929, p. 634.

[297] ZANNAS, *supra* note 47, p. 102.

[298] OPPENHEIM, *supra* note 34, p. 99.

[299] *Affaire des Biens Britanniques*, *supra* note 239, p. 644.

[300] *Ibid.*

Chapitre III.

La diligence dans la responsabilité internationale: des passerelles entre obligations primaires et secondaires

Dans le chapitre précédent, nous avons montré que la diligence fait partie des obligations primaires, prescrivant les comportements exigés des sujets de droit. C'est une espèce particulière de règle de droit car elle traduit les obligations des États en termes de *normalité*. De ce point de vue, la diligence devient un instrument de mesure aux mains du juge international lui permettant de déterminer *le comportement normalement exigé* dans des circonstances données. C'est donc à l'occasion d'un contentieux de la responsabilité que le juge déterminera *in concreto*, qu'elle *est* la mesure moyenne de conduite sociale correcte.

Étymologiquement le mot 'responsabilité' renvoie, nous semble-t-il, à *responsum* construit à partir de *respondere* et signifie 'répondre de'. Selon Michel Villey, le terme 'responsabilité' qui a tant de succès dans la doctrine juridique contemporaine, n'existait pas en droit romain. Mais on y connaissait les notions de *sponsor*, le débiteur et *responsor* son garant ou caution, celui qui 'répondait de' lui. Le mot 'responsable' (*responsabilis*), absent dans les dictionnaires latins, n'apparaît qu'au moyen âge[301]. À l'origine de la notion, il n'y a aucune trace de référence à la faute[302] c'est-à-dire un comportement actif ou passif entaché soit de négligence (*culpa*) soit d'une intention de nuire (*dolus*), mais une signification purement matérielle. Ainsi, aucun acte fautif n'est présupposé pour que le débiteur romain doive "répondre à créanciers" ou le possesseur de bonne foi, de certains fruits qu'a produit la chose[303]. La maxime selon laquelle, *tout fait quelconque de l'homme qui cause un dommage à autrui, oblige celui par la faute duquel il est arrivé à le réparer*, n'a pas sa source dans le droit romain[304].

Tout ordre juridique en tant qu'ensemble de règles constituant un système régissant une société donnée[305], suppose que les sujets de droit engagent leur responsabilité lorsque leur comportement porte atteinte aux droits et intérêts des autres sujets. Dans le système international, caractérisé par l'égalité souveraine des États, la responsabilité apparaît comme le mécanisme essentiel et nécessaire de régulation de leurs relations mutuelles. Elle est le corollaire obligé de l'égalité des États[306]. Il est clair que la notion même d'ordre juridique serait vide de sens s'il n'y avait pas de différence, au niveau des conséquences, entre un comportement conforme au droit et un comportement qui ne l'est pas[307]. Selon Roberto Ago, "si le principe de la responsabilité international était rejeté, cela signifierait que les États ne seraient pas tenus de se conformer aux normes du droit international. On en viendrait forcément à nier l'existence même d'un ordre juridique international". Dupuy estime pour sa part que: "la responsabilité constitue l'épicentre d'un système juridique. La nature des droits, la structure des obligations, la définition des sanctions de leur violation, tout y converge et s'entremêle en des rapports logiques et des relations d'étroite interdépendance. Un droit se dit, avoue ses fondements, trahit ses lacunes, démontre son efficacité et son degré d'intégration, à travers son système de responsabilité"[308]. On voit donc toute l'importance de cette institution destinée à assurer le respect du droit. Et, comme l'a dit Max Huber dans l'*affaire des biens britanniques au Maroc espagnol*: "La responsabilité est le corollaire nécessaire du droit. Tous droits d'ordre international ont pour conséquence une responsabilité internationale. La responsabilité entraîne comme conséquence l'obligation d'accorder une réparation au cas où l'obligation n'aurait pas été remplie"[309].

Être responsable, c'est répondre des conséquences de ses actes, de ses faits. La responsabilité internationale est toutes les formes de relations juridiques nouvelles qui peuvent naître en droit international du fait illicite d'un État; que ces relations se limitent à un rapport entre l'État auteur du fait illicite et l'État directement lésé ou qu'elles s'étendent à d'autre sujet du droit international, et qu'elles soient centrées autour de l'obligation pour l'État coupable de rétablir l'État lésé dans son droit et de réparer le préjudice causé, ou bien aussi autour de la faculté pour l'État lésé lui-même ou pour d'autres sujets d'infliger à l'État coupable une sanction admise par le droit international[310].

Dans le cadre limité de ce travail, nous n'avons pas la prétention d'examiner tout le domaine étendu du droit de la responsabilité. Cela alourdirait inutilement notre étude sans apporter d'éléments pertinents à notre analyse. Nous renvoyons donc le lecteur à l'imposant travail de codification réalisée par la CDI. L'examen des différents rapports des rapporteurs spéciaux, les projets d'articles et leurs commentaires constituent, à n'en pas douter, une source de références incontournable. Cela dit, il convient pour nous, d'aborder la question de la diligence dans la responsabilité des États, essentiellement sur trois points: la théorie des obligations internationales (section I), l'imputabilité des actes de particuliers (section II), l'éternel problème de la faute (section III). De cette analyse, nous procèderons à une récapitulation de la notion de diligence dans la théorie générale de la responsabilité (section IV).

Section I.

L'anatomie de la diligence dans la *summa divisio* des obligations internationales

Nous avons vu dans le chapitre précèdent que la diligence s'apprécie toujours par rapport à une *norme* qui constitue la mesure de conduite dans le sens de *regula*. On parle alors de diligence due, ou diligence requise, ou encore de diligence raisonnée pour désigner la *due diligence* ou *due care* d'expression anglo-saxonne. Elle fait partie des notions juridiques à contenu variable c'est-à-dire des notions "dont la dénomination, le signifiant, restent constant, mais dont le domaine, le champ, le signifié sont mouvants, évoluent, plus spécialement en fonction de facteurs spatio-temporels"[311]. Notion floue ou indéterminée, la diligence varie en fonction des circonstances de chaque espèce. D'où son identification avec le concept de standard juridique. La diligence est, comme nous l'avons montré, une espèce particulière de règle de droit qui traduit la normativité en termes de *normalité*. C'est pourquoi, il est important de relever qu'à ce titre, elle fait partie des obligations primaires de l'État. Mais qu'entend-on par obligation juridique? A quoi une norme oblige-t-elle son destinataire, celui à qui elle est opposable?

A. Concept d'obligation en droit international

I. Considérations générales

Cette interrogation en apparence simple, constitue une question centrale dans n'importe quel système juridique. Pourtant la problématique retient à peine l'attention des internationalistes. Comme le reconnaît à juste titre Pisillo Mazzeschi, "il y a très peu d'études, d'ailleurs assez anciennes, qui traitent de façon systématique et organique l'ensemble des problématiques relatives à la notion, à la structure et à la classification des obligations internationales"[32]. Une théorie générale des obligations internationales fait défaut. En effet, ce qui préoccupe plus les juristes, c'est l'identification de la norme "obligatoire" par rapport à d'autres normes qui n'ont pas ce caractère, et la détermination des conséquences qui découlent de leurs violations.

Le concept d'*obligatio* et le développement d'un droit des obligations constituent l'une des grandes contributions du génie romain à la science du droit[313]. Le mot *ob-ligare* indique, nous semble-t-il, qu'il s'agit de "lier" de façon étroite. Il a d'abord un sens actif, désignant le fait de lier, non pas la situation de celui qui est lié[314]. L'obligation établit donc "un lien de droit" entre l'assujetti et le dominant. Son sens premier est celui d'assujettissement[315]. Ainsi défini, l'obligation diffère du droit réel, car elle fait "que quelqu'un contraigne (*obstringat*) quelqu'un envers nous à *dare, facere, prae-stare*"[316].

La problématique de l'obligation en droit internationale appa-raît, paradoxalement, tout à la fois comme familière et étrangère au champ de préoccupation des juristes internationalistes. Ce paradoxe apparent, est sans doute lié à la polysémie du terme même d'obliga-tion. Selon le *dictionnaire de droit international public*, au sens large, l'obligation peut être définie comme un " lien juridique par lequel un sujet de droit international est tenu envers un ou plusieurs autres, d'adopter un comportement déterminé ou de s'en abstenir"[317]. L'obli-gation est donc un lien de droit par lequel un État ou une organisation internationale est tenu envers d'autres ou envers la communauté internationale dans son ensemble, à une prestation déterminée, à faire ou à ne pas faire quelque chose, à agir d'une façon déterminée, à suivre une certaine ligne de conduite. Elle comporte des prescriptions auxquelles les destinataires sont tenus d'obéir. L'obligation est indis-sociable de l'idée de norme "en tant qu'expression de la puissance de contrainte qui lui est attachée"[318]. Pour Kelsen, l'ordre juridique étant un ordre de contrainte, l'obligation juridique n'est rien d'autre que la norme juridique elle-même en tant qu'elle oblige à un certain comportement, en attachant à la conduite contraire une sanction[319].

Mais l'obligation peut être entendue *stricto sensu*, comme le *vinculum iuris*[320], le lien juridique existant entre deux personnes, lien en vertu duquel l'une d'elle, le créancier, peut exiger de l'autre, le débiteur, une prestation donnée ou tout simplement une abstention. L'obligation peut être ainsi définie comme une situation subjective qui est la contrepartie d'un droit au sens objectif. Selon la CDI, et d'après l'approche initiale de la structure du projet d'articles sur la responsabilité des États, la première partie (origine de la responsa-bilité) était conçue en termes d'obligations, alors que la deuxième (contenu, formes et degrés de la responsabilité) était axée sur les droits de l'État lésé[321].

Pour Ago, il est "tout à fait légitime, en droit international (…), de considérer l'idée de violation d'une obligation comme l'équivalent parfait de celle de lésion du droit subjectif d'autrui"[322]. La CDI dans son commentaire du chapitre trois du projet sur la res-ponsabilité des États pour fait internationalement illicite, considère que "la règle est le droit au sens objectif tandis que l'obligation est une situation juridique subjective par rapport à laquelle intervient le comportement du sujet, soit qu'il se conforme à l'obligation soit qu'il la transgresse"[323]. De ce point de vue, l'obligation dont le manquement engendre la responsabilité, ne découle pas nécessairement et dans tous les cas d'une règle au sens propre de ce terme. Théoriquement, elle peut très bien avoir été créée par un acte juridique ou par la décision d'une instance judiciaire ou arbitrale.

Au regard de la responsabilité internationale, le concept d'obligation est central. C'est elle qui structure l'illicéité et détermine le contenu de la responsabilité. Il y a fait internationalement illicite de l'État lorsqu'un comportement consistant en une action ou une omission est attribuable à celui-ci en vertu du droit international et constitue une violation d'une obligation internationale. Comme l'affirme Anzilotti, "la notion d'acte illicite implique le concours de deux éléments: l'action, c'est-à-dire un fait matériel, extérieur, et sensible, et la règle de droit, avec laquelle elle se trouve en contradiction"[324]. Alors, l'imputabilité, au point de vue du droit international, n'est autre chose que la conséquence du rapport de causalité qui existe entre un fait contraire au droit des gens et l'activité de l'État dont ce fait émane. Il s'agit là d'une vision positiviste du phénomène du droit. A cet égard, Dupuy considérait à juste titre que "dans cette conception, on voit que l'imputation est pour ainsi dire dépersonnalisée. On ne peut encore la présenter comme l'élément subjectif de la responsabilité que dans la mesure où elle consiste à rapporter un acte à un sujet de droit déterminé. Affranchi de toutes préoccupations psychologiques ou de volonté moralisatrice, le positivisme jette sur les faits un regard dépassionné de clinicien !"[325].

L'essence même de l'illicéité, source comme telle de responsabilité, est donnée par l'opposition entre le comportement adopté en fait par l'État et celui qu'il aurait dû avoir d'après le droit international. Traditionnellement, il n'y avait aucune différenciation de la responsabilité internationale, ni selon la source – conventionnelle ou coutumière – de l'obligation violée, ni selon la nature de celle-ci c'est-à-dire sa plus ou grande importance pour le maintien de l'ordre juridique international eu égard à la valeur sociale protégée. En droit interne par contre, il existe deux régimes différents de responsabilité civile: la responsabilité contractuelle qui s'applique à la violation d'une obligation assumée par contrat, et celle extracontractuelle ou délictuelle pour la violation d'une obligation créée par une autre source (loi, règlement, etc.). La première entraîne l'obligation de réparer, et celle pénale qui, conséquence de la violation de règles de droit que la société considère comme particulièrement importantes, entraîne une sanction plus grave: la punition du coupable[326].

À l'origine, c'est sans doute par analogie à cette théorie générale de l'illicite dans les ordres juridiques internes que la CDI, suite aux propositions d'Ago, avait introduit dans son projet de 1996, la distinction entre crimes et délits à travers l'article 19 – devenu fameux au regard de l'inspiration doctrinale qu'il a suscitée[327]. Selon Ago, une simple réparation n'est pas appropriée pour les actes les plus attentatoires aux valeurs fondamentales de la société internationale. Ce serait donc, pour lui, une erreur de ne pas concevoir une responsabilité internationale punitive. Il considère que

> "l'obligation de réparer (…) se propose de réaliser la situation de droit qui aurait existé si le délit n'avait pas été commis, ou, du moins, d'en effacer les conséquences fâcheuses en substituant au bien perdu un bien équivalent à titre de compensation. C'est donc une simple fonction de réintégration ou de compensation qui lui ressort, fondée sur l'idée de l'équivalence économique ou sociale. La sanction est d'une nature tout à fait différente, et ne présente aucun caractère de réintégration ou de compensation. Elle a, au contraire, une nature purement afflictive et répressive"[328].

D'où la distinction entre crimes et délits proposée par Ago et adoptée à l'unanimité en 1976. Cette distinction, on le sait, a suscité un levé de bouclier de la part des États qui voyaient mal l'idée d'une responsabilité pénale étatique. Le délégué américain à la Sixième Commission de l'Assemblée générale de l'ONU considérait absurde l'idée "d'envisager de mettre en prison un État ou de punir de quelque façon un État"[329]. Pour la France, la responsabilité pénale de l'État n'a pas de sens dans la mesure où l'État souverain, seul titulaire du droit de punir ne saurait se punir lui-même. En raison de la structure actuelle de l'ordre international, quelle est l'autorité légitime "capable de punir pénalement les détenteurs de la souveraineté?"[330]. D'ailleurs, dans le projet de 1996, les conséquences spécifiques des crimes internationaux, c'est-à-dire les mesures supplémentaires envisagées, n'avaient, en réalité, aucunes dimensions pénales[331].

L'idée de crime international a donc petit à petit été abandonnée face aux réticences des États. Mais en réalité c'est seulement le terme de "crime" qui a été supprimé du texte de 2001, non l'idée qu'elle recouvre. Comme l'affirme Wyler, avec la belle formule dont on lui sait, "la comparaison du 'crime' avec la 'violation grave' du point de vue de leurs rapports respectifs à la légalité internationale incite à douter de la réalité d'une modification autre que 'cosmétique' du droit de la responsabilité: le meurtre du crime parait donc innocent"[332]. On ne parle plus de crime international mais plutôt de "violations graves d'obligations découlant de normes impératives du droit international général"[333].

La doctrine a, cependant, vivement critiqué la suppression de l'article 19 du texte final de 2001 en réaffirmant le bien fondé, tant sur le plan théorique que pratique, de la distinction entre deux catégories distinctes de faits internationalement illicites[334]. Que l'on partage ou pas l'idée d'une responsabilité pénale au plan international, le fait est que les États, sujets principaux de l'ordre international, n'en veulent pas. A cet égard, Brigitte Stern reconnait, à juste titre, que: "s'il y a quelqu'excès dans les dénonciations par les États de la responsabilité pénale qui pourrait leur être reconnue, elles n'en témoignent pas moins de certaines difficultés qui sont de deux ordres: d'une part, la difficulté de trouver une instance susceptible de décider d'éventuelles sanctions pénales de façon objective; d'autre part la difficulté non moins grande de trouver des sanctions véritablement adaptées pour punir des États considérés comme criminels"[335]. En droit international, vu l'absence d'une autorité centrale ayant pour fonction propre de défendre les intérêts communs et compte tenu de la souveraineté et de l'égalité des États, il est donc difficile de concevoir leur responsabilité pénale. Celle-ci implique une subordination et un mécanisme intégré de sanctions inexistantes au plan international. Il en résulte que le contentieux international demeure un contentieux de réparation[336].

L'illicéité implique objectivement, le contraste entre l'injonction de la *regula* et le comportement du sujet de droit. Le texte de la CDI de 2001 prévoit à son article 12 qu' "il y a violation d'une obligation internationale par un État lorsqu'un fait dudit État n'est pas conforme à ce qui est requis de lui en vertu de cette obligation, *quelle que soit l'origine ou la nature de celle-ci*"[337]. Il s'agit là de l'affirmation d'un principe général de responsabilité objective qui sera examiné en profondeur dans la section III consacrée à la thématique de la faute. Il suffit pour l'instant de dire que l'obligation constitue le pivot du fait illicite.

II. L'obligation et la réalisation dans le temps de l'illicéité

Le facteur "temps" joue un rôle essentiel dans la détermination du moment de la réalisation de l'illicéité, cela, à un triple niveau: la question de la vigueur de l'obligation internationale à la charge de l'État, le *tempus commissi delicti* c'est-à-dire la durée ou l'étalement dans le temps de la violation et enfin le moment du déclenchement de la responsabilité de l'État auquel l'illicite est attribuable. Ces aspects distincts quoiqu'intricablement liés, du "temps" de la violation, sont couverts, comme on le sait, par les articles 18, 24, 25 et 26 du projet de 1996 ainsi que les articles 13, 14 et 15 du texte de 2001. La détermination *rationae temporis* du fait illicite a une importance pratique dans la mesure où elle influence l'étendue de la responsabilité notamment la fixation du montant de la réparation et aussi la compétence de l'instance juridictionnelle internationale éventuellement saisi.

Rappelons que dans son projet de 1996, la CDI avait proposé quatre types d'illicéité:

1) le fait illicite instantané: le fait revêt un caractère illicite dès le moment de sa réalisation. Ainsi en est-il, par exemple, du meurtre d'un diplomate étranger par un agent des forces de l'ordre en service, ou de la destruction d'un aéronef civil par les forces armées d'un État. 2) Le fait illicite continu: il s'agit d'un fait unique, mais qui s'étale dans la durée. L'article 25 paragraphe 1 du projet de 1996 dispose que "La violation d'une obligation internationale par un fait de l'État ayant un caractère de continuité se produit au moment où ce fait commence. Toutefois, le temps de perpétration de la violation s'étend sur la période entière durant laquelle ce fait continue et reste non conforme à l'obligation internationale". Ainsi, est constitutif d'un fait illicite continu, l'occupation militaire d'un territoire étranger, ou du maintien en détention du représentant d'un État étranger, bénéficiant de l'inviolabilité personnelle, pour prendre deux exemples tirés de la pratique la plus contemporaine[338]. 3) Le fait illicite composé ou composite: comme le précédent, il s'étale dans le temps. Mais, à l'inverse du fait continu, il est constitué non pas d'un, mais de plusieurs agissements, de même nature, et ayant le même objet. Selon l'article 25 paragraphe 2, "La violation d'une obligation internationale par un fait de l'État composé d'une série d'actions ou omissions relatives à des cas distincts se produit au moment de la réalisation de celle des actions ou omissions de la série qui établit l'existence du fait composé. Toutefois, le temps de perpétration de la violation s'étend sur la période entière à partir de la première des actions ou omissions dont l'ensemble constitue le fait composé non conforme à l'obligation internationale et autant que ces actions ou omissions se répètent". En d'autres termes, il s'agit essentiellement d'une "série d'actions ou d'omissions définie dans son ensemble comme illicite"[339]. On peut citer notamment les obligations

concernant le génocide, l'apartheid ou les crimes contre l'humanité, les actes systématiques de discrimination raciale, les actes systématiques de discrimination interdite par un accord commercial.

D'après la CDI, dans le cadre de l'hypothèse d'un fait internationalement illicite composé, deux éventualités peuvent se présenter: les comportements distincts qui, globalement pris, constitueraient la violation d'une obligation internationale donnée peuvent, individuellement pris, être internationalement licites; mais il est aussi concevable que chacun d'eux constitue à lui seul la violation d'une obligation internationale autre que celle enfreinte par leur ensemble. Le rejet de la demande d'emploi d'un travailleur appartenant à une nationalité ou à une race déterminée peut, comme tel, ne pas remplir les conditions de la violation d'une obligation internationale. Mais le fait qu'une série de demandes émanant de personnes se trouvant dans les mêmes conditions ait essuyé un refus peut représenter une discrimination interdite par le droit international. D'autre part, une décision expropriant un étranger d'une entreprise industrielle ou commerciale peut représenter comme telle la violation d'une obligation internationale de ne pas procéder à de telles expropriations, mise à la charge de l'État par un traité. Mais, en même temps, une série d'expropriations de ressortissants de la même nationalité ou de ressortissants étrangers en général peut globalement réaliser les conditions de la violation d'une autre obligation conventionnelle internationale de non-discrimination en matière d'activités industrielles ou commerciales, ou de ne pas réserver aux nationaux l'exercice d'activités déterminées[340].

On voit bien à travers ces exemples que les éléments qui constituent le fait illicite composé peuvent être à leur tour des faits illicites. Il donc faut distinguer les obligations composites des obligations simples qui sont enfreintes par un fait "composite". Selon la CDI les faits composites sont plus que les autres susceptibles de donner lieu à des violations continues, mais des faits simples peuvent aussi causer des violations continues. Il en va autrement, toutefois, lorsque l'obligation est liée au caractère cumulatif du comportement considéré, caractère qui constitue l'essence même du fait illicite. Ainsi l'apartheid diffère-t-il dans sa nature des actes individuels de discrimination raciale, comme le génocide diffère d'actes individuels, y compris les meurtres commis pour des raisons ethniques ou raciales[341].

4) Le fait illicite complexe: ce type d'illicéité est réalisé, d'après la CDI, lorsqu'il "ressort d'un ensemble d'actions ou d'omis-

sions émanant d'un même organe ou d'organes différents ayant trait à une seule et même affaire. C'est précisément par l'ensemble de ces actions ou omissions que l'infraction complexe est réalisée". Pour Ago, le fait illicite complexe, distingué d'avec le délit simple, revêt en droit international une très grande importance, surtout parce qu'il permet seul d'expliquer d'une façon satisfaisante la nature et la portée exactes de la règle de l'épuisement des voies de recours internes[342]. Comme on le sait, le fait illicite complexe n'a pas été retenu dans le texte de 2001 par souci de simplification. Giovanni Distefano considère, à juste titre nous semble-t-il, qu'on peut

> "d'une certaine manière dire que le professeur Ago avait su convaincre ses pairs de la CDI de l'utilité d'un tel concept, le professeur Crawford a tout aussi bien réussi à emporter la conviction des membres de la CDI quant à sa suppression. Il est incontestable que la plupart des critiques et des doutes émis par ces derniers ont été motivés par un souci de simplification de la codification et par le sentiment d'adhérer (…) aux sollicitation émises par certains gouvernements au sein de la sixième commission des nations Unies"[343].

Le fait illicite complexe a été considéré par le dernier rapporteur James Crawford comme trop enchevêtré avec la distinction entre obligation de moyen et obligation de résultat introduite par son prédécesseur Ago, dans les articles 20 et 21 du projet de 1996. Nous allons revenir sur cette dichotomie dans le point B qui suit. Retenons pour le moment que par rapport au contenu de l'obligation – de comportement ou résultat déterminé – le *tempus commissi delicti* diffère suivant qu'il s'agit d'un délit continu, composé ou complexe. Selon les vues de la Commission du droit international, la violation ne sera réalisée donc qu'au moment où un certain comportement aura rendu irréalisable l'accomplissement par l'État du résultat voulu par l'obligation. Le cas typique en est fourni dans l'hypothèse du déni de justice. Celui-ci n'apparaîtra que lorsque le dernier degré de juridiction saisi, conformément à la hiérarchie des recours internes, aura confirmé la décision injuste du tribunal de première instance[344].

B. La diligence dans la taxonomie des obligations internationales

Dans son avant-propos du cours magistral professé à l'académie de droit international de la Haye, Abi-Saab affirmait avec une profondeur toute aristotélicienne que: "même quand nous nous efforçons subjectivement d'être objectifs, nous restons objectivement un peu subjectifs"[345]. Cette vision d'Abi-Saab démontre, dans le domaine tout particulier qui nous occupe, le caractère purement subjectif d'une taxonomie des obligations internationales. En effet, toute stratification des obligations passe par l'élaboration préalable de critères en fonction desquelles elles seront classifiées. De ce point de vue, chaque auteur, suivant sa propre méthodologie, mettra l'accent sur tel ou tel critère. Si l'on prend en considération par exemple la *nature* ou le *contenu* de l'obligation comme critère de classification, on peut distinguer notamment les obligations primaires ou secondaires (au sens donné à ce terme par la CDI)[346].

Les obligations primaires peuvent elles aussi, être ordonnées de différentes façons: en considération de la *matière* sur laquelle elles portent (par exemple l'exploitation d'un cours d'eau ou la protection de l'environnement) eu égard à leur *objet* (s'agit-il d'atteindre un résultat précis ou de mettre en œuvre certains moyens?); en fonction de la plus ou moins grande *précision* de leur formulation; voire, de leur *importance* au regard de l'ordre public international (sont-elles ou non des obligations de *jus cogens* essentielles pour la sauvegarde d'intérêts fondamentaux de la communauté internationale dans son ensemble?)[347]. Suivant la *source* ou l'*étendue*, on peut avoir des obligations coutumières ou conventionnelles, bilatérales ou multilatérales, ou celles que l'on qualifie d'*erga omnes*. Même en suivant le postulat volontariste ou objectiviste du fondement du droit international, l'obligation peut être *consentie* ou *assumée*[348].

Il y a donc toute une panoplie de critères que l'on peut utiliser pour procéder à une stratification des obligations internationales. Mais le choix entre divers critères de classification ne saurait cependant relever du hasard ou de la fantaisie. Il ne peut se justifier que s'il débouche sur une typologie opératoire. Comme l'affirme à juste titre Dupuy, "la distinction d'une catégorie de faits illicites par rapport à une autre n'a de raison d'être que si l'on constate une différenciation des conditions concrètes d'engagement de la responsabilité ou des conséquences légales entraînées par la réalisation d'un type de faits par rapport aux autres"[349].

Les aspects de fond de l'obligation internationale peuvent être pris en considération non pas tant sous l'angle du contenu, mais plutôt sous celui du *mode d'être* de l'obligation, de la manière dont elle impose à l'État ses exigences. En effet, en s'adressant à ce dernier, les obligations mises à sa charge par le droit international n'expriment pas seulement des devoirs touchant à différents secteurs des relations interétatiques, à des matières d'importance diverse pour la communauté internationale: ces exigences peuvent aussi être différemment structurées quant à la détermination des voies et des moyens par lesquels l'État est censé assurer leur exécution. En corrélation, il est donc normal que la violation par l'État d'une obligation internationale existant à sa charge ne soit pas nécessairement réalisée de la même manière dans un cas ou dans l'autre.

En fonction donc du mode d'être de l'obligation internationale, on peut constater l'existence de deux catégories d'obligations: les obligations de comportement et celle de résultat. Cette distinction bien connue en droit civil (I) a été transposée dans l'ordre international par la CDI dans le but principalement, d'expliciter l'articulation de l'illicéité(II). L'approche de la CDI a été vivement critiquée parce qu'elle n'aboutit pas, comme en droit interne, à un régime différencié de responsabilité. Une analyse critique de cette distinction permet de dessiner les contours de la diligence dans la structure des obligations internationales (III).

I. Distinction entre obligations de comportement et obligations de résultat en droit civil

La classification des obligations en fonction non pas de leurs sources ou de leurs objets, mais de leur intensité ou puissance de contrainte sur le débiteur, est bien connue dans les systèmes de droits de tradition romano-germanique. Il nous semble que la distinction des obligations de moyens et des obligations de résultat a été introduite en droit civil français par René Demogue dans son *Traité des obligations en général*, publié en 1925[350]. Dans cet ouvrage, Demogue conçoit l'obligation dans un sens large comme un lien de droit où le débiteur est tenu soit par un règlement soit "par la *prudence* de faire tel acte"[351]. Il considère que le fardeau de la preuve n'est pas le même en matière contractuelle et délictuelle. Parfois, nous dit-il, le débiteur n'est tenu qu'à la diligence du *bonus pater familias*, il s'agit alors d'une obligation de moyens. Quelquefois, ce n'est plus seulement une attitude diligente qui est attendue d'un contractant ou d'un tiers, mais un fait ou un acte précis, un résultat indépendant des efforts fournis pour l'obtenir; il s'agit alors d'obligation de résultat.

La distinction proposée par Demogue et reprise par d'autres auteurs notamment les frères Mazeaud, a une portée pratique évidente pour le juge. En effet, si le débiteur n'est tenu que d'une obligation de moyen – le seul devoir étant de se conduire en bon père de famille – il ne répond que de ses fautes; si, au contraire, son devoir est de réaliser un résultat, sa responsabilité sera reconnue des lors que le créancier aura apporté la preuve de l'inexécution de l'obligation – par la simple non réalisation du résultat – indépendamment de la diligence fournie[352]. Ainsi, on trouve dans les contrats, des obligations de résultats et des obligations de moyens. Le locataire promet de rendre l'immeuble en bon état, il en de même du dépositaire, du commodataire pour l'objet remis. Au contraire, le mandataire, l'ouvrier promettent plutôt de s'occuper des intérêts d'autrui, de travailler avec toute la diligence requise. Demogue considère que même en dehors des contrats, pour les obligations qu'imposent les règlements ou la prudence, on est tenu d'une obligation de moyen. Un chauffeur par exemple a le devoir d'être prudent. On ne peut donc dire que son obligation est de ne blesser personne[353].

A travers l'analyse des auteurs civilistes, on constate que la classification entre obligation de moyens et obligations de résultat est, par essence, rattachée à la théorie de la faute dans la responsabilité contractuelle ou délictuelle. Elle gravite autour de la plus ou moins grande part d'aléa qui entre dans la réalisation de l'objet de l'obligation, établissant ainsi une dualité de responsabilité civile: une responsabilité objective ou sans faute et une responsabilité subjective avec faute[354]. Cette distinction en droit civil entre obligation de moyens et de résultat vise à protéger le créancier dans certaines hypothèses déterminées par la mise en place d'une responsabilité objective du débiteur résultant de la constatation synchronique de l'inexécution de sa prestation. C'est le cas par exemple du voiturier dans le domaine du transport. Celui-ci n'est tenu que d'une obligation de moyens vis-à-vis du voyageur pour les bagages à mains qu'il n'a pas enregistrés. Le voyageur devra donc s'il les perd, prouver la faute du transporteur. C'est aussi le cas bien illustré par la "parabole du médecin": à l'égard de son malade, celui-ci a l'obligation de déployer toute la diligence et la dextérité requises pour le soigner aussi bien que possible. C'est une obligation de moyens au sens où, c'est une obligation de "s'efforcer". Mais on ne peut pas demander au médecin, dans tous les cas se présentant à lui, de guérir quoi qu'il advienne son malade. Ce n'est pas une obligation de résultat, au sens où ce n'est pas une obligation d' "aboutir". Son objet porte sur le comportement requis du médecin et non sur le résultat de sa médication, dont l'excellence même ne pourrait supprimer les incertitudes de la guérison[355]. A-t-on pensé à déclarer responsable tout médecin dont le client meurt, sauf au médecin à prouver la force majeur? Loin d'être tenu d'un acte précis, le médecin prend l'engagement de donner au malade des soins consciencieux et attentifs conformément aux données acquises de la science. L'existence de l'obligation de moyen est généralement rattachée à l'aléa qui plane sur les résultats de l'acte médical. Puisque nous sommes par nature mortels, il est *a priori* évident qu'en général le médecin ne promet pas la guérison. En cas d'accident ou de décès, l'attitude du médecin sera comparée à celle d'un autre homme de l'art placée dans les mêmes circonstances de travail et de recherche, ayant la même spécialisation, mais étant par principe normalement prudent et diligent.

II. Transposition en droit international

Cette distinction bien établie dans les systèmes de droits continentaux a été transposée dans l'ordre international par les positivistes du début du XXe siècle notamment Anzilotti, Triepel, Donati. Il nous semble que c'est Triepel qui fut le premier à aborder la question indirectement dans son analyse des prescriptions du droit international et du droit interne. En faisant la distinction entre le droit interne internationalement *ordonné* et le droit interne internationalement *indispensable*, Triepel considère que "l'obligation où se trouve l'État de créer des règles de droit n'est qu'un moyen de second ordre pour satisfaire les intérêts internationaux, elle est inutile partout où la communauté des États peut imposer immédiatement, à ceux dont la conduite lui importe, l'attitude qu'elle désire"[356]. Implicitement, il admet l'existence de deux types de prescriptions ou, pour être plus clair, de deux catégories d'obligations internationales: celles de comportements et celles de résultats.

La CDI, sous l'impulsion de son rapporteur spécial Ago, a intégré dans son projet de 1996 la distinction entre obligations de moyens et obligations de résultat. Selon la Commission, si toutes les obligations mises à la charge de l'État par des règles du droit international visent logiquement un but donné, une différence profonde sépare néanmoins le cas où la détermination des moyens par lesquels ledit but doit être atteint est faite sur le plan international et celui où elle est faite sur le plan national. En règle générale, le droit international n'établit pas les moyens par lesquels l'État doit assurer l'exécution de ses obligations. Comme l'affirme Anzilotti, "le besoin de respecter, comme de raison, la liberté intérieure de l'État veut que les commandements du droit international soient d'ordinaire assez indéterminés: ils doivent indiquer le résultat à obtenir, tout en laissant à l'État le choix des moyens propres à l'atteindre"[357].

L'article 20 du projet de 1996 stipulait que: "il y a violation par un État d'une obligation internationale le requérant d'adopter un comportement spécifiquement déterminé lorsque le comportement de cet État n'est pas conforme à celui requis de lui par cette obligation". L'article 21 se lisait comme suit:

"1. Il y a violation par un État d'une obligation internationale le requérant d'assurer, par un moyen de son choix, un résultat déterminé si, par le comportement adopté, l'État n'assure pas le résultat requis de lui par cette obligation.

2. Lorsqu'un comportement de l'État a créé une situation non conforme au résultat requis de lui par une obligation internationale, mais qu'il ressort de l'obligation que ce résultat ou un résultat équivalent peut néanmoins être acquis par un comportement ultérieur de l'État, il n'y a violation de l'obligation que si l'État manque aussi par son comportement ultérieur à assurer le résultat requis de lui par cette obligation".

A la lecture de ces dispositions, ce qui distingue ces types d'obligations, "ce n'est pas que les obligations de 'comportement' ou 'de moyens' ne visent pas un but ou un résultat donné, mais le fait qu'un tel but ou résultat doive être atteint par des activités, comportements ou 'moyens spécifiquement déterminés' par l'obligation internationale elle-même, ce qui n'est pas le cas pour les obligations internationales dites de 'résultat'"[358]. Dans le premier cas de figure, le droit international prescrit à l'État les activités d'action ou d'abstention. Il s'agit de ce que Triepel appelle droit interne internationalement ordonné. C'est donc une obligation à une conduite qui doit être nécessairement exercée dans certaines formes et par des organes étatiques déterminés. Dans le deuxième cas de figure au contraire, l'obligation internationale incombant à l'État se borne à la réalisation d'un résultat donné, l'État étant laissé libre du choix des moyens appropriés.

Plusieurs arguments sont avancés par la CDI pour justifier l'intégration de la distinction. Le bien-fondé de la dichotomie résiderait dans le fait qu'elle permet de mieux expliciter l'articulation du fait illicite particulièrement en ce qui concerne la détermination du *tempus commissi delicti*. La distinction permettrait également, d'après la CDI, de mieux apprécier la portée du principe de l'épuisement des voies de recours internes. De surcroît elle serait reconnue par la jurisprudence internationale[359].

III. Appréciation critique de la distinction

La doctrine n'a pas manqué de critiquer la distinction entre obligation de comportement et celle de résultat opérée par la CDI. Ces critiques, bien connues[360], ne méritent guère davantage de développement. Il suffit pour nous de dire que la classification retenue par la CDI dans son projet de 1996 n'est pas heureuse et son approche rigide eu égard à l'extrême diversité des typologies d'obligations existantes en droit international. De surcroît, elle est totalement inexacte car ce qui constitue des obligations de résultat d'après la CDI – par exemple l'article 22 de la convention de Vienne sur les relations diplomatiques de 1961[361] – relève en réalité de la catégorie d'obligation de moyen ou de "s'efforcer", parce qu'elle contient l'élément diligent. La CIJ dans l'affaire bosniaque a apporté une précision de taille. Examinant l'obligation de prévention du génocide elle affirme que:

> "il est clair que l'obligation dont il s'agit est une obligation de comportement et non de résultat, en ce sens que l'on ne saurait imposer à un État quelconque l'obligation de parvenir à empêcher, quelles que soient les circonstances, la commission d'un génocide: l'obligation qui s'impose aux États parties est plutôt celle de mettre en œuvre tous les moyens qui sont raisonnablement à leur disposition en vue d'empêcher, dans la mesure du possible, le génocide. La responsabilité d'un État ne saurait être engagée pour la seule raison que le résultat recherché n'a pas été atteint; elle l'est, en revanche, si l'État a manqué manifestement de mettre en œuvre les mesures de prévention du génocide qui étaient à sa portée, et qui auraient pu contribuer à l'empêcher. En la matière, la notion de 'due diligence' (...) revêt une importance cruciale"[362].

La Cour reconnait ainsi que les obligations de comportement sont des obligations de diligence parce qu'elles prescrivent aux États de mettre en œuvre tous les moyens nécessaires et raisonnables en fonction des circonstances, en vue d'empêcher, dans la mesure du possible la réalisation du fait illicite. Comme nous l'avons vu dans le chapitre précédent, l'obligation de moyens, au sens d'obligation de s'efforcer, permet d'intégrer la pratique judiciaire des standards de comportement, relatifs, souples, évolutifs. Selon la Cour,

> "plusieurs paramètres entrent en ligne de compte quand il s'agit d'apprécier si un État s'est correctement acquitté de

l'obligation en cause. Le premier d'entre eux est évidemment la capacité, qui varie grandement d'un État à l'autre, à influencer effectivement l'action des personnes susceptibles de commettre, ou qui sont en train de commettre, un génocide. Cette capacité est elle-même fonction, entre autres, de l'éloignement géographique de l'État considéré par rapport au lieu des événements, et de l'intensité des liens politiques et de tous ordres entre les autorités dudit État et les acteurs directs de ces événements"[363].

Les obligations de comportement appellent une appréciation *in concreto*. Or, de la classification rigide opérée par la CDI, la diligence semble avoir complètement disparu et, avec elle toute idée de faute subjective dans l'articulation du fait illicite. Voyons à présent, le rôle de la diligence dans le processus d'attribution des actes de particuliers.

Section II.
Diligence et imputabilité des actes de particuliers

L'analyse du fait illicite, élément objectif de la responsabilité, reste attachée à la théorie de Dionisio Anzilotti[364], formulée au début du 20e siècle et reprise par la grande majorité de la doctrine[365]. Anzilotti apparait comme le fondateur et l'unificateur de la doctrine positiviste aujourd'hui classique, dont l'influence sur la jurisprudence internationale demeure tout à fait déterminante[366]. Le grand mérite de sa théorie réside dans une claire systématisation des solutions éparses retenues par la pratique, et une conceptualisation limpide de l'illicite en droit international. Selon lui, "la notion d'acte illicite implique le concours de deux éléments: l'action, c'est-à-dire un fait matériel, extérieur, et sensible, et la règle de droit, avec laquelle l'action se trouve en contradiction. Le caractère illicite d'un acte dérive toujours de son opposition avec le droit objectif, quels que soient d'ailleurs les motifs et les formes de cette opposition. L'acte illicite international est dès lors un acte en opposition avec le droit objectif international"[367].

Cette conception de l'illicéité correspond non seulement à une unification, mais aussi à une épuration[368]. Elle purge le fait générateur de toutes les références à la faute subjective qui procédaient encore, nous semble-t-il, de la doctrine du droit naturel[369].

La responsabilité en droit international classique naissait de l'existence d'un fait illicite et d'un dommage lié à ce fait par un lien de causalité. Il n'y avait aucune différence selon le contenu de la règle primaire violée. L'État auteur de l'acte illicite avait l'obligation de réparer le dommage causé en rétablissant la situation qui aurait existé n'eût été le fait illicite. La responsabilité que l'on peut qualifier de moderne, elle, naît dès qu'il y a fait internationalement illicite. Mais elle est différenciée selon l'importance, pour l'ordre juridique international, de la norme violée. Elle ne se résume plus à l'obligation de réparer incombant à l'État auteur du fait illicite, mais fait naître "toutes sortes de relations juridiques nouvelles"[370], c'est-à-dire d'une part d'autres obligations à sa charge notamment, l'obligation de cessation et des garanties de non-répétition du fait illicite, l'obligation de réparation; et d'autre part des droits au profit de l'État lésé, voire au profit des États autres que l'État lésé.

Le fait illicite est constitué de deux éléments cumulatifs à savoir que le comportement incriminé doit être attribuable à l'État et constitutif d'une violation d'une obligation internationale à sa charge. Ces deux éléments du fait illicite ont été réaffirmés à maintes reprises par la jurisprudence internationale. La CIJ par exemple a souligné, dans l'affaire relative à l'*Application de la convention pour la prévention et la répression du crime de génocide*, que pour établir la responsabilité de la Serbie pour génocide, "En premier lieu, il convient de se demander si les actes de génocide commis pourraient être attribués au défendeur [la Serbie] en application des règles du droit international coutumier de la responsabilité internationale des États; cela revient à se demander si ces actes ont été commis par des personnes ou des organes dont le comportement est attribuable, dans le cas particulier des événements de Srebrenica, à l'État défendeur"[371].

Dans l'affaire relative au *Personnel diplomatique et consulaire des États-Unis à Téhéran* elle a également mentionné que, pour établir la responsabilité de l'Iran, "[t]out d'abord elle doit déterminer dans quelle mesure les comportements en question peuvent être considérés comme juridiquement imputables à l'État iranien. Ensuite, elle doit rechercher s'ils sont compatibles ou non avec les obligations incombant à l'Iran en vertu des traités en vigueur ou de toute autre règle de droit international éventuellement applicable"[372].

La question de l'attribution revêt donc une importance fondamentale dans la naissance de la responsabilité de l'État. Cela est d'autant plus vrai que l'État, entité abstraite ne peut agir concrètement qu'à travers ses agents ou organes. Le comportement par action ou omission, constitutif d'un fait internationalement illicite est toujours celui d'un individu. Selon la CPJI, "Les États ne peuvent agir qu'au moyen et par l'entremise de la personne de leurs agents et représentants"[373]. En principe, seule la conduite de l'individu-organe de l'État lui est attribuable. L'acte de l'organe engage donc la responsabilité internationale de l'État. Sur ce point la doctrine et la pratique sont unanimes. Il n'y a d'ailleurs pas lieu de distinguer entre les organes administratifs, législatifs et judiciaires. L'imputation est ici la même. On a aussi essayé de distinguer notamment dans la littérature anglo-saxonne (Hackworth, Eagleton) entre les organes inférieurs et les organes supérieurs de l'ordre étatique pour limiter la responsabilité aux seules actions commises par les organes supérieurs. Comme on le sait, cette distinction n'a pas été retenue par la CDI ainsi que les actes *ultra vires*.

L'ensemble des fondements de l'attribution présuppose que le statut d'organe de l'État de la personne ou de l'entité, ou son mandat d'agir pour le compte de l'État, sont établis au moment du fait illicite allégué. Ce statut d'organe de l'État est déterminé par le droit interne étatique. C'est pourquoi, il n'apparaît pas pertinent d'analyser en profondeur la problématique de l'attribution des comportements des organes de l'État. Les articles de la CDI adoptés en 2001, notamment les articles 4 à 11, reflétant le consensus social international, nous nous proposons d'examiner la question de l'imputabilité des actes des particuliers uniquement en relation avec le thème de la diligence. À cet égard, il faut ajouter que la responsabilité de l'État pour manque de diligence est indépendante de la question de l'attribution de l'acte du particulier. En d'autres termes, l'État engage sa responsabilité sur le terrain de la *due diligence* même si l'acte du particulier en soi ne lui est pas imputable. Telle a été la position de la CIJ dans l'affaire du *personnel diplomatique et consulaire des États-Unis à Téhéran*. En effet pour la Cour, "Il n'a pas été soutenu qu'au moment où ils attaquaient l'ambassade les militants aient eu un statut officiel quelconque en tant qu'agents ou organes de l'État iranien. Leur comportement, lorsqu'ils ont organisé l'attaque, envahi l'ambassade et pris ses occupants en otages, ne saurait donc être considéré comme imputable à l'État iranien sur cette base"[374].

Mais cette non imputabilité, cette absence de lien officiel entre les militants et l'État iranien "ne signifie pas que l'Iran soit, en conséquence, exonéré de toute responsabilité à propos de ces attaques. Son propre comportement était en effet incompatible avec ses obligations internationales (…)"[375].

La Cour a défendu la même idée dans l'affaire relative à l'*Application de la convention pour la prévention et la répression du crime de génocide*. Analysant le critère de responsabilité au regard des actes de génocide, la Cour relève que: "Si en effet un État est reconnu responsable d'un acte de génocide (en raison de ce que cet acte a été commis par une personne ou un organe dont le comportement lui est attribuable) (…) la question de savoir s'il a respecté son obligation de prévention au regard des mêmes faits se trouve dépourvue d'objet, car un État ne saurait, par construction logique, avoir satisfait à l'obligation de prévenir un génocide auquel il aurait activement participé"[376].

En revanche, il va sans dire que, si l'État, à travers ses organes n'a pas commis de génocide, cela "n'implique en rien que sa responsabilité ne puisse pas être recherchée sur le fondement de la violation de l'obligation de prévention du génocide"[377]. Il convient de préciser que si la responsabilité d'un État à raison d'acte de génocide prive d'objet la question de savoir si, pour les mêmes faits, cet État a satisfait à son obligation de prévention, elle ne rend pas pour autant nécessairement superflue la question de savoir s'il a satisfait à son obligation de punition à l'égard des auteurs des faits en question. Il est en effet parfaitement possible que la responsabilité internationale d'un État soit engagée à la fois à raison d'un acte de génocide commis par une personne ou un organe dont le comportement lui est attribuable, et à raison de la violation par cet État de son obligation de punir l'auteur dudit acte. Il s'agirait là de "deux faits internationalement illicites distincts attribuables à cet État, susceptibles d'être retenus cumulativement à sa charge comme fondements de sa responsabilité internationale"[378].

Pour récapituler, disons que la responsabilité de l'État pour défaut de *due diligence* est indépendante de la question de l'imputabilité des actes de particuliers. A l'occasion de tels actes, l'État engage sa propre responsabilité pour avoir violé une obligation qui lui incombait. En vertu donc des articles de la CDI, l'État est responsable en premier lieu, des actions et omissions de ses propres organes ou autres entités agissant en son nom et investies des prérogatives de puissance publique, parce qu'ils sont les instruments même de son action. En second lieu, l'État est responsable des actes de particuliers qui lui sont attribuables en vertu des critères du contrôle ou de la direction. En troisième et dernier lieu, l'État est responsable des actes de particuliers qui ne lui sont pas attribuable s'il n'a pas observé, à l'occasion de tels actes, le degré de diligence requis de lui par le droit international. La question du critère du contrôle ou de la direction ayant fait l'objet de vive controverse tant au sein de la doctrine que de la jurisprudence, il a paru important d'évoquer la teneur du débat afin de prendre position au regard de la jurisprudence récente de la CIJ.

A. Évolution historique de l'attribution des actes de particuliers

Nous avons vu que les actes des individus ou de simples particuliers qui causent des dommages à des étrangers, ou à la sûreté d'autres États ne sont pas en principe directement imputables à l'État[379]. A l'occasion de tels actes, l'irresponsabilité de l'État est la règle, sa responsabilité étant l'exception. Le problème qui se pose est alors de savoir si et dans quelles conditions l'État est internationalement responsable du fait des individus n'agissant pas en qualité d'organe.

I. Le Moyen Age et le principe de la solidarité du groupe

Historiquement, les entités politiques plus ou moins indépendantes qui ont émergé çà et là au Moyen Age, ont logiquement appliqué le critère de la solidarité du groupe comme base de la responsabilité. L'État, au sens générique du terme, devenait responsable pour tout *injuria* c'est-à-dire un fait illicite objectif, commis par un de ses sujets. La responsabilité est alors collective et objective. Car, les délits privés ou publics[380], commis par un membre du groupe social contre un autre groupe ou membre de ce groupe sont les délits de la collectivité toute entière qui en répond sur le sang ou sur les biens de tous les membres du groupe.

Avec la solidarité du groupe, le fondement de la responsabilité avait un caractère primitif dont la vengeance était l'élément central. L'*injuria* de l'individu était en soi un fait de la collectivité. Et la seule façon d'éviter la vengeance était la réparation intégrale du dommage causé. Peu à peu, vers la fin du Moyen Age avec l'accroissement de ces entités étatiques en taille et en nombre d'habitants, le principe de la responsabilité collective se distend et on voit apparaître le bannissement de l'auteur du crime comme un mode de réparation. Le membre ayant perdu son appartenance à la collectivité "devenait *vogelfrei*, comparable à un loup sauvage, exposé aux attaques et aux violences du groupe lésé"[381].

II. Alberico Gentili et l'origine de la doctrine de la due diligence

D'abord combattu par les théologiens canonistes notamment Saint Thomas en vertu de la chrétienté, la solidarité du groupe comme fondement de la responsabilité sera abandonnée au 16ᵉ siècle avec la seconde scolastique espagnole. Mais l'auteur qui mérite ici une mention toute particulière est Alberico Gentili, un humaniste qui a marqué son temps. Gentili a été l'auteur du premier traité systématique sur le droit des ambassades; ouvrage qu'il a publié en 1585 à la suite de l'attentat manqué contre la reine d'Angleterre et connu sous le nom de *l'affaire de Mendoza*. Mais ce qui nous intéresse ici c'est le grand traité du maître italien.

Le *De Jure Belli* de Gentili est paru à Oxford en 1588. En trois livres, Gentili élabore sa théorie de la guerre juste et pose le principe fondamental qui va inspirer Grotius et ses successeurs selon lequel la guerre peut être juste des deux côtés. Il fait une distinction entre ce qu'il appelle "Natural reasons for making war"[382] et "Human reasons for making war"[383]. Pour lui, seuls les actes du souverain c'est-à-dire les actes de nature publique, sont constitutifs d'une juste cause de guerre: "our legal experts state correctly and explicitly that an act is a public one when the state has deliberated upon it in legitimate assembly; and therefore that action is not public which has been taken by a magistrate or even by the entire populace in a different way as the result of some hasty resolution"[384].

Examinant les actes des individus, Gentili rejette complètement la théorie médiévale de la solidarité du groupe et affirme que: "The faults of individuals are not charged against a community, as everyone knows, and as is stated by Baldus and others. In fact, the offences of individuals are one thing and those of the community another, and therefore individuals are not bound by an agreement of the community"[385].

Si l'entité collective n'est pas responsable des agissements des particuliers, Gentili admet néanmoins la responsabilité sur la base d'un manquement à la diligence: "the state, which knows because it has been warned, and which ought to prevent the misdeeds of its citizens, and through its jurisdiction can prevent them, will be at fault and guilty of a crime if it does not do so"[386]. Ainsi, à l'occasion des actes de particuliers, Alberico Gentili reconnait une obligation de prévention et de répression à la charge de l'État.

III. Hugo Grotius et la théorie de la complicité

Hugo Grotius, comme on le sait, s'est largement inspiré des théories développées par Gentili; que ce soit sur les justes causes de guerre ou sur le rétablissement de la paix. Dans le domaine qui nous occupe, Grotius va reprendre l'idée maitresse de Gentili en lui donnant une dimension toute nouvelle. Pour le maitre hollandais, "Une société civile, comme tous les autres corps, n'est pas responsable des actions de chaque particulier, auxquelles elle n'a rien contribué en faisant ou ne faisant pas certaines choses"[387]. Ainsi, la responsabilité n'est plus fondée sur une quelconque solidarité du groupe. L'État n'est responsable par principe que de son propre fait; tout comme "Un père n'est pas non plus responsable des fautes de ses Enfans; ni un Maître, de celles de ses Esclaves; ni tout autre Supérieur, de celles des personnes qui dépendent de lui: à moins qu'il n'y aît quelque chose de criminel dans sa conduite, par rapport aux fautes de ceux sur qui il a autorité"[388].

Mais Grotius essaye de déterminer de quelles manières les agissements des particuliers peuvent engager la responsabilité de l'État. Il y a pour lui en fait deux titres d'attribution: "entre toutes les manières dont un supérieur peut se rendre coupable à cet égard, il y en a deux qui sont les plus communes & qui méritent d'être considérées avec beaucoup de soin: l'une est lorsqu'ils souffrent que l'on commette un crime; l'autre lorsqu'ils donnent retraite au coupable"[389]. Sur le premier point, il pose la maxime que "celui qui aiant connaissance du Crime, & pouvant & devant l'empêcher, ne le fait pas, se rend lui-même coupable; parce qu'il est censé avoir consenti à l'action mauvaise qu'il a laissé commettre"[390]. La deuxième manière dont l'État se rend coupable des actions des particuliers, "c'est lorsqu'il donne retraite au coupable & qu'il empêche aussi qu'on le punisse"[391].

L'une des contributions majeures de Grotius, concerne, nous semble-t-il la responsabilité de l'État pour les actes de particuliers. En effet, pour lui, contrairement au principe de la solidarité du groupe qui prévalait au Moyen Age, où toute la collectivité devenait responsable de l'acte d'un membre, "une communauté soit civile, soit d'une autre nature, n'est point responsable du fait des particuliers, si elle n'y a contribué de son fait propre, ou par sa négligence"[392]. L'État n'est donc pas, en principe responsable du fait des individus sauf si l'État s'est rendu complice du fait illicite par *patientia et receptus*[393]. Cette idée de complicité sera développée plus tard à la seconde moitié du 18ᵉ siècle par le Neuchâtelois Vattel dans son *Droit des gens*: "Le souverain qui refuse de faire réparer le dommage causé par son sujet, ou de punir le coupable, ou enfin de le livrer, se rend en quelque façon complice de l'injure, et il en devient responsable"[394]. La responsabilité nait de l'approbation du fait commis par le particulier et non de la solidarité qui lie le groupe à l'individu. Pavlos

Zannas va plus loin et considère la complicité du souverain aux actions de ses sujets comme base de la théorie de la faute[395].

Mais la complicité ici est légèrement différente de la *due diligence stricto sensu*, car elle implique une action subséquente de l'État, une approbation officielle du fait commis par le particulier: "si une Nation ou son Conducteur, approuve & ratifie le fait du Citoyen, elle en fait sa propre affaire: L'offensé doit alors regarder la Nation comme le véritable auteur de l'injure, dont peut être le Citoyen n'a été que l'instrument"[396].

La théorie de la complicité ainsi développée par Grotius et raffinée par Vattel, va acquérir une signification nouvelle au 19e et au début du 20e siècle. Alors que ces deux auteurs la rattachent à l'approbation ou l'endossement du fait du particulier, la complicité est désormais envisagée comme une participation morale de l'État au fait illicite. Elle devient la base du débat sur la faute de l'État comme fondement de la responsabilité. Telle est la position de Robert Phillimore[397], Paul Fauchille[398], William E. Hall[399] ou même de Johann K. Bluntschli[400].

Tous ces auteurs, écrivant à peu près à la même époque, ont porté le débat du fondement de la responsabilité sur terrain de la faute. Pour eux, l'État entité souveraine et indépendante ne peut être responsable que par la faute de ses organes. Un individu a commis une offense à un autre souverain? L'État ne sera responsable que par complicité. Autrement dit le fondement de cette responsabilité indirecte[401] est la participation morale au fait illicite. Il faudra attendre le tout début du 20e siècle avec des auteurs positivistes notamment Henrich Triepel et surtout Dionisio Anzilotti, pour que la complicité ne soit plus retenue comme fondement de la responsabilité de l'État. En effet, comme nous allons le démontrer dans la section suivante, la doctrine positiviste rejette totalement toute idée de faute dans la théorie de la responsabilité. Elle postule une responsabilité fondée exclusivement sur le fait illicite objectif. Ainsi, à l'occasion des agissements de particuliers, la responsabilité de l'État est engagée sur la base de la conduite illicite de ses propres organes. Autrement dit, la conduite de l'organe est illicite parce qu'il aura manqué à son devoir de prévention et répression imposé par le droit international. L'État a l'obligation d'empêcher, dans la mesure du possible, les actes dommageables émanant de particuliers qui se trouvent sous sa juridiction et de punir les coupables dans le cas où le dommage n'a pu être empêché. C'est le double contenu de la *due diligence*.

B. La CDI et la codification des principes coutumiers en matière d'attribution

Si l'on réexamine attentivement les théories générales de la responsabilité des États, on se rend vite compte de l'existence de plusieurs tendances au sein de la doctrine; car la responsabilité internationale est conçue par rapport à une vision plus générale de l'ordre juridique international. Ainsi, on peut distinguer trois catégories de théorie générale de la responsabilité: la théorie de la réparation, la théorie de la contrainte et enfin une espèce de théorie dite intermédiaire.

La théorie de la réparation peut être qualifiée de classique. Selon cette théorie défendue notamment par Anzilotti, le fait internationalement illicite constitue une atteinte à un droit subjectif d'un État et engendre un rapport de responsabilité de type bilatéral. La théorie classique de la responsabilité présuppose une parfaite réciprocité des droits et des devoirs au sein de l'ordre juridique international, lequel aurait le but d'assurer la coexistence d'entités souveraines et égales. Elle exclut donc l'existence d'obligations *erga omnes* et de rapports juridiques mettant en jeu la communauté internationale dans son ensemble. La responsabilité consiste en un rapport obligatoire nouveau, axé sur la réparation entre l'État auteur de la violation du droit international et l'État victime de cette violation. À l'obligation de l'État auteur de la violation de réparer le préjudice causé correspond un droit de l'État lésé d'obtenir cette réparation. On aboutit avec cette théorie, à un régime unifié de la responsabilité internationale.

La théorie de la contrainte, élaborée d'abord par John Austin et systématiser principalement par Hans Kelsen, s'intègre dans une conception générale de l'ordre juridique conçu comme ordre normatif de contrainte. De ce point de vue, la principale conséquence découlant directement du fait illicite est que l'État lésé est autorisé à appliquer à l'État responsable, un acte de contrainte à titre de sanction. Les sanctions sont les représailles et les guerres. La réparation est considérée comme subsidiaire, comme un moyen pour l'État responsable, de se soustraire à l'application de l'acte de contrainte.

La théorie intermédiaire ou mixte, défendue notamment par Hersh Lauterpacht et Roberto Ago, essaie de réconcilier les deux écoles. Les conséquences d'un fait illicite ne peuvent se limiter ni à la réparation, ni à une sanction; mais à différents types de rapports juridiques nouveaux. En réalité, le fait internationalement illicite selon cette 3e école, donne lieu à une double forme de rapports juridiques, à savoir, d'une part l'obligation pour l'État auteur de réparer le préjudice causé et, d'autre part, la faculté pour l'État victime d'adopter des sanctions. La CDI a fini par se rallier à cette école.

Ces différentes théories de la responsabilité qui se sont développées par couches successives à partir du 20e siècle ont contribué à dégager les règles du droit international général de la responsabilité. Ces règles, consolidées par une pratique abondante ont été, comme on le sait, codifiées par la CDI après plus d'un demi-siècle de travaux. L'ensemble des articles adoptés en 2001 reflètent incontestablement l'état du droit international général; en témoigne les références faites dans la jurisprudence internationale.

Dans l'affaire des *activités armées sur le territoire du Congo*, la CIJ, examinant la thèse congolaise selon laquelle les mouvements rebelles qui sévissent au nord de son territoire notamment le MLC de Bemba, sont des organes de facto de l'Ouganda, arrive à la conclusion que:

> "il n'existe aucun élément de preuve crédible qui donne à penser que l'Ouganda a créé le MLC. L'Ouganda a reconnu avoir dispensé un entraînement et accordé un soutien militaire, et des éléments de preuve existent à cet égard. Aucune preuve convaincante n'a été soumise à la Cour qui démontrerait que l'Ouganda contrôlait, ou pouvait contrôler, la manière dont M. Bemba utilisait cette assistance. De l'avis de la Cour, le comportement du MLC n'était ni celui d'un "organe" de l'Ouganda (article 4 du projet d'articles de la Commission du droit international sur la responsabilité de l'État pour fait internationalement illicite (2001)), ni celui d'une entité exerçant des prérogatives de puissance publique pour son compte (article 5). La Cour a cherché à déterminer si le MLC avait agi "sur les instructions ou les directives ou sous le contrôle de" l'Ouganda (article 8) et estime ne disposer d'aucun élément probant que tel était le cas. Point n'est donc besoin, en l'espèce, de se poser la question de savoir s'il est satisfait aux critères requis pour considérer qu'un degré de contrôle suffisant était exercé à l'égard de paramilitaires"[402].

Pour la Cour, l'État n'est responsable que des actes de ses organes et, en matière d'attribution, les articles 4 à 11 du document final de la CDI constituent les règles coutumières applicables[403]. Si les actes du MLC ne sont pas en soi imputables à l'Ouganda, il n'en

demeure pas moins que sa responsabilité en tant que puissance occu-
pante de la région de l'Ituri est engagée en raison "du défaut de la
vigilance requise pour prévenir les violations des droits de l'homme
et du droit international humanitaire"[404].

En matière d'attribution, il faut reconnaître que la position
de la CIJ n'a pas évolué depuis son arrêt de principe dans l'affaire
Nicaragua en 1986. Le critère pour l'attribution des actes d'individus
ou de groupes auxquels le droit interne de l'État ne confère pas clairement le statut d'organe, demeure le contrôle effectif. Selon la Cour,

> "En l'absence d'une *lex specialis* expresse, les règles rela-
> tives à l'attribution d'un comportement internationalement
> illicite à un État sont indépendantes de la nature de l'acte illi-
> cite en question. Le génocide sera regardé comme attribuable
> à l'État si et dans la mesure où les actes matériels, constitutifs
> du génocide, commis par des organes ou des personnes autres
> que ses propres agents l'ont été, en tout ou en partie, selon
> les instructions ou sous la direction ou le contrôle effectif de
> cet État. Ainsi se présente aujourd'hui le droit international
> coutumier en la matière, tel que reflété par les articles de la
> CDI sur la responsabilité de l'État"[405].

Ainsi, la CIJ rejette avec autorité la doctrine du contrôle
global soutenue par le TPIY dans l'affaire *Tadic* et consacre "définitivement, sans appel, les critères stricts de l'attribution d'un fait illicite à la responsabilité de l'État"[406]. Elle affirme solennellement
qu'elle est l'interprète la plus indiquée du droit international général,
mettant ainsi fin à une situation exceptionnelle de contrariété de jurisprudence entre tribunaux internationaux. A propos de la jurisprudence *Tadic*, voici ce qu'elle dit:

> "le TPIY n'était pas appelé dans l'affaire *Tadić*, et qu'il *n'est
> pas appelé en règle générale, à se prononcer sur des ques-
> tions de responsabilité internationale des États*, sa juridiction
> étant de nature pénale et ne s'exerçant qu'à l'égard des indi-
> vidus. Le Tribunal s'est donc, dans l'arrêt précité, intéressé à
> une question dont l'examen n'était pas nécessaire pour l'exer-
> cice de sa juridiction. Ainsi qu'il a été dit plus haut, la Cour
> attache la plus haute importance aux constatations de fait et
> aux qualifications juridiques auxquelles procède le TPIY afin
> de statuer sur la responsabilité pénale des accusés qui lui sont
> déférés et, dans la présente affaire, tient le plus grand compte
> des jugements et arrêts du TPIY se rapportant aux événe-

ments qui forment la trame du différend. La situation n'est pas la même en ce qui concerne les positions adoptées par le TPIY sur des *questions de droit international général qui n'entrent pas dans son domaine spécifique de compétence, et dont la résolution n'est d'ailleurs pas toujours nécessaire au jugement des affaires pénales qui lui sont soumises*"[407].

La page de l'épisode *Tadic* est tournée. La Cour considère que le critère du contrôle global présente le défaut majeur d'étendre le champ de la responsabilité des États bien au-delà du principe fondamental qui gouverne le droit de la responsabilité internationale, à savoir qu'un État n'est responsable que de son propre comportement, c'est-à-dire de celui des personnes qui, à quelque titre que ce soit, agissent en son nom. Tel est le cas des actes accomplis par ses organes officiels, et aussi par des personnes ou entités qui, bien que le droit interne de l'État ne les reconnaisse pas formellement comme tels, doivent être assimilés à des organes de l'État parce qu'ils se trouvent placés sous sa dépendance totale. En dehors de ces cas, les actes commis par des personnes ou groupes de personnes – qui ne sont ni des organes de l'État ni assimilables à de tels organes – ne peuvent engager la responsabilité de l'État que si ces actes, lui sont attribuables en vertu de la norme de droit international coutumier reflétée dans l'article 8. Dans le droit actuel de la responsabilité des États, "le critère du "contrôle global" est inadapté, car il distend trop, jusqu'à le rompre presque, le lien qui doit exister entre le comportement des organes de l'État et la responsabilité internationale de ce dernier"[408].

Nous avons, dans cette section, examiné brièvement les critères d'attribution des actes de particulier à la lumière des articles de la CDI sur la responsabilité des États. Ces articles reflètent l'état du droit international coutumier. Ce qu'il convient de retenir c'est que la responsabilité de l'État pour défaut de diligence est indépendante de la question de l'attribution. L'État demeure responsable de fournir la diligence même si le fait internationalement illicite ne lui est pas attribuable en vertu des articles 4 à 11 de la CDI. Dans la section qui suit, nous proposons une analyse de la relation entre la diligence et la question de la faute dans la responsabilité internationale. Nous allons suivre ici une démarche diachronique qui consiste à retracer l'évolution du concept de la faute depuis ses origines romaines. Cela nous permettra de mieux comprendre les malentendus et les confusions que l'on rencontre dans la doctrine.

Section III.

Diligence et théorie de la faute

"C'est un principe de droit international que la violation d'un engagement entraine l'obligation de réparer dans une forme adéquate. La réparation est donc le complément indispensable d'un manquement à l'application d'une convention, sans qu'il soit nécessaire que cela soit inscrit dans la convention même"[409].

Ainsi s'exprimait la Cour permanente de Justice internationale (CPJI) dans l'*affaire relative à l'Usine de Chorzow* en 1927. C'est donc un principe général que tout fait illicite d'un État engage sa responsabilité. Le fait illicite présuppose que le comportement constitutif d'une action ou d'une omission est attribuable à l'État en vertu du droit international et est contraire à une obligation internationale[410]. La question que l'on se pose – à vrai dire que l'on s'est toujours posée –, mais de façon affirmée depuis l'âge d'or du positivisme juridique au début du 20ᵉ siècle, est de savoir si la violation de l'obligation et l'attribution sont les seuls fondements de la responsabilité de l'État ou au contraire, un *mens rea*, "une attitude déterminée de la volonté"[411], est également nécessaire.

L'exigence de la faute en matière de responsabilité est ancienne, et la question de l'origine de la responsabilité a profondément divisé les auteurs. Dans ce débat général du fondement de la responsabilité, la *due diligence* a été le plus souvent confondue avec la notion de faute. Telle est par exemple la position du premier rapporteur de la CDI sur la responsabilité internationale lorsqu'il affirme que: "Le critère de la 'diligence requise' est l'expression par excellence de la théorie dite de la faute"[412]. La faute signifie alors une négligence coupable.

Si l'on suit l'évolution de la doctrine sur la question de la faute depuis l'émergence du droit international en tant que discipline autonome à partir de la seconde moitié du 18ᵉ siècle, on y constatera des phases successives différentes[413]. Mais la tendance générale qui se dégage de la doctrine aujourd'hui pourrait se résumer dans cette idée de Dupuy:

> "[e]n droit des gens, la faute est morte avec les derniers flonflons de la 'Belle Époque', dès avant que l'Europe ne s'enterre dans la boue sanglante des tranchées. Son assassin, réalisant par ce meurtre rituel l'aspiration de toute une génération, fut bientôt identifié. Il s'agissait d'un italien positiviste, l'implacable Dionisio Anzilotti (…)"[414].

On pourrait même dire que la faute étant morte, assassinée par le positivisme, ses obsèques furent officiellement célébrées en 2001 par les 'évêques' de la Commission du droit international à travers les articles sur la responsabilité des États. Il n'y a plus – du moins en principe – "d'exigence particulière de faute ou d'intention maligne pour qu'un fait internationalement illicite existe"[415]. Pour s'en convaincre, il suffit de lire les deux premiers articles de la CDI sur la responsabilité des États.

Face à cette grande messe, la doctrine en majorité partisane d'une responsabilité objective, crie sa victoire. Certains estiment même que "l'exigence d'une condition supplémentaire, la faute ou un de ses avatars l'intention, n'est plus revendiquée aujourd'hui par aucun courant significatif, étatique ou doctrinal"[416]. La victoire de la responsabilité objective semble totale et, mieux encore, il n'y aurait plus aucune poche de résistance. Mais voilà que depuis le cercueil, le cadavre se met à bouger, semant ainsi le doute quant à la réalité de sa mort. La faute a-t-elle totalement et radicalement disparu de la théorie de la responsabilité internationale des États? Est-ce vrai qu'un fait quel qu'il soit, est illicite dès lors que l'on constate une violation *hic et nunc* de l'obligation?

Pour mieux comprendre le problème de la faute et surtout expliciter les malentendus au sein de la doctrine, il convient de le poser dans ses termes exacts et d'établir clairement ce que l'on entend par 'faute' en partant du *corpus iuris civilis* romain (A). Ce qui nous permettra de montrer, contrairement à ce que l'on pourrait croire, que la faute n'a pas complètement disparu de la théorie de la responsabilité (B).

A. Concept de la faute: l'héritage romain

L'influence du droit romain sur le monde moderne a été immense et profonde. Immense parce qu'historiquement, le droit romain a été considéré comme un *ius commune*, "the communal law of a large part of the world (...) when 'all the world was Rome' and roman law was used (...) in all the provinces of the empire extending over the greater part of Western Europe and North Africa"[417]. Profonde surtout, parce que l'impact de ce droit romain notamment la théorie générale des obligations – système d'une grande perfection technique –, a été reprise "presque sans changement"[418] par les droits modernes civilistes et *Common Law*. L'importance fondamentale du droit romain n'est pas seulement historique. Il tient aussi au fait que les principes généraux, minutieusement dégagés et raffinés par les jurisconsultes romains en ce qui concerne notamment le fondement de la responsabilité civile et délictuelle, ont été "conservés dans les droits modernes occidentaux et dans ceux des nombreux pays qui se sont inspirés du code civil et du BGB allemand"[419]. Ce n'est donc pas étonnant que nous continuions, aujourd'hui, d'utiliser des concepts et catégories du droit romain largement interprétés et développés par les glossateurs.

La notion de faute que nous connaissons dans les systèmes juridiques actuels plonge donc ses racines directement dans le droit romain, qui en a finement ciselé les contours à travers le droit des obligations et la systématisation des délits par la *lex Aquilia*.

I. De l'injuria à la culpa

En examinant le droit romain dans une perspective diachronique, les spécialistes distinguent entre l'ancien droit et le droit classique romain. Cette distinction est importante, car la faute ne joue pas le même rôle dans l'un ou l'autre système juridique. Dans l'ancien droit, l'idée de responsabilité n'impliquait aucune notion de faute. Elle était étroitement liée à l'acte dommageable, l'*injuria*, au sens physique du terme, signifiant d'une manière générale "acte commis sans droit"[420]. Selon Parisi, "in ancient systems of laws, liability was to arise as a consequence of loss that was causally related to a human act. The subjective elements of injurious behaviour were factors of a second moment. Imputability of the actor and voluntariness of the act were presumed or *simply ignored*"[421].

Le système romain des délits privés (*delicta privata*) par opposition aux délits publics (*delicta publica*)[422] va subir une profonde évolution avec la *lex aquilia*[423], ancêtre de la théorie moderne de la responsabilité délictuelle encore appelée de nos jours *responsabilité aquilienne*. La *lex aquilia* comporte, selon les historiens du droit romain, trois chapitres, chacun d'eux sanctionnant un délit différent: la mise à mort injuste d'un esclave ou d'un animal vivant en troupeau appartenant à un tiers, punie d'une amende égale à la plus haute valeur de l'esclave ou de l'animal dans l'année qui avait précédé le délit; la remise frauduleuse d'une dette par un créancier accessoire aux dépens du créancier principal; les blessures causées aux esclaves ou aux animaux vivant en troupeau et la destruction ou la détérioration d'autres choses corporelles[424]. En outre, ces actes injustes doivent être causés *corpore et corpori*, c'est-à-dire "1° que le dommage ait résulté d'un acte matériel de l'agent, que ce dernier ait tué et non pas occasionné la mort, qu'il ait frappé l'animal et non

pas seulement fait du bruit pour le faire sauter dans un précipice; 2°
que le dommage ait atteint la chose et non pas seulement préjudicié
au maître, comme il arrive quand on délie un esclave ou que l'on
ouvre la cage d'un oiseau pour lui permettre de s'échapper"[425].

La responsabilité organisée par la *lex aquilia* suppose donc
que le fait dommageable ait été commis par l'auteur sur la victime
et par *injuria*. Le lien de causalité entre l'acte illicite de l'auteur et le
dommage subi par la victime n'entre en ligne de compte, *à l'origine*,
que s'il se manifeste concrètement par le contact physique[426].

Dans ce système étroit du droit romain ancien, l'*injuria* ne
concernait que les délits de commission et non d'omission. La *lex
aquilia* ne punissait donc que des actes positifs. Celui qui s'était
borné à ne pas accomplir un acte qui aurait pu empêcher le dommage
d'arriver n'encourrait aucune responsabilité. L'abstention n'est pas
punissable. On ne peut par exemple, "poursuivre la personne qui,
voyant éclater un incendie, n'a pas cherché à l'éteindre, ni l'usufrui-
tier qui a négligé de tailler les vignes ou de réparer l'aqueduc"[427]. Ce
système de la *lex aquilia* avait pour avantage de rendre l'administration de la preuve et surtout l'identification de l'auteur de l'*injuria*
beaucoup plus facile.

Le droit postérieur classique, à travers l'intervention du prêteur, va élargir "la conception de la causalité en la rendant plus générale et plus abstraite"[428], et accorder une action à la victime même si
l'*injuria* n'a pas été causé *corpore et corpori*[429]. Sur l'*injuria*, la jurisprudence classique va introduire une innovation importante. De la
notion d'acte commis sans droit, elle va conclure par une sorte d'interprétation évolutive, à l'exigence de la faute (*culpa*). En d'autres
termes, la *culpa* remplace désormais l'*injuria*[430].

Cependant, ces jurisconsultes classiques ne sont pas allés au
bout de leur logique. En introduisant la notion de *culpa* dans la théorie de la responsabilité aquilienne, ils n'ont pas, nous semble-t-il, très
nettement distingué le caractère fautif de l'infraction, de l'idée
qu'elle avait été commise sans droit. En présence des termes précis
de la loi, ils ne pouvaient pas faire de la faute une condition distincte
de l'existence du délit. Alors, ils furent amenés à dire que la notion
d'*injuria* impliquait que l'auteur du dommage avait commis une
faute: peu importait d'ailleurs que cette faute fût plus ou moins
grave[431].

La faute en droit classique romain avait un caractère objectif.
Elle résultait des circonstances *objectives* qui entourent le dommage,
plutôt que de *l'état d'esprit* de son auteur. Par exemple, le bûcheron

qui abat des branches et blesse un passant est ou non en faute, suivant qu'il travaillait au bord d'une route ou d'un sentier, ou bien en pleine forêt. Ce furent les Byzantins – certainement sous l'influence profonde du Christianisme – qui dégagèrent la notion subjective de la faute et en firent un élément bien distinct de l'élément objectif qui consiste dans l'accomplissement d'un acte illicite[432].

Il convient de relever que, pour les jurisconsultes classiques, la faute consistait en une violation objective de la loi, l'*injuria*. C'est exactement cette conception objective de la faute qu'Anzilotti soutiendra au début du 20e siècle, dans sa théorie de la responsabilité des États. Il faudra attendre vers la fin de l'empire, sous le règne de Justinien empereur romain d'orient[433], pour que soit dégagée la notion subjective de la faute. C'est pour cette raison que certains auteurs ont vu dans la conception de la faute "une de ces idées dont l'élaboration plus ou moins complète dépend du niveau de développement de l'ordre juridique dont elle fait partie, et qu'il est donc possible que, dans l'ordre juridique international, qui est encore dans sa période de gestation, l'idée de faute ne soit pas pleinement définie et qu'elle n'ait pas non plus une signification qui soit uniformément valable pour chacun des sujets de cet ordre juridique"[434].

Cette idée de la faute ne nous paraît pas justifiée même si l'intuition en soi est pertinente. Le droit international aujourd'hui n'est pas dans sa phase de gestation. Il est né, pleinement constitué en tant que discipline autonome, à partir du *jus gentium*, au 18e siècle avec des auteurs comme Wolf et Vattel[435]. De plus il ne nous parait pas pertinent de lire le droit international à travers le prisme du droit interne très souvent considéré comme modèle d'ordre juridique avancé.

II. La culpa dans le droit romain des contrats

En droit romain, les contrats sont des opérations juridiques entre des personnes, et qui ont à leur base des conventions destinées à faire naître des obligations, lesquelles, en cas d'inexécution, sont sanctionnées par une action en justice. Les contrats et les délits sont tous deux sources d'obligations juridiques. Cette étude étant consacrée à la place de la faute dans la théorie de la responsabilité, il ne nous parait pas pertinent de faire un examen de toute la théorie générale des contrats en droit romain. Nous nous limiterons à l'analyse du rôle de la faute dans l'exécution des conventions entre particuliers.

L'inexécution d'une obligation contractuelle peut résulter, soit du fait de la volonté du débiteur, soit d'une cause extérieure à sa volonté, soit enfin d'un fait posé par le débiteur, mais sans intention de produire l'effet qui s'en est suivi. Dans le premier cas, nous dit Charles Maynz, "on dit qu'il y a dol de sa part, *dolus*; dans le second cas, il y a cas fortuit, *casus*; dans le troisième cas, il y a faute de la part du débiteur, *culpa*"[436].

Le *dolus*, par opposition à la *bona fides*, suppose toujours une intention positive, celle de nuire à autrui. Cette intention maligne peut se manifester par action ou par omission. Les romains distinguaient le *dolus bonus* et le *dolus malus*. Le 'bon dol' ou ruse légitime est licite; c'est, par exemple dans une vente, le fait d'exagérer la valeur de la chose vendue ou bien de tromper un voleur ou un ennemi; le 'mauvais dol' est celui qui présente un caractère frauduleux[437]. En tant qu'acte de simulation ou de tromperie, le dol consiste en l'emploi de manœuvres frauduleuses pour déterminer quelqu'un à faire quelque chose. Pour qu'un fait du débiteur soit considéré comme dolosif, il faut que le dommage soit la conséquence directe de ce fait, qu'il y eût de sa part une intention de causer un dommage. Il s'ensuit dès lors "qu'il ne peut être question de dol quand il s'agit d'une personne à laquelle on ne peut en général imputer une action"[438].

Il y a *casus*, force majeure, cas fortuit – ce que nous appelons aujourd'hui circonstance excluant l'illicéité – lorsque le dommage est causé par un évènement auquel le débiteur n'a concouru d'aucune manière, et qui ne peut en aucune façon lui être imputé[439]. Entre la *casus* et le *dolus*, il y a la *culpa* ou faute c'est-à-dire "toutes les espèces dans lesquelles un dommage a été causé par un évènement auquel le débiteur n'est pas étranger, sans que cependant on puisse lui attribuer une intention malveillante"[440]. La *culpa* exige que le fait soit imputable au débiteur, mais qu'il n'y ait pas eu de sa part une volonté de nuire. Le *dolus* et la *culpa* impliquent tous deux qu'un dommage ait été causé par le fait du débiteur, "mais ils diffèrent entre eux en ce que le dol suppose nécessairement une intention coupable, laquelle est nécessairement exclue de la faute"[441].

Dans le droit romain des contrats, la théorie qui était la plus généralement reçue depuis les glossateurs jusqu'à une époque récente était celle qui consistait à distinguer trois degrés de faute: *culpa lata*, faute grave ou lourde; *culpa levis* et *culpa levissima*[442]. Selon Lord Mackenzie, on déterminait de la manière suivante la prestation de la faute: le débiteur qui ne retire aucun avantage du rapport obligatoire comme le mandat ou le dépôt, n'est tenu que de *culpa lata*; si les deux cocontractants y ont intérêt, par exemple la vente ou le partenariat, elles sont tenues l'une et l'autre de *culpa levis*, c'est-à-dire, des soins d'un *bonus pater familias*, un bon père de famille, un homme raisonnable et essentiellement soigneux et attentif; enfin si l'une des parties retire seule un avantage, par exemple le prêt à usage ou commodat, elle est tenue de *culpa levissima*, la faute la plus légère, c'est-à-dire, des soins les plus minutieux, des soins plus grands que ceux d'un bon père de famille[443].

Cette théorie, aussi séduisante qu'elle puisse paraître à cause de la gradation des antithèses qu'elle renferme, est rejetée par des éminents juristes historiens du droit romain. Charles Maynz par exemple, estime qu'un examen approfondi démontre qu'elle est incompatible avec les décisions romaines et de plus impraticable et contraire à l'équité[444]. Pour lui, le terme *culpa levissima* ne se trouve dans les sources romaines qu'une seule fois dans un fragment d'Ulpien, et dans ce passage, il n'a aucune signification technique. De plus, puisque *culpa levis* est le manque des soins d'un bon père de famille, c'est-à-dire d'un homme essentiellement attentif et soigneux, *culpa levissima* devrait être le manque de soins encore plus grands; or la loi n'exige nulle part des soins plus étendus que ceux du *pater familias*[445]. Enfin la gradation tripartite de la faute manque de raison d'être. Les romains distinguent deux hypothèses: celle dans laquelle nous ne retirons aucun avantage de l'obligation et celle dans laquelle nous en retirons un avantage. Dans la première, nous ne répondons que de notre *culpa lata*, tandis que dans la seconde, nous sommes tenus des soins d'un bon père de famille[446].

Nous venons de voir la place centrale qu'occupe la faute dans les systèmes de responsabilité en droit romain. La règle générale était devenue la *culpa*, selon laquelle la responsabilité présuppose non seulement que le responsable a causé objectivement le dommage ou la perte (*iniuria*), mais qu'il y a également chez lui faute au sens subjectif de négligence ou omission, à moins qu'il n'y ait eu de sa part une intention dolosive. Or ce droit romain a été en Europe, à travers tout le Moyen Age et même à l'époque moderne le grand modèle de tout système juridique. Le droit international lui-même a été construit, comme on le sait, en appliquant les concepts de droit privé du droit romain, généralisés et idéalisés par l'école du droit de la nature et des gens[447]. Il ne nous parait donc pas superflu de retracer très brièvement les concepts d'*iniuria* et de *culpa* dans la doctrine du droit des gens développée entre le 16e et le 18e siècle, avant d'analyser la place de la faute dans la responsabilité internationale d'aujourd'hui et sa relation avec le thème de la diligence.

III. L'iniuria et la culpa dans la doctrine du droit des gens

Le droit des gens, *Law of nations*, *Völkerrech*, est une traduction littérale de l'expression *ius gentium*; *gentes* signifiant peuples ou nations. Le *ius gentium*[448], par opposition au *ius civile*, désignait à Rome l'ensemble des règles dégagées essentiellement par le préteur et qui régissait les relations entre un pérégrin et un romain ou entre deux pérégrins se trouvant à Rome. Ce *ius gentium* régissait donc les relations dans lesquelles une des parties au moins n'était pas citoyen romain. La doctrine du droit des gens, "expression aujourd'hui teintée d'archaïsme"[449], est toute cette doctrine qui s'est développée, par couches successives, à partir du 16e siècle et dont le point culminant est notre droit international. Les fondateurs du droit international vont utiliser les notions de *culpa* et d'*iniuria* surtout dans le domaine de la guerre, pour élaborer leurs théories sur le *bellum justum*. Nous nous proposons d'examiner quelques-unes d'entre elles.

1. Francisco de Vitoria

La seconde scolastique est née avec l'école espagnole de Salamanque dont la figure principale fût Francisco de Vitoria. Ce théologien dominicain est considéré comme l'un des pères fondateurs de notre discipline depuis que le mythe d'un seul fondateur du droit international a volé en éclats. Face au problème posé par la découverte du Nouveau Monde à la fin du Moyen Age, – "évènement dont on ne saurait exagérer la grandeur"[450] – et la grande controverse sur les titres juridiques pouvant être invoqués pour justifier son incorporation à la couronne de Castille, les théologiens-juristes espagnols vont développer des idées nouvelles sur la théorie de la communauté internationale et son ordre juridique.

Le professeur de Salamanque, dans sa *Relectiones De Jure Belli*, leçon solennelle donnée en 1539, reprend les trois conditions classiques de la guerre juste: l'autorité du prince, *auctoritas princeps*; une cause juste, *justa causa;* et une intention droite, *recta intentio*[451]. Sur la juste cause, il dit ceci: "There is a single and only just cause of commencing war, namely, a *wrong received*"[452]. Pour qu'une cause soit juste, il faut donc un *iniuria* au sens romain d'acte commis sans droit, un fait illicite dirait-on: "an offensive war is for the purpose of avenging a wrong and taking measures against an enemy (...). But there can be no vengeance where is no preceding *fault* and *wrong*"[453]. Les espagnols ont, en vertu du *ius gentium*, un droit d'aller chez les Indiens et vice versa. Si les 'barbares' leur refusent l'exercice de ce droit, ils commettraient alors un *iniuria* justifiant l'usage de la force.

Les Indiens ne sont pas obligés de se convertir au Christianisme. Ils ont cependant une obligation d'écouter la bonne parole de Dieu. S'ils refusent cette écoute, il y a de nouveau *iniuria*.

Chez Vitoria, l'*iniuria* résulte des circonstances *objectives* qui entourent le dommage, plutôt que de *l'état d'esprit* de son auteur. Il n'impliquait pas la *culpa* au sens subjectif de faute telle que nous avons vu en droit romain. En d'autres termes, la faute constitue la violation objective d'un droit. En vertu du *ius gentium*, "not every kind and degree of wrong can suffice for commencing a war"[454]. Pour que la cause soit juste dans une guerre, il faut des maux graves et atroces; l'*iniuria* doit être d'une certaine gravité telle que la mort, l'incendie, les dévastations.

2. Hugo Grotius et ses successeurs

Au chapitre XVII de son *magnum opus*, le *De jure Belli ac Pacis*, intitulé *Du dommage causé injustement, et de l'obligation qui en résulte*, Grotius reprend les notions romaines de *culpa* et d'*iniuria* en leur donnant une nouvelle dimension. Le passage pertinent se trouve dans cette clause générale:

"Nous appelons *délit* toute faute, soit dans l'action, soit dans l'inaction, en opposition avec ce que les hommes doivent faire ou communément, ou à raison d'une qualité déterminée. D'une telle faute, s'il y a eu dommage causé, naît naturellement une obligation, qui a pour objet de le réparer"[455].

En termes de principe général de responsabilité, Grotius ne saurait être plus clair. Le délit ou "dommage injustement causé"[456] est la violation quelconque d'un devoir en tant que *sollen*, "ce que les hommes doivent faire"[457]. Ce dommage injustement causé ou *iniuria*, résultant d'un acte ou d'une omission, est pour lui "le fait d'avoir en moins"[458].

Pour nombre d'auteurs, Grotius serait le premier à "formuler une clause générale de responsabilité aquilienne"[459], tout comme il serait le père fondateur du droit international. S'agit-il là encore d'une légende? Quoi qu'il en soit, pour le maître hollandais, la faute, pivot de la clause générale de responsabilité, consiste en la violation d'un devoir: "il n'y a pas toujours un délit là où il y a obligation de réparer un dommage, mais alors seulement qu'il est venu s'y ajouter quelque méchanceté indigne, tandis qu'une faute, quelle qu'elle soit, suffit souvent pour imposer l'obligation de réparer un dommage causé"[460]. Ce qui rejoint la conception classique de la faute en droit romain qui définissait la *culpa* dans un sens objectif, sans tenir compte de l'état d'esprit de son auteur. Bénédict Winiger se demande pourquoi Grotius fait-il figurer l'*iniuria* dans le titre du chapitre XVII? La réponse est que "la clause générale de Grotius réunit un élément traditionnel – la conséquence normative – et un élément plus novateur – la définition remaniée de la *culpa* qui sera étroitement liée au devoir"[461].

A vrai dire, la notion de devoir à laquelle fait allusion Grotius dans sa clause générale de responsabilité, avait déjà été développée, nous semble-t-il, dans la jurisprudence classique[462]. En effet, Mucius, jurisconsulte romain, parlait déjà de devoir sans le nommer lorsqu'il disait dans le Digeste: "La faute est ce qui n'a pas été prévu, alors qu'il aurait pu être prévu par le diligent"[463]. Le juge, pour décider si une personne a commis une faute, déterminera le comportement qu'aurait un bon père de famille, un homme raisonnable et diligent, dans le cas d'espèce. Cette norme de conduite, variant d'une situation à une autre, est la mesure du devoir. Se conformer à cette norme de conduite permet d'échapper au coup de la *lex Aquilia,* la "négliger expose l'auteur à la sanction de la loi"[464].

La clause générale de Grotius sera reprise plus tard par Samuel Pufendorf, chef de file de l'école du droit de la nature et des gens[465]. Pour lui "si l'on a fait du mal, ou causé du dommage à autrui, de quelque manière que ce soit qui puisse légitimement nous être imputée, il faut le réparer, autant qu'il dépend de nous"[466]. Selon Bénédict Winiger, Pufendorf réfléchissant dans des catégories générales et abstraites, décrit ainsi l'acte dommageable, l'*iniuria* de manière succincte: "[l]à, où la *lex Aquilia* avait énuméré les quatre termes *tuer, brûler, briser, rompre* et où Grotius avait distingué *sive in faciendo*, *sive in non faciendo*, Pufendorf choisit un élégant *ullo modo* qui contracte à l'extrême les formules précédentes et les étend à *tous* les modes d'agir"[467].

Sur la *culpa* et l'*iniuria*, Pufendorf ne s'écarte guère de la solution de Grotius. La *culpa* constitue toute violation d'un devoir; et le dommage est toute lésion infligée, que celle-ci soit matérielle, corporelle ou immatérielle: "Le *Dommage,* à proprement parler, ne regarde que les choses. Mais nous prenons ici ce terme dans un sens plus étendu, qui renferme toute forte de lésion & de préjudice, soit à l'égard de nos biens, soit à l'égard de nôtre personne, soit à l'égard de notre réputation, & de nôtre honneur (...). [T]*oute usurpation de ce que l'on devait avoir en vertu d'un droit parfait* (...)"[468].

Nous avons vu jusqu'ici, le rôle prépondérant de l'idée de faute en droit romain et dans la doctrine du droit des gens. Ce retour vers le droit romain nous a paru important afin de mieux saisir la quintessence des notions de *culpa* et d'*iniuria*. Cela est d'autant plus justifié que notre droit international d'aujourd'hui a été construit en appliquant les catégories et concepts du droit privé romain, généralisés et idéalisés par l'école du droit de la nature et des gens. Les conceptions initiales des fondateurs de notre discipline dans le domaine de la responsabilité se sont d'ailleurs perpétuées jusqu'à nos jours: "puisque la base de la responsabilité dans le droit romain, si rigidement individualisé, était précisément la faute, on n'a pas hésité à fonder sur ce concept également la responsabilité des États"[469]. Voyons maintenant la problématique de la faute dans la responsabilité internationale d'aujourd'hui.

B. La place de la faute dans la responsabilité internationale contemporaine

Tout fait internationalement illicite d'un État, engage sa responsabilité internationale. De ce principe général, se dégagent deux éléments de l'*iniuria*: a) un comportement attribuable à l'État, et qui b) constitue un manquement à ses obligations internationales. Mais la question que l'on se pose est la suivante: la responsabilité internationale aujourd'hui est-elle purement objective c'est-à-dire fondée exclusivement sur le fait illicite, ou au contraire, est-elle basée sur une faute, attitude psychologique?

Le mouvement conceptuel initié depuis quelques années par la CDI, selon lequel le fait internationalement illicite existe objectivement sans aucune exigence particulière de *culpa* ou de *dolus*, semble subtilement contourner le vieux débat sur la faute. Mais cette position n'emporte pas l'unanimité. Une partie de la doctrine considère toujours que les questions relatives au rôle de la faute dans la responsabilité internationale revenaient de façon interstitielle. Nous pensons que même dans le texte de la CDI de 2001, la faute est présente non pas de façon explicite, mais en arrière fond de certains articles, notamment les articles 16 à 18, 23, 39 et même 40. C'est pourquoi il nous semble important de rouvrir le débat en suivant à maints égards, la démarche de Pisillo-Mazzeschi[470]. En examinant soigneusement la doctrine, on peut identifier trois grandes tendances: les partisans de la faute au sens subjectif de négligence, les partisans d'une responsabilité objective et une troisième catégorie dite intermédiaire qui tente de réconcilier les deux adversaires. Cependant, aussi paradoxale que cela puisse paraître, la virulence du débat en doctrine contraste avec la position modérée de la jurisprudence internationale.

I. Controverse doctrinale sur la place de la faute

1. Les théories en faveur de la faute

La doctrine en faveur d'une responsabilité subjective définit la *culpa* comme attitude psychologique. Elle épouse la conception byzantine de la faute, que nous avons développée plus haut, selon laquelle, en plus de l'*iniuria*, l'acte commis sans droit, il faut examiner l'état d'esprit de l'auteur, ses intentions, sa volonté: "it understands fault as an attitude of will, a psychological relationship which exists between the specific injury to the right of another and the material author of such injury"[471].

En introduisant les éléments de la *culpa* romaine dans la conception de la responsabilité de l'État pour les actes des particuliers, Grotius et ses successeurs furent considérés comme les ancêtres lointains de la responsabilité pour faute en droit international[472]. A l'époque contemporaine, la théorie de la faute comme base de la responsabilité internationale des États a été soutenue notamment par Oppenheim, Georges Scelle et Roberto Ago, même si, un quart de siècle plus tard, l'éminent juriste italien semble avoir radicalement changé de camp. Pour ces auteurs, le manquement à la *due diligence* constitue une négligence fautive. Ils rejoignent d'une manière ou d'une autre la position prise par l'institut de droit international dans sa session de Lausanne en 1927.

En effet, sous l'instigation de Léo Strisower, il a été admis que "[la] responsabilité de l'État n'existe pas si l'inobservation de l'obligation n'est pas la conséquence d'une faute de ses organes, à moins que, dans le cas dont il s'agit, une règle conventionnelle ou coutumière, spéciale à la matière, n'admette la responsabilité sans faute"[473]. Cette faute de l'État "se rapporte à la diligence qu'applique un État normal, normalement constitué et diligent, pour prendre des mesures aptes à conduire à un certain résultat"[474]. Elle signifie en définitive le "manque de la diligence dans ce sens (la bonne intention y étant toujours comprise), soit dans son manque de la part des organes de l'État, appelés à donner les ordres et les mandats nécessaires, soit dans son manque de la part des fonctionnaires appelés à exécuter immédiatement l'obligation internationale"[475]. En réalité l'absence de diligence équivaut pour Strisower, à la mauvaise foi de l'État.

a) La faute chez Lassa Oppenheim

Dans son *International Law: a Treatise*, paru pour la première fois en 1905, Oppenheim soutient, nous semble-t-il, l'idée d'une responsabilité internationale basée sur la *culpa* et le *dolus*. Pour lui, l'acte d'un État qui lèse un autre État ne constitue pas un acte internationalement illicite, quand il n'a été commis ni intentionnellement et méchamment, ni par négligence coupable: "An act of State injurious to another State is nevertheless not an international delinquency if committed neither willfully and maliciously, nor with culpable negligence"[476]. Il affirme également au chapitre où il traite des relations entre belligérants et neutres, qu'une violation de la neutralité qui ne serait pas volontairement commise et qui ne serait pas non plus le résultat d'une négligence coupable, ne constituerait pas un acte illicite au sens du droit international[477].

Certains auteurs estiment qu'il n'est pas facile de découvrir le véritable sens qu'Oppenheim entendait donner aux termes *culpable negligence*. Voulait-il assigner à cette expression le sens de *recklessness* qu'elle possède dans le droit pénal anglo-saxon ou alors se référait-il à la négligence au sens objectif de la *Law of Torts*[478]? A cet égard, il convient de noter que dans le droit anglo-saxon, le terme négligence possède deux acceptions différentes. D'une part, elle peut être "un élément psychologique qui se rattache à l'accomplissement de certains délits. Elle s'oppose alors à l'intention"[479]. D'autre part, la négligence est considérée comme un délit autonome, un *tort*, déterminé par une violation particulière d'un devoir imposé par le droit. C'est une omission du devoir d'exercer une certaine mesure de soin. Le délit de négligence suppose, selon Zannas, "1° des circonstances qui établissent un devoir de prendre soin (duty to take care), 2° le fait que le standard de soin à apporter (standard of care) prescrit par la loi pour l'accomplissement de ce devoir n'a pas été atteint, et 3° un dommage subi par le plaignant"[480].

Sans entrer dans un profond examen de la *Common Law*, nous pouvons dire intuitivement qu'Oppenheim a certainement été influencé par les théories de la responsabilité civile de son époque. Et qu'il a probablement donné au terme '*negligence*', un sens plutôt objectif. Mais la neuvième édition du *Oppenheim's International Law* a introduit une nouvelle perspective dans la problématique de la faute. En effet, au paragraphe 149 du chapitre 4 intitulé 'Responsibility of States', on lit ceci:

> "The basis of a state's international responsibility has been a matter of much discussion. It has been said to be essentially delictual and based on fault, requiring either intentional or negligent conduct on the part of the state before a breach by it of an international obligation can be established; or to be strict or objective, conduct and result alone establishing the breach of an obligation"[481].

Le ton a visiblement changé. Il n'est plus question de: "An act of State injurious to another State is nevertheless not an international delinquency if committed neither willfully and maliciously, nor with culpable negligence".

Le passage qui marque de façon explicite la nouvelle conception du fondement de la responsabilité internationale et qui, à notre avis, est dû à l'influence de Sir Robert Jennings, est le suivant:

> "There is probably no single basis of international responsibility, applicable in all circumstances, but rather several, the nature of which depends on the particular obligation in question. Thus, in relation to the acts of private individuals, the state' responsibility is based on fault in that it must normally be shown that the state failed to show due diligence in preventing the injury or punishing the offender. Similarly, a need to show fault of varying degrees has been incorporated into treaty provision (...). However, in certain areas responsibility may arise without fault"[482].

La responsabilité internationale ne se fonde plus exclusivement sur la *culpa* ou le *dolus*, mais elle peut avoir un caractère purement objectif.

b) L'idée de faute chez Georges Scelle

Un autre grand internationaliste qui a marqué les esprits par sa conception sociologique du phénomène juridique est sans aucun doute Georges Scelle. Disciple de Léon Duguit et fondateur de l'école sociologique française du droit, Scelle défend la thèse du monisme juridique dans son *Précis du droit des gens*[483]. Il fonde le droit sur le fait social, la solidarité, soit par similitudes, soit par divisions du travail. Il considère l'individu comme seul sujet du droit national et international. Mais l'ouvrage de Scelle qui nous intéresse au premier plan est son *Manuel élémentaire de droit international public*, dont la 1ere édition date de 1943.

Dans ce *Manuel*, Scelle critique vigoureusement la conception objectiviste d'Anzilotti. Il estime que cette idée selon laquelle la responsabilité internationale des États naît "d'une contrariété automatique entre la règle de Droit et la conduite des organes de l'État, qui est celle de l'État lui-même, comporte en réalité une pétition de principe"[484]. Tout comme les jurisconsultes classiques romains, que nous avions étudié au point précédent, Georges Scelle, en incluant des éléments de droit administratif dans sa définition, donne, en réalité, une vision objective de la *culpa*. Pour lui en effet, "puisse que [la conception objective] donne pour base à la responsabilité l'activité des organes étatiques identifiés avec l'État, c'est-à-dire des agissements individuels, c'est qu'elle repose toujours, quoi qu'on en ait, sur une idée de faute: S'il y a manquement à la règle de droit international, ce ne peut être que pour incompétence, excès de pouvoir, détournement de pouvoir, abstention dans l'exercice d'une compétence liée, c'est-à-dire, faute d'un agent dans l'exercice de la fonction. Nous ne comprenons pas ce que peut être juridiquement une 'faute', *si ce n'est un agissement contraire à la règle de droit*"[485].

On a souvent reproché à Georges Scelle d'avoir omis de relever qu'en pratique, l'acte de l'individu-organe peut être conforme au droit interne et constitutif d'un manquement à une obligation internationale; que cette omission enlèverait beaucoup de poids à son argumentation[486]. En effet, si en vertu du principe de la hiérarchie des ordres juridiques, l'ordre juridique interne est nécessairement subordonné et conditionné par l'ordre juridique international, et si en raison du dédoublement fonctionnel, les organes de l'État quand ils agissent dans les rapports internationaux, ne peuvent agir qu'en qualité d'organes internationaux, "il est alors concevable que l'organe étatique, qui viole le droit international tout en se conformant à la loi interne, commette une faute à l'égard de l'ordre juridique international hiérarchiquement supérieur"[487].

A notre sens, cette critique méconnait passablement la conception générale du phénomène juridique de Georges Scelle. On ne peut comprendre la vision de Scelle que lorsqu'on examine son *Précis du droit des gens* où il analyse le Droit comme un *tout* dont la source est dans la nécessité biologique. Ce *tout* Droit, en vertu du principe de la non-contradiction, ne peut vouloir une chose – l'injonction du droit international – et son contraire – la provision du droit interne. Cette nécessité logique, "inéluctable, permet de poser la règle de base de la vie juridique internationale: '*toute norme intersociale prime toute norme interne en contradiction avec elle, la modifie, ou l'abroge ipso facto*'. Le droit interne positif peut négliger d'enregistrer cet impératif juridique [en maintenant une norme interne contraire par exemple] ou même le nier. (...) La persistance de la contrariété entre les deux domaines juridiques est en tout cas *inconcevable*"[488].

Mais sans entrer dans une critique de la critique, revenons au problème de la faute. Selon Georges Scelle, la responsabilité de l'État n'est pas objective, elle est subjective, fondée sur la faute. Et le postulat de départ des partisans de la théorie objective notamment Anzilotti, selon lequel l'activité de l'organe de l'État est celle de l'État lui-même, est "un postulat métaphysique, toujours indémontré et indémontrable"[489]. Pour appuyer sa théorie de la responsabilité internationale, Scelle va utiliser une distinction bien connue en droit administratif entre la faute personnelle qui s'apparenterait à la *culpa* romaine, et la faute de service qui possède une signification objective donnant naissance à une sorte de responsabilité causale "dans laquelle l'obligation de réparer est basée sur une idée de risque"[490]. Cependant selon Scelle, "l'impossibilité de fonder la responsabilité personnelle de l'agent qui résulte de la fiction de l'organe, est de nature à perpétuer cette irresponsabilité de l'agent juridique, qui est à la base de l'anarchie et de l'arbitraire en Droit public interne et international. Elle exclut en particulier toute responsabilité pénale, soit des agents, soit de la communauté étatique"[491].

La responsabilité des États en droit international est, pour Georges Scelle, subjective, fondée sur la faute personnelle ou de service de l'agent. Mais la faute est ici le manquement à la règle de droit, la violation d'une obligation internationale. A vrai dire, sa conception aboutit à une responsabilité objective en droit international car, s'il ne peut s'agir de "fautes *des États*, il peut s'agir de faute personnelle des agents ou de fautes dites de 'service', et l'on pourra voir réapparaitre, comme en Droit public interne, la notion de risque étatique ou de responsabilité objective, voire même celle d'assurance (...)"[492].

c) La faute chez Roberto Ago

Beaucoup plus organique, plus approfondie dans ses développements, et infiniment plus claire devait être l'attitude prise par Roberto Ago dans son monumental cours à La Haye en 1939. Dans son *Délit international*, Ago commence par peindre le panorama des théories les plus connues. Face à la complexité des tendances doctrinales, il relève d'emblée que ces théories, "tout en renfermant quelques éléments de vérité, sont souvent bâties sur des prémisses absolument erronées même à l'égard de la notion de délit international"[493].

Le juriste italien propose de reposer le problème de la faute dans des termes exacts, car, pour lui, contrairement à certains auteurs[494], la faute ne s'identifie pas, à tout point de vue, à la violation du droit. Il considère la faute au sens large comme "une relation psychologique entre la lésion concrète d'un droit subjectif d'autrui et l'auteur de cette lésion, relation psychologique qui peut consister soit dans le fait que la lésion a été directement voulue (et dans ce cas l'on est plus exactement en présence de la notion juridique du dol), soit dans le fait qu'on a voulu, sinon la lésion, du moins – faute de prévoir les conséquences – une conduite différentes de celle qui aurait permis d'éviter la lésion (c'est plus proprement dans ce dernier cas que se manifeste la notion de faute *stricto sensu*, ou de la négligence)"[495].

Selon Ago, le fait illicite implique une relation psychologique. Autrement dit, le *dolus* et la *culpa* sont une condition nécessaire pour l'imputation à un sujet d'un fait illicite international[496]; car, "il serait bien étrange que, dans un ordre juridique comme l'ordre international, pour la formation duquel les théories du droit romain ont eu une importance décisive, ait pu s'affirmer un système excluant d'une façon rigide l'élément subjectif de la faute de la détermination du fait illicite"[497]. Il réfute l'un des postulats de la théorie objective selon lequel la faute ne peut être un élément du fait illicite international puisque le rattachement juridique à l'État de la volonté et de l'action de l'individu-organe est l'œuvre exclusive de l'ordre juridique interne. Selon lui, c'est bien l'ordre juridique international seul qui peut "imputer à l'État-sujet du droit des gens l'action et la volonté de ses organes comme étant une action et une volonté juridiques"[498]. C'est pourquoi il peut y avoir faute même lorsque l'individu-organe a agi en conformité des prescriptions de son droit interne. Sur ce point, la position des "objectivistes" souffre, à notre avis, d'une certaine contradiction. Comment admettre que l'État, entité abstraite puisse être capable de volonté quand il s'agit de la production normative et ne plus l'être quand il s'agit de lui attribuer l'état d'âme de l'individu-organe. À vrai dire, si l'on affirme que l'État n'est soumis qu'aux seules règles auxquelles il a expressément ou tacitement consenti, on doit admettre qu'il est capable de *culpa* ou de *dolus*.

Sur le thème de la diligence, la position d'Ago est très claire: à l'occasion d'actes de particuliers, l'État n'est responsable que lorsque ses organes ont commis une faute au sens d'un défaut de diligence. Pour lui, la doctrine objective d'après laquelle le degré de diligence regarde l'objet même de l'obligation internationale, ne change la situation qu'en apparence. Car, "affirmer qu'en pareil cas la responsabilité est objective revient pratiquement à affirmer qu'il y a responsabilité objective – même si l'on a employé la diligence requise – pour le fait d'avoir violé l'obligation d'employer la même diligence; autrement dit que le responsabilité naît même sans faute, du fait d'avoir enfreint une obligation de ne pas être en faute"[499].

La négligence est bien une forme de la faute subjective exigeant l'analyse des intentions réelles de l'individu-organe, auteur du dommage. Mais tel n'est pas l'avis d'Anzilotti et ses disciples.

2. *Le principe de la responsabilité objective*

a) Dionisio Anzilotti: locus classicus

La responsabilité des États selon le droit international est-elle purement objective ou bien se fonde-t-elle sur une attitude déterminée de la volonté? Pour répondre à cette question, en apparence simple, Anzilotti va développer sur une quarantaine de pages, une théorie qui va marquer à jamais le domaine de la responsabilité internationale. Positiviste-volontariste comme on le sait, ce savant italien va formuler avec des arguments profonds, le principe d'une responsabilité objective, ce, contrairement à l'opinion majoritaire de son époque qui regarde la faute comme condition de la responsabilité internationale des États.

Le grand maître italien qui entend élaborer une théorie générale de la responsabilité qu'il définit comme "l'obligation de réparer un tort commis"[500], part du postulat selon lequel

> "le dol et la faute, dans le sens propre du mot, expriment des manières d'être de la volonté comme fait psychologique et on ne peut donc en parler qu'en se rapportant à l'individu. Il s'agit, par suite, de voir si l'attitude contraire au droit international, pour être imputable à l'État, doit être l'effet du dol ou de la faute des individus-organes; en d'autres termes, si le dol ou la faute de ceux-ci est une condition que le droit établit pour que des faits déterminés produisent pour l'État, des conséquences déterminées"[501].

Il s'agit là, en premier lieu, d'un problème d'interprétation. Pour lui, chaque fois que l'on se trouve en présence d'une norme telle que l'article 3 de la convention IV de La Haye du 18 octobre 1907 sur les lois et coutumes de la guerre sur terre, qui prévoit la responsabilité internationale de l'État pour des faits déterminés, il est besoin de rechercher si cette norme, expressément ou tacitement, suivant son sens et son esprit, subordonne l'imputation à la faute ou au dol des organes, ou au contraire envisage seulement l'existence d'un fait objectivement contraire au droit international[502]. De ce point de vue, la théorie subjectiviste selon laquelle le *dolus* et la *culpa* sont une condition nécessaire du fait illicite peut être envisagée de deux manières sensiblement différentes.

D'une part, elle peut en effet se rapporter au *dolus* et à la *culpa* de l'organe qui a accompli l'acte illégitime; par exemple le fonctionnaire judiciaire qui a procédé à une saisie dans les locaux d'une légation étrangère. Mais d'autre part, cette théorie subjectiviste peut se rapporter à la faute des organes en général; par exemple des auteurs de la loi en vertu de laquelle le fonctionnaire judiciaire a dû ou pu procéder à la saisie en question[503]. Dans tous les cas on ne peut pas parler de la faute de l'individu-organe puisque l'acte de l'organe peut être contraire au droit international mais conforme au droit interne de l'État. On ne peut pas dire non plus que dans ce cas l'individu-organe, s'il n'est pas en faute au regard du droit interne, soit en faute au regard du droit international[504]. Au sens psychologique du mot, l'État n'a pas de volonté propre. Tout en rejetant l'idée d'une *culpa in eligendo* selon laquelle l'État serait responsable du choix défectueux de ses fonctionnaires ou d'une *culpa in custodiendo* – l'État étant responsable pour n'avoir pas exercé une surveillance adéquate sur ses organes –, Anzilotti arrive à la conclusion qu' "en règle, en droit international, l'*animus* de l'individu-organe n'est pas la cause ou la condition de la responsabilité; celle-ci naît *du seul fait de la violation d'un devoir international de l'État*"[505].

Sur le thème de la diligence Anzilotti affirme que la *due diligence* est un devoir autonome de l'État qui consiste "à exercer sur les individus soumis à l'autorité de l'État une vigilance correspondante aux fonctions et aux pouvoirs dont l'État est investi"[506]. L'État ne sera donc pas responsable si un fait illicite de l'individu a lieu, il sera au contraire responsable s'il n'a pas employé la diligence nécessaire pour que ce fait ne se produise pas. Le manque de diligence devient pour Anzilotti "une inobservation du devoir imposé par le droit international, sans qu'il y ait alors à parler de faute au sens propre du mot. L'État qui a usé de la diligence qu'il devait n'est point responsable; mais son défaut de responsabilité ne tient pas à une absence de faute, il vient de ce qu'il n'y a eu aucun acte contraire au droit des gens"[507].

b) La négligence objective chez Charles de Visscher

Le centre de la controverse sur la faute en relation avec la *due diligence* se situe, nous-semble-t-il dans la conception même de la négligence. Pour Anzilotti et ses disciples, le standard de diligence n'est pas un élément subjectif servant à apprécier la faute, elle est le contenu même de l'obligation internationale à charge de l'État. Par analogie avec le droit interne, la *due diligence* dans la perspective objectiviste équivaudrait à la négligence de la *Tort Law* anglo-saxonne qui est un délit autonome, une infraction au devoir d'attention. Pour les partisans d'une responsabilité subjective, la *due diligence* est inséparable de la *culpa* comme attitude psychologique: "'care' and 'due care' are conceptions indissolubly connected with the idea of fault"[508].

En droit international, la conception anglo-saxonne de la négligence a été soutenue notamment par Hans Kelsen. En effet, dans sa *General Theory of Law and State*, il admet que: "Negligence is characterized by a complete lack of anticipation and intention. It is not the specific qualification of a delict, it is a delict itself, the omission of certain measures of precaution, and that means the non-exercise of the degree of care that ought to be exercised according to the law. Negligence is a delict of omission, and responsibility for negligence is rather a kind of absolute responsibility than a type of culpability"[509].

La négligence est donc un délit autonome, un délit d'omission. Kelsen rejoint, sur ce point, la thèse d'Anzilotti selon laquelle la *due diligence* est un devoir imposé par le droit international dont la violation engage la responsabilité de l'État. Mais là où les deux savants diffèrent, c'est que Kelsen admet dans sa théorie de la responsabilité, ce qu'il appelle un délit d'omission intentionnelle. Ce type de délit se produit lorsque "A certain state of mind of the delinquent, namely that he anticipates or intends the harmful effect (so-called *mens rea*) is an element of the delict. This element is designated by the tem fault (*dolus* or *culpa* in a wider sense of the term). When the sanction is attached to a psychological qualified delict only, one speaks of responsibility based on fault or culpability in contradistinction to absolute responsibility (liability)"[510].

La querelle entre les deux adversaires n'est en fait qu'un jeu de mots d'après Charles de Visscher. Pour lui, la faute n'est autre chose que le manquement à la *due diligence* en tant que devoir international de l'État:

> "La faute – si l'on veut parler de faute – se ramène exactement au défaut de vigilance dans l'emploi des moyens dont l'État dispose; elle s'identifie en réalité avec lui. En d'autres termes (et ici il y a souvent une querelle de mots aussi bien qu'un manque de clarté dans les idées), il ne faut pas, comme

on le fait souvent, dire qu'un État n'est responsable en cette matière que lorsque par sa faute, il a contrevenu à ses obligations internationales. Cette formule qui est courante juxtapose et, par conséquent, distingue entre elles deux notions qui en réalité se confondent. Il n'est nullement question d'entrer ici dans les recherches d'ordre psychologique ou moral auxquelles semble inviter la théorie de la faute acquilienne; l'essentiel est de limiter avec précision, dans un cas donné, la portée exacte de l'obligation et, pour ce faire, d'en rechercher le fondement et d'en circonscrire nettement les bornes. Ceci fait, *la faute n'est autre chose que la violation de l'obligation ainsi définie et délimitée*"[511].

En réalité cette conception de la faute de Charles de Visscher n'est pas nouvelle en soi. En effet, Lauterpacht, commentant l'affaire de l'*Alabama* avait admis que la détermination du degré de diligence dépendait de critères objectifs: "It is a well-settled principle of private law that although the degree of diligence required by law varies from case to case, it has nevertheless an objective criterion, namely, that the amount of caution required of a citizen in his conduct is proportionate to the magnitude and the apparent imminence of the risk. The diligence of an average prudent man constitutes on objective test independent of the idiosyncrasies of the individual citizen"[512].

La faute définie comme violation objective de l'obligation internationale est difficilement soutenable. Si les mots ont un sens, on ne peut pas, sans autre, identifier la notion de faute au fait illicite. L'illicéité est la contrariété objective entre la norme et le comportement et la faute renvoie à la *culpa* romaine au sens subjectif d'état d'esprit. Il est certain que le maintien de l'idée de Visscher c'est-à-dire l'identification de la faute avec la violation de l'obligation international rend quelque peu confuses nos constructions juridiques. La faute ne peut revêtir un caractère objectif. Elle est toujours un état d'esprit. Soit on admet avec Anzilotti que l'État, entité abstraite ne peut commettre une faute d'aucune façon; auquel cas la *due diligence* est un devoir international autonome, soit on admet avec Ago que l'État n'est responsable que lorsque ses organes ont commis une faute au sens subjectif de négligence. On ne peut pas, sans une dose supplémentaire de confusion, dire que la faute est égale au fait illicite. Mais que pense l'école intermédiaire?

3. Théorie mixte ou réconciliante

Le problème de la faute dans le domaine de la responsabilité des États, demeure toujours une *vexata quaestio*. La responsabilité internationale est-elle objective ou subjective? Question lancinante et passionnante qui suscite une controverse perpétuellement renouvelée. Mais le débat sur le rôle de la faute semble avoir perdu de son intérêt ces dernières années. Le ton est à la modération voire à la réconciliation. Les esprits s'étant apaisés, les éminents juristes prennent le recul pour réexaminer les fondements de la responsabilité internationale des États. On s'est rendu compte, après plusieurs décennies d'affrontement, qu'on ne pouvait donner de réponse univoque au problème de la faute:

> "dans certains cas, la faute serait un élément indispensable pour affirmer qu'il y a délit, dans d'autres, en revanche, elle ne serait pas nécessaire. La tâche de la doctrine serait uniquement d'identifier précisément ces deux catégories et de rechercher la *ratio* de l'élément qui distingue l'une de l'autre"[513].

La théorie intermédiaire, a été initiée, nous semble-t-il par l'allemand Karl Strupp[514]. Cet auteur préconisait de faire une distinction entre délits par omission pour lesquels la faute est une condition de la responsabilité, et délits par commission qui exclut toute idée de faute. La doctrine actuelle la plus autorisée notamment Pierre-Marie Dupuy[515], Ian Brownlie[516], Riccardo Pisillo Mazzeschi[517], semble aller dans ce sens.

Brownlie apporte une contribution substantielle sur le fondement de la responsabilité des États. Pour lui, la faute n'est pas une condition générale de la responsabilité, mais elle peut jouer un rôle déterminant dans certains contextes: "In the more general sense the fault principle rests upon proof of intention (*dol, dolus*) or negligence (*faute, culpa*). The term *faute* (or *culpa*) is used to describe types of blameworthiness based upon reasonable foreseeability, or foresight without desire of consequences (recklessness, *culpa lata*). Although *culpa* is not a general condition of liability, it may play an important role in certain contexts (...)"[518].

Certains auteurs et non les moindres, tout en reconnaissant une tendance générale à l'objectivation du fait générateur, soutiennent que la faute n'a pas totalement et radicalement disparu du paysage de la responsabilité des États. La définition de certaines obligations et la démarche du juge pour s'assurer de leur violation constitue sinon l'aveu de sa persistance obscure, du moins "la manifestation tenace de son empreinte indélébile". Selon Dupuy, dans certains cas, "la démonstration du caractère illicite d'un fait imputable à l'État dépendra de la recherche des intentions et réintroduira ainsi dans l'appréciation de l'acte des considérations inévitablement subjectives, qui aboutiront à distinguer l'illicite de l'illégal"[520]. Il arrive à la conclusion que la faute, malgré les tentatives presque réussies d'objectiver le fait générateur de la responsabilité, survit sous l'*injuria*, le fait illicite. La faute survit jusque dans les articles de la CDI de 2001. De cette controverse de la doctrine sur la place de la faute, que retenir de la jurisprudence?

II. Position de la jurisprudence

En examinant la pratique et la jurisprudence, le constat général qui se dégage c'est qu'elles sont incertaines. Schwarzenberger a raison à cet égard, lorsqu'il affirme qu'il n'existe aucune règle qui impose à un tribunal international d'appliquer un test objectif ou subjectif de responsabilité. C'est plutôt le caractère discrétionnaire du pouvoir judiciaire qui, à la lumière de critères d'équité et de raison, doit suggérer pour chaque cas particulier une solution qui tienne compte ou non d'éléments subjectifs[521]. Il y a comme une sorte de décalage entre la virulence du débat en doctrine et le silence ou presque, de la jurisprudence à propos de la faute. Quelques rares cas néanmoins reconnaissent – ou du moins estime-t-on – la faute comme condition de la responsabilité.

1. Jurisprudence en faveur de la Culpa ou invoquant la faute

La faute comme fondement de la responsabilité fut examinée dans l'*affaire de Casablanca*. Cet arbitrage, qui a établi une distinction entre les infractions par dol ou négligence et celles sans faute, eut pour origine un conflit de juridiction entre les autorités militaires françaises occupant Casablanca (Maroc) et le consul d'Allemagne, agissant suivant la juridiction extraterritoriale de son Gouvernement au Maroc. Pendant l'automne 1908, six soldats appartenant à la Légion étrangère française stationnée à Casablanca, dont trois furent plus tard reconnus comme étant de nationalité allemande, désertèrent et réclamèrent la protection du consul allemand, qui leur accorda un sauf-conduit pour leur rapatriement. Toutefois, avant leur embarquement, ils furent arrêtés par des soldats français, et enlevés de la protection du consul. La France déclara que l'Allemagne n'avait aucun droit à accorder une protection au Maroc, aux personnes n'ayant pas la nationalité allemande; que le territoire occupé par ses forces militaires au Maroc était placé sous sa juridiction exclusive, et que par conséquent, l'Allemagne n'avait pas le droit de tenter de protéger les trois déserteurs de nationalité allemande. L'Allemagne fit valoir que les déserteurs de nationalité allemande étaient, en vertu de la juridiction extraterritoriale de l'Allemagne au Maroc, soumis exclusivement à la juridiction du consul d'Allemagne à Casablanca, et avaient droit à sa protection; que l'arrestation forcée des déserteurs constituait une atteinte à l'inviolabilité de ses agents consulaires, et elle demanda que les trois allemands lui fussent rendus. Le différend n'ayant pas été susceptible de solution par la voie diplomatique, il fut soumis en vertu d'un compromis signé le 24 novembre 1908, à un tribunal composé de membres de la Cour permanente[522]. Dans sa sentence du 22 mai 1909, le tribunal arbitral déclara: "C'est à *tort et par une faute grave et manifeste* que le Secrétaire du Consulat impérial allemand à Casablanca a tenté de faire embarquer, sur un vapeur allemand, des déserteurs de la Légion étrangère française qui n'étaient pas de nationalité allemande. (...) [E]n signant le sauf-conduit qui lui a été présenté, le Consul a commis *une faute non intentionnelle*.(...) [L]'erreur de droit commise sur ce point par les fonctionnaires du Consulat ne saurait leur être imputée comme *une faute, soit intentionnelle, soit non intentionnelle*"[523].

Le test subjectif de responsabilité a été retenu dans l'affaire *Home Missionary Society* entre le Royaume Uni et les États-Unis d'Amérique en 1920. Dans cette affaire, la *Culpa* fut explicitement admise comme fondement de la responsabilité de l'État pour les dommages causés à la personne et aux biens des étrangers. Pour le tribunal,

> "It is a well-established principle of international law that no government can be held responsible for the act of rebellious bodies of men committed in violation of its authority, where it is *itself guilty of no breach of good faith, or of no negligence in suppressing insurrection*"[524].

La sentence arbitrale du 3 septembre 1935 dans l'*incident de Walwal* entre l'Italie et l'Éthiopie avait également, nous semble-t-il, reconnu le principe de la faute comme base de la responsabilité internationale. Dans cette affaire, la commission italo-éthiopienne ayant examiné les comportements des différentes forces en présence et surtout l'attitude du commandant italien, est arrivée à la conclusion qu' "il n'y a lieu de retenir pour ces incidents mineurs aucune responsabilité internationale"[525].

De prime abord, si cette sentence semble soutenir l'idée de faute comme condition de la responsabilité, en réalité, la conclusion de la commission est motivée par l'absence de dommage et le caractère banal de ces incidents étant donné qu'ils étaient "sans gravité et très ordinaires dans la région"[526]. De plus, cette commission de conciliation et d'arbitrage ne pouvait certainement pas se prononcer sur la question de l'imputabilité sans au préalable décider du statut territorial de cette région de *Walwal*, à savoir si elle appartient à l'Italie ou à l'Éthiopie.

S'il y a une affaire qui a amplifié le débat sur la faute en droit international, c'est bien l'affaire du *Détroit de Corfou* entre l'Albanie et le Royaume-Uni. Dans cette affaire, la CIJ a admis la responsabilité de l'Albanie pour les dommages causés à la flotte britannique parce que, étant donné les circonstances factuelles, l'Albanie *ne pouvait pas ignorer* la présence de mines dans ses eaux territoriales[527]. Lauterpacht, analysant cette affaire, insiste dès lors sur le fait que l'arrêt rendu était une affirmation du principe de la faute comme fondement de la responsabilité. Selon lui, "the *Corfu Channel* case between Great Britain and Albania provided an instructive example of the affirmation of *the principle that there is no liability without fault*"[528]. Pour justifier sa position, il cite le passage où la Cour dit ceci: "on ne saurait conclure du seul contrôle exercé par un État sur son territoire terrestre ou sur ses eaux territoriales que cet État a nécessairement connu ou dû connaître tout fait illicite international qui y a été perpétré, non plus qu'il a nécessairement connu ou dû connaitre ses auteurs. En soi, et indépendamment d'autres circonstances, ce fait ne justifie ni responsabilité *prima facie* ni déplacement dans le fardeau de la preuve"[529].

Dans son opinion dissidente jointe à l'arrêt, le juge Krylov soutient expressément la position selon laquelle il n'y a pas de responsabilité sans *culpa* ou *dolus*. Pour lui, "La responsabilité de l'État résultant d'un délit international présuppose au moins une faute de la part de cet État (...). Pour fonder la responsabilité de l'État, il faut donc recourir à la notion de faute. Je peux me référer au célèbre auteur anglais Oppenheim"[530].

Nous ne pensons pas que la Cour a reconnu la responsabilité de l'Albanie sur la base d'une quelconque faute. Elle n'emploie d'ailleurs nulle part ce mot même si cela en soit n'est pas pertinent. En réalité, la démarche de la Cour était simple: rechercher, en vertu des informations dont elle dispose, quelle est l'obligation incombant à l'Albanie dont la violation engage sa responsabilité. Pour la Cour, l'Albanie a eu connaissance du mouillage dans ses eaux territoriales et aurait dû informer la Grande-Bretagne. La responsabilité est donc fondée sur l'omission d'agir: "(...) le mouillage du champ de mines, qui a provoqué les explosions du 22 octobre 1946, *n'a pas pu échapper* à la connaissance du Gouvernement albanais"[531]. De ce fait, les autorités Albanaises avaient l'obligation d'informer les États maritimes du danger imminent. Cette obligation tire son fondement non pas de la Convention de La Haye de 1907, mais "sur certains principes généraux et bien reconnus, tels que des considérations élémentaires d'humanité, plus absolues encore en temps de paix qu'en temps de guerre, le principe de la liberté des communications maritimes et l'obligation, pour tout État, de ne pas laisser utiliser son territoire aux fins d'actes contraires aux droits d'autres États"[532].

On voit ainsi que lorsque le juge international est appelé à résoudre un différend entre États, sujets du droit international, il cherche avant tout à identifier les obligations de l'État qui sont en cause, puis à déterminer si ses comportements passifs ou actifs constituent une violation de ses obligations internationales. En règle générale, le juge s'abstient de rentrer dans une recherche d'intention maligne ou de négligence coupable. C'est pourquoi il est admis que la tendance générale dans la jurisprudence arbitrale ou judiciaire est à une objectivation de la responsabilité[533].

2. Jurisprudence en faveur d'un test objectif de responsabilité

Le critère objectif de l'*injuria* a été employé dans plusieurs affaires. Nous n'en citerons que quelques-unes.

Dans l'affaire du *Projet Gabčikovo-Nagymaros*, la démarche de la CIJ consistait à déterminer s'il y a eu violation d'une obligation internationale imputable à la Hongrie ou la Slovaquie. Dans le compromis du 7 avril 1993, les parties priaient la Cour "de dire, sur la base du traité de 1977 et des règles et principes du droit international général, ainsi que de tous autres traités qu'elle jugera applicables: *a)* si la République de Hongrie était en droit de suspendre puis d'abandonner, en 1989, les travaux relatifs au projet de Nagymaros ainsi qu'à la partie du projet de Gabčikovo dont la République de Hongrie est responsable aux termes du traité; *b)* si la République fédérative tchèque et slovaque était en droit de recourir, en novembre 1991, à la 'solution provisoire'"[534].

La Cour va rechercher alors s'il y a eu objectivement fait internationalement illicite c'est-à-dire des comportements constitutifs d'un manquement aux engagements internationaux de ces États. Elle conclut que "les travaux relatifs au projet de Nagymaros ainsi qu'à la partie du projet de Gabčikovo dont elle était responsable aux termes du traité du 16 septembre 1977 et des instruments y afférents"[535]. La Cour admet la responsabilité de la Hongrie sans aucune mention de *dolus* ni de *culpa*.

La CIJ a suivi la même démarche consistant à appliquer un test objectif de responsabilité, dans l'affaire relative au *personnel diplomatique et consulaire des États-Unis à Téhéran*[536]. Elle a affirmé que, pour établir la responsabilité internationale de l'Iran, "[t]out d'abord elle doit déterminer dans quelle mesure les comportements en question peuvent être considérés comme juridiquement imputables à l'État iranien. Ensuite, elle doit rechercher s'ils sont compatibles ou non avec les obligations incombant à l'Iran en vertu des traités en vigueur ou de toute autre règle de droit international éventuellement applicable"[537].

Dans l'affaire du *Wimbledon*, la CPJI n'a fait dépendre sa décision que de la seule violation objective par l'Allemagne de l'article 380 du traité de Versailles[538]. Pour Georges Perrin, si la Cour "avait ajouté que l'Allemagne avait la volonté d'empêcher le passage du vapeur Wimbledon par le canal de Kiel, elle n'aurait rien fait d'autre que d'enfoncer une porte ouverte"[539].

Le test objectif de responsabilité avait été également utilisé dans de nombreuses affaires traitées par la Commission générale de réclamation États-Unis/Mexique. Dans l'*affaire Chattin* par exemple, le président de la Commission Von Vollenhoven déclarait:

> "Since this is a case of alleged responsibility of Mexico for injustice committed by its judiciary, it is necessary to inquire whether the treatment of Chattin amounts even to an outrage, to bad faith, to willful neglect of duty, or to an insufficiency of governmental action recognizable by every unbiased man"[540].

Dans *l'affaire Jean-Baptiste Caire*, le président de la Commission de réclamation franco-mexicaine, Verzijl, affirmait expressément le principe d'une responsabilité objective de l'État "c'est-à-dire une responsabilité pour les actes commis par ses fonctionnaires ou organes, qui peut lui incomber malgré l'absence de toute 'faute' de sa part"[541].

Comme on peut le constater, la virulence du débat quasi obsessionnel en doctrine sur le rôle de la faute dans la naissance de la responsabilité, contraste avec l'attitude du juge international. En effet, lorsqu'il est saisi d'un différend entre sujets du droit international, en général, l'arbitre ou le juge s'abstient de rentrer dans une recherche complexe de *culpa* ou de *dolus*. Schwarzenberger a bien perçu ce contraste lorsqu'il affirme: "As with the techniques of treaty interpretation, international judicial organs are not necessary conscious of the fact or willing to admit outright that in requiring, or dispensing with, any subjective test, they at best apply the *jus aequum* rule. Actually, the border line between either type of test is so thin that the doctrinal disputation on this subject appears to exaggerate somewhat the importance of the issue"[542].

C'est d'ailleurs pour cette raison qu'on a conclu à la victoire de la théorie objective. Mais qu'en est-il de la position de la CDI?

III. Les articles de la CDI et le problème de la faute: enfin une solution de sagesse?

La question de la responsabilité des États a été, comme on le sait, à l'agenda de la Commission du droit international depuis 1953. Pendant presque un demi-siècle, la CDI a été un véritable laboratoire où les différentes théories sur la responsabilité internationale se sont affrontées à travers les rapports successifs des rapporteurs spéciaux[543]. Les articles sur la responsabilité adoptés par l'Assemblée générale des Nations Unies le 12 décembre 2001, "reflètent fidèlement l'équilibre des opinions au sein de la CDI, à la suite de longues discussions et de longs débats au cours des dernières décennies, devenus intensifs depuis 1992"[544].

L'équilibre des opinions dont parle James Crawford a consisté à éviter la vive controverse de la doctrine sur la place de la faute dans la naissance de la responsabilité et à affirmer le principe d'une responsabilité objective à travers les articles 1 et 2. Ainsi, l'article premier pose le principe coutumier de base que tout fait internationalement illicite de l'État engage sa responsabilité internationale. L'article deux précise les éléments constitutifs du fait illicite. Seuls deux éléments sont dégagés: un comportement attribuable à l'État en vertu du droit international et constitutif d'un manquement à une obligation juridique à sa charge.

La faute n'est donc plus une condition du fait internationalement illicite. Sauf si l'élément intentionnel est requis par la norme primaire elle-même. Par exemple le *dolus specialis* requis par l'article 2 de la convention pour la prévention et la répression du crime de génocide. Les disciples d'Anzilotti manifestent leur victoire. La CDI semble donc avoir définitivement clos le débat. Brownlie reconnaissait qu'en fin de compte, "objective responsibility would seem to come nearer to being a *general* principle, and provides a better basis for maintaining good standards in international relations and for effectively upholding the principle of reparation"[545].

Cependant, lorsqu'on examine soigneusement la teneur des débats au sein de la CDI, et le texte final de 2001, deux observations méritent d'être relevées. D'abord, il convient de noter que la faute ne joue aucun rôle dans la naissance de la responsabilité. L'État engage sa responsabilité lorsqu'il commet un *injuria* au sens romain d'acte commis sans droit. Dans les cas d'omission, la diligence due est appréciée en fonction des critères purement objectifs, c'est-à-dire les moyens dont dispose l'État, la gravité du risque ou encore la qualité de la personne protégée. Cette solution de compromis a permis à la CDI d'éviter une discussion laborieuse et vraisemblablement infructueuse sur la faute en tant qu'élément essentiel ou non du délit. La deuxième observation à relever est la suivante: même si la faute subjective ne constitue pas une condition de l'illicéité, elle intervient incontestablement dans l'examen de certaines circonstances excluant l'illicéité notamment la force majeure. Le *dolus* ou intention délictueuse est aussi présente dans les cas exceptionnels de responsabilité dérivée que constitue la complicité. Le *dolus* et la *culpa* jouent un rôle important dans l'appréciation de l'étendue de la réparation. C'est dire donc que "la CDI, malgré les apparences n'a pas du tout exclu la faute du délit international"[546].

1. Complicité et intention délictuelle

Au chapitre IV du texte final de 2001, la CDI examine la délicate question de la responsabilité de l'État à raison du fait d'un autre État. Il y a lieu de relever que la complicité est, comme telle, une notion absente de l'actuelle terminologie du droit de la responsabilité internationale des États. La CDI a préféré une catégorie qui est présente dans les règles coutumières qui composent le droit général de la responsabilité, celle de l'aide ou assistance fournie par un État à la commission d'un fait illicite par un autre État. Mais cette aide ou assistance fournie, doit être soigneusement distinguée de la question de l'attribution des actes des particuliers selon le critère de l'instruction, du contrôle ou de la direction[547]. Dans le contexte particulier de l'application du droit de la responsabilité internationale en matière de génocide par exemple, s'il était établi qu'un acte de génocide a été commis sur les instructions ou les directives d'un État, la conclusion qu'il conviendrait d'en tirer serait que ce génocide est attribuable à l'État, qui en serait responsable et aucune question de complicité ne se poserait à cet égard.

Les articles 16, 17 et 18 de ce chapitre IV codifient donc les règles relatives à la complicité dans la commission du fait internationalement illicite. Il s'agit dans cette situation exceptionnelle, d'une responsabilité dérivée. Deux conditions cumulatives sont requises: l'État doit avoir agi "en connaissance des circonstances du fait internationalement illicite" et ce fait serait illicite "s'il était commis par cet État"[548]. A ces deux conditions, il convient d'en ajouter une troisième: il faut que l'aide ou l'assistance ait été prêtée dans *l'intention* de faciliter la commission du fait illicite et qu'elle la facilite effectivement. L'article 16 est donc limité "aux cas où l'aide ou l'assistance prêtée est manifestement liée au comportement illicite ultérieur"[549]. Le cadre limité de cette étude ne permettant pas une analyse approfondie du concept de complicité en droit international, disons sur ce point que la responsabilité de l'État ne peut être engagée pour complicité que si l'on prend en compte l'intention délictuelle[550].

2. Force majeure et faute

Tout comme en matière de complicité, la faute comme attitude psychologique semble jouer un rôle dans l'appréciation de la force majeure en tant que 'circonstances excluant l'illicéité'. En effet, comme on le sait, la CDI a consacré le chapitre V du texte final à ces différentes circonstances. En dépit de leur apparente clarté, ces circonstances excluant l'illicéité soulèvent quelques interrogations. Par le jeu de l'intervention d'une de ces circonstances, doit-on considérer que le fait illicite n'a jamais existé ou au contraire doit-on constater le caractère illicite de l'acte mais ne pas attribuer les conséquences qu'une telle qualification emporte?[551]

Quoiqu'il en soit, la force majeure désigne une situation où l'État est effectivement contraint d'agir d'une manière qui n'est pas conforme à ce que lui impose une obligation internationale à sa charge. Pour qu'il y ait force majeure excluant l'illicéité, il faut la réunion de trois éléments: a) le fait en question doit résulter d'une force irrésistible ou d'un évènement imprévisible, b) qui échappe au contrôle de l'État considéré, et c) fait qu'il est matériellement impossible, étant donné les circonstances, d'exécuter l'obligation[552].

La force majeure en tant que circonstances excluant l'illicéité est donc la "limite négative de la faute"[553]. Ce qui a pour effet de rendre *involontaire* le comportement de l'État. A cet égard, l'ancienne présidente de la CIJ, madame Higgins, affirmait à juste titre "all *force majeure* has done is to remove the existence of *fault*; it has *excused* a breach of an obligation, but it has not 'precluded' it. A breach of international contract by reason of *force majeure* remains a breach; it merely means the breaching party has acted without fault"[554].

3. *Étendue de la réparation et faute*

Dans la détermination des conséquences du fait illicite, toute la deuxième partie du texte final de 2001, il est difficile d'admettre que le *dolus* ou la *culpa* ne jouent aucun rôle. L'incidence de la faute dans les modalités et le degré de la réparation du délit international avaient été soulignés par l'avant dernier rapporteur spécial Gaetano Arangio-Ruiz[555]. Selon lui, "Whatever position the ILC may have taken in Part One of the draft Articles [l'origine de la responsabilité], it cannot take any further significant steps in Part Two [contenu de la responsabilité internationale] without exploring the impact of fault – dolus, culpa and the degree thereof – on the forms and degrees of reparation"[556].

La doctrine reconnait donc que le *dolus* ou la *culpa* jouent un rôle important dans la détermination de la nature et l'étendue de la réparation[557]; que cette réparation soit sous la forme de satisfaction, de dédommagement par équivalence ou compensation. La culpabilité "entre également aussi en ligne de compte dans l'appréciation de la réparation du dommage matériel"[558]. La pratique internationale semble aller dans ce sens lorsqu'elle considère l'élément intentionnel comme circonstance aggravante. Telle a été la position de la Commission mixte de réclamation États-Unis/Mexique notamment dans *l'affaire Janes*[559], ou dans *l'affaire Venable*[560]. Dans cette dernière affaire, la Commission avait admis que: "Direct responsibility for acts of executive officials does not depend upon the existence on their part of *aggravating circumstances* such as an outrage, willful neglect of duty, etc."[561].

La *culpa* ou le *dolus* interviennent également dans la détermination de la réparation lorsque l'État lésé ou les États lésés ont contribué au dommage. C'est ce que prévoit l'article 39 de la CDI sur la responsabilité des États: "Pour déterminer la réparation, il est tenu compte de la contribution au préjudice due à l'action ou à l'omission, *intentionnelle ou par négligence*, de l'État lésé ou de toute personne ou entité au titre de laquelle réparation est demandée"[562]. Dans son commentaire, la CDI affirme que l'article 39 concerne les situations où le préjudice a été causé par le fait internationalement illicite d'un État qui, de ce fait, est responsable du dommage conformément aux articles 1 et 28, mais où l'État lésé ou la personne victime de la violation a contribué matériellement aux dommages par sa négligence ou par une action ou omission délibérée[563]; c'est-à-dire s'il n'a pas veillé sur ses biens ou ses droits avec diligence. Ces genres de situations sont souvent désignées, dans les ordres juridiques nationaux, par les notions de 'négligence contributive', 'faute concurrente', 'faute de la victime'.

La question de la prise en compte du comportement de la victime dans la détermination du montant de l'indemnité avait été, nous semble-t-il, indirectement abordée par la CIJ dans l'affaire *LaGrand*[564]. Dans cette affaire, l'Allemagne, alléguant des violations de la convention de Vienne de 1963 sur les relations consulaires, avait introduit tardivement sa requête auprès de la CIJ. La Cour a reconnu que "l'Allemagne peut être critiquée pour la manière dont l'instance a été introduite et pour le moment choisi pour l'introduire"[565] La Cour a, par la suite, relevé que "les États-Unis étaient confrontés en l'espèce à de fortes contraintes de temps, résultant des conditions dans lesquelles l'Allemagne avait introduit l'instance"[566]. Par conséquent, elle aurait pris ce facteur en considération si "la conclusion de l'Allemagne avait comporté une demande à fin d'indemnité"[567].

L'élément intentionnel joue un rôle prépondérant dans l'appréciation de la gravité de la violation d'une norme de *jus cogens* considérée comme "une norme acceptée et reconnue par la communauté internationale des États dans son ensemble en tant que norme à laquelle aucune dérogation n'est permise et qui ne peut être modifiée que par une nouvelle norme du droit international général ayant le même caractère"[568].

Dans son commentaire à l'article 40, la CDI mentionne deux critères permettant de distinguer une violation grave d'une norme impérative du droit international général des autres types de violations que l'on peut qualifier d'ordinaire. Le premier critère a trait à la nature de l'obligation violée, qui doit découler d'une norme impérative du droit international général. Le second critère porte sur *l'intensité de la violation*, qui doit avoir un caractère grave[569]. Le *dolus* et la *culpa* interviennent donc dans la distinction qualitative entre les différents types de violations.

Lorsque l'on suit un tant soit peu l'activité judiciaire de la CIJ ces dernières années, on est contraint d'admettre avec Dupuy que "[l]e fait illicite se porte bien ! Tant du point de vue de sa fréquence que de sa validité théorique"[570]. La Cour remplit désormais son rôle de garant de la légalité internationale en rappelant aux États, l'état du droit international positif à l'occasion du contentieux de la responsabilité. La CIJ considère d'ailleurs les articles de la CDI sur la responsabilité des

États comme le reflet du droit international général. Telle a été sa position dans son arrêt en l'affaire du *Génocide*[571] sur la question de l'imputabilité. Pour la Cour, le fait illicite est constitué uniquement de deux éléments: un comportement consistant en une action ou omission, attribuable à l'État et constitutif d'une violation de ses obligations internationales. La faute, peu importe ses multiples acceptions, n'a pas sa place dans la naissance de la responsabilité.

Cependant, nous pensons qu'il ne suffit pas de renoncer à utiliser la notion de faute pour supprimer le phénomène qu'elle désigne. La sagesse de la CDI a consisté à éviter toute référence textuelle à la faute pour arriver à une solution de compromis, contournant ainsi la controverse doctrinale. Evans Malcolm reconnaissait lui-même cette attitude nuancée de la CDI à l'égard de la faute: "(…) the ILC Articles endorse a more nuanced view. Under Articles 2 [éléments du fait international illicite] and 12 [existence de la violation d'une obligation internationale], the international law of state responsibility does not require fault before an act or omission may be characterized as internationally wrongful. However, the interpretation of relevant primary obligation in a given case may well lead to the conclusion that fault is a necessary condition for responsibility in relation to that obligation, having regard to the conduct alleged"[572].

Mais quelle que soient la prudence et la volonté du juge ou de l'arbitre international de s'en tenir à la règle de droit, d'utiliser des critères objectifs d'appréciation de la *due diligence*, il n'échappe pas toujours aux sentiments subjectifs que suscitent en lui le comportement des États parties à un différend[573]. Même lorsque le juge international détermine l'*injuria* aux moyens d'un test objectif de responsabilité, il ne peut guère s'empêcher, dans la désignation de la forme et du degré de la réparation, de porter une appréciation d'ordre moral sur le comportement des autorités étatiques en jeu. Le problème des différents degrés de la faute dans le délit international, comme le disait Ago, retient l'attention dans la question de l'étendue de la réparation beaucoup plus que dans celle de l'existence du délit[574]. On est bien tenté de dire que *la faute est morte, vive la faute* !

Section IV.

La diligence dans la responsabilité des États: une récapitulation

La place qu'occupe la faute subjective dans la théorie de la responsabilité internationale fait l'objet, comme on le sait, de vives querelles, souvent obsessionnelles. Nous avons retracé les origines de cette controverse depuis l'époque romaine jusqu'à nos jours afin de comprendre la teneur exacte du problème et par la suite de pouvoir élaborer notre propre compréhension de la diligence dans la responsabilité d'aujourd'hui. Deux observations méritent d'être relevées.

D'abord, il ressort de l'analyse de la doctrine, beaucoup de confusions et de malentendus. Souvent le même auteur, d'une page à l'autre ou d'un ouvrage à l'autre, soutient une idée contradictoire de la diligence. Kelsen par exemple admet la négligence comme un délit autonome et affirme dans le même temps, l'existence d'une espèce particulière de délit d'omission intentionnelle. Cette contradiction ou confusion se rencontre chez Lauterpacht, défenseur d'une responsabilité subjective mais propose une appréciation de la diligence au moyen de critère objectif. Ensuite, il faut reconnaître qu'aucun auteur ne semble pousser sa propre logique au bout. Au prix de généralisation et d'abstraction, les constructions théoriques deviennent quasi inopérantes.

La réalité c'est que la doctrine a mal posé les termes du débat sur la *culpa* et la négligence. Héritées de la systématisation romaine, les notions d'*injuria* et de *culpa* ont été transposées dans le droit de la responsabilité internationale sans clarifications préalables. La controverse sur la faute et sur la diligence s'explique par le fait qu'elle se situe exclusivement sur le terrain des obligations secondaires et donc de la responsabilité. Or, la diligence, espèce particulière de la règle de droit, fait partie de la catégorie des normes primaires qui définissent en termes d'obligation, le comportement des sujets de droit. Elle est la mesure moyenne de conduite étatique correcte dans des circonstances déterminées; laissant au juge le soin d'adapter cette mesure à chaque circonstance spécifique. Son contenu normatif est donc variable en fonction des circonstances factuelles selon les moyens dont dispose l'État et la gravité du préjudice encouru. L'État engage sa responsabilité s'il n'a pas pris l'ensemble des mesures appropriées pour éviter qu'un fait dommageable se produise ou s'il n'a pas recherché avec la même diligence à punir les auteurs de l'acte dommageable. C'est pour cette raison que, contrairement à la position initiale de la CDI, la diligence est considérée suivant la *summa divisio* des obligations internationales, comme étant une obligation de comportement ou de moyen.

Dès lors, la diligence doit être ramenée au niveau des obligations primaires de l'État pour une meilleure compréhension du concept. Comme toute obligation, elle a un champ d'application déterminé. La diligence joue donc un rôle dans l'appréciation du fait illicite chaque fois que l'État a un devoir de prévention et de répression. Comment délimiter les contours exacts de cette obligation? Comment apprécier le contenu de la diligence c'est-à-dire le degré de diligence requis de l'État?

Aucune réponse *a priori* et abstraite ne peut être donnée à ces questions. A cet égard, Ian Brownlie affirme: "There is general agreement among writers that the rule of non-responsibility cannot apply where the government concerned has failed to show due diligence. However, the decisions of tribunals and the other sources offer no definition of "due diligence". *Obviously no very dogmatic definition would be appropriate, since what is involved is a standard which will vary according to the circumstances.* And yet, if "due diligence" be taken to denote a fairly high standard of conduct the exception would overwhelm the rule"[575].

C'est donc au cas par cas en fonction des circonstances de chaque espèce. C'est en cela que l'arrêt de la CIJ de 2007 dans l'affaire bosniaque mérite une attention particulière. Loin de toute construction abstraite, la Cour a examiné la diligence en relation avec le crime de génocide. Elle a reconnu que la diligence est une règle primaire souvent prévue dans différents instruments internationaux notamment la *convention contre la torture et autres peines et traitements cruels, inhumains ou dégradants* du 10 décembre 1984 (art. 2); la *convention sur la prévention et la répression des infractions contre les personnes jouissant d'une protection internationale*, y compris les agents diplomatiques, du 14 décembre 1973 (art. 4); la *convention sur la sécurité du personnel des Nations Unies et du personnel associé* du 9 décembre 1994 (art. 11); la *convention internationale pour la répression des attentats terroristes à l'explosif* du 15 décembre 1997 (art. 15).

Il faut donc affirmer un changement de paradigme dans l'analyse de la diligence pour mieux saisir les contours fluctuant du concept. Ainsi le standard de diligence comme il a été dit plus haut, ne doit plus être envisagé sous l'angle des obligations secondaires encore moins en rapport avec la faute. La diligence doit être examinée sous l'angle des obligations primaires. Elle joue un rôle essentiel dans la normativité internationale dans un monde en profonde mutation. Par exemple dans le domaine des droits de l'homme, c'est la diligence qui structure les obligations positives de l'État c'est-à-dire "les obligations internationales dans lesquelles on demande à l'État d'accomplir certaines actions ou certaines prestations; à savoir, obligations de faire ou obligations d'intervention"[576]. Cette catégorie d'obligations internationales s'oppose à celles d'abstention ou obli-

gations de ne pas faire, de non-ingérence. Ces obligations d'abstention sont aussi appelées obligations négatives car elles imposent à
l'État, dans le domaine des droits de l'homme par exemple, le devoir
de ne pas s'ingérer dans la sphère des droits et libertés individuels;
tandis que les obligations positives sont envisagées comme des obligations de l'État de favoriser la réalisation des droits et libertés individuels[577].

La diligence joue un rôle encore plus évident pour ce qui
concerne l'obligation de protéger les individus contre les violations
de leurs droits de l'homme par des particuliers. Il s'agit ici non de la
théorie de la *Drittwirkung* mais des obligations positives à effets horizontaux largement consacrées dans la jurisprudence relative aux
droits de l'homme[578]. L'importance des effets horizontaux des obligations positives des États est bien visible. La jouissance effective
des droits humains fondamentaux serait fortement menacée si les
États n'avaient pas l'obligation de contrôler aussi les abus contre les
droits de l'homme dans la sphère des relations entre individus
privés[579]. C'est en fait l'application, dans le domaine des droits de
l'homme, de la théorie de la responsabilité de l'État pour les actes
de particuliers. Comme on le sait, tout État a l'obligation d'empêcher
sur son territoire des actes contraire au droit international. Ce devoir
de prévention met donc à sa charge des obligations positives, celles
de "faire de leur mieux pour que ces actes ne se produisent pas"[580].
Il s'agit d'un devoir d'agir en charge de l'État en fonction de sa capacité et des circonstances. Dans l'affaire *Plattform "Ärzte für das
Leben"* où une manifestation anti avortement, malgré la présence
d'importante force de police, fut perturbée par des contre manifes-
tants, CEDH, rejetant l'argument du gouvernement autrichien
d'après lequel l'article 11 sur la liberté de réunion et d'association
de la Convention ne confère pas d'obligations positives à la charge
de l'État, considère que:

> "(…) il arrive à une manifestation donnée de heurter ou
> mécontenter des éléments hostiles aux idées ou revendica-
> tions qu'elle veut promouvoir. Les participants doivent pour-
> tant pouvoir la tenir sans avoir à redouter des brutalités que
> leur infligeraient leurs adversaires: pareille crainte risquerait
> de dissuader les associations ou autres groupes défendant des
> opinions ou intérêts communs de s'exprimer ouvertement sur
> des thèmes brûlants de la vie de la collectivité. Dans une
> démocratie, le droit de contre-manifester ne saurait aller
> jusqu'à paralyser l'exercice du droit de manifester.

Partant, une liberté réelle et effective de réunion pacifique ne s'accommode pas d'un simple devoir de non-ingérence de l'État; une conception purement négative ne cadrerait pas avec l'objet et le but de l'article 11. Tout comme l'article 8 celui-ci appelle parfois des mesures positives, au besoin jusque dans les relations interindividuelles"[581].

Par ailleurs, la Cour constate que le droit autrichien s'attache à protéger les manifestations par une action positive. Par exemple, les articles 284 et 285 du code pénal érigent en infraction le fait de disperser, empêcher ou perturber une réunion non interdite; de leur côté, les articles 6, 13 et 14 § 2 de la loi sur les réunions, qui habilitent dans certains cas les pouvoirs publics à prohiber, clore ou disperser par la force un rassemblement, s'appliquent aussi aux contre-manifestations[582]. La Cour conclut que les États assument en vertu de l'article 11 de la Convention une obligation de moyens et non de résultat. Car, "s'il incombe aux États contractants d'adopter des mesures raisonnables et appropriées afin d'assurer le déroulement pacifique des manifestations licites, ils ne sauraient pour autant le garantir de manière absolue et ils jouissent d'un large pouvoir d'appréciation dans le choix de la méthode à utiliser"[583]. Il s'agit de l'affirmation de la diligence dans le domaine spécifique des droits de l'homme. Le contenu de la diligence c'est-à-dire le degré de diligence requis de l'État ne peut être fixé *a priori*. C'est toujours au cas par cas en fonction des circonstances de l'espèce. En examinant la pratique des États de ces deux dernières décennies, notamment dans le domaine de la sécurité ou de la protection de l'environnement, on constate un renforcement de l'obligation coutumière de diligence. Cette diligence renforcée n'est-elle pas la marque contemporaine de la *bona res publica*?

Conclusion générale

"C'est, en effet, l'étonnement qui poussa, comme aujourd'hui, les premiers penseurs aux spéculations philosophiques. Au début, leur étonnement porta sur les difficultés qui se présentaient les premières à l'esprit; puis, s'avançant ainsi peu à peu, ils étendirent leur exploration à des problèmes plus importants (…). Or apercevoir une difficulté et s'étonner, c'est reconnaître sa propre ignorance"[584]. Ainsi écrivait Aristote dans sa métaphysique. Nous avons donc voulu nous *étonner* face à la problématique de la diligence dans l'ordre juridique international.

Le concept de diligence est rattaché à la théorie des obligations internationales. L'idée à la fois simple mais complexe est que la diligence est un élément contenu dans certaines normes primaires de l'État, notamment les obligations de prévention. Son champ d'application est limité aux situations où il est requis de l'État, de prévenir ou de réprimer certains actes dommageables. S'enracinant dans la systématisation romaine des obligations à travers la figure du *bonus pater familias*, la *due diligence* apparaît dans l'ordre juridique international d'abord dans le domaine de la neutralité – avec l'obligation de l'État neutre d'observer à l'égard des deux belligérants une impartialité complète et absolue – avant de connaître une fortune dans d'autres secteurs tels la protection des étrangers et des représentants d'États étrangers, la sécurité des États étrangers, les droits de l'homme, l'environnement.

En cela, l'affaire de l'*Alabama* revêt une importance capitale dans la mesure où, pour la première fois, la diligence fait l'objet d'une analyse approfondie par un tribunal international dont la composition, l'analyse des positions des parties et les délibérations, font de l'affaire, un précédent jurisprudentiel incontournable en matière de règlement pacifique des différends. Elle a montré, que la *due diligence* est une notion à contenu variable, une notion qui doit être appréciée en fonction des circonstances de chaque espèce. Mais malgré son importance, l'affaire de l'*Alabama* n'a pas pu apporter tous les éléments nécessaires à la détermination du degré de diligence requis d'un État.

C'est que l'étendue de l'obligation de diligence à la charge de l'État ne peut être déterminée avec précision qu'en se référant à une mesure moyenne de conduite sociale correcte. Autrement dit, le contenu de la *due diligence* renvoie au concept de standard international que l'on a défini comme étant une *normativité variable*. La notion de standard est toujours appréhendée en relation avec la règle de droit. Or le concept même de règle de droit n'est pas un concept universel ou universalisable. C'est une notion polymorphe qui ne présente pas une structure typique. Cela démontre toute la difficulté d'une objectivation du contenu de la juridicité et de la normativité internationale.

Au cours de la présente étude, la diligence a été examinée sous l'angle de la standardisation. Le développement exponentiel des standards juridiques est le signe d'une complexification de l'ordre juridique international. L'objectivation du seuil de la normativité internationale montre que le standard juridique *est* une règle de droit qui définit cette normativité en termes de *normalité*.

Le standard suppose donc, par son essence même, qu'il y a plusieurs façons de se conduire selon les circonstances et c'est au juge international qu'incombe la délicate tâche de déterminer dans chaque circonstance, qu'elle était la meilleure façon de se conduire. Le standard est alors l'étalon de référence propre au comportement en cause. Mais en termes de normativité, le standard est une technique particulière d'expression de la règle de droit. Nous avons ainsi pu montrer avec des exemples pratiques que *le standard est un élément de la règle de droit*. Le standard étant un instrument de mesure, un étalon des comportements moyens normaux, il diffère de la *soft law*. Il traduit le phénomène juridique en termes de *normalité* alors que la *soft law* traduit le contenu normatif en termes d'*obligatoriété*.

La structuration de l'ordre juridique international est en partie explicative du recours aux standards internationaux. Si les traités internationaux et la coutume internationale jouent un rôle fondamental en tant que sources du droit, ils ne peuvent néanmoins couvrir la vaste sphère des activités internationales d'un monde globalisé. La standardisation devient alors un élément essentiel de la nouvelle gouvernance internationale caractérisée par l'irruption d'acteurs nouveaux de plus en plus influents, les ONG, les groupes de pressions, les entreprises multinationales. Dans ce sillage, la diligence devient en quelque sorte un élément de la bonne gouvernance; les Etats étant appelés à assurer un espace de sécurité, de transparence et d'*accountablity* en vue de permettre les investissements étrangers.

Il ressort de notre analyse que les contours du standard de diligence demeurent imprécis. Inscrite dans un "droit en situation", la diligence, s'appréciant *in concreto*, se refuse à toute abstraction ou généralisation. Elle suit le cas d'espèce. D'où le rôle primordial qu'occupe le juge international dans la détermination du contenu de la *due diligence*. La jurisprudence utilise ainsi le critère des moyens dont dispose l'Etat, ou dont il aurait dû disposer, et le soin dans l'emploi de ces moyens, pour déterminer le degré de diligence exigé dans un cas donné.

Le degré de diligence requis de l'État par le droit international est donc variable en fonction des circonstances de chaque cas, des moyens dont dispose l'État ou dont il aurait dû disposer, et de l'importance du risque. Ainsi, la diligence fournit la *mesure* pour déterminer l'étendue de la prévention. Lorsque les mesures raisonnables ont été prises effectivement dans une situation donnée, l'État ne saurait encourir une responsabilité, même si l'évènement dommageable n'a pu être évité. L'obligation de *due diligence* ne saurait donc être absolue, puisqu'elle vise à empêcher l'évènement illicite dans les limites de ce que le droit international considère comme raisonnablement possible. L'idée de raisonnable renvoie au concept de "normes interstitielles"[585] visant à réconcilier en pratique l'opposition entre certaines normes primaires.

Ayant écarté toute lecture de la *due diligence* sous l'angle des obligations secondaires, il fallait considérer la diligence comme le contenu de l'obligation primaire d'accomplir ou d'éviter un certain fait. L'État ne sera pas responsable de l'incidence de certains évènements mais seulement du fait de n'avoir pas pris les mesures appropriées en vue de la prévention de ces évènements. La *due diligence* relève donc des obligations de *best efforts*. Ces obligations de *s'efforcer* se distinguent de celles de résultats immédiats dont le contenu normatif impose "que du comportement de l'obligé doit dériver un résultat"[586].

Abordant la question de la responsabilité des États, nous avons examiné le *due diligence* en relation avec la théorie de la faute et celle de l'attribution des actes de particuliers. S'inscrivant dans une démarche diachronique, nous avons proposé une réconceptualisation de la problématique de la diligence dans la responsabilité des États. L'État engage sa responsabilité s'il n'a pas pris l'ensemble des mesures appropriées pour éviter qu'un fait dommageable se produise ou s'il n'a pas recherché avec la même diligence à punir les auteurs de l'acte dommageable. La responsabilité de l'État pour manquement à la *due diligence* est donc indépendante de la question de l'attribution. L'affaire *des otages à Téhéran* nous fournit une parfaite illustration.

L'irruption et le développement de la théorie des droits de l'homme ont introduit de profonds changements dans l'ordre juridique international. Comme l'affirme un auteur d'autorité,

> "la théorie des droits de l'homme a introduit des germes de subversion dans le droit international, destinés, tôt ou tard, à révolutionner les structures et les institutions existantes; elle est subversive parce qu'elle se met en contraste avec le principe de souveraineté, qui est le principe fondamental de la communauté internationale traditionnelle; et, par conséquent, elle se met aussi en contraste avec la théorie traditionnelle selon laquelle seuls les États et les autres entités souveraines sont les sujets de l'ordre international"[587].

Le développement des droits de l'homme a incontestablement entrainé des changements majeurs dans l'ordre juridique international notamment dans la théorie des obligations internationales. Analysant ces changements en relation avec le thème de la diligence, nous avons montré que certaines règles matérielles et même secondaires de la protection des étrangers, relèvent désormais du domaine spécifique des droits de l'homme. À cet égard, l'article 2 du Pacte international relatif aux droits civils et politiques proclame le principe de l'interdiction de la discrimination et le droit à un recours effectif. Ces deux droits de l'homme ont absorbé la vieille interdiction du déni de justice et radicalement modifié l'institution de la protection diplomatique. Étirant au passage la sphère de la *due diligence*.

En examinant la pratique étatique eu égard à la lutte contre le terrorisme, on constate un renforcement généralisé de la *due diligence* afin de répondre plus efficacement à la plus grave menace actuelle à la paix et la sécurité internationales. Les actes terroristes portent atteinte non seulement à la sécurité des États, mais aussi et surtout aux droits fondamentaux de l'homme. Le renforcement de la diligence se traduit par un inquiétant affaiblissement de certains acquis normatifs en matière de protection des droits de l'homme et du droit international humanitaire. Car la recherche de l'équilibre entre sécurité et liberté qu'induit toute application de la *due diligence* se révèle de plus en plus compromise sous l'effet conjugué de l'unilatéralisme et de l'approche sécuritaire dans la prévention des menaces à la paix.

Arrivé au terme de notre étude, nous pouvons affirmer la reviviscence de la diligence en droit international général avec la consécration de la précaution. Le monde contemporain, caractérisé par l'exaltation de la technoscience et l'interdépendance accrue, oblige en effet les États à plus de prudence dans leurs actions par des mesures d'ordre anticipatoire. Le domaine de la protection de l'environnement nous en donne la parfaite illustration.

Le principe d'anticipation inscrite dans la diligence, témoigne de l'empreinte des nouveaux défis de la communauté internationale sur la normativité juridique internationale. Il induit des mutations profondes dans la philosophie de la responsabilité internationale telle que l'avait perçue Hans Jonas. Le droit international doit désormais capter l'incertain pour plus d'efficience dans la prévention. D'où l'affirmation d'un véritable droit prudentiel qui consiste à façonner le comportement des États avant la réalisation d'un dommage, plutôt que d'adopter l'approche réparatrice classique. Certes, une telle philosophie proactive entraîne la complexification de la normativité internationale avec le développement de la standardisation, et donc un changement de sa *finalité*. *Due diligence* et précaution entretiennent des relations étroites dans la mesure où elles s'inscrivent dans un *continuum* normatif. La production continuelle de la connaissance en matière de risques environnementaux permet le passage de l'incertitude scientifique – où se déploie la précaution – à la certitude scientifique – où se déploie la *due diligence*.

Nous ne pouvons conclure la présente étude sans affirmer notre conviction que dans l'analyse de la diligence, celle-ci reflète l'état du droit international dans ce domaine. Nos conclusions montrent que l'État n'a aucune obligation absolue dans la prévention d'actes dommageables. Avec la diligence, c'est la reconnaissance du *jus in re*, la primauté de la relation, faisant ainsi rejaillir l'idée de justice d'Ulpien:

Constans et perpetua voluntas ius suum cuique tribuendi

NOTES

[301] M. VILLEY, "Esquisse historique sur le mot *responsable*", *Archives de philosophie du droit*, vol. 22 (1977), p. 47.

[302] *Ibid.*, p. 48.

[303] *Ibid.*

[304] *Ibid.*, p. 49.

[305] SALMON, *Dictionnaire de droit international public*, *supra* note 11, p. 786.

[306] C. DE VISSCHER, "La responsabilité des Etats", *Bibliotheca Visseriana*, vol. 2 (1942), p. 90.

[307] C. DOMINICÉ, "Observations sur les droits de l'Etat victime d'un fait internationalement illicite", in: *Droit international, cours et travaux*, Institut des Hautes Etudes Internationales de Paris, Paris, Pedone, 1982, p. 1. P.-M., DUPUY, "Le fait générateur de la responsabilité internationale des Etats", *RCADI*, vol. 188 (1984-V), p. 21.

[308] P.-M., DUPUY, "Le fait générateur de la responsabilité internationale des Etats", *RCADI*, vol. 188 (1984-V), p. 21.

[309] Affaires des biens britanniques au Maroc, RSA, II, pp. 640-641.

[310] R. AGO, "Troisième rapport sur la responsabilité des Etats", *ACDI*, vol. II (1971), 1e partie, p. 222, par. 43. Voir également E. J. DE ARÉCHAGA, A. TANZI, "La responsabilité internationale des Etats", in: M. BEDJAOUI (dir.), *Droit international, Bilan et perspectives*, Paris, Pedone, 1991, p. 367.

[311] R. LEGROS, "Les notions à contenu variable en droit pénal", in: Ch.

PERELMAN, R. VANDER ELST (éds.), *Les notions à contenu variable en droit*, Bruxelles, Bruylant, 1984, p. 21.

[312] R. PISILLO MAZZESCHI, "Responsabilité de l'Etat pour violation des obligations positives relatives aux droits de l'homme", *RCADI*, vol. 333 (2008), p. 191.

[313] R.-M. RAMPELBERG, "l'obligation romaine: perspective sur une évolution", *Archives de philosophie du droit*, vol. 44 (2000), p. 51.

[314] J. GAUDEMET, "Naissance d'une notion juridique: les débuts de l'obligation dans le droit de la Rome antique", *Archives de philosophie du droit*, vol. 44 (2000), p. 27.

[315] *Ibid.*

[316] *Ibid.*

[317] J. SALMON (dir.), *Dictionnaire de droit international public*, Bruxelles, Bruylant/AUF, 2001, p. 765.

[318] J. CHEVALLIER, "L'obligation en droit public", *Archives de philosophie du droit*, vol. 44 (2000), p. 179.

[319] H. KELSEN, *Théorie pure du droit*, trad. C. EISENMANN, Paris, Dalloz, 1962, pp. 4-23. J. CARBONNIER estime pour sa part que l'obligation juridique est l'expression de la puissance normative du droit, attachée à l'existence d'une sanction. Pour plus de développement, voir J. CARBONNIER, *Droit civil: Les obligations*, t. 4, Paris, PUF, 21e éd., 1978, pp. 25-30.

[320] CHEVALLIER, *supra* note 12, p. 180. L'expression *vinculum iuris* a traversé les siècles. Mais cette formule utilisée pour désigner le lien de droit vient, nous semble-t-il, des *institutes* de justinien où l'on peut lire: "l'obligation est un lien de droit (*vinculum iuris*) par la rigueur duquel nous sommes astreints (*adstringimur*) à exécuter une prestation (*alicuius solvendae rei*) conformément au droit de notre cité".

[321] L.-A. SICILIANOS, "Classification des obligations et dimension multilatérale de la responsabilité internationale", in: P.-M. DUPUY (dir.), *Obligations multilatérales, droit impératif et responsabilité internationale des États*. Colloque international de Florence, Paris, Pedone, 2003, p. 62.

[322] R. AGO, "Deuxième rapport sur la responsabilité des Etats", *ACDI*, vol. II (1970), p. 62.

[323] *ACDI*, vol. II (1976), 2e partie, p. 70.

[324] Anzilotti, RGDIP, p. 14.

[325] Dupuy, Fait générateur, p. 30.

[326] Dans les systèmes de droit de tradition romano-germanique l'illicite extracontractuel comprend les délits et les quasi-délits. Dans la Common Law, le terme normalement employé pour désigner un fait illicite extracontractuel est celui de "tort", tandis que pour un fait illicite contractuel

on parle plutôt de "breach of contract".

[327] Pour une analyse de l'abondante littérature sur le crime international, voir notamment Dupuy, "L'unité de l'ordre...", note 704.

[328] Ago, "Le délit international", p. 525. Pour Anzilotti, au contraire, "c'est là le seul effet que les normes internationales, constituées par les promesses réciproques des États, peuvent attacher au fait illicite, tandis que dans les organisations étatiques, où les rapports également entre les associés et la collectivité sont la matière de normes juridiques, l'illicite peut déterminer deux relations distinctes: entre l'auteur de l'acte ou mieux entre celui auquel l'acte est imputé par la norme et le sujet lésé; entre l'auteur de l'acte et la collectivité personnifiée dans l'État. D'où la distinction entre la responsabilité civile et la responsabilité pénale, entre les dommages-intérêts et la peine; distinction inconnue, et même qui répugne au droit international". D. Anzilotti, Cours de droit international, trad. Gilbert Gidel, Sirey, Paris, 1929, pp. 467-468.

[329] Doc. A/C.6/38/SR.17, par. 67.

[330] Doc. A/CN.4/488, p. 58

[331] Article 52. — Conséquences spécifiques
"Lorsqu'un fait internationalement illicite commis par un État est un crime international: a) le droit d'un État lésé d'obtenir la restitution en nature n'est pas soumis aux limitations énoncées aux alinéas c et d de l'article 43; b) le droit d'un État lésé d'obtenir satisfaction n'est pas soumis à la restriction prévue au paragraphe 3 de l'article 45".
Article 53. — Obligations incombant à tous les États
"Un crime international commis par un État fait naître pour chaque autre État l'obligation: a) de ne pas reconnaître comme licite la situation créée par le crime; b) de ne pas prêter aide ou assistance à l'État qui a commis le crime pour maintenir la situation ainsi créée; c) de coopérer avec les autres États pour exécuter les obligations énoncées aux alinéas a et b; et d) de coopérer avec les autres États pour appliquer les mesures visant à éliminer les conséquences du crime".

[332] E. Wyler, "Du 'crime d'Etat' a la responsabilité pour 'violation graves d'obligations découlant de normes impératives du droit international général'", in: P.-M. Dupuy (dir.), Obligations multilatérales, droit impératif et responsabilité internationale des Etats, Paris, Pedone, 2003, p. 118.

[333] Chapitre III du texte de 2001. Pour une analyse de l'évolution des conséquences tirées de l'existence d'un crime, voir notamment Brigitte Stern, "La responsabilité internationale des Etats. Perspectives récentes", CEBDI, vol. VII (2003), pp.694-698.

[334] Pour la critique, voir notamment Alain Pellet, "Remarques sur une révolution inachevée. Le projet d'articles de la CDI sur la responsabilité des

Etats", *AFDI*, XLII (1996), pp. 13-16; Linos-Alexandre Sicilianos, pp. 58-62; Stern, pp. 698-701.

[335] Stern, p. 699.

[336] Affaire du génocide bosniaque, CIJ Recueil 2007, paras. 377-415. Pour une analyse doctrinale, voir notamment Hervé Ascencio, "La responsabilité selon la Cour internationale de Justice dans l'affaire du génocide bosniaque", RGDIP, 2007-2, pp. 285-304; Philippe Weckel, "L'arrêt sur le génocide: le souffle de l'avis de 1951 n'a pas transporté la Cour", RGDIP, 2007-2, pp. 305-

[337] Les italiques sont ajoutés.

[338] Pour une analyse jurisprudentielle du fait illicite continu, voir notamment l'affaire *phosphates du Maroc*, CPJI, Recueil, série C 84; Conséquences juridiques pour les Etats de la présence continue de l'Afrique du Sud en Namibie, Avis consultatif, CIJ Recueil, 1971, par 118; *Personnels diplomatiques et consulaires des Etats-Unis à Téhéran*, paras. 76-77. Voir également, Dupuy, "fait générateur...", pp. 28-60; Eric Wyler, Giovanni Distefano, pp. 1-53.

[339] CDI, commentaires de l'article 15 du texte de 2001, p. 154. J. Salmon, "Le fait étatique complexe: une notion contestable", A.F.D.I., vol. XXVIII (1982), p. 709; Distefano, Wyler

[340] ACDI, 1976, vol. II, 1ere partie, p. 24, par. 65.

[341] CDI, commentaires à l'article 15, p. 156. Pour une analyse critique de cette démarche de la CDI, voir notamment Dupuy, "Fait générateur", pp. 46-51.

[342] Ago, "Le délit international", p. 514

[343] Distefano, p. 35.

[344] ACDI, 1977,1, par. 11, pp. 250-251, Dupuy, "Fait générateur", p. 46.

[345] Abi-Saab, "Cour général de droit international public", RCADI, vol. 207 (1987-VII), p. 29.

[346] Selon Ago, la CDI s'est normalement consacrée, dans ses projets précédents, "à la définition des règles du droit international qui, dans un secteur ou dans un autre des relations interétatiques, imposent aux États des obligations déterminées et qui dans un certain sens peuvent se définir comme primaires. Cela, par opposition aux autres règles qui couvrent précisément le domaine de la responsabilité, et qui peuvent se définir comme 'secondaires' en tant qu'elles s'attachent à déterminer les conséquences d'un manquement aux obligations établies par les premières". Troisième rapport sur la responsabilité des États de R. Ago, A/CN.4/246, 1971, par. 15.

[347] Dupuy, "Fait générateur", p. 43.

[348] Pour une analyse approfondie de ces deux types d'obligations, voir notamment C. Tomuschat, "Obligations Arising for States without or

against their Will", RCADI, vol. 241 (1993-IV), pp. 195-374; Dupuy, "L'obligation en droit internationale", Archives de philosophie du droit, vol. 44 (2000), pp. 217-231.

[349] Dupuy, "Fait générateur", p. 43.

[350] René Demogue, *Traité des obligations en général*, tome V, Paris, Rousseau et Cie, 1925, n° 1237, pp. 536-544. Comme l'affirme un auteur, "c'est à Demogue que revient l'honneur d'avoir attiré l'attention du monde juridique sur une classification des obligations, qui aujourd'hui est devenue classique". Roger Nerson, "Préface", in: Joseph Frossard, *La distinction des obligations de moyens et des obligations de résultat*, Paris, LGDJ, 1965.

[351] Demogue, p. 538. Les italiques sont ajoutés.

[352] Joseph Frossard, *La distinction des obligations de moyens et des obligations de résultat*, Paris, LGDJ, 1965, p. 2.

[353] Demogue, p. 542.

[354] Ibid., pp. 3-9.

[355] Dupuy "Fait générateur", p. 47; Wyler, L'illicite et la condition des personnes privées, p. 25.

[356] H. Triepel, " Les rapports entre le droit interne et le droit international", RCADI, vol. 1 (1923-I), p. 110.

[357] Anzilotti, p. 26.

[358] ACDI, vol. II (1977), 2e partie, par. 8. Dans le même sens, voir Ago, "Le délit international", pp. 508-509.

[359] Il s'agit notamment de l'affaire de *la Mariposa Development Co (Etats-Unis c. Panama)*, RSA, vol. VI (1926), pp. 340 ss; de l'affaire relative à *Certains intérêts allemands en Haute-Silésie polonaise*, (fond), arrêt CPJI, Série A, n°7, 1926, pp. 3 ss; affaire De Becker; affaire de l'ELSI....

[360] Voir notamment Combacau, Wyler, pp. 21-33; Dupuy "Fait générateur", pp. 46-51.

[361] Cet article stipule dans son alinéa 2 que: "L'État accréditaire a l'obligation spéciale de prendre toutes mesures appropriées afin d'empêcher que les locaux de la mission ne soient envahis ou endommagés, la paix de la mission troublée ou sa dignité amoindrie".

[362] CIJ, par. 430.

[363] Ibid.

[364] D. ANZILOTTI, *Cours de droit international*, trad. G. GIDEL, Paris, Sirey, 1929; et son célèbre article "La responsabilité internationale des États... ", *supra* note 64.

[365] Voir notamment E. J. DE ARÉCHAGA, "International Law in the Past Third of a Century", *RCADI*, vol. 159 (1978-I), pp. 1-344; R. Y. JENNINGS, "General Course on Principles of International Law", *RCADI*, vol. 121

(1967-II), pp. 323-605; G. SALVIOLI, "Les règles générales de la paix", *RCADI*, vol. 46 (1933-IV), pp. 1-164; G. SCHWARZENBERGER, "The Fundamental Principles of International Law", *RCADI*, vol. 87 (1955-I), pp. 191-385; M. BOURQUIN, " Règles générales du droit de la paix", *RCADI*, vol. 35 (1931-I), pp. 1-232; KELSEN, *Principles of International Law, supra* note 164, 1966; I. BROWNLIE, *System of the Law of Nations*. Part I: *State Responsibility*, Oxford, Clarendon, 1983; P. GUGGENHEIM, "Les principes de droit international public", *RCADI*, vol. 80 (1952-I), pp. 1-189.

[366] DUPUY, "Fait générateur...", *supra* note 262, p. 29.

[367] ANZILOTTI, "La responsabilité internationale des Etats...", *supra* note 64, p. 14.

[368] Sur la notion d'unité de la théorie de la responsabilité, voir notamment B. STERN, "La France et le droit de la responsabilité des États", in: G. CAHIN, S. SZUREK (dir.), *La France et le droit international*, Paris, Pedone, 2007, pp. 169-195; B. STERN, "La responsabilité internationale des États: perspectives récentes", *Cursos Euromediterráneos Bancaja de derecho internacional,* vol. 7 (2003), pp. 645-722; AGO, "Deuxième Rapport sur La responsabilité des États", *ACDI*, vol. II (1970), pp. 193-194, paras. 15-19.

[369] DUPUY, "Fait générateur...", *supra* note 262, p. 29.

[370] R. AGO, "Troisième rapport sur la responsabilité des Etats", *ACDI*, vol. II (1970), 1e partie, p. 222, par. 43.

[371] Affaire relative à *l'application de la convention pour la prévention et la répression du crime de génocide* (Bosnie-Herzégovine c. Serbie-et-Monténégro), arrêt, CIJ, Recueil 2007, p. 136, par. 379. La CPJI a, dans l'affaire des *Phosphates du Maroc*, expressément lié la naissance d'une responsabilité internationale à l'existence "d'un acte imputable à l'État et décrit comme contraire aux droits conventionnels d'un autre État". *Phosphates du Maroc, exceptions préliminaires*, arrêt, CPJI, série A/B n° 74, 1938, p. 10. Voir également dans le même sens *Projet Gabčíkovo-Nagymaros (Hongrie/Slovaquie)*, arrêt, CIJ Recueil 1997, p. 54, par. 78.

[372] *Personnel diplomatique et consulaire des Etats-Unis à Téhéran*, arrêt, CIJ Recueil 1980, p. 29, par. 56.

[373] *Colons allemands en Pologne*, avis consultatif, CPJI, série B n° 6, 1923, p. 22.

[374] Affaire du *Personnel diplomatique*, *supra* note 276, p. 29, par. 58.

[375] *Ibid.*, par. 61.

[376] Affaire *du génocide bosniaque*, *supra* note 275, p. 137, par. 382.

[377] *Ibid.*

[378] *Ibid.,* par. 383.

379 "It is generally recognized under principles of international law that a government is not responsible for injuries caused by private persons to aliens unless it can be shown that the respondent government has failed to exercise reasonable care to prevent such injuries in the first instance, or it has failed to take suitable steps to punish the offenders", M. M. WHITEMAN, *Digest of International Law*, Washington, 1967, vol. 8, p. 738.

380 Les délits publics par opposition aux délits privés sont ceux qui sont considérés comme lésant les intérêts de la cité toute entière qu'ils affaiblissent ou sur laquelle ils attirent la colère des dieux. Ce sont notamment le sacrilège, la trahison ou la désertion.

381 ANZILOTTI, *Cours de droit international*, *supra* note 268, p. 485. Pour une analyse de la vengeance privée au Moyen Age, voir notamment l'excellente recherche de H. S. MAINE, *Ancient Law, its Connection with the Early History of Society, and its Relation to Modern Ideas*, London, John Murray, 1920, pp. 123-183. Sa conception de la société est à tout point celle de la Cité d'Aristote. Voir aussi, F. PARISI, *Liability for Negligence and Judicial Discretion*, 2ᵉ ed., Berkeley, University of California, 1992, p. 51; J. A. HESSBRUEGGE, "The Historical Development of the Doctrine of Attribution and due Diligence in International Law", *Journal of International Law and Politics*, vol. 36 (2003-2004), p. 280; F. POLLOCK, F. W. MAITLAND, *The History of English Law before the Time of Edward I*, London, Cambridge University Press, 2ⁿᵈ ed., 1968, pp. 48-52; W. ULLMANN, *A History of Political Thought: The Middle Ages*, Harmondsworth, Penguin, 1965, pp. 74-80; P. STEIN, *Roman Law in European History*, Cambridge, Cambridge University Press, 1999, p. 13; F. H. HINSLEY, *Power and the Pursuit of Peace. Theory and Practice in the Relations between States*, Cambridge, Cambridge University Press, 1966, pp. 49-61.

382 A. GENTILI, *De iure belli libri tres*, transl. J. C. ROLFE, The Classics of International Law, Oxford/London, Clarendon/Humphrey Milford, 1933, Livre I, Chap. XIX, pp. 86-92.

383 *Ibid.*, Chap. XX, pp. 93-98.

384 *Ibid.*, Chap. XXI, p. 103.

385 *Ibid.*, p. 99. Il affirme plus loin "a private citizen does not involve the entire community in guilt (...). A state ought not to be punished for a wrong committed by an individual citizen".

386 *Ibid.*, p. 100.

387 H. GROTIUS, *Le droit de la guerre et de la paix*, trad. J. BARBEYRAC, Amsterdam, Pierre de Coup, 1784, Livre II, Chap. XXI, p. 636, par. 2.

388 *Ibid.*

389 *Ibid.*

390 *Ibid.*, p. 637.

391 *Ibid.*, p. 639, par. 3.

392 *Ibid*, p. 509, par. 2.

393 *Ibid.*, p. 510. Pour une analyse de cette idée de Grotius, voir notamment LAUTERPACHT, *Private Law Sources*, *supra* note 133, pp. 135-137.

394 VATTEL, *supra* note 21, Livre II, Chap. VI, p. 312, par. 77.

395 ZANNAS, *supra* note 47, p. 29.

396 *Ibid.*, p. 311, par. 74.

397 R. PHILLIMORE, *A Commentaries upon International Law*, 3rd ed., London, Butterworths, 1879, pp. 316-317

398 FAUCHILLE, *supra* note 22, tome I: *Paix*, p. 527.

399 W. E. HALL, *A Treatise on International Law*, 2nd ed., Oxford, Clarendon Press, 1884, p. 193, par. 65.

400 J. K. BLUNTSCHLI, *Le droit international codifié*, trad. M. C. LARDY, 4e éd., Paris, Guillaumin, 1885, pp. 265-266.

401 La distinction entre responsabilité directe et indirecte, entre *original* and *vicarious responsibility* a été élaborée par OPPENHEIM, *supra* note 34, vol. 1: *Peace*, pp. 198-200.

402 *Activités armées sur le territoire du Congo* (République Démocratique du Congo c. Ouganda), arrêt, CIJ Recueil 2005, pp. 55-56, par. 160. Voir également sur ce point, la jurisprudence de la Cour devenue la référence en matière d'attribution, *Activités militaires et paramilitaires au Nicaragua et contre celui-ci* (Nicaragua c. États-Unis d'Amérique), fond, arrêt, CIJ Recueil 1986, pp. 62-65, paras. 109-115.

403 Dans l'affaire du *Différend relatif à l'immunité de juridiction d'un rapporteur spécial de la Commission des droits de l'homme*, avis consultatif, CIJ Recueil 1999-I, p. 87, par. 62, la Cour a admis que conforment à une règle de droit international bien établie, le comportement de tout organe d'un État doit être regardé comme un fait de cet État.

404 *Ibid.*, p. 60, par. 179.

405 Affaire *du génocide bosniaque*, *supra* note 275, p. 143, par. 401. Pour une critique de la position de la CIJ sur les critères d'attribution, voir notamment H. ASCENSIO, "La responsabilité selon la Cour internationale de Justice dans l'affaire du génocide bosniaque", *RGDIP*, vol. 111 (2007), pp. 285-302.

406 P. WECKEL, "L'arrêt sur le génocide: le souffle de l'avis de 1951 n'a pas transporté la Cour", *RGDIP*, vol. 111 (2007), p. 317. La doctrine du contrôle global développée par le TPIY s'est, nous semble-t-il, appuyée sur la notion de contrôle général développée dans la jurisprudence de la CEDH notamment l'affaire *Loizidou c. Turquie*, (fond), arrêt, CEDH,

Recueil 1996-VI, pp. 2235-2236.

[407] Affaire *du génocide bosniaque, supra* note 275, p. 144, par. 403. Pour une position contraire à la majorité de la Cour, voir notamment l'opinion dissidente du juge Al-Khasawneh, pp. 10-13.

[408] *Ibid.*, p. 145, par. 406.

[409] *Affaire relative à l'usine de Chorzów (demande en indemnité)*, compétence, Arrêt CPJI, série A, 1927, p. 21.

[410] CDI, art. 1 et 2 sur la responsabilité des Etats pour fait internationalement illicite de 2001.

[411] ANZILOTTI, *Cours de droit international, supra* note 268, p. 496. Selon Ago, la question de savoir si l'imputabilité est ou non subordonnée à l'existence d'une faute constitue "l'un des problèmes les plus délicats de tout le domaine étendu du droit international". AGO, "Le délit international", *supra* note 18, p. 476 *in fine*.

[412] *ACDI*, vol. II (1957), p. 138.

[413] AGO, "Le délit international", *supra* note 18, p. 477.

[414] P.-M. DUPUY, "Faute de l'Etat et 'fait internationalement illicite'", *Droits*, vol. 5 (1987), p. 51.

[415] J. CRAWFORD, *Les articles de la CDI sur la responsabilité de l'Etat pour fait internationalement illicite. Introduction, textes et commentaires*, Paris, Pedone, 2003, p. 14.

[416] J. SALMON, "L'intention en matière de responsabilité internationale", in: *Le droit international au service de la paix, de la justice et du développement*. Mélanges Michel Virally, Paris, Pedone, 1991, p. 414. Oliver Diggelmann considère que "The ILC's approach has undeniably ended the debate insofar as the topic is no longer within the scope of the secondary rules". O. DIGGELMANN, "Fault in the Law of State Responsibility – Pragmatism *ad infinitum*?", *GYIL*, vol. 49 (2006), p. 295.

[417] A. BORKOWSKI, P. DU PLESSIS, *Textbook on Roman Law*, 3e éd, Oxford, Oxford University Press, 2005, p. 355. Sur l'influence du droit romain en Europe, voir notamment P. VINOGRADOFF, *Roman Law in Medieval Europe*, 3e éd., Oxford, Oxford University Press, 1961. Sur le droit romain en tant que *ius commune*, voir entre autre H. COING, "The Roman Law as a *ius commune*", *Law Quarterly Review*, vol. 89 (1973), pp. 505- 517. Selon cet auteur, le *ius commune* "was a body of law developed out of the Roman law of Antiquity", p. 505. Les facteurs de cette influence ne sont ni la domination de Rome en Europe et même ailleurs, ni l'immense compilation de Justinien. Pour lui, "The first [en parlant des facteurs] is the development in education: the history of the law schools in the universities of medieval Europe. The second is concerned with the development of State administration in the same period. Thirdly we have to look

at the development of ideas about law in this period", p. 507. Mais étant donné que le *ius commune* dont parle H. Coing avait été invoqué lors d'une affaire franco-britannique concernant la prise d'un navire dénommé 'Ahasvérus' lors de la guerre de 1667 (donc après la doctrine de la seconde scolastique espagnole et surtout la publication du monumental ouvrage de Grotius *De jure Belli ac Pacis* en 1625) on se demande si en réalité il ne s'agissait pas du *jus gentium*, défini justement comme accord tacite entre les nations.

[418] R. VILLERS, *Rome et le droit privé*, Paris, Albin Michel, 1977, p. 429. Sur la construction des différentes institutions romaines et surtout la place de la coutume, voir entre autre H. F. JOLOWICZ, *Roman Foundation of Modern Law*, Oxford, Clarendon Press, 1957, pp. 6-37.

[419] *Ibid.* Sur l'influence du droit romain en droit civil et en *Common Law*, voir entre autre, P. G. STEIN, *The Character and Influence of Roman Civil Law: Historical Essays*, London, Hambledon Press, 1988, pp. 53-71; A. WATSON, *Studies in Roman Private Law*, London, Hambledon Press, 1991, pp. 253-267.

[420] *Ibid.*, p. 41. Sur la notion d'*iniuria* voir aussi D. H. Van ZYL, *History and Principles of Roman Private Law*, Durban/Pretoria, Butterworths, 1983, pp. 343-345; E. CUQ, *Manuel de droit romain*, 2e éd., revue et augmentée, Paris, Plon, 1928, pp. 557-603.

[421] PARISI, *supra* note 285, p. 51. L'italique est de nous.

[422] Ces deux catégories de délits sont des actes illicites sanctionnés d'une peine. Mais les délits publics sont ceux qui sont considérés comme lésant les intérêts de la cité toute entière qu'ils affaiblissent ou sur laquelle ils attirent la colère des dieux. Ce sont notamment le sacrilège, la trahison ou la désertion. Toutefois, certains crimes graves contre les particuliers, comme l'incendie volontaire et l'assassinat, ont été de bonne heure punis par les magistrats. Sur la distinction délits privés, délits publics, voir également T. MOMMSEN, *Droit pénal romain*, Paris, Thorin, 3 vols., 1907; P. F. GIRARD, *Manuel élémentaire de droit romain*, 7e éd., Paris, Rousseau et Cie, 1924, pp. 409-411. Ce dernier auteur estime que "les peines corporelles ou pécuniaires que les délits publics entrainent, ne profitent pas en principe à leurs victimes et le châtiment en est poursuivi par une procédure spéciale, la procédure criminelle, devant des tribunaux spéciaux, les tribunaux répressifs". La répression des délits privés, dans ce système ancien ou archaïque était donc l'affaire des particuliers voire des familles ou des clans. Cette vengeance privée sur la personne physique du coupable était même prévue par la loi des XII Tables, considérée comme le plus ancien document en matière de délit. Elle réprimait certains actes dommageables à autrui tels la destruction des récoltes, l'incendie d'une

maison. Sur la répression de ces différents types de délits, voire notamment DECLAREUIL, *supra* note 156, p. 217.

[423] La *lex aquilia* selon le Digeste (Dig. 9, 2, 1), est en réalité un plébiscite voté sur la proposition d'un tribun de la plèbe du nom d'Aquilius. La date exacte est, nous semble-t-il mal connue; peut-être entre 286 et 287 avant J.-C. De toute façon, selon J.-H. MICHEL, *Eléments de droit romain à l'usage des juristes, des latinistes et des historiens*, Université libre de Bruxelles, centre de droit comparé et d'histoire du droit, 1998, p. 219, "le caractère archaïque de la *lex aquilia* est rendu évident par le cadre rural qu'elle évoque, par la conception primitive de la causalité qu'elle prend en compte, par l'emploi du terme *damnas* et aussi par la manière dont elle définit le montant dû au propriétaire lésé".

[424] J. GAUDEMET, *Droit privé romain*, 2e éd., Paris, Montchrestien, 2000, p. 282. Sur le contenu de la *lex aquilia*, voir également L. MACKENZIE, *Studies in Roman Law with Comparative Views of the Law of France, England, and Scotland*, Florida, Gaunt and Son, 1915, réimprimé en 1991, pp. 270-272.

[425] GIRARD, *supra* note 326, p. 434.

[426] Institute de Gaius, 3, 219.

[427] R. MONIER, *Manuel élémentaire de droit romain*, tome 2, 5e éd., Paris, Montchrestien, 1954, p. 60.

[428] MICHEL, *Eléments de droit romain*, *supra* note 327, p. 225.

[429] GIRARD, *supra* note 326, p. 434.

[430] R. ZIMMERMANN, *The Law of Obligations. Roman Foundations of the Civilian Tradition*, Oxford, Clarendon Press, 1996, p. 1006. Sur la notion d'*iniuria* et sa répression dans le droit classique, voir notamment CUQ, *supra* note 324, pp. 557-603. Voir également sur ce point J.-L. GAZZANIGA, "Note sur l'histoire de la faute", *Droits*, vol. 5 (1987), pp. 17-28.

[431] MONIER, *supra* note 331, p. 60. Pour PARISI, *supra* note 285, p. 60, dans la période classique, l' "*iniuria datum* came to interpreted as being given with *culpa* or *dolus*. At this time the notion of individual's culpability was gradually added to the objective notion of *iniuria* as basis of liability (…) this development (…) came to more mature elaboration only during the later classical period, and was to achieve its final consolidation by the time of Justinian codification".

[432] *Ibid.* Selon un autre auteur plus récent, "C'est aux auteurs postclassiques ou byzantins (que l'on crédite au passage d'un gout prononcé pour les nuances et classifications sans fin, puisque progrès et complexité marchent main dans la main) que revient d'avoir transformé la responsabilité classique en un système subjectif, basé sur la recherche de l'intention et du comportement effectif de l'agent". R. ROBAYE, "Responsabilité objec-

tive ou subjective en droit romain", *Tijdschrift voor rechtsgeschiedenis*, vol. 58 (1990), p. 346. M. Virally, *La pensée juridique*, Paris, LGDJ, 1998, p. 110, partage cette idée de faute d'abord objective avant d'être subjective. Sur la référence de la *culpa* dans les compilations de justinien, Francesco Parisi nous dit ceci: "The real growth and evolution of the notion of *culpa* may have been – at least partially – obscured by the compilers of Justinian codification. In order to provide the wide range of cases with a common denominator, it is probable that the compilers – interpolating the original sources – added references to *culpa* to cases of liability that had been decided on partially different grounds. In this sense, it is most likely that the compilers of Justinian codification artificially inserted references to *culpa* in places where it was quite unnecessary, and it is believed that they did so in order to tie up the variety of cases and their solutions to a general theory of *culpa*".

[433] Sur le règne de ce grand monarque dont le rêve était la revendication de l'Occident et la restauration intégrale de l'empire à Rome, voir notamment P. Bonfante, *Histoire du droit romain*, trad. J. Carrère, F. Fournier, 3e éd., tome 2, Paris, Sirey, 1928, pp. 52-74.

[434] R.-L. Perret, *De la faute et du devoir en droit international: fondement de la responsabilité*, Zurich, Verlag AG, 1962, p. 24.

[435] Pour une historiographie du droit international, voir notamment: M. Craven *et al.*, *Time, History and International Law*, Leiden, Nijhoff, 2007; C. De Visscher, *Théories et réalités en droit international public*, Paris, Pedone, 4e éd., 1970; A. Dufour *et al.*, *Grotius et l'ordre juridique international*. Travaux du Colloque Hugo Grotius, Genève 10-11 nov. 1983, Genève, Payot, 1985; Grewe, *supra* note 22; Haggenmacher, *supra* note 32; Jouannet, *supra* note 32; M. Koskenniemi, *The Gentle Civilizer of Nations. The Rise and Fall of International Law*, 1870-1960, Cambridge, Cambridge University Press, 2002; E. Nys, *Les origines du droit international*, Bruxelles, Castaigne, 1894; A. Pillet (dir.), *Les fondateurs du droit international. F. de Vitoria, A. Gentilis, F. Suarez, Grotius, Zouch, Pufendorf, Bynkershoek, Wolf, Vattel, de Martens: leurs œuvres, leurs doctrines*, Paris, Giard & Brière, 1904.

[436] C. Maynz, *Eléments de droit romain*, 2e éd., tome 2, Paris, A. Durand, 1859, p. 6.

[437] Monier, *supra* note 331, p. 69. Ulpien reprenant la définition de Labéon, considère que ce prêteur "ne s'est pas contenté de mentionner le dol, mais il a ajouté 'malicieux', puisque les anciens parlaient aussi du bon dol et entendaient par ce mot l'habileté, surtout si l'on manœuvre contre un ennemi ou contre un brigand". Michel, *Eléments de droit romain*, *supra* note 327, p. 235. Selon Aquilius Gallus, "Servius [juriste de profession]

a défini le dol malicieux comme une manœuvre destinée à tromper autrui, quand on simule une chose et qu'on en fait une autre". Dig. 4, 3, 1.

[438] MAYNZ, *supra* note 340.

[439] *Ibid.*

[440] *Ibid.*

[441] *Ibid.*

[442] Cette distinction tripartite a été soutenue par Sir W. JONES, *An Essay on the law of Bailments*, 3ʳᵈ ed., London, Sweet, 1823. Sur ce point voir également MONIER, *supra* note 331, pp. 235-236.

[443] MACKENZIE, *supra* note 328, p. 208; MAYNZ, *supra* note 340, p. 15.

[444] MAYNZ, *supra* note 340, p. 15. Cette idée est soutenue par MACKENZIE, *supra* note 328, p. 208.

[445] *Ibid.*, p. 16. Cet auteur rejette également la distinction opérée notamment par R.-L. Perret qui s'inspire de l'ouvrage de Girard, entre *culpa levis in concreto* et *culpa levis in abstracto*. Car ce ne sont pas des degrés particuliers de la *culpa*.

[446] *Ibid.*, p. 17. Voir aussi ROBAYE, *supra* note 336, p. 349.

[447] ANZILOTTI, *Cours de droit international*, *supra* note 268, p. 497.

[448] Grotius distingue entre *ius gentium primarium et secundarium*. Pour Ernest Nys "le *jus gentium* signifiait, dans un sens large, le droit commun aux peuples civilisés, embrassant le droit public et le droit privé; il signifiait dans le sens étroit les principes régissant les relations du peuple romain envisagé comme un ensemble avec les peuples étrangers envisagés de même". E. NYS, "Introduction", in: *Francisco de Vitoria, De Indis et De Ivre Belli Relectiones*. Transl. J. P. BATE, The Classics of International Law, Carnegie Institution of Washington, 1917, p. 11. Le *ius gentium* était l'ensemble des règles et institutions qui, pour répondre à des besoins communs aux hommes, sont pratiquées par tous les peuples ou presque tous. Pour Gaius, le *ius gentium* se confond avec le droit naturel car, nous dit-il, c'est "le droit établi par la raison entre tous les hommes". Il y a, par contre chez Ulpien, une distinction entre *ius gentium* propre aux hommes et *ius naturale* commun à tous les êtres vivants hommes ou animaux.
A côté du *ius civile* et du *ius gentium*, on avait, à Rome, le *ius feciale* qui était un corps de règles à caractère divin et sacré, nécessaire par exemple pour commencer une guerre, conclure un traité de paix ou même réclamer la réparation d'un tort causé à un romain.

[449] F. RIGAUX, "La liberté de mouvement dans la doctrine du droit des gens", in: V. CHETAIL (ed.), *Mondialisation, migration et droits de l'homme: le droit international en question / Globalisation, Migration and Human Rights: International Law under Review*, Bruylant, Bruxelles, 2007, p.

138. L'anglais J. BENTHAM dans son ouvrage *An Introduction to the Principles of Moral and Legislation* publié en 1789, par un néologisme, remplaça l'expression *Law of nations* par *International Law* qui est devenue depuis, l'expression la plus usitée.

[450] NYS, "introduction", *supra* note 352, p. 18.

[451] La doctrine traditionnelle du *Belum Justum* a été développée par les théologiens-canonistes notamment Saint Thomas d'Aquin dans sa *Summa totius theologiae*, ouvrage devenu manuel de l'enseignement de la théologie au détriment des *Sentences* de Pierre Lombard. Sur la théorie des justes causes de guerre, Saint Thomas reprend dans sa *Somme*, question quarante de la *secunda secundae*, les positions de Saint Augustin contenues dans son maître ouvrage *La Cité de Dieu*. S. T. d'AQUIN, *Somme théologique*, t. 3, Paris, Cerf, 1985, p. 297. Pour une analyse de la philosophie de Saint Thomas, voire entre autre H.-R. FEUGUERAY, *Essai sur les doctrines politiques de Saint Thomas d'Aquin*, Paris, Chamerot, 1857, p. 439.

[452] F. DE VITORIA, *De Indis et De Ivre Belli Relectiones*, Transl. By J. P. BATE, The Classics of International Law, Carnegie Institution of Washington, 1917, p. 170. L'italique est ajouté.

[453] *Ibid.* L'italique est ajouté.

[454] *Ibid.*

[455] GROTIUS, *supra* note 232, p. 415-416.

[456] *Ibid.*, p. 415.

[457] *Ibid.*

[458] *Ibid.*, p. 416.

[459] ZIMMERMANN, *supra* note 334, p. 1032; B. WINIGER, *La responsabilité aquilienne en droit commun. Damnum Culpa Datum*, Genève, Bâle, Munich, Helbing & Lichtenhahn, 2002, p. 55.

[460] GROTIUS, *supra* note 291, Livre II, Chap. XXI, p. 509, par. 1.

[461] WINIGER, *supra* note 363, p. 83. Pour une analyse de l'influence de la théorie de la responsabilité de Grotius sur le droit civil continental, voir notamment R. FEENSTRA, "Grotius's Doctrine of Liability for Negligence: its Origin and its Influence in Civil Law Countries until Modern Codifications", in: E. J. H. SCHRAGE (éd.), *Negligence. The Comparative Legal History of the Law of Torts*, Berlin, Duncker & Humblot, 2001, pp. 129-171.

[462] D'ailleurs, Grotius cite comme source, les travaux des scolastiques, Aristote, Saint Thomas, Cajetan.

[463] WINIGER, *supra* note 363, p. 102. D, 9, 2, 31.

[464] *Ibid.*

[465] Pour une analyse de sa pensée, voir notamment: A. G. DE LAPRADELLE, *Maîtres et doctrines du droit des gens*, Paris, Les éditions internationales,

1939 (2ᵉ éd. 1950); A. PILLET (dir.), *Les fondateurs du droit international. F. de Vitoria, A. Gentilis, F. Suarez, Grotius, Zouch, Pufendorf, Bynkershoek, Wolf, Vattel, de Martens: leurs œuvres, leurs doctrines*, Paris, Giard & Brière, 1904.

[466] PUFENDORF, *supra* note 118, Livre III, Chap. I, 1, p. 268, par. 2.

[467] WINIGER, *supra* note 363, p. 59.

[468] PUFENDORF, *supra* note 118, Livre III, Chap. I, 1, p. 268, par. 3.

[469] ANZILOTTI, *Cours de droit international, supra* note 268, p. 497.

[470] R. PISILLO MAZZESCHI, *"Due diligence" e responsabilità internazionale degli stati*, Milano, Giuffrè, 1989. Cette division tripartite des différentes théories sur la faute avait été élaborée, nous semble-t-il, par BORCHARD, *The Diplomatic Protection of Citizens Abroad, supra* note 64, p. 618. Cet excellent ouvrage sur la protection diplomatique fut réédité en 1927. Pour cet auteur, dans le domaine de la responsabilité internationale des États, "trois théories principales ont obtenu une certaine vogue: la théorie dominante, paraissant insister sur la nécessité de la faute (culpa ou dolus) de la part de l'État ou de ses agents; la théorie d'Anzilotti, demandant simplement une violation du droit international à l'égard d'un étranger et, autrement dit un acte illicite (wrongful) imputable à l'État, qu'une 'faute' soit ou non présente; la théorie de Strupp, supposant seulement un acte illicite en cas de commission (...) mais exigeant la preuve de la faute pour le cas des omissions".

[471] PISILLO MAZZESCHI, "The Due Diligence Rule...", *supra* note 242, p. 11.

[472] *Ibid.* Voir aussi H. ACCIOLY, "Principes généraux de la responsabilité internationale d'après la doctrine et la jurisprudence", *RCADI*, vol. 96 (1959-I), p. 364; ZANNAS, *supra* note 47, p. 29. Pour des passages de Grotius voir GROTIUS, *supra* note 291, Livre II, Chap. XXI, pp. 509-529.

[473] Art. 1ᵉʳ, Résolution de l'IDI sur la Responsabilité internationale des États à raison des dommages causés sur leur territoire à la personne et aux biens des étrangers, Session de Lausanne, 1927.

[474] Annuaire de l'Institut de droit international, vol. 1 (1927), p. 458.

[475] *Ibid.*, p. 470.

[476] OPPENHEIM, *supra* note 34, vol. 1: *Peace*, p. 311. Selon A. CASSESE, la faute constitue "a psychological attitude of the wrongdoer consisting of either 'intention'(the intent to bring about the event resulting from the conduct; for instance, the intent to expel all the nationals of a foreign country in breach of an international treaty), or 'recklessness' (awareness of the risk of the prohibited consequences occurring; for instance, a State puts in place provisional military installations on the high seas, knowing that it may thus jeopardize the freedom of other Stats to fish in that sea

or that those installations may imperil important natural resources)". CASSESE, *International Law, supra* note 191, p. 250-251.

[477] *Ibid.*, vol. 2: *Disputes, War and Neutrality*, p. 753.

[478] PERRET, *supra* note 338, p. 88. Pour une analyse de la *Common Law*, voir notamment J. W. SALMOND, *Law of Torts: a Treatise on the English Law of Liability for Civil Injuries,* London, Sweet & Maxwell, 1936.

[479] ZANNAS, *supra* note 47, p. 43. Voir également J. CHARLESWORTH, *The Law of Negligence*, 2nd ed., London, 1947; F. H. LAWSON, *Negligence in the Civil Law*, Oxford, Clarendon Press, 1950.

[480] *Ibid.* Voir également F. POLLOCK, *Law of Torts: A Treatise on the Principles of Obligations Arising from Civil Wrongs in the Common Law*, 15th ed., London, Stevens & sons, 1951.

[481] Sir R. JENNINGS, Sir A. WATTS, *Oppenheim's International Law*, 9e éd., vol. 1, *Peace*, London, Longman, 1996, pp. 508-509.

[482] *Ibid.*, p. 509.

[483] G. SCELLE, *Précis du droit des gens*, Paris, Sirey, 1932, pp. 1-14.

[484] G. SCELLE, *Manuel élémentaire de droit international public,* Paris, Montchrestien, 1943, p. 683.

[485] *Ibid.*, p. 685. L'italique est ajouté. Certains auteurs ont cependant réfuté l'assimilation pure et simple de la faute à un manquement de l'obligation: "there is no total equation between the concept of "fault" and that of "breach of an international obligation". When State commits a fault in the legal sense, there is always a breach of some international obligation. But the reverse is not necessarily true: a State may violate an international obligation without any such fault having been committed by the State itself or any of its organs. Neither is "fault" to be confused with "wrongfulness"". M. BEDJAOUI, "Responsibility of States: Fault and Strict Liability", *Encyclopedia of Public International Law*, vol. 4 (1987), p. 213.

[486] PERRET, *supra* note 338, p. 82. C'est précisément l'une des raisons pour lesquelles Anzilotti a refusé d'admettre la faute comme condition de la responsabilité de l'État.

[487] *Ibid.*, p. 83.

[488] SCELLE, *Précis, supra* note 387, p. 31.

[489] SCELLE, *Manuel, supra* note 388, p. 684.

[490] PERRET, *supra* note 338, p. 84. Pour une analyse plus approfondie de la théorie administrative française de la faute, voir notamment H. et L. MAZEAUD, *Traité théorique et pratique de la responsabilité civile délictuelle et contractuelle*, 6e éd., Paris, Montchrestien, 1965.

[491] *Ibid.*, p. 685.

[492] *Ibid.*, pp. 681-682.

[493] AGO, "Le délit international", *supra* note 18, p. 485.

[494] Ces auteurs sont notamment FAUCHILLE, *supra* note 22; G. SALVIOLI, "Règles générales du droit de la paix", *RCADI*, vol. 46 (1933-IV), pp. 1-164; G. SALVIOLI, "La responsabilité des États et la fixation des dommages et intérêts par les tribunaux internationaux", *RCADI*, vol. 28 (1929-III), pp. 231-289.

[495] AGO, "Le délit international", *supra* note 18, p. 486.

[496] *Ibid.*, p. 487. Eagleton par exemple, reconnaît que "la majorité des écrivains accepte, dans un sens ou dans l'autre, l'idée que la responsabilité ne peut exister sans faute". EAGLETON, *The Responsibility of State*, *supra* note 64, p. 209. Hersh Lauterpacht soutenait la faute comme condition de la responsabilité. Selon lui, l'Etat n'est responsable que lorsqu'une faute a été commise par l'intermédiaire de ses agents ou organes c'est-à-dire qu'il y ait intention de causer un dommage ou négligence à l'éviter. H. LAUTERPACHT, "Les règles générales de la paix", *RCADI*, vol. 62 (1937-IV), p. 361.

[497] *Ibid.*

[498] *Ibid.*

[499] *Ibid.*, p. 486. Cette idée de la faute subjective a été soutenue par LAUTERPACHT, *Private Law Sources*, *supra* note 133, p. 139. Pour lui "Undoubtedly, the State bears in many cases responsibility for injuries caused by unauthorised acts of its agents, but even in this case its responsibility, apart from being a vicarious one, *i.e* limited to redressing the wrong by way of punishing the offenders or making reparation, is conditioned by the *mens rea* or by negligence of the offending official. And when, as a result of acts and omissions of higher organs, the responsibility of the State becomes directly engaged, it is again clear that neither theoretical considerations nor the practice of States dispense with the requirement of fault".

[500] ANZILOTTI, *Cours de droit international*, *supra* note 268, p. 488.

[501] *Ibid.*, p. 498.

[502] *Ibid.*, p. 499.

[503] *Ibid.*

[504] *Ibid.*

[505] *Ibid.* L'italique est ajouté. Cette vision d'Anzilotti a eu un énorme impact dans la conception de la responsabilité internationale des États. Sur la littérature internationale, voir notamment O. SCHATCHER, *International Law in Theory and Practice*, London, Nijhoff, 1991, p. 203; E. J. DE ARÉCHAGA, A. TANZI, "La responsabilité internationale des États", in: M. BEDJAOUI (éd.) *Droit international: bilan et perspectives*, Paris, Unesco, 1991, pp.367-403; J. VERHOEVEN, *Droit international public*, Bruxelles, Larcier, 2000, pp. 6-7. Pour ce dernier auteur, "la responsabilité se satisfait de

constatation objective du manquement à une obligation internationale (…
) sans que soit pour le reste requis quelque intention méchante ou mobile pervers".

[506] ANZILOTTI, "La responsabilité internationale des Etats…", *supra* note 64, p. 291.

[507] *Ibid.*

[508] LAUTERPACHT, *Private Law Sources, supra* note 133, p. 139.

[509] H. KELSEN, *General Theory of Law and State*, transl. A. WEDBERG, Cambridge, Harvard University Press, 1946, p. 66.

[510] *Ibid.*

[511] C. DE VISSCHER, "Notes sur la responsabilité internationale des Etats et la protection diplomatique d'après quelques documents récents", *RDILC*, vol. 8 (1927), p. 252. Les italiques sont ajoutés.

[512] LAUTERPACHT, *Private Law, supra* note 133, pp. 218-219.

[513] A. GATTINI, "La notion de faute à la lumière du projet de convention de la Commission du Droit International sur la responsabilité internationale", *EJIL*, vol. 3 (1992), p. 254. Pour C. F. AMERASINGHE, *State Responsibility for Injuries to Aliens*, Oxford, Clarendon Press, 1967, p. 45, le fondement de la responsabilité "will vary with the content of the international obligation. This may be a strict basis or the basis of risk in some circumstances, while in others it may involve malice or culpable negligence, or conceivably, malice".

[514] K. STRUPP, *Das völkerrechtliche Delikt*, Berlin, Kohlhommer, 1920, p. 45.

[515] DUPUY, "Le fait générateur…", *supra* note 262, pp. 28-60.

[516] BROWNLIE, *System of the Law of Nations, supra* note 269.

[517] PISILLO MAZZESCHI, "The Due Diligence Rule…", *supra* note 242, p. 11.

[518] BROWNLIE, *System of the Law of Nations, supra* note 269, pp. 44-45. Cet auteur semble soutenir l'idée d'une "objectivation de la notion de diligence" de P. GUGGENHEIM, *Traité de droit international public*, 1ere éd., tome II, Genève, 1954, p. 52. ANZILOTTI lui-même admettait que lorsque l'État a manqué à son devoir de diligence, l'analogie avec la notion traditionnelle de la faute saute aux yeux. ANZILOTTI, *Cours de droit international, supra* note 268, p. 504. C'est aussi la vision de Garcia Amador, premier rapporteur de la CDI sur le thème de la responsabilité des Etats. Combacau soutient cette conception de la faute. Pour lui, "le mot de faute, dans sa plus grande compréhension, ne désigne rien de plus en droit que l'illicéité, pourvu qu'elle soit imputable à son auteur". J. COMBACAU, "Ouverture: L'illicite et le fautif", *Droits*, vol. 5 (1987), p. 5. Georges Perrin conteste cependant cette manière de voir les choses. Il considère qu'un manquement au devoir de diligence – lequel englobe la prévoyance

– implique un élément psychologique, tant il est évident que diligence et prévoyance sont des qualités de l'esprit et que l'absence de ces qualités, la négligence, est un défaut de celui-ci. G. Perrin, "Le problème de la faute dans la responsabilité internationale de l'Etat", in: *Im Dienst an der Gemeinschaft*, Bâle, Verlag Helbing & Lichtenhahn, 1989, p. 130.

[519] Dupuy, "Faute de l'Etat…", *supra* note 318, p. 53.

[520] Dupuy, "Le fait générateur…", *supra* note 262, p. 35. Cela concerne en réalité "la plupart des cas où l'obligation est définie en terme de finalité, mais aussi lorsque l'exercice d'un droit semble avoir été effectué sur la base de motivations incompatibles avec le respect de règles juridiques concurrentes (…) lorsqu'enfin la licéité de l'action étatique sera jugée en fonction de certains standards de normalité, la démonstration du caractère illicite d'un fait imputable à l'État dépendra de la recherche des intentions de ses auteurs".

[521] Schwarzenberger, *International Law*, *supra* note 138, p. 649.

[522] *Affaire de Casablanca* (Allemagne, France), *RSA*, vol. 11 (1909), p. 125.

[523] *Ibid.*, p. 132.

[524] *Home Frontier and Foreign Missionary Society of the United Brethren in Christ* (United States v. Great Britain), *RSA*, vol. 6 (1920), p. 44.

[525] *L'incident de Walwal* (Italie c. Ethiopie), *RSA*, vol. 3 (1935), p. 1667.

[526] *Ibid.*

[527] *Affaire du détroit de Corfou*, arrêt du 9 avril 1949, CIJ Recueil 1949, pp. 20-23. Dupuy conclut alors que, puisque l'Albanie ne pouvait pas ne pas savoir la présence des mines dans ses eaux intérieures et puisqu'elle n'a pas informé les autres Etats maritimes, elle a manifesté par là son intention de nuire, son dolus. Dupuy, "Le fait générateur…", *supra* note 262, p. 35

[528] *Oppenheim's International Law*, *supra* note 385, p. 343. Les italiques sont ajoutés.

[529] *Affaire du détroit de Corfou*, arrêt du 9 avril 1949, CIJ Recueil 1949, p. 18.

[530] *Ibid.*, opinion dissidente du juge Krylov. Le juge Badawi Pacha, dans son opinion dissidente, soutient explicitement, lui aussi, cette position: "le droit international ne connaît pas la responsabilité objective, basée sur la notion de risque que certaines législations nationales ont adoptée. En effet, l'évolution du droit international et le degré de développement de la notion de coopération internationale ne permettent pas de considérer que cette étape a pu être franchie ou est près de l'être. Il faut donc établir une obligation internationale à la charge de l'Albanie dont le manquement lui serait imputable et serait la cause de l'explosion". Mais dans son argumentation, il reconnaît implicitement que l'absence de *due diligence* n'est pas une *culpa*, mais le manquement à un devoir international; ce qui

rejoint la thèse d'Anzilotti. Pour une critique de cette interprétation de l'arrêt de la Cour, voir notamment CHENG, *supra* note 138, pp. 231-232 surtout sa note 44; G. HANDL, "Liability as an Obligation Established by a Primary Rule of International Law: Some Basic Reflections on the International Law Commission's work", *Netherlands Yearbook of International Law*, vol. 16 (1985), pp. 49-79; G. HANDL, "International Liability of States for Marine Pollution", *The Canadian Yearbook of International Law*, vol. 21 (1983), pp. 85-117; G. HANDL, "Balancing of Interests and International Liability for the Pollution of International Watercourses: Customary Principles of Law Revisited", *The Canadian Yearbook of International Law*, vol. 13 (1975), pp. 156-194; I. BROWNLIE, "State Responsibility and the International Court of Justice", in: M. FITZMAURICE, D. SAROOCHI (éd.), *Issues of State Responsibility before International Judicial Institutions*, Oxford/Portland Oregon, Hart, 2004, p. 12.

[531] *Affaire du détroit de Corfou*, arrêt du 9 avril 1949, CIJ Recueil 1949, p. 22.

[532] *Ibid.* L'affaire des *indemnités russe* entre la Turquie et la Russie est souvent citée comme allant dans le sens d'une responsabilité subjective. *Affaire des indemnités russes* (Empire Russe c. Empire Ottoman), CPA, Sentence du 11 novembre 1912. D'autres affaires notamment *Elisabeth Caldenhead* (Grande-Bretagne c. Etats-Unis d'Amérique), *RSA*, vol. 6 (1914), pp. 40-41, où la responsabilité de l'Etat n'a pas été reconnue du fait de l'absence de *dolus* ou de la *culpa*; *l'affaire James Pugh* (Grande-Bretagne c. Panama), *RSA*, vol. 3 (1933), pp. 1439-1453, qui a exclu la faute parce qu'il n'y a pas eu intention ou négligence, sont tous des cas dans lesquels le principe de la faute a été retenu.

[533] Sur ce point, voir entre autre: E. M. BORCHARD, *les principes de la protection diplomatique des nationaux à l'étranger*, Lugduni Batavorum, Brill, 1925, pp. 224-225; BROWNLIE, *Principles*, *supra* note 138, 6e éd., 2003, chap. 21; GUGGENHEIM, *Traité, supra* note 422, p. 52; J. BASDEVANT, "Règles générales du droit de la paix", *RCADI*, vol. 58 (1936-IV), pp. 670-675; CHENG, *supra* note 138, pp. 218-232; O. SCHACHTER, "International Law in Theory and Practice. General Course in Public International Law", *RCADI*, vol. 178 (1982-V), pp. 189-190; C. ROUSSEAU, *Droit international public,* Tome 5: *Les rapports conflictuels*, Paris, Sirey, 1983, pp. 14-27; E. J. DE ARÉCHAGA, "International Law in the Past Third of a Century", *RCDAI*, vol. 159 (1978-I), pp. 269-271; GATTINI, *supra* note 417.

[534] *Projet Gabčíkovo-Nagymaros*, compromis du 7 avril 1993, article 2, par 1 (a). Voir également *Phosphates du Maroc, exceptions préliminaires*, arrêt, CPJI Recueil, Série A/B, 1938, p. 28. Dans cette affaire, la Cour a admis quelégué par le gouvernement italien, la Cour ne peut pas voir un

élément générateur du différend actuel. Dans sa requête, le gouvernement italien a présenté la décision du Service des Mines comme un fait illicite international, parce que cette décision aurait été inspirée par la volonté d'écarter la mainmise étrangère, et qu'elle constituerait de ce chef la violation des droits acquis placés sous la sauvegarde des conventions internationales. S'il en était ainsi, c'est dans cette décision qu'il faudrait voir la violation parfaite du droit international, violation qui engagerait par elle-même et immédiatement la responsabilité internationale. *S'agissant d'un acte imputable à l'Etat et décrit comme contraire aux droits conventionnels d'un autre Etat,* la responsabilité internationale s'établirait directement dans le plan des relations entre ces Etats. En pareil cas, le prétendu déni de justice constitué soit par une carence de l'organisation judiciaire, soit par le refus de recours administratifs ou extraordinaires destinés à y suppléer, ne peut que laisser subsister le fait illicite. Il n'exerce aucune influence ni sur la consommation, ni sur la responsabilité qui en dérive". L'italique est ajouté.

[535] *Projet Gabčíkovo-Nagymaros* (Hongrie/Slovaquie), arrêt, CIJ Recueil 1997, p. 82, par. 155.

[536] *Personnel diplomatique et consulaire des Etats-Unis à Téhéran*, arrêt, CIJ Recueil 1980, p. 3.

[537] *Ibid.*, pp. 29-30, par. 56. Voir également affaire de la *Dickson Car Wheel Company* (USA v. United Mexican States), *RSA*, vol. 4 (1931), p. 678.

[538] *Affaire du vapeur Wimbledon*, CPJI, série A, n°1, Recueil 1923.

[539] PERRIN, *supra* note 422, p. 134.

[540] *Affaire Chattin* (USA v. United Mexican States), *RSA*, vol. 4 (1927), pp. 282-312.

[541] *Affaire Jean-Baptiste Caire* (France v. United Mexican States), *RSA*, vol. 5 (1929) pp. 529-531. Le président de la Commission épouse la position de Bourquin selon laquelle "(...) la responsabilité internationale de l'État a un caractère purement *objectif* et qu'elle repose sur une idée de *garantie*, où la notion subjective de faute ne joue aucun rôle", p. 530. Dans le même sens, voire également *Affaire Chevreau* (France c. Royaume-Uni), *RSA*, vol. 2 (1931), pp. 1113-1143; *Affaire Neer* (USA v. United Mexican States), *RSA*, vol. 4 (1926), p. 61-62; *Affaire Robert* (USA v. United Mexican States), *RSA*, vol. 4 (1926), p. 80.

[542] SCHWARZENBERGER, *International Law, supra* note 138, pp. 649-650.

[543] Pour un aperçu historique du travail de la CDI et un examen des différents rapports, voir notamment CRAWFORD, *supra* note 319, pp. 1-5.

[544] *Ibid.*, p. 71.

[545] BROWNLIE, *Principles, supra* note 138, p. 425.

[546] GATTINI, *supra* note 417, p. 281.

[547] Sur la question du critère 'global' ou 'effectif', voir *Activités militaires et paramilitaires au Nicaragua et contre celui-ci* (Nicaragua c. États-Unis d'Amérique), fond, arrêt, CIJ Recueil 1986, p. 51, par. 86; Affaire IT-94-1, *Le Procureur c. Tadić*, arrêt, TPIY, *ILM*, vol. 38 (1999), p. 1518. Pour l'arrêt de la Chambre de première instance (1997), voir *ILR*, vol. 112, p. 1. Voir aussi *Application de la convention pour la prévention et la répression du crime de génocide* (Bosnie-Herzégovine c. Serbie-et-Monténégro), CIJ, arrêt du 26 février 2007, paras. 425-450 et l'importante opinion dissidente du vice-président Al-Khasawneh.

[548] Voir l'art. 16 et 17 du texte de la CDI.

[549] CDI, Commentaires de l'article 16.

[550] Pour une analyse doctrinale de la notion de complicité, voir notamment: J. QUIGLEY, "Complicity in International Law: A New Direction in the Law of State Responsibility", *BYBIL*, vol. 57 (1986), pp. 77-132; J. E. NOYES, B. D. SMITH, "State Responsibility and the Principle of Joint and Several Liability", *Yale Journal of International Law*, vol. 13 (1988), pp. 225-267; B. GRAEFRATH, "Complicity in the Law of International Responsibility", *Revue belge de droit international*, vol. 29 (1996) pp. 370-380; J. L. BRIERLY, "The Theory of Implied State Complicity in International Claims", *BYBIL*, vol. 9 (1928), pp. 42-49.

[551] E. WYLER, *L'illicite et la condition des personnes privées. La responsabilité internationale en droit coutumier et dans la convention européenne des droits de l'homme*, Paris, Pedone, 1995, p. 188. Pour la distinction entre circonstances excluant l'illicéité et circonstance excluant la responsabilité, voir notamment R. AGO, "Huitième rapport sur la responsabilité des États", *ACDI*, vol. II (1979), 1e partie, pp. 3-69; P. CAHIER, "Changements et continuité du droit international. Cours général de droit international public", *RCADI*, vol. 195 (1985-VI), pp. 288-290; J. SALMON, "Les circonstances excluant l'illicéité", in: *Responsabilité internationale: Cours et Travaux*, Paris, Pedone, 1987, pp. 89-235; AGO, "Le délit international", *supra* note 18, pp. 532-533.

[552] Art. 23 du texte final de l'ensemble d'article de la CDI.

[553] R. AGO, ""Force majeure" et "cas fortuit" en tant que circonstances excluant l'illicéité: pratique des États, jurisprudence internationale et doctrine", *ACDI*, vol. II (1978), p. 66. par. 13.

[554] R. HIGGINS, *Problems and Process. International Law and How we Use It*, Oxford, Clarendon Press, 1994, p. 161.

[555] G. ARANGIO-RUIZ, "Deuxième rapport sur la responsabilité des États", A/CN.4/425 & Corr.1 and Add.1 & Corr.1, 1989,

[556] G. ARANGIO-RUIZ, "State fault and the Forms and Degrees of International Responsibility: Questions of Attribution and Relevance", in: *Le*

droit international au service de la paix, de la justice et du développement, Mélanges Michel Virally, Paris, Pedone, 1991, p. 25.

[557] GATTINI, *supra* note 417; BROWNLIE, *System of the Law of Nations*, *supra* note 269, pp. 45-46.

[558] *Ibid.*, p. 283.

[559] *Affaire Laura M. B. Janes* (Etats-Unis/Mexique), *RSA*, vol. IV (1925), pp. 82-98. Pour un commentaire de cette affaire, voir entre autres E. M. BORCHARD, "Important Decision of the Mixed Claims Commission United States and Mexico", *AJIL*, vol. 21 (1927), pp. 516-522; C. EAGLE-TON, "Measure of Damages in International Law", *Yale Law Journal*, vol 39 (1929-1930), pp. 52-75.

[560] *Affaire Venable* (Etats-Unis/Mexique), *RSA*, vol. 4 (1927), pp. 219-261.

[561] *Ibid.*, p. 224. L'italique est ajouté.

[562] L'italique est de nous. Sur l'impact de la faute de la victime, voir notamment D. J. BEDERMAN, "Contributory Fault and State Responsibility", *Virginia Journal of International Law*, vol. 30 (1989-1990), pp. 335-369.

[563] CDI, Commentaires, art. 39 sur la responsabilité des Etats, *ACDI*, vol. II (2001-2), p. 296.

[564] *LaGrand* (Allemagne c. États-Unis d'Amérique), arrêt, CIJ Recueil 2001, p. 466. Pour la doctrine, Voir notamment, G. PALMISANO, "Les causes d'aggravation de la responsabilité des États et la distinction entre 'crimes' et 'délits' internationaux", *RGDIP*, vol. 98 (1994),pp. 629-674; B. GRAEFRATH, "Responsibility and Damage Caused: Relations between Responsibility and Damages", *RCADI*, vol. 185 (1984-II), p. 95; B. B. STERN, *Le préjudice dans la théorie de la responsabilité internationale*, Paris, Pedone, 1973, pp. 265-300; C. D. GRAY, *Judicial Remedies in International Law*, Oxford, Clarendon Press, 1990, p. 23; G. PALMISANO, "Fault", *The Max Planck Encyclopedia of Public International Law*, Oxford University Press, 2010, édition en ligne, [www.mpepil.com], dernière visite mars 2010.

[565] *Ibid.*, p. 487, par. 57.

[566] *Ibid.*, p. 508, par. 116.

[567] *Ibid.* Dans l'affaire du *Chemin de fer de la baie de Delagoa* (Grande-Bretagne, États-Unis/Portugal), les arbitres avaient conclu que: "toutes ces circonstances qui peuvent être alléguées à la charge de la compagnie concessionnaire et à la décharge du Gouvernement portugais atténuent la responsabilité de ce dernier, et justifient (...) une réduction de la réparation à allouer". MOORE, *International Arbitrations*, vol. 2 (1900), p. 1865.

[568] Art. 53 de la convention de Vienne sur le droit des traités.

[569] CDI, Commentaire, art. 40 sur la responsabilité des Etats, *ACDI*, vol. II (2001-2), p. 303.

[570] Dupuy, "Faute de l'Etat...", *supra* note 318, p. 56.

[571] *Application de la convention pour la prévention et la répression du crime de génocide* (Bosnie-Herzégovine c. Serbie-et-Monténégro), arrêt, CIJ Recueil 2007, par. 385: "La première de ces deux questions [l'impu-tabilité] renvoie à la règle bien établie, et qui constitue l'une des pierres angulaires du droit de la responsabilité internationale, selon laquelle le comportement de tout organe de l'État est considéré comme un fait de l'État selon le droit international, et engage par suite la responsabilité dudit État s'il constitue une violation d'une obligation internationale qui s'impose à ce dernier. Cette règle, qui relève du droit international cou-tumier, est énoncée à l'article 4 de la CDI sur la responsabilité de l'État (...)".

[572] D. M Evans, *International Law*, Oxford, Oxford University Press, 2003, p. 460.

[573] Perrin, *supra* note 422, p. 136. Voir également Dupuy, "Faute de l'Etat...", *supra* note 318, p. 55.

[574] Ago, "Le délit international", *supra* note 18, p. 498.

[575] Brownlie, *Principles*, *supra* note 138, p. 438. Les italiques sont ajou-tés.

[576] Pisillo Mazzeschi, "Responsabilité de l'Etat...", *supra* note 6, p. 187.

[577] *Ibid.* Voir également A. Gattini, "Breach of the Obligation to Prevent and Reparation thereof in the ICJ's Genocide Judgment", *EJIL*, vol. 18 (2007), pp. 695-713.

[578] Pour une analyse de cette distinction, voir notamment Dean Spielmann, "Obligations positives et effet horizontal des obligations de la conven-tion", in: Frédéric Sudre (dir.), *L'interprétation de la Convention euro-péenne des droits de l'homme:* actes du colloque des 13 et 14 mars 1998 organisé par l'Institut de droit européen des droits de l'homme, Faculté de droit de l'Université de Montpellier I, 1998, pp. 133-174.

[579] Sur ce point, voir notamment Olivier De Schutter, *International Human Rights Law*, Cambridge, Cambridge University Press, pp. 365-460.

[580] *Application de la convention pour la prévention et la répression du crime de génocide* (Bosnie-Herzégovine c. Serbie-et-Monténégro), arrêt, CIJ Recueil 2007, p. 155, par. 432.

[581] L'affaire *Plattform "Ärzte für das Leben" contre Autriche,* CEDH, arrêt du 21 juin 1988, par. 32. Voir également l'arrêt *X et Y contre Pays-Bas* du 26 mars 1985, série A n° 91, p. 11, § 23

[582] Ibid., par. 33.

[583] Ibid., par. 34. Voir également dans le même sens, les arrêts *Abdulaziz, Cabales* et *Balkandali* du 28 mai 1985, série A n° 94, pp. 33-34, § 67, et *Rees* du 17 octobre 1986, série A n° 106, pp. 14-15, §§ 35-37.

[584] ARISTOTE, *La métaphysique*, trad. J. Tricot, tome 1, A, 2, p. 16, par. 982 b.

[585] V. LOWE, "The Politics of Law-making: Are the Method and Character of Norm Creation Changing?", in: M. BYERS (ed.), *The Role of Law in International Politics*, Oxford, Oxford University Press, 2000, p. 216; A. BIANCHI, "Looking Ahead: International Law's Main Challenges", in: D. ARMSTRONG (ed.), *Routledge Handbook of International Law*, New York, Routledge, 2009, p. 400.

[586] PISILLO MAZZESCHI, "Responsabilité de l'Etat...", *supra* note 6, p. 284.

[587] A. CASSESE, *Diritto internazionale*, t. 2: *Problemi della comunità internazionale*, Bologne, 2004, pp. 83-84. Cité par PISILLO MAZZESCHI, "Responsabilité de l'Etat...", *supra* note 6, p. 198.

Bibliographie indicative

I. SOURCES

1. TRAITÉS INTERNATIONAUX

Accord de Paris sur le climat. Paris, 12 décembre 2015. *RTNU*, n° 54113.

Protocole portant amendement de la Convention relative aux infractions et à certains autres actes survenant à bord des aéronefs, Montréal, 4 avril 2014.

La Convention sur la répression des actes illicites dirigés contre l'aviation civile internationale, Pékin, 10 septembre 2010.

Le Protocole additionnel à la Convention de Pékin pour la répression de la capture illicite d'aéronefs, Pékin, 10 septembre 2010.

Convention du Conseil de l'Europe sur la prévention du terrorisme. Varsovie, 16 mai 2005. *Série des traités du Conseil de l'Europe* – n° 196.

Convention internationale pour la répression des actes de terrorisme nucléaire. Assemblée générale des Nations Unies, 13 avril 2005. *RTNU*, vol. 2445, n° I-44004.

Protocole à la Convention de l'OUA sur la prévention et la lutte contre le terrorisme. Addis-Abeba, 8 juillet 2004. *RTNU*, vol. 2705, n°I-39464.

Convention africaine pour la conservation de la nature et des ressources naturelles. Maputo, 11 juillet 2003. *RTNU*, vol. 1001, n°I-14689.

Protocole à la Convention sur l'évaluation de l'impact sur l'environnement dans un contexte transfrontière, relatif à l'évaluation stratégique environnementale. Kiev, 21 mai 2003. *RTNU*, vol. 1989, n° NEW-34028.

Convention de Stockholm sur les polluants organiques persistants. Stockholm, 22 mai 2001. *RTNU*, vol. 2256, n° I-40214.

Convention des Nations Unies contre la criminalité transnationale organisée. New York, 15 novembre 2000. *RTNU*, vol. 2225, n° I-39574.

Protocole de Cartagena sur la prévention des risques biotechnologiques relatif à la Convention sur la diversité biologique. Montréal, 29 janvier 2000. *RTNU*, vol. 2226, n° I-30619.

Protocole sur la responsabilité et l'indemnisation en cas de dommages résultant de mouvements transfrontières et de l'élimination de déchets dangereux. Bâle, 10 décembre 1999. *RTNU*, n° NIF 28911.

Convention internationale pour la répression du financement du terrorisme. Assemblée générale des Nations Unies, 9 décembre 1999. *RTNU*, vol. 2178, n° I-38349.

Convention de l'OUA sur la prévention et la lutte contre le terrorisme. Alger, 14 juillet 1999. *RTNU*, vol. 2219, n° I-39464.

Protocole sur l'eau et la santé. Londres, 17 juin 1999. *RTNU*, vol. 2331, n° A-33207.

Traité sur la coopération à la lutte contre le terrorisme entre États membres de la Communauté des États indépendants. Minsk, 4 juin 1999. UN Doc. ST/ESA/269.

Convention de Rotterdam sur la procédure de consentement préalable en connaissance de cause applicable dans le cas de certains produits chimiques et pesticides dangereux qui font l'objet du commerce international. Rotterdam, 10 septembre 1998. *RTNU*, vol. 2244, n° I-39973.

Statut de Rome de la Cour pénale internationale. Rome, 17 juillet 1998. *RTNU*, vol. 2187, n° I-38544.

Convention sur l'accès à l'information, la participation du public au processus décisionnel et l'accès à la justice en matière d'environnement. Aarhus, 25 juin 1998. *RTNU*, vol. 2161, n° I-37770.

Protocole à la Convention sur la pollution atmosphérique transfrontière à longue distance, de 1979, relatif aux polluants organiques persistants. Aarhus, 24 juin 1998. *RTNU*, vol. 2230, n° A-21623.

Convention internationale pour la répression des attentats terroristes à l'explosif. New York, 15 décembre 1997. *RTNU*, vol. 2149, n° I-37517.

Protocole de Kyoto à la Convention-cadre des Nations Unies sur les changements climatiques. Kyoto, 11 décembre 1997. *RTNU*, vol. 2302, n° I-30822.

Convention internationale pour la protection des végétaux. Rome, 17 novembre 1997. *RTNU*, vol. 2367, n° A-1963.

Convention sur le droit relatif aux utilisations des cours d'eau internationaux à des fins autres que la navigation. New York, 21 mai 1997. Doc. A/51/869. C.N.353.2008. *RTNU*, n° NIF-0.

Charte sociale européenne (révisée). Strasbourg, 3 mai 1996. *RTNU*, vol. 2151, n° I-37549.

Accord de Lusaka sur les opérations concertées de coercition visant le commerce illicite de la faune et de la flore sauvages. Lusaka, 8 septembre 1994. *RTNU*, vol. 1950, n° I-33409.

Convention des Nations Unies sur la lutte contre la désertification dans les pays gravement touchés par la sécheresse et/ou la désertification, en particulier en Afrique. Paris, 17 juin 1994. *RTNU*, vol. 1954, n° I-33480.

Protocole à la Convention de 1979 sur la pollution atmosphérique transfrontière à longue distance relatif à une nouvelle réduction des émissions de soufre. Oslo, 14 juin 1994. *RTNU*, vol. 2030, n° I-21623.

Accord de Marrakech instituant l'organisation mondiale du commerce. Marrakech, 15 avril 1994. *RTNU*, vol. 1867, n° I-31874.

Protocole de 1992 modifiant la Convention internationale de 1969 sur la responsabilité civile pour les dommages dus à la pollution par les hydrocarbures. Londres, 27 novembre 1992. *RTNU*, vol. 1953, n° A-17146.

Convention sur la diversité biologique. Rio de Janeiro, 5 juin 1992. *RTNU*, vol. 1760, n° I-30619.

Convention-cadre des Nations Unies sur les changements climatiques. New York, 9 mai 1992. *RTNU*, vol. 1771, n° I-30822.

Convention sur la protection de l'environnement marin dans la région de la mer Baltique. Helsinki, 9 avril 1992. *RTNU*, vol. 2099, n° I-36495.

Convention sur la protection et l'utilisation des cours d'eau transfrontières et des lacs internationaux. Helsinki, 18 mars 1992. *RTNU*, vol. 1936, n° I-33207.

Convention sur les effets transfrontières des accidents industriels. Helsinki, 17 mars 1992. *RTNU*, vol. 2105, n° I-36605.

Convention sur le marquage des explosifs plastiques et en feuilles aux fins de détection. Montréal, 1er mars 1991. *RTNU*, vol. 2122, n° I-36984.

Convention sur l'évaluation de l'impact sur l'environnement dans un contexte transfrontière. Espoo (Finlande), 25 février 1991. *RTNU*, vol. 1989, n° I-34028.

Convention de Bâle sur le contrôle des mouvements transfrontières de déchets dangereux et de leur élimination. Bâle, 22 mars 1989. *RTNU*, vol. 1673, n° I-28911.

Convention pour la répression d'actes illicites contre la sécurité de la navigation maritime. Rome, 10 mars 1988. *RTNU*, vol. 1678, n° I-29004.

Protocole pour la répression d'actes illicites contre la sécurité des plates- formes fixes situées sur le plateau continental. Rome, 10 mars 1988. *RTNU*, vol. 1678, n° A-29004.

Protocole pour la répression d'actes illicites de violence dans les aéroports servant à l'aviation civile internationale. Montréal, 24 février 1988. *RTNU*, vol. 1589, n° I-14118.

Protocole de Montréal relatif à des substances qui appauvrissent la couche d'ozone. Montréal, 16 septembre 1987. *RTNU*, vol. 1522, n° I-26369.

Convention de Vienne sur la notification rapide d'un accident nucléaire. Vienne, 26 septembre 1986. *RTNU*, vol. 1439, n° I-2404

Convention de Vienne pour la protection de la couche d'ozone. Vienne, 22 mars 1985. *RTNU*, vol. 1513, n° I-26164.

Convention contre la torture et autres peines ou traitements cruels, inhumains ou dégradants. New York, 10 décembre 1984. *RTNU*, vol. 1465, n° I-24841.

Convention des Nations Unies sur le droit de la mer. Montego Bay, 10 décembre 1982. *RTNU*, vol. 1833, n° I-31363.

Charte africaine des droits de l'homme et des peuples. Nairobi, 27 juin 1981. *RTNU*, vol. 1520, n° I-26363.

Convention sur la protection physique des matières nucléaires. Vienne, 3 mars 1980. *RTNU*, vol. 1456, n° I-24631.

Convention internationale contre la prise d'otages. New York, 17 décembre1979. *RTNU*, vol. 1316, n° I-21931.

Convention sur la pollution atmosphérique transfrontière à longue distance. Genève, 13 novembre 1979. *RTNU*, vol. 1302, n° I-21623.

Convention européenne sur la répression du terrorisme. Strasbourg, 27 janvier 1977. *Série des traités du Conseil de l'Europe* – n° 90.

Convention sur l'interdiction d'utiliser des techniques de modification de l'environnement à des fins militaires ou toutes autres fins hostiles. New York, 10 décembre 1976. *RTNU*, vol. 1108, n° I-17119.

Convention sur la prévention et la répression des infractions contre les personnes jouissant d'une protection internationale, y compris les agents diplomatiques. New York, 14 décembre 1973. *RTNU*, vol. 1035, n° I-15410.

Convention sur la responsabilité internationale pour les dommages causés par les objets spatiaux. Londres, Moscou et Washington, 29 mars 1972. *RTNU*, vol. 961, n° I-13810.

Convention relative à la responsabilité civile dans le domaine du transport maritime de matières nucléaires. Bruxelles, 17 décembre 1971. *RTNU*, vol. 974, n° I-14120.

Convention pour la répression d'actes illicites contre la sécurité de l'aviation civile. Montréal, 23 septembre 1971. *RTNU*, vol. 974, n° I-14118.

Convention pour la répression de la capture illicite d'aéronefs. La Haye, 16 décembre 1970. *RTNU*, vol. 860, n° I-12325.

Convention internationale sur la responsabilité civile pour les dommages dus à la pollution par les hydrocarbures. Bruxelles, 29 novembre 1969. *RTNU*, vol. 973, n° I-14097.

Convention de Vienne sur le droit des traités. Vienne, 22 mai 1969. *RTNU*, vol. 1155, n° I-18232.

Pacte international relatif aux droits économiques et sociaux. New York, 16 décembre 1966. *RTNU*, vol. 993, n° I-14531.

Convention relative aux infractions et à certains autres actes survenant à bord des aéronefs.
Tokyo, 14 septembre 1963. *RTNU*, vol. 860, n° I-10106.

Convention de Vienne relative à la responsabilité en matière de dommages nucléaire. Vienne, 21 mai 1963. *RTNU*, vol. 1063, n° I-16197.

Convention relative au statut des réfugiés. Genève, 28 juillet 1951. *RTNU*, vol. 189, n°I-2545.

Conventions de Genève du 12 août 1949 et Protocoles additionnels de 1977. Publications du CICR.

Convention pour la prévention et la répression du crime de génocide. New York, 9 décembre 1948. *RTNU*, vol. 78, n° I-1021.

Charte des Nations Unies et Statut de la CIJ. San Francisco, 26 juin 1945. *RTNU*, n° CH-0.

Convention internationale pour la prévention et la répression du terrorisme. Genève, 16 novembre 1937. Série des publications de la Société des Nations, *Questions juridiques*, vol. 10, n° C.546.M.383.

Convention et statut sur la liberté du transit. Barcelone, 20 avril 1921. *Recueil des traités de la Société des Nations*, vol. 7, n° 171.

Convention et statut sur le régime des voies navigables d'intérêt international. Barcelone, 20 avril 1921. *Recueil des traités de la Société des Nations*, vol. 7, n° 172.

Convention (XIII) concernant les droits et les devoirs des Puissances neutres en cas de guerre maritime. La Haye, 18 octobre 1907. http://www.icrc.org/dih.nsf/FULL/240?OpenDocument

Convention (V) concernant les droits et les devoirs des Puissances et des personnes neutres en cas de guerre sur terre. La Haye, 18 octobre 1907. http://www.icrc.org/dih.nsf/FULL/200?OpenDocument

2. LOIS NATIONALES

États-Unis d'Amérique, *Patriot Act*, 2001. *Public Law* 107-56, Congress, Stat. 272, p. 115.

États-Unis d'Amérique, *Presidential Military Order on the Detention, Treatment, and Trial of Certain Non-Citizens in the War Against Terrorism*, 2001. *International Legal Materials*, vol. 41 (2002), p. 252.

États-Unis d'Amérique, *Detainee Treatment Act,* 2005. Department of Defense, H.R. 2863, Title X.

États-Unis d'Amérique, *Military Commissions Act,* 2006. *International Legal Materials*, vol. 45 (2006), p. 1246.

Royaume-Uni, *Anti-terrorism, Crime and Security Act*, 2001. UK Parliament, *C.24*, Stationery Office, 2001.

Royaume-Uni, *Prevention of Terrorism Act*, 2005. UK Parliament, *C.2*, Stationery Office, 2005.

France, *Loi Perben II*, n°2002-1138 du 9 septembre 2002. *Journal officiel* n°211 du 10 septembre 2002.

Canada, *Loi antiterroriste modifiant le Code criminel, la Loi sur les secrets officiels, la Loi sur la preuve au Canada*, 2001. Chambre des communes, Loi C-36.

3. Documents

3.1. *Résolutions de l'Assemblée générale de l'ONU*

A/RES/73/285 du 2 avril 2019 sur la Lutte contre le terrorisme et les autres actes de violence fondés sur la religion ou la conviction.

A/RES/73/284 du 1 mars 2019 sur la Décennie des Nations Unies pour la restauration des écosystèmes (2021-2030).

A/RES/73/232 du 20 décembre 2018 sur la Sauvegarde du climat mondial pour les générations présentes et futures.

A/RES/73/227 du 20 décembre 2018 sur la Mise en œuvre d'Action 21, du Programme relatif à la poursuite de la mise en œuvre d'Action 21 et des textes issus du Sommet mondial pour le développement durable et de la Conférence des Nations Unies sur le développement durable.

A/RES/73/185 du 17 décembre 2018 sur l'État de droit, prévention du crime et justice pénale dans le contexte des objectifs de développement durable.

A/RES/73/174 du 17 décembre 2018 sur le Terrorisme et droits de l'homme.

A/RES/73/168 du 17 décembre 2018 sur le Renforcement de la coopération internationale dans le domaine des droits de l'homme.

A/RES/73/85 du 5 décembre 2018 sur le Renforcement de la sécurité et de la coopération dans la région de la Méditerranée.

A/RES/73/66 du 5 décembre 2018 sur le Prévention de l'acquisition de sources radioactives par des terroristes.

A/RES/73/63 du 5 décembre 2018 sur l'Action préventive et lutte contre les activités de courtage illicites.

A/RES/71/232 du 21 décembre 2016 sur l'Harmonie avec la nature.

A/RES/71/228 du 21 décembre 2016 sur la Sauvegarde du climat mondial pour les générations présentes et futures.

A/RES/71/151 du 13 décembre 2016 sur les Mesures visant à éliminer le terrorisme international.

A/RES/71/133 du 13 décembre 2016 sur la Responsabilité de l'État pour fait internationalement illicite.

A/RES/64/237 du 24 décembre 2009 sur l'Action préventive et lutte contre la corruption et le transfert d'avoirs d'origine illicite et restitution de ces avoirs, notamment aux pays d'origine, conformément à la

Convention des Nations Unies contre la corruption.

A/RES/64/202 du 21 décembre 2009 sur l'Application de la Convention des Nations Unies sur la lutte contre la désertification dans les pays gravement touchés par la sécheresse et/ou la désertification, en particulier en Afrique.

A/RES/64/200 du 21 décembre 2009 sur la Stratégie internationale de prévention des catastrophes.

A/RES/64/168 du 18 décembre 2009 sur la Protection des droits de l'homme et des libertés fondamentales dans la lutte antiterroriste.

A/RES/64/172 du 18 décembre 2009 sur le droit au développement.

A/RES/64/118 du 16 décembre 2009 sur les Mesures visant à éliminer le terrorisme international.

A/RES/64/116 du 16 décembre 2009 sur l'état de droit aux niveaux national et international.

A/RES/64/73 du 7 décembre 2009 sur la sauvegarde du climat mondial pour les générations présentes et futures.

A/RES/64/38 du 2 décembre 2009 sur les mesures visant à empêcher les terroristes d'acquérir des armes de destruction massive.

A/RES/63/308 du 14 septembre 2009 sur la responsabilité de protéger.

A/RES/63/281 du 3 juin 2009 sur les changements climatiques et leurs répercussions éventuelles sur la sécurité.

A/RES/63/129 du 11 décembre 2008 sur les mesures visant à éliminer le terrorisme international.

A/RES/63/126 du11 décembre 2008 sur l'examen de mesures efficaces visant à renforcer la protection et la sécurité des missions et des représentants diplomatiques et consulaires.

A/RES/63/60 du 2 décembre 2008 sur les mesures visant à empêcher les terroristes d'acquérir des armes de destruction massive.

A/RES/62/272 du 5 septembre 2008 sur la stratégie antiterroriste mondiale de l'Organisation des Nations Unies.

A/RES/62/86 du 10 décembre 2007 sur la sauvegarde du climat mondial pour les générations présentes et futures.

A/RES/62/71 du 6 décembre 2007 sur les mesures visant à éliminer le terrorisme international.

A/RES/61/198 du 20 décembre 2006 sur la stratégie internationale de prévention des catastrophes.

A/RES/61/171 du 19 décembre 2006 sur la protection des droits de l'homme et des libertés fondamentales dans la lutte antiterroriste.

A/RES/60/43 du 8 décembre sur les mesures visant à éliminer le terrorisme international.

A/RES/59/195 du 20 décembre 2004 sur les droits de l'homme et terrorisme.

A/RES/59/191 du 20 décembre 2004 sur la protection des droits de l'homme et des libertés fondamentales dans la lutte antiterroriste.

A/RES/59/157 du 20 décembre 2004 sur la coopération internationale en matière de lutte contre la criminalité transnationale organisée.

A/RES/59/80 du 20 décembre 2004 sur les mesures visant à empêcher les terroristes d'acquérir des armes de destruction massive.

A/RES/59/46 du 20 décembre 2004 sur les mesures visant à éliminer le terrorisme international.

A/RES/58/187 du 22 décembre 2003 sur la protection des droits de l'homme et des libertés fondamentales dans la lutte antiterroriste.

A/RES/58/174 du 22 décembre 2003 sur les droits de l'homme et terrorisme.

A/RES/58/170 du 22 décembre 2003 sur le renforcement de la coopération internationale dans le domaine des droits de l'homme.

A/RES/58/136 du 22 décembre 2003 sur l'intensification de la coopération internationale et de l'assistance technique en vue de promouvoir l'application des conventions et protocoles universels relatifs au terrorisme dans le cadre des activités du Centre pour la prévention internationale du crime.

A/RES/58/81 du 09 décembre 2003 sur les mesures visant à éliminer le terrorisme international.

A/RES/57/220 du 18 décembre 2002 sur la prise d'otages.

A/RES/57/219 du 18 décembre 2002 sur la protection des droits de l'homme et des libertés fondamentales dans la lutte antiterroriste.

A/RES/57/27 du 19 décembre 2002 sur les mesures visant à éliminer le terrorisme international.

A/RES/56/288 du 27 juin 2002 sur les services de conférence et services d'appui fournis au Comité contre le terrorisme en application de la résolution 1373 (2001) du Conseil de sécurité.

A/RES/56/156 du 19 décembre 2001 sur les droits de l'homme et la diversité culturelle.

A/RES/56/88 du 12 décembre 2001 sur les mesures visant à éliminer le terrorisme international.

A/RES/56/85 du 12 décembre 2001 sur la mise en place de la Cour pénale internationale.

A/RES/56/83 du 12 décembre 2001 sur la responsabilité de l'État pour fait internationalement illicite.

A/RES/56/82 du 12 décembre 2001 sur le rapport de la Commission du droit international sur les travaux de sa cinquante-troisième session.

A/RES/52/211 du 19 décembre 1997 sur l'Afghanistan.

A/RES/50/53 du 29 janvier 1996 sur les mesures visant à éliminer le terrorisme international.

A/RES/50/210 du 16 janvier 1996 sur les mesures visant à éliminer le terrorisme international et la création du Comité spécial.

A/RES/49/59 du 17 février 1995 sur la Convention sur la sécurité du personnel des Nations Unies et du personnel associé.

A/RES/49/60 du 17 février 1995 sur les mesures visant à éliminer le terrorisme international.

A/RES/37/7 28 octobre 1982 sur la Charte mondiale de la nature.

A/RES/3314 du 14 décembre 1974 sur la définition de l'agression.

A/RES/3281 du 12 décembre 1974 sur la Chartes des droits et devoirs économiques des États.

A/RES/2625 du 24 octobre 1970 sur la Déclaration relative aux principes du droit international touchant les relations amicales et la coopération entre les États conformément à la Charte des Nations Unies.

A/RES/1514 du 14 décembre 1960 sur la Déclaration sur l'octroi de l'indépendance aux pays et aux peuples coloniaux

A/RES/377 du 3 novembre 1950, sur l'Union pour le maintien de la paix.

A/RES/217 du 10 décembre 1948 sur la Déclaration universelle des droits de l'homme.

A/RES/96 du 11 décembre 1946 sur le crime de génocide.

3.2. *Résolutions du Conseil de sécurité de l'ONU sur les Menaces à la paix et à la sécurité internationales résultant d'actes terroristes*

S/RES/2480 (2019) du 28 juin 2019.

S/RES/2475 (2019) du 20 juin 2019.

S/RES/2437 (2018) du 3 octobre 2018.

S/RES/2436 (2018) du 21 septembre 2018.

S/RES/2419 (2018) du 6 juin 2018.

S/RES/2413 (2018) du 26 avril 2018.

S/RES/2396 (2017) du 21 décembre 2017.

S/RES/2395 (2017) du 21 décembre 2017.

S/RES/2379 (2017) du 21 septembre 2017.

S/RES/2368 (2017) du 20 juillet 2017.

S/RES/2354 (2017) du 24 mai 2017.

S/RES/2347 (2017) du 24 mars 2017.

S/RES/2341 (2017) du 13 février 2017.

S/RES/2331 (2016) du 20 décembre 2016.

S/RES/2322 (2016) du 12 décembre 2016.

S/RES/2309 (2016) du 22 septembre 2016.

S/RES/2255 (2015) du 21 décembre 2015.

S/RES/2253 (2015) du 17 décembre 2015.

S/RES/2249 (2015) du 20 novembre 2015.

S/RES/2199 (2015) du 12 février 2015.

S/RES/1904 (2009) du 17 décembre 2009.

S/RES/1822 (2008) du 30 juin 2008.

S/RES/1805 (2008) du 20 mars 2008.

S/RES/1787 (2007) du 10 décembre 2007.

S/RES/1735 (2006) du 22 décembre 2006.

S/RES/1625 (2005) du 14 septembre 2005.

S/RES/1624 (2005) du 14 septembre 2005.

S/RES/1618 (2005) du 4 août 2005.

S/RES/1617 (2005) du 20 octobre 2005.

S/RES/1611 (2005) du 7 juillet 2005.

S/RES/1566 (2004) du 8 octobre 2004.

S/RES/1535 (2004) du 26 mars 2004.

S/RES/1530 (2004) du 11 mars 2004.

S/RES/1526 (2004) du 30 janvier 2004.

S/RES/1516 (2003) du 20 novembre 2003.

S/RES/1465 (2003) du 13 février 2003.

S/RES/1456 (2003) du 20 janvier 2003.

S/RES/1455 (2003) du 17 janvier 2003.

S/RES/1452 (2002) du 20 décembre 2002.

S/RES/1450 (2002) du 13 décembre 2002.

S/RES/1440 (2002) du 24 octobre 2002.

S/RES/1438 (2002) du 14 octobre 2002

S/RES/1390 (2002) du16 janvier 2002.

S/RES/1377 (2001) du 12 novembre 2001.

S/RES/1373 (2001) du 28 septembre 2001.

S/RES/1368 (2001) du 12 septembre 2001

S/RES/1363 (2001) du 30 juillet 2001.

S/RES/1333 (2000) du 19 décembre 2000.

S/RES/1269 (1999) du 19 octobre 1999.

S/RES/1267 (1999) du 15 octobre 1999.

S/RES/1214 (1998) du 8 décembre 1998.

S/RES/1193 (1998) du 28 août 1998.

S/RES/1189 (1998) du 13 août 1998.

S/RES/731 (1992) du 21 janvier 1992.

3.3. Documents de la Commission du droit international

• Rapport de la CDI à l'Assemblée générale des Nations Unies

Rapport de la CDI sur les travaux de sa 70ᵉ session, doc. A/CN.4/720 and Corr.1, 2018.

Rapport de la CDI sur les travaux de sa 68ᵉ session, doc. A/CN.4/697, 2016.

Rapport de la CDI sur les travaux de sa 66ᵉ session, doc. A/CN.4/670, 2014.

Rapport de la CDI sur les travaux de sa 58ᵉ session, doc. A/61/10, 2006.

Rapport de la CDI sur les travaux de sa 53ᵉ session, doc. A/56/10 et Supplément n° 10, 2001.

Rapport de la CDI sur les travaux de sa 52ᵉ session, doc. A/55/10, 2000.

Rapport de la CDI sur les travaux de sa 51ᵉ session, doc. A/54/10, 1999.

Rapport de la CDI sur les travaux de sa 50ᵉ session, doc. A/53/10, 1998.

Rapport de la CDI sur les travaux de sa 49ᵉ session, doc. A/52/10, 1997.

• Rapports des rapporteurs spéciaux

- *Cinquième rapport de* **Sir Michael Wood** *sur la Détermination du droit international couturier, doc. A/CN.4/717 du 14 mars 2018, pp. 1-61.*

-*Premier rapport de* **Marcelo Vázquez-Bermúdez** *sur les Principes généraux du droit, doc. A/CN.4/732 du 5 avril 2019, pp. 1-70.*

-*Rapports de* **Francisco V. Garcia-Amador** *sur La responsabilité des États à raison des dommages causés sur son territoire à la personne ou aux biens des étrangers.*

Premier rapport, *ACDI*, vol. II (1956), pp. 171-227.

Deuxième rapport, *ACDI*, vol. II (1957), pp. 120-146.

Troisième rapport, *ACDI*, vol. II (1958), pp. 47-73.

Quatrième rapport, *ACDI*, vol. II (1959), pp. 1-36.

Cinquième rapport, *ACDI*, vol. II (1960), pp. 38-63.

Sixième rapport, *ACDI*, vol. II (1961), pp. 1-51.

- *Rapports de* **Roberto Ago** *sur La responsabilité des États*

Premier rapport, *ACDI*, vol. II (1969), 1ᵉ partie, pp. 128-162.

Deuxième rapport, *ACDI*, vol II (1970), pp. 189-211.

Troisième rapport, *ACDI*, vol. II (1971), 1ᵉ partie, pp. 209-289.

Quatrième rapport, *ACDI*, vol. II (1972), pp. 76-174.

Cinquième rapport, *ACDI*, vol. II (1976), 1e partie, pp. 3-57.

Sixième rapport, *ACDI*, vol. II (1977), 1e partie, pp. 3-47.

Septième rapport, *ACDI*, vol. II (1978), 1e partie, pp. 29-57.

Huitième rapport, *ACDI*, vol. II (1979), 1e partie, pp. 3-69. Avec Additif, *ACDI*, vol. II (1980), 1e partie, pp. 13-69.

- *Rapports de **Willem Riphagen** sur La responsabilité des États.*

Rapport préliminaire, *ACDI*, vol. II (1980), 1e partie, pp.105-127.

Deuxième rapport, *ACDI*, vol. II (1981), 1e partie, pp. 81-105.

Troisième rapport, *ACDI*, vol. II (1982), 1e partie, pp. 25-59.

Quatrième rapport, *ACDI*, vol. II (1983), 1e partie, pp. 3-25.

Cinquième rapport, *ACDI*, vol. II (1984), 1e partie, pp. 1-4.

Sixième rapport, *ACDI*, vol. II (1985), 1e partie, pp. 4-20.

Septième rapport, *ACDI*, vol. II (1986), 1e partie, pp. 1-6.

- *Rapports de **Gaetano Arangio-Ruiz** sur La responsabilité des États.*

Rapport préliminaire, *ACDI*, vol. II (1988), 1e partie, pp. 6-44.

Deuxième rapport, *ACDI*, vol. II (1989), 1e partie, pp. 1-63.

Troisième rapport, *ACDI*, vol. II (1991), 1e partie, pp. 1-38.

Quatrième rapport, *ACDI*, vol. II (1992), 1e partie, pp. 1-52.

Cinquième rapport, *ACDI*, vol. II (1993), 1e partie, pp. 1-62.

Sixième rapport, *ACDI*, vol. II (1994), 1e partie, pp. 3-22.

Septième rapport, *ACDI*, vol. II (1995) 2e partie, pp. 43-83

Huitième rapport, *ACDI*, vol. II (1996), 2e partie, pp. 57-72.

- *Rapports de **James Crawford** sur La responsabilité des États.*

Premier rapport, *ACDI*, vol. II (1998), 2e partie, pp. 60-87.

Deuxième rapport, *ACDI*, vol. II (1999), 2e partie, pp. 48-88.

Troisième rapport, *ACDI*, vol. II (2000), 2e partie, pp. 18-68.

Quatrième rapport, *ACDI*, vol. II (2001), 2e partie, pp. 29-393.

- *Rapports de **Robert Q. Quentin-Baxter** sur la responsabilité internationale pour les conséquences préjudiciables découlant d'activités qui ne sont pas interdites par le droit international.*

Rapport préliminaire, *ACDI*, vol. II (1980), 1e partie, pp. 243-262.

Deuxième rapport, *ACDI*, vol. II (1981), 2e partie, pp. 147-153.

Troisième rapport, *ACDI*, vol. II (1982), 2e partie, pp. 86-94.

Quatrième rapport, *ACDI*, vol. II (1983), 2e partie, pp. 87-90.

Cinquième rapport, *ACDI*, vol. II (1984) 1e partie, pp. 161-182.

- *Rapports de **Julio Barboza** sur la responsabilité internationale pour les conséquences préjudiciables découlant d'activités qui ne sont pas interdites par le droit international.*

Rapport préliminaire, *ACDI*, vol. II (1985), 1e partie, pp. 97-102.

Deuxième rapport, *ACDI*, vol. II (1986), 1ᵉ partie, pp. 149-166.

Troisième rapport, *ACDI*, vol. II (1987), 2ᵉ partie, pp. 40-52.

Quatrième rapport, *ACDI*, vol. II (1988), 2ᵉ partie, pp. 8-22.

Cinquième rapport, *ACDI*, vol. II (1989), 1ᵉ partie, pp. 145-168.

Sixième rapport, *ACDI*, vol. II (1990), 2ᵉ partie, pp. 93-108.

Douzième rapport, *ACDI*, vol. II (1996), 2ᵉ partie, pp. 82-83.

- *Rapports de **Pemmaraju Sreenivasa Rao** sur la prévention des dommages transfrontières résultant d'activités dangereuses.*

Premier rapport, doc. A/CN.4/487 du 18 mars 1998, pp. 3-35. *ACDI*, vol. II (1998), 2ᵉ partie, pp. 19-42.

Second rapport, doc. A/CN.4/501 du 9 mai 1999, pp. 2-26.

Troisième rapport, doc. A/CN.4/510 du 9 juin 2000, pp. 2-24.

3.4. Autres documents

MOORE, John B., *History and Digest of International Arbitrations to which the US has been a Party*, 6 vols., Washington, 1898.

LAPRADELLE, Albert De; POLITIS, Nicolas, *Recueil des arbitrages internationaux*, 2 vols, Paris, Pedone, 1905-1954.

MOORE, John B., *A Digest of International Law*, 8 vols., Washington, 1906.

Résolution sur la réglementation de l'usage des cours d'eau internationaux, Session de Madrid, *Annuaire de l'Institut de droit international*, 1928, pp. 1359-1361.

LYSEN, Arnoldus (ed.), *Le Pacte Kellogg. Documents concernant le traité multilatéral contre la guerre, signé à Paris le 27 août*, Leyde, Sijthoff, 1928.

Harvard Law School, *Research in International Law. The Law of Responsibility of States for Damage Done in their Territory to the Person or Property of Foreigners, Supplement Section, American Journal of International Law*, vol. 23 (1929), pp. 131-239.

Société des Nations, Conférence pour la codificaiton du droit international. Bases de discussion, tome III, *Responsabilité des Etats en ce qui concerne les dommages causés sur leur territoire à la personne ou aux biens des étrangers*, C. 75, M. 69, 1929.

Société des Nations, Actes de la conférence pour la codification du droit international, vol. IV (1930-V), Procès-verbaux de la troisième commission, C. 351, M. 145.

International Law Association, *Report of the Thirty-Eighth Conférence, Briand-Kellog Pact of Paris, Budapest Article of Interpretaion*, 1935.

Harvard Research in International Law relating to the Subject of

Neutrality and Judicial Assistance, Supplement section, *American Journal of International Law*, vol. 33 (1939-1), pp. 151-157.

International Legal Materials, Washington, ASIL, 48 vols., 1962-2009.

WHITEMAN, Marjorie M., *Digest of International Law*, Washington, 15 vols., 1963-1973.

Helsinki Rules on the Uses of the Waters of International Rivers, International Law Association, Report of its 52nd Conference, Helsinki 14-20 August 1966.

Déclaration finale de la Conférence des Nations Unies sur l'environnement, Stockholm, 16 juin 1972.

MEADOWS, Donella H. et al., *The Limits to Growth. A Report to the Club of Rome's Project on the Predicament of the Mankind*, New York, Universe Books, 1972.

Rapport provisoire et définitif de Max SØRENSEN sur "Le problème dit du droit intertemporel dans l'ordre international", *AIDI*, vol 55 (1973), pp. 1-49 et pp. 85-100.

Rapport de Michel VIRALLY à la 7e Commission de l'Institut de droit international sur les *Textes internationaux ayant une portée juridique dans les relations mutuelles entre leurs auteurs et textes qui en sont dépourvus*, *Annuaire de l'Institut de droit international*, vol. I (1983), 166-374.

Rapport de la Commission mondiale sur l'environnement et le développement, *Notre avenir à tous*, Montréal, Fleuve, 1988, Première partie, "Préoccupations communes", pp. 31-33.

Déclaration sur le développement durable, Commission économique des Nations Unies pour l'Europe, Bergen, 16 mai 1990.

Déclaration sur l'environnement et le développement, Rio de Janeiro, 13 juin 1992.

Résolution n° 93-10 de la Banque mondiale établissant le panel d'inspection.

Déclaration et Programme d'action de Vienne de la Conférence mondiale sur les droits de l'homme, Vienne, 25 juin 1993.

Déclaration sur le développement durable, Johannesburg, du 26 août au 4 septembre 2002.

United Nations, doc. ST/LEG/SER.B/12, Legislative Texts and Treaties.

SHABTAI, Rosenne, *Les conférences de la Paix de La Haye de 1899 et 1907 et l'arbitrage international: actes et documents*, Bruxelles, Bruylant, 2007.

4. JURISPRUDENCES

4.1. Cour Permanente de Justice Internationale

Décrets de nationalité en Tunisie et au Maroc, avis consultatif du 7 février 1923, CPJI, série B, n° 4.

Colons allemands en Pologne, avis consultatif du 10 septembre 1923, CPJI, série B, n° 6.

Concessions Mavrommatis en Palestine (Grèce c. Royaume-Uni), arrêt du 30 août 1924, CPJI, série A, n°5.

Certains intérêts allemands en Haute-Silésie polonaise (Allemagne c. Pologne), fond, arrêt du 26 mai 1926, CPJI, série A, n° 7.

Compétence de la Commission européenne du Danube, avis consultatif du 8 décembre 1927, CPIJ, série B, n° 14.

Zones franches de la haute Savoie et du pays de Gex (France c. Suisse), arrêt du 7 juin 1932, CPJI, série A/B, 1932, n° 46.

Compétence de la Commission européenne du Danube, avis consultatif du 8 décembre 1927, CPIJ, série B, n° 14.

Affaire concernant le paiement de divers emprunts serbes émis en France (France c. Norvège), arrêt du 12 juillet 1929, CPJI, série A, n° 20/21.

Affaire relative à la juridiction territoriale de la Commission internationale de l'Oder (Empire Allemand, Danemark, France, Royaume-Uni, Suède, Tchécoslovaquie c. Pologne), arrêt du 10 Septembre 1929, CPJI, série A/B, n° 23.

Statut juridique du Groenland oriental (Danemark c. Norvège), arrêt du 5 avril 1933, CPJI, série A/B, n° 53.

Affaire Oscar Chinn (Belgique/Royaume Uni), arrêt du 12 décembre 1934, CPJI, série A/B, n° 63.

Affaire des prises d'eau à la Meuse (Pays-Bas/Belgique), arrêt du 28 juin 1937, CPJI, série A/B, n° 70.

Statut de la Carélie Orientale, avis consultatif du 23 juillet 1923, CPJI, série B, n° 5.

Compétence de l'O.I.T. pour réglementer accessoirement le travail personnel du patron, avis consultatif du 23 juillet 1926, CPJI, série B, n°13.

Interprétation de l'accord gréco-turc du 1er décembre 1926, avis consultatif du 28 août 1928, CPIJ, série B, n°16.

Usine de Chorzòw (Allemagne c. Pologne), demande en indemnité, fond, arrêt du 13 septembre 1928, CPIJ, série A, n° 17.

Vapeur "Wimbledon" (Royaume-Uni, France, Italie, Japon c. Empire Allemand; Pologne intervenant), arrêt du 17 août 1923, CPJI, série A, n° 1.

"Lotus" (France/Turquie), fond, arrêt du 7 septembre 1927, CPJI, série A, n° 10.

Phosphates au Maroc (Italie c. France), exceptions préliminaire, arrêt du 14 juin 1938, CPJI, série A/B, n° 74.

4.2. Jurisprudence des Tribunaux de Nuremberg et Tokyo

The Trial of German Major War Criminals, International Military Tribunal sitting at
Nuremberg, Proceedings, Part 22, 1946.

The Tokyo Judgement, International Military Tribunal for the Far East, vol. II, Amsterdam,
Apa-University Press, 1977.

4.3. Cour internationale de Justice

Effets juridiques de la séparation de l'archipel des Chagos de Maurice en 1965, avis consultatif, CIJ, 2019. Disponible sur **www.ivj-cij.org**

Obligation de négocier un accès à l'océan Pacifique (Bolivie c. Chili), exception préliminaire, arrêt, CIJ, 2018. Disponible sur **www.ivj-cij.org**

Obligations relatives à des négociations concernant la cessation de la course aux armes nucléaires et le désarmement nucléaire (Iles Marshall c. Royaume-Uni), exceptions préliminaires, arrêt, CIJ Recueil 2016.

Certaines activités menées par le Nicaragua dans la région frontalière (Costa Rica c. Nicaragua) et Construction d'une route au Costa Rica le long du fleuve San Juan (Nicaragua c. Costa Rica), arrêt, CIJ Recueil 2015.

Application de la convention pour la prévention et la répression du crime de génocide (Croatie c. Serbie), arrêt, CIJ Recueil 2015.

Obligation de négocier un accès à l'océan Pacifique (Bolivie c. Chili), exception préliminaire, arrêt, CIJ Recueil 2015.

Différend frontalier (Burkina Faso/Niger), arrêt, CIJ Recueil 2013.

Questions concernant l'obligation de poursuivre ou d'extrader (Belgique c. Sénégal), arrêt, CIJ Recueil 2012.

Conformité au droit international de la déclaration unilatérale d'indépendance relative au Kosovo, avis consultatif, C.I.J. Recueil 2010.

Affaire relative à des usines de pâte à papier sur le fleuve Uruguay (Argentine c. Uruguay), arrêt, CIJ Recueil, 2010.

Application de la Convention pour la prévention et la répression du crime de génocide (Bosnie-Herzégovine c. Serbie et Monténégro), arrêt, CIJ Recueil, 2007.

Activités armées sur le territoire du Congo (République démocratique du Congo c. Ouganda), arrêt, CIJ *Recueil*, 2005.

Conséquences juridiques de l'édification d'un mur dans les territoires palestiniens occupés, avis consultatif, CIJ *Recueil* 2004.

Plates-formes pétrolières (République Islamique d'Iran c. États-Unis d'Amérique), fond, arrêt, CIJ *Recueil* 2003.

Mandat d'arrêt du 11 avril 2000 (République démocratique du Congo c. Belgique), fond, arrêt, CIJ *Recueil* 2002.

LaGrand (Allemagne c. États-Unis d'Amérique), fond, arrêt, CIJ *Recueil* 2001.

Différend relatif à l'immunité de juridiction d'un rapporteur spécial de la Commission des droits de l'homme, avis consultatif, CIJ *Recueil* 1999.

Frontière terrestre et maritime entre le Cameroun et le Nigeria (Cameroun c. Nigeria; Guinée Équatoriale intervenant), exceptions préliminaires, arrêt, CIJ, *Recueil* 1998.

Projet Gabčikovo-Nagymaros (Hongrie/Slovaquie), arrêt, CIJ *Recueil* 1997.

Application de la Convention pour la prévention et la répression du crime de génocide (Bosnie-Herzégovine c. Serbie et Monténégro), arrêt, CIJ *Recueil* 1996.

Licéité de la menace ou de l'emploi d'armes nucléaires, avis consultatif, CIJ *Recueil* 1996.

Licéité de l'utilisation des armes nucléaires par un État dans un conflit armé, avis consultatif, CIJ *Recueil* 1996.

Timor Oriental (Portugal c. Australie), arrêt, CIJ *Recueil* 1995.

Différend territorial (Jamahiriya arabe libyenne/Tchad), arrêt, CIJ *Recueil* 1994.

Certaines terres à phosphates à Nauru, (Nauru c. Australie), arrêt, CIJ *Recueil* 1992.

Applicabilité de la section 22 de l'article VI de la Convention sur les privilèges et immunités des Nations Unies, avis consultatif, CIJ *Recueil* 1989.

Demande de réformation du jugement n° 333 du tribunal administratif des Nations Unies, avis consultatif, CIJ *Recueil* 1987.

Activités militaires et paramilitaires au Nicaragua et contre celui-ci (Nicaragua c. États-Unis d'Amérique), arrêt, CIJ *Recueil* 1986.

Différend frontalier (Burkina Faso/Mali), arrêt, CIJ *Recueil* 1986.

Délimitation de la frontière maritime dans la région du golfe du Maine (Canada/États-Unis d'Amérique), arrêt de la Chambre, CIJ *Recueil* 1984.

Demande de réformation du jugement n° 273 du tribunal adminis-tratif des Nations Unies, avis consultatif, CIJ Recueil 1982.

Interprétation de l'accord du 25 mars 1951 entre l'OMS et l'Égypte, avis consultatif, CIJ *Recueil* 1980.

Personnel diplomatique et consulaire des États-Unis à Téhéran (États-Unis c. Iran), arrêt, CIJ *Recueil* 1980.

Sahara Occidental, avis consultatif, CIJ *Recueil* 1975.

Essais nucléaires (Australie c. France), arrêt, CIJ Recueil 1974.

Demande de réformation du jugement n° 158 du tribunal adminis-tratif des Nations Unies, avis consultatif, CIJ *Recueil* 1973.

Conséquences juridiques pour les États de la présence continue de l'Afrique du Sud en

Namibie (Sud-Ouest africain) nonobstant la résolution 276 (1970) du Conseil de Sécurité, avis consultatif, CIJ *Recueil* 1971.

Barcelona Traction, Light and power Company, Limited, (Belgique c. Espagne), deuxième phase, CIJ *Recueil* 1970.

Plateau continental de la mer du Nord (République fédérale d'Al-lemagne/Danemark; République fédérale d'Allemagne/Pays-Bas), arrêt, CIJ *Recueil* 1969.

Barcelona Traction, Light and Power Company, Limited (Belgique c. Espagne), exceptions préliminaires, arrêt, CIJ *Recueil* 1964.

Cameroun septentrional (Cameroun/ Royaume-Uni), arrêt, CIJ *Recueil* 1963.

Certaines dépenses des Nations Unies (Article 17, paragraphe 2 de la Charte), avis consultatif, CIJ *Recueil* 1962.

Affaire du temple de Préah Vihéar (Cambodge c. Thaïlande), arrêt, CIJ, *Recueil* 1962.

Sentence arbitrale du Roi d'Espagne, (Honduras c. Nicaragua), arrêt, CIJ *Recueil* 1960.

Admissibilité de l'audition de pétitionnaires par le Comité du Sud-Ouest Africain, avis consultatif, CIJ *Recueil* 1956.

Jugements du tribunal administratif de l'OIT sur requêtes contre l'UNESCO, avis consultatif, CIJ *Recueil* 1956.

Affaire de l'Or monétaire pris à Rome en 1943 (Italie c. France, Royaume-Uni et États-Unis), arrêt, CIJ *Recueil* 1954.

Réserves à la Convention pour la prévention et la répression du crime de génocide, avis consultatif, CIJ *Recueil* 1951.

Affaire Haya de la Torre (Colombie c. Pérou), fond, arrêt, CIJ *Recueil* 1951.

Réserves à la Convention pour la prévention et la répression du crime de génocide, avis consultatif, CIJ *Recueil* 1951.

Compétence de l'Assemblée générale pour l'admission d'un État aux Nations Unies, avis consultatif, CIJ *Recueil* 1950.

Interprétation des traités de paix, avis consultatif, CIJ *Recueil* 1950.

Statut international du Sud-Ouest africain, avis consultatif, CIJ *Recueil* 1950.

Affaire du Détroit de Corfou (Royaume-Uni c. Albanie), arrêt du 9 avril 1949, CIJ *Recueil* 1949.

Admission d'un État aux Nations Unies (Charte, art. 4), avis consultatif, CIJ *Recueil* 1948.

4.4. Sentences arbitrales

Affaire de Casablanca (Allemagne, France), *RSA*, vol. 11 (1909), p. 119.

Home Frontier and Foreign Missionary Society of the United Brethren in Christ (United States v. Great Britain), *RSA*, vol. 6 (1920), p. 42.

L. F. H. Neer and Pauline Neer (USA v. United Mexican States), *RSA*, vol. 4 (1926), p. 60.

Harry Robert (USA v. United Mexican States), *RSA*, vol. 4 (1926), p. 77.

B. E. Chattin (USA v. United Mexican States), *RSA*, vol. 4 (1927), p. 282.

Estate of Jean-Baptiste Caire (France v. United Mexican States), *RSA*, vol. 5 (1929) p. 529.

Affaire Chevreau (France c. Royaume-Uni), *RSA*, vol. 2 (1931), p. 1113.

L'incident de Walwal (Italie contre Ethiopie), *RSA*, vol. 3 (1935), p. 1657.

L'île de Palmas (Etats-Unis d'Amérique v. Pays-Bas), *RSA*, vol. 2 (1949), p. 829.

Fonderie du Trail (Canada/Etats-Unis), *RSA*, vol. 3 (1941), p. 907.

Affaire des Biens Britaniques au Maroc espagnol (Espagne c. Royaume-Uni), *RSA*, vol. 2 (1925), p. 615.

Lac Lanoux (France/Espagne), *RSA*, vol. 12 (1957), p. 285.

Dubai-Sharjah Border Arbitration, *ILR*, vol. 91 (1993), p. 567.

Affaire de l'indemnité russe (Russie/Turquie), *RSA*, vol. 11 (1912), p. 421.

Affaire du Rainbow Warrior (Nouvelle-Zélande/France), *RGDIP*, vol. 94 (1990), p. 838.

Affaire Yuille, Shortridge et Cie (Grande-Bretagne/Portugal), Sentence du 21 octobre 1861, in: De Lapradelle, A. & Politis, N., *Recueil des arbitrages internationaux*, vol. 1, pp. 650-688.

Affaire du Montijo (Colombie/États-Unis), Sentence du 26 juillet 1875, in: De Lapradelle, A. & Politis, N., *Recueil des arbitrages internationaux*, vol. 1, pp. 650-688.

Affaire de l'Alabama (Grande-Bretagne/États-Unis), Sentence du 14 septembre 1872, in: De Lapradelle, A. & Politis, N., *Recueil des arbitrages internationaux*, vol. II, pp. 713-983.

Affaire Janes (États-Unis/Mexique), *RSA*, vol. 4 (1926), p. 82.

Affaire Youmans (États-Unis/Mexique), *RSA*, vol. 4 (1926), p. 110.

Affaire Massey (États-Unis/Mexique), *RSA*, vol. 4 (1926), p. 155.

4.5. Cour européenne des droits de l'homme

Lawless c. Irlande (fond), n°3, arrêt, CEDH, 1961. *Série A* 3.

Klass et al. c. RFA, n° 5029/71, arrêt CEDH, 1978. *Série A* 28.

Irlande c. Royaume-Uni, n° 5310/71, arrêt, CEDH, 1978. *Série A* 25.

Soering c. Royaume-Uni, n ° 14038/88, arrêt, CEDH, 1989. *Série A* 161.

Tomasi c. France, n° 27/1991/279/350, arrêt, CEDH, 1992. *Série A* 241-A.

Brannigan et McBride c. Royaume-Uni, n°s 14553/89 et 14554/89, arrêt, CEDH, 1993. *Série A* 258-B.

Chahal c. Royaume-Uni, n° 70/1995/576/662, arrêt, CEDH, 1996. *Recueil* 1996-V.

Aksoy c. Turquie, n° 59741/00, arrêt, CEDH, 1996. *Recueil* 1996-VI.

Loizidou c. Turquie, n° 40/1993/435/514, arrêt, CEDH, 1998. *Recueil* 1998-IV.

Osman c. Royaume-Uni, n° 87/1997/871/1083, arrêt, CEDH, 1998. *Recueil* 1998-VIII.

Labita c. Italie, n° 26772/95, arrêt, CEDH, 2000. *Recueil* 2000-IV.

Ilascu et autres c. Moldavie et Russie, n° 4878/99, arrêt, CEDH, 2004. *Recueil* 2004-VII.

Ramirez Sanchez c. France, n° 59450/00, arrêt, CEDH, 2006. *Recueil* 2006-IX.

Saadi c. Italie, n° 37201/06, arrêt, CEDH, 2008. *Recueil* 2008.

A. et autres c. Royaume Uni, n° 3455/05, arrêt, CEDH, 2009. Disponible sur **www.echr.coe.int**

Ban Salah c. Italie, n° 38128/06, arrêt, CEDH, 2009. Disponible sur **www.echr.coe.int**

4.6. Cour interaméricaine des droits de l'homme

Velasquez Rodriguez Case, arrêt, CIDH, series C, n° 4 (1988). *International Legal Materials*, vol. 28 (1989), p. 294.

Applicabilité de l'Habeas corpus en situation d'urgence, avis consultatif, CIDH, 1987. *International Legal Materials*, vol. 27 (1988), p. 512.

4.7. Tribunal pénal international pour l'ex-Yougoslavie

Procureur c. Galič Stanislav – Affaire n° IT-98-29-A, arrêt, TPIY, Chambre d'Appel, 2006. Disponible sur: http://icr.icty.org/

Procureur c. Furundzija – Affaire n° IT-95-17/1-T, arrêt, TPIY, 1998. *International Legal Materials*, vol. 38 (1999), p. 317.

Procureur c. Dusko Tadic – Affaire n° IT-94-1, arrêt, TPIY, Chambre d'appel, 1995. *International Legal Materials*, vol. 35 (1996), p. 35.

4.8. Organe de règlement des différends de l'OMC

Communautés européennes – Mesures affectant l'approbation et la commercialisation des produits biotechnologiques, Rapport du Groupe spécial, WT/DS293/R, 29 septembre 2006.

Mesures communautaires concernant les viandes et les produits carnés (hormones), OMC, organe d'appel, WT/DS 26/AB/R et WT/DS 48/AB/R, 16 janvier 1998.

4.9. Cour suprême des États-Unis

Rasul v. Bush, 542 US, 466 (2004). *International Law Reports*, vol. 137 (2010), p. 377.

Salim Ahmed Hamdan, Petitioner v. Donald H. Rumsfeld, Secretary of Defense, et al, 548 US (2006). *International Law Reports*, vol. 137 (2010), p. 480.

4.10. Cour suprême du Canada

Renvoi relatif à la sécession du Québec, arrêt, *RCS*, vol. 2 (1998). *International Law Reports*, vol. 115 (1999), p. 537.

Suresh c. Canada (Ministre de la Citoyenneté et de l'Immigration), arrêt, *RCS*, vol. 1 (2002). *International Law Reports*, vol. 124 (2003), p. 343.

4.11. Cour suprême d'Israël

Hat'm Abu Zayda c. Israel General Security Service, arrêt, 1999. *International Legal Materials*, vol. 38 (1999), p. 1471.

Public Committee Against Torture in Israel and Others v. State of Israel, General Security Service and Others, Supreme Court, 1999. *International Law Reports*, vol. 133 (2008), p. 283.

II. Travaux

1. Ouvrages

AL-SANHOURY, Abdel A., *Les restrictions contractuelles à la liberté individuelle de travail dans la jurisprudence anglaise. Contribution à l'étude comparative de la règle de droit et du standard juridique*, Paris, Marcel Giard, 1925.

AMERASINGHE, Chittharanjan F., *State Responsibility for Injuries to Aliens*, Oxford, Clarendon Press, 1967.

AMSELEK, Paul, *Méthode phénoménologie et théorie du droit*, Paris, LGDJ, 1964.

ANZILOTTI, Dionisio, *Cours de droit international*, trad. Gilbert Gidel, Paris, Sirey, 1929.

AQUIN, Saint Thomas, *Somme théologique*, tome 3, Paris, Cerf, 1985.

ARISTOTE, *Ethique à Nicomaque*, trad. Jean VOILQUIN, Paris, Flammarion, 1965.

ARISTOTE, *La Métaphysique*, trad. Jules TRICOT, Paris, Vrin, 1933.

ARISTOTE, *La Politique*, trad. Jules TRICOT, Paris, Vrin, 1995.

ARISTOTE, *Réthorique*, trad. Médéric DUFOUR, Paris, Les Belles Lettres, 1991.

ARMSTRONG, David (ed.), *Routledge Handbook of International Law*, New York, Routledge, 2009.

ATAPATTU, Sumuda A., *Emerging Principles of International Environmental Law*, New York, Transnational Publishers, 2006.

AUSTIN, John, *Lectures on Jurisprudence or the Philosophy of Positive Law,* 4th ed., 2 vols., London, John Murray, 1879.

BARBERIS, Julio A.; HAYTON Robert D. (éd.), *Droits et obligations des pays riverains des fleuves internationaux*. Centre d'étude et de recherche de droit international et de relations internationales de l'Académie de droit international de La Haye, Dordrecht, Nijhoff, 1992.

BARNIDGE, Robert P., *Non-State Actors and Terrorism. Applying the Law of State Responsibility and the Due Diligence Principle*, The Hague, TMC Asser Press, 2008.

BASDEVANT, Jules (dir.), *Dictionnaire de terminologie du droit international*, Paris, Sirey, 1960.

BATIFOL, Henri, *Aspect philosophique du droit international privé*,

2ᵉ éd., Paris, Dalloz, 2002.

BECK, Ulrich, *La société du risque. Sur la voie d'une autre modernité*, Paris, Flammarion, 2003.

BEDJAOUI, Mohammed (dir.), *Droit international, Bilan et perspectives*, Paris, Pedone, 1991.

BELHUMEUR, Jeanne; CONDORELLI, Luigi (dir.), *L'ordre juridique entre tradition et innovation*, Paris, PUF, 1997.

BEN ACHOUR, Rafâa; LAGHMANI, Slim *et al.* (dir.), *Acteurs non étatiques et droit international. VIIe Rencontre internationale de la Faculté des Sciences juridiques, politiques et sociales de Tunis*, Paris, Pedone, 2007.

BENTHAM, Jeremy, *An Introduction to the Principles of Moral and Legislation*, Oxford, 1823.

BIANCHI, Andrea (ed.), *Enforcing International Law Norms against Terrorism,* Oxford, Hart, 2004.

BINGHAM, Thomas H., *The Rule of Law*, London, Allen Lane, 2010.

BLUNTSCHLI, Johann C., *Le droit international codifié*, trad. Charles E. LARDY, 4ᵉ éd., Paris, Guillaumin et Cie, 1885.

BODIN, Jean, *Les six livres de la République*, Paris, 1583.

BONANATÉ, Ligui, *Le terrorisme international*, Firenze, Casterman Giunti, 1994.

BONFANTE, Pietro, *Histoire du droit romain*, trad. Jean CARRÈRE, François FOURNIER, 3ᵉ éd., tome 2, Paris, Sirey, 1928.

BORCHARD, Edwin M., *The Diplomatic Protection of Citizens Abroad or the Law of International Claims*, New York, Banks Law, 1915.

BORKOWSKI, Andrew; Du PLESSIS, Paul*, Texbook on Roman Law*, 3ʳᵈ ed., Oxford, Oxford University Press, 2005.

BOSSUET, Jacques-Bénigne, *Discours sur l'histoire universelle*, Paris, Flammarion, 1966.

BOYER, Alain, *Introduction à la lecture de Karl Popper*, Paris, d'Ulm, 1994.

BRIMO, Albert, *Les grands courants de la philosophie du droit et de l'Etat*, Paris, Pedone, 1967.

BRING, Ove; MAHMOUDI, Said (eds.), *Current International Law Issues: Nordic Perspectives. Essays in honour of Jerzy Sztucki*, Boston, Nijhoff, 1994.

BROSSET Estelle; TRUILHÉ-MARENGO Ève (dir.), *Les enjeux de la normalisation technique internationale: entre environnement, santé et commerce international*, Paris, Documentation française, 2006.

BROWNLIE, Ian, *Principles of Public International Law*, 7ᵗʰ ed., Oxford, Oxford University Press, 2008.

BROWNLIE, Ian, *System of the Law of Nations. Part I: State Responsibility.* Oxford, Clarendon, 1983.

BRUDNY, Michelle-Irène, *Karl Popper, un philosophe heureux. Essai de biographie intellectuelle*, Paris, Grasset & Fasquelle, 2002.

BYERS, Michael (ed.), *The Role of Law in International Politics: Essays in International Relations and International Law*, Oxford, Oxford University Press, 2000.

BYNKERSHOEK, Cornélius van, *Quaestionum juris publici libri duo*, Transl. Tenney FRANK, The Classics of International Law, Carnegie Institute of Washington, 1930.

CARBONNIER, Jean, *Droit civil: Les obligations*, t. 4, 21ᵉ éd., Paris, PUF, 1978.

CARBONNIER, Jean, *Flexible droit*, 10ᵉ éd., Paris, LGDJ, 2001.

CARSON, Rachel, *The Silent Spring*, New York, Fawcett, 1962.

CASSESSE, Antonio, *International Law*, 2ⁿᵈ ed., Oxford, Oxford University Press, 2005.

CASSESE, Antonio, *Le droit international dans un monde divisé*, Paris, Berger-Levrault, 1986.

CAZALA, Julien, *Le principe de précaution en droit international*, Paris, LGDJ, 2006.

CHARLESWORTH, John, *The Law of Negligence*, 2ⁿᵈ ed., London, 1947.

CHENG, Bin, *General Principles of Law as applied by International Courts and Tribunals*, Cambridge, Grotius Publications, 1987.

CLAM Jean; MARTIN, Gilles (dir.), *Les transformations de la régulation juridique*, Paris, LGDJ, 1998.

CLAPHAM, Andrew, *Human Rights in the Private Sphere*, Oxford, Oxford University Press, 1993.

COMBACAU, Jean; SUR Serge, *Droit international public*, 6ᵉ éd., Paris, Montchrestien, 2006.

CONDORELLI, Luigi, *Cours de droit international public*, Genève, Faculté de droit, 1994-1995.

CORTEN, Olivier, *Le droit contre la guerre: l'interdiction du recours à la force en droit international contemporain*, Paris, Pedone, 2008.

CORTEN, Olivier, *L'utilisation du "raisonnable" par le juge international. Discours juridique, raison et contradictions*, Bruxelles, Bruylant, 1997.

COT, Jean Pierre; PELLET, Alain (dir.), *Charte des Nations Unies. Commentaire articles par articles*, Paris, Economica, 1985.

CRAVEN, Matthew *et al.* (eds.), *Time, History and International Law*, Leiden, Nijhoff, 2007.

CRAWFORD, James, *Les articles de la CDI sur la responsabilité de l'Etat pour fait internationalement illicite. Introduction, textes et commentaires*, Paris, Pedone, 2003.

CUQ, Edouard, *Manuel de droit romain*, 2ᵉ éd., Paris, Plon, 1928.

DAVID, Eric, *Principes de droit des conflits armés*, Bruelles, Bruylant, 1994.

DE KERCHOVE, Michel van; OST, François, *Le système juridique entre ordre et désordre*, Paris, PUF, 1988.

DE LAPRADELLE, Albert G., *Maîtres et doctrines du droit des gens*, Paris, Les éditions internationales, 2ᵉ éd. 1950.

DE SADELEER, Nicolas, *Environmental Principles: from Political Slogans to Legal Rules*, Oxford, Oxford University Press, 2002.

DE VISSCHER, Charles, *Les effectivités du droit international public*, Paris, Pedone, 1967.

DE VISSCHER, Charles, *Aspects récents du droit procédural à la Cour international de Justice*, Paris, Pedone, 1966.

DE VISSCHER, Charles, *Théories et réalités en droit international public*, 3ᵉ éd., Paris, Pedone, 1960.

DECLAREUIL, Joseph, *Rome et l'organisation du droit*, Paris, La renaissance du livre, 1924.

Del VECCHIO, Giorgio, *Les principes généraux du droit*, trad. E. Demontès, Paris, LGDJ, 1925.

DENIS, Catherine, *Le pouvoir normative du Conseil de sécurité des Nations Unies: portée et limites*, Bruxelles, Bruylant, 2004.

DIEHL, Paul F.; KU, Charlotte, *The Dynamics of International Law*, Cambridge, Cambridge University Press, 2010.

DINSTEIN, Yoram, *War, Aggression and Self-Defence*, Cambridge, Cambridge University Press, 4ᵗʰ ed., 2005.

DISTEFANO, Giovanni; BUZZINI, Gionata P., *Bréviaire de jurisprudences internationales*, Bruxelles, Bruylant, 2005.

DUFOUR, Alfred et al., *Grotius et l'ordre juridique international. Travaux du Colloque Hugo Grotius, Genève 10-11 nov. 1983*, Genève, Payot, 1985.

DUGUIT, Léon, *Droit constitutionnel. Tome 1: La règle de droit – Le problème de l'Etat*, 3ᵉ éd., Paris, Fontemoing et Cie, 1927.

DUGUIT, Léon, *Manuel de droit constitutionnel*, Paris, Boccard, 1918.

DUMBERRY, Patrick, *State Succession to Rights and Obligations Arising from the Commission of Internationally Wrongful Acts in International Law*, Genève, Thèse, IUHEI, 2006.

DUNN, Frederick S., *The Protection of Nationals: a Study in the*

Application of International Law, Baltimore, The Johns Hopkins press, 1932.

DUPUY, Pierre-Marie (dir.), *Obligations multilatérales, droit impératif et responsabilité internationale des Etats*, Paris, Pedone, 2003.

DUPUY, Pierre-Marie, *Droit international public*, Paris, Dalloz, 2ᵉ éd., 1993.

DUPUY, Pierre-Marie, *La responsabilité internationale des Etats pour les dommages d'origine technologique et industrielle*, Paris, Pedone, 1976.

DWORKIN, Ronald, *Prendre les droits au sérieux*, trad. Marie-Jeanne ROSSIGNOL, Frédéric LIMARE, Paris, PUF, 1995.

DWORKIN, Ronald, *Une question de principe*, trad., Aurélie GUILLAIN, Paris, PUF, 1985.

EAGLETON, Clyde, *The Responsibility of State in International Law*, New York, New York University Press, 1928.

EVANS, Malcolm D., *International Law*, 2 vols, Farnham, Ashgate, 2009.

EWALD, François *et al*, *Le principe de précaution*, 2ᵉ éd., Paris, PUF, 2008.

FASSÒ, Guido, *Histoire de la philosophie du droit: XIXe et XXe siècle*, trad. Catherine ROUFFET, Paris, LGDJ, 1976.

FAUCHILLE, Paul, *Traité de droit international public,* 2 tomes, Paris, Rousseau et Cie, 1921.

FENWICK, Charles G., *International Law*, 4ᵗʰ ed., New York, Appleton-Century-Crofts, 1965.

FERNANDEZ-SANCHEZ, Pablo A., *International Legal Dimension of Terrorism*, Leiden/Boston, Nijhoff, 2009.

FEUGUERAY, Henri-Robert, *Essai sur les doctrines politiques de Saint Thomas d'Aquin*, Paris, Chamerot, 1857.

FIORE, Pasquale, *Le droit international codifié et sa sanction juridique*, trad., Antoine CHRÉTIEN, Paris, Pedone, 1911.

FISCHER, Christophe, *La responsabilité internationale de l'Etat pour les comportements 'ultra vires' de ses organes,* Lausanne, Chabloz, 1993.

FITZMAURICE, Malgosia; SAROOCHI Dan (éd.), *Issues of State Responsibility before International Judicial Institutions*, Oxford, Hart, 2004.

FRANCIONI, Francesco; SCOVAZZI, Tullio (eds), *International Responsibility for Environmental Harm*, London, Graham &Trotman, 1993.

FRANCK, M. Thomas, *Recourse to Force: State Action against Threats and Armed Attacks*, Cambridge, Cambridge University Press, 2002.

FREESTONE, David; HEY, Ellen (eds.), *The Precautionary Principle and International Law: the Challenge of Implementation*, The Hague, Kluwer, 1996.

GADAMER, Hans-Georg, *Vérité et méthode: les grandes lignes d'une herméneutique philosophique*, Paris, Seuil, 1996.

GAGNEBIN, Bernard; RAYMOND Marcel (dir.), *Œuvres complètes*, Société J.-J. Rousseau, Gallimard, 1964.

GARCIA-AMADOR, Fransisco V. *et al.*, *Recent Codification of the Law of State Responsibility for Injuries to Aliens*, Dobbs Ferry/Leiden, Oceana/Sijthoff, 1974.

GAUDEMET, Jean, *Droit privé romain*, 2ᵉ éd., Paris Monchrestien, 2000.

GENTILI, Alberico, *De iure belli libri tres,* transl. John C. ROLFE, The Classics of International Law, Carnegie Endowment for International Peace, Oxford/London, Clarendon/Humphrey Milford, 1933.

GÉNY, François, *Méthode d'interprétation et sources du droit privé positif. Essai Critique*, t. 1, Paris, LGDJ, 2ᵉ éd., 1954.

GHANI, Ashraf; LOCKHART, Clare, *Fixing Failed States. A Framework for Rebuilding a Fractured World*, Oxford, Oxford University Press, 2008.

GIANLUIGI, Palombella; NEIL, Walker (eds.), *Relocating the Rule of Law*, Oxford, Hart, 2009.

GIRARD, Paul F., *Manuel élémentaire de droit romain*, 7ᵉ éd., Paris, Rousseau et Cie, 1924.

GODARD, Olivier, *Le principe de précaution dans la conduite des affaires humaines*, Paris, Maison des Sciences de l'Homme, 1997.

GODEFRIDUS J. H. van Hoof, *Rethinking the Sources of International Law*, Deventer, Kluwer, 1983.

GOODWIN-GILL, Guy S.; TALMON Stefan (eds.), *The Reality of International Law: Essays in Honour of Ian Brownlie*, Oxford, Clarendon Press, 1999.

GOUJON, Emmanuel, *Depuis le 11 septembre*, Paris, Gallimard, 2001.

GOWLLAND-DEBBAS, Vera; DE CHAZOURNES Laurence B. (eds.), *The International Legal System in Quest of Equity and Universality/L'Ordre juridique international, un système en quête d'équité et d'universalité, Liber Amicorum Georges Abi-Saab*, The Hague, Nijhoff, 2001.

GOWLLAND-DEBBAS, Vera, *National Implementation of United Nations Sanctions: A Comparative Study*, Leiden, Nijhoff, 2004.

GRAY, Chistine D., *Judicial Remedies in International Law*, Oxford, Clarendon Press, 1990.

GREWE, Wilhelm G., *The Epochs of International Law*, Transl.

Michael BYERS, Berlin/New York, Walter de Gruyter, 2000.

GRISON, Denis, *Le principe de précaution, un principe d'action*, Paris, L'Harmattan, 2009.

GROTIUS, Hugo, *De jure praedae commentarius /Commentary on the law of prize and booty Place*. The Classics of International Law, Carnegie Endowment for International Peace, Oxford/London, Clarendon Press/G. Cumberlege, 1950.

GROTIUS, Hugo, *Mare Liberum. The Freedom of the Sea*, trad. Ralph van D. MAGOFFIN, New York, Oxford University Press, 1916.

GROTIUS, Hugo, *Le droit de la guerre et de la paix*, trad. Jean BARBEYRAC, Amsterdam, Pierre de Coup, 1729.

GUGGENHEIM, Paul, *Emer de Vattel et l'étude des relations internationales en Suisse*, Genève, Georg, 1956.

GUGGENHEIM, Paul, *Traité de droit international public*, 2 vols, Genève, Georg, 1954.

HAGGENMACHER, Peter, CHETAIL, Vincent, (éds), *Le droit international de Vattel vu du 21ᵉ siècle*, Leyden, Brill, 2010.

HAGGENMACHER, Peter, *Grotius et la doctrine de la guerre juste*, Paris, PUF, 1983.

HALL, William E., *A Treatise on International Law*, 2nd ed., Oxford, Clarendon Press, 1884.

HART, Herbert L. A., *The Concept of Law*, 2nd ed., Oxoford, Clarendon Press, 1994.

HART, Herbert L.A., *Le concept de droit*, Trad. Michel van de KERCHOVE, Bruxelles, Facultés universitaires Saint-Louis, 1976.

HAYEK, Friedrich A., *La route de la servitude*, trad. G. BLUMBERG, Paris, PUF, 2002.

HECKMAN, James J. et al (eds.), *Global Perspectives on the Rule of Law*, London, Routledge, 2010.

HEFFTER, A. Wilhelm, *Le droit international de l'Europe*, 4ᵉ éd., Berlin/Paris, Müller/Cotillon, 1883.

HENKIN, Louis, *International Law, Politics and Values*, Dordrecht, Nijhoff, 1995.

HENZELIN, Marc, *Le principe de l'universalité en droit pénal international*, Genève, Helbing & Lichtenhahn, 2000.

HIGGINS, Rosalyn, *Problems and Process. International Law and How we Use It*, Oxford, Clarendon Press, 1994.

HIGGINS, Rosalyn; Maurice FLORY (eds.), *Terrorism and International Law*, London/New York, Routledege, 1997.

HINSLEY, Francis H., *Power and the Pursuit of Peace. Theory and Practice in the Relations between States*, Cambridge, Cambridge University Press, 1966.

HOBBES, Thomas, *Léviathan ou matière, forme et puissance de l'Etat chrétien et civil*, trad. Gérard MAIRET, Paris, Gallimard, 2000.

HOFFMAN, Bruce, *La mécanique terroriste*, Paris, Calmann-Lévy, 1999.

HOOGH, André de, *Obligations Erga Omnes and International Crimes: A Theoretical Inquiry into the Implementation and Enforcement of the International Responsibility of States*, The Hague/London/Boston, Kluwer, 1996.

HÜBNER, Martin, *De la saisie des bâtiments neutres, ou du droit qu'ont les nations belligérantes d'arrêter les navires des peuples amis*, La Haye, 1759.

IMPÉRIALI, Claude (ed.), *L'effectivité du droit international de l'environnement, contrôle de la mise en œuvre des conventions internationales*, Paris, Economica, 1998.

JEFFREY, Jowell; DAWN, Oliver (eds.), *The Changing Constitution*, 6th ed., Oxford, Oxford University Press, 2009.

JENNINGS, Robert; WATTS, Sir Arthur, *Oppenheim's International Law*, 9th ed., vol. 1: *Peace*, London, Longman, 1996.

JESSUP, Philip C., *A Modern Law of Nations*, Cambridge, Cambridge University Press, 1956.

JESSUP, Philip C.; DEAK, Francis (eds), *Neutrality: Its History, Economics and Law*, 4 vols., New York, Colombia University Press, 1936.

JOLOWICZ, Herbert F., *Roman Foundation of Modern Law*, Oxford, Clarendon Press, 1957.

JONAS, Hans, *The Imperative of Responsibility. In Search of an Ethics for the Technological Age*, Chicago & London, University of Chicago Press, 1984.

JONES, Sir William, *An Essay on the Law of Bailments*, 3rd ed., London, Sweet, 1823.

JOUANNET, Emmanuel, *Emer de Vattel et l'émergence doctrinale du droit international classique,* Paris, Pédone, 1998.

KANT, Emmanuel, *Critique de la raison pure*, trad. A. TREMESAYGUES; B. PACAUD, Paris, Félix Alcan, 1905.

KELSEN, Hans, *General Theory of Law and State*, transl. Andres WEDBERG, Cambridge, Harvard University Press, 1946.

KELSEN, Hans, *Principles of International Law*, 2nd ed., New York, Holt, Rinehart and Winston, 1967.

KELSEN, Hans, *The Law of the United Nations*, London, Stevens, 1951.

KELSEN, Hans, *Théorie pure du droit*, 2e éd., Oxford, Clarendon Press, 1994.

KISS, Alexandre C.; SHELTON, Dinah, *International Environmental Law*, New York/London, Transnational Publishers, 1991.

KLEEN, Richard, *Lois et usages de la neutralité d'après le droit international conventionnel et coutumier des Etats civilisés*. Tome I: *Principes fondamentaux, Devoirs de neutres*, Paris, Chevalier-Marquescq, 1898.

KOHEN, Marcelo G., *Possession contestée et souveraineté territoriale*, Genève, PUF, 1997.

KOLB, Robert, *Interprétation et création du droit international. Esquisse d'une herméneutique juridique moderne pour le droit international public*, Bruxelles, Bruylant, 2006.

KOLB, Robert, *Théorie du jus cogens. Essai de relecture du concept*, Paris, PUF, 2001.

KOLB, Robert, *La Bonne foi en droit international. Contribution à l'étude des principes généraux de droit*, Paris, PUF, 2000.

KOSKENNIEMI, Martti, *The Gentle Civilizer of Nations. The Rise and Fall of International Law*, 1870-1960, Cambridge, Cambridge University Press, 2002.

KUHN, Thomas S., *La structure des révolutions scientifiques*, trad. de l'américain, Paris, Flammarion, 1972.

LACHS, Manfred, *Le monde de la pensée en droit international*, Paris, Economica, 1989.

LAGHMANI, Slim, *Histoire du droit des gens: du "jus gentium" impérial au "jus publicum europaeum"*, Paris, Pedone, 2004.

LAMBERT, Edouard, *Le gouvernement des juges et la lutte contre la législation sociale aux Etats-Unis: l'expérience américaine du contrôle judiciaire de la constitutionnalité de lois*, Paris, Giard, 1921.

LANG, Winfried *et al* (dir.), *Environmental Protection and International Law*, London, Graham & Trotman, 1991.

LAUTERPACHT, Hersch, *The Functions of Law in the International Community*, Connecticut, Hamden, 1966.

LAUTERPACHT, Hersh, *Oppenheim International Law*, 7th ed. London, Longmans, 1972.

LAUTERPACHT, Hersh, *Private Law Sources and Analogies of International Law*, London, Longmans Green and Co., 1927.

LAWRENCE, Thomas J., *The Principles of International Law*, 7th ed., London, MacMillan, 1929.

LAWSON, Frederick H., *Negligence in the Civil Law*, Oxford, Clarendon Press, 1950.

LEFEBER, René, *Transboundary Environmental Interference and the Origin of State Liability*, The Hague, Kluwer, 1996.

LETURCQ, Shirley, *Standards et droits fondamentaux devant le conseil constitutionnel français et la Cour européenne des droit de l'homme*, Paris, LGDJ, 2005.

LILLICH, Richard B. (ed.), *International Law of State Responsibility for Injuries to Aliens*, Charlotteville, University Press of Virginia, 1983.

LOCKE, John, *Deux traités du gouvernement*, trad. Bernard GILSON, Paris, Vrin, 1997.

MACHIAVELLI, Niccolò, *Le prince*, trad. Yves LÉVY, Paris, Flammarion, 1992.

MACKENZIE, Lord, *Studies in Roman Law with Comparative Views of the Law of France, England, and Scotland*, Floride, Gaunt and Son, 1915, réimprimé en 1991.

MAINE, Henry S., *Ancient Law, its Connection with the Early History of Society, and its Relation to Modern Ideas*, London, John Murray, 1920.

MANZ, Johannes J., *Emer de Vattel, Versuch einer Würdigung: unter besonderer Berücksichtigung der individuellen Freiheit und der souveränen Gleicheit*, Zürich, Schulthess Polygraphischer, 1971.

MARCUM, James A., *Thomas Kuhn's Revolution: an Historical Philosophy of Science*, London / New York, Continuum, 2005.

MARR, Simon, *The Precautionary Principle in the Law of the Sea: Modern Decision Making in International Law*, The Hague, Nijhoff, 2003.

MARRET, Jean-Luc, *Techniques du terrorisme: méthodes et pratiques du "métier terroriste"*, Paris, PUF, 2000.

MARTENS, G. Frédéric de, *Précis du droit des gens moderne de l'Europe*, 2 vols., 2ᵉ éd., Paris, Guillaumin et cie, 1864 (édition originale 1789).

MAYNZ, Charles, *Eléments de droit romain*, 2ᵉ éd., tome 2, Paris, A. Durand, 1859.

MAZEAUD, Henri; MAZEAUD, Léon, *Traité théorique et pratique de la responsabilité civile délictuelle et contractuelle*, Paris, Monchrestien, 6ᵉ éd., 1965.

MBENGUE, Makane M., *Essai sur une théorie du risque en droit international public. L'anticipation du risque environnemental et sanitaire*, Paris, Pedone, 2009.

MEHTA, Raj K., *International Encyclopedia of Terrorism Laws*, vol. 1, New Delhi, Pentagon Press, 2007.

MICHEL, Jacques-Henri, *Eléments de droit romain à l'usage des juristes, des latinistes et des historiens*, Université libre de Bruxelles, centre de droit comparé et d'histoire du droit, 1998.

MILLER, David H., *The Drafting of the Covenant*, vol. 1, New York,

G. P. Putnam's Sons, 1928.

MOMMSEN, Théodore, *Droit pénal romain*, Paris, Thorin et fils, 3 vol., 1907.

MONIER, Raymond, *Manuel élémentaire de droit romain*, tome 2, 5ᵉ éd., Paris Monchrestien, 1954.

MONTESQUIEU, Charles de S., *De l'esprit des lois*, Paris, Didot, 1851.

NEFF, Stephen C., *The Rights and Duties of Neutrals. A General History*, Manchester, Manchester University Press, 2000.

NGUYEN, Quoc Dinh *et al.*, *Droit international public*, 6ᵉ éd, Paris, LGDJ, 1999.

NOBEL, Peter (ed.), *International Standards and the Law*, Berne, Staempfli, 2005.

NUSSBAUM, Arthur, *A Concise History of the Law of Nations*, New York, Macmillan, 1954.

NYS, Ernest, *Etudes de droit international et de droit politique*, deuxième série, Bruxelles/Paris, Alfred Castaigne/A. Fontemoing, 1901.

NYS, Ernest, *Les origines du droit international*, Bruxelles, Castaigne, 1894.

OPPENHEIM, Lassa, *International Law: a Treatise*, vol. 1, *Peace*, London/New York, Longmans Green and co., 1905-1906.

ÖRVIK, Nils, *The Decline of Neutrality 1914-1941*, 2ⁿᵈ ed., Oslo, Frank Cass & Co. LTD, 1971.

PAPAUX, Alain, *Essai philosophique sur la qualification juridique: de la subsomption à l'abduction*, Paris/Bruxelles, LGDJ/Bruylant, 2003.

PAPAUX, Alain, *Introduction à la philosophie du "droit en situation"*, Bruxelles, Bruylant, 2006.

PAPAUX, Alain; WYLER, Eric, *L'éthique du droit international*, Paris, PUF (Que sais-je?), 1997.

PARISI, Francesco, *Liability for Negligence and Judicial Discretion*, 2ⁿᵈ ed., Berkeley, University of California, 1992.

PATON, George W.; DERHAM David P. (eds), *A Textbook of Jurisprudence*, 4ᵗʰ ed., Oxford, Clarendon Press, 1972.

PERELMAN, Chaïm; VANDER ELST Raymond (dir.), *Les notions à contenu variable en droit*, Bruxelles, Bruylant 1984.

PERELMAN, Chaïm, *Le raisonnable et le déraisonnable en droit: au-delà du positivisme juridique*, Paris, LGDJ, 1984.

PERELMAN, Chaïm, *Logique juridique*, Paris, Dalloz, 1979.

PERELMAN Chaïm (dir.), *La règle de droit*, Bruxelles, Bruylant, 1971.

PERRET, Robert-Louis, *De la faute et du devoir en droit international: fondement de la responsabilité*, Zurich, Verlag AG, 1962.

PHILLIMORE, Robert, *A Commentaries upon International Law*, 3rd ed., London, Butterworths, 1879.

PIETH, Mark, *Financing Terrorism*, Dordrecht/Boston, Kluwer, 2002.

PILLET, Antoine (dir.), *Les fondateurs du droit international. F. de Vitoria, A. Gentilis, F. Suarez, Grotius, Zouch, Pufendorf, Bynkershoek, Wolf, Vattel, de Martens: leurs œuvres, leurs doctrines*, Paris, Giard & Brière, 1904.

PIOTTE, Jean-Marc, *Les grands penseurs du monde occidental: l'éthique et la politique de Platon à ns jours*, Québec, FIDES, 2005.

PISILLO MAZZESCHI, Riccardo, *"Due diligence" e responsabilità internazionale degli stati*, Milano, Giuffrè, 1989.

POINTET, Pierre J., *La neutralité de la Suisse et la liberté de la presse*, Zurich, Polygraphiques S. A., 1945.

POLITIS, Nicolas *Neutralité et paix*, Paris, Hachette, 1935.

POLITIS, Nicolas, *Neutrality and Peace*, transl. Francis C. MACKEN, Carnegie Institute of Washington, 1935.

POLLOCK, Frederick, *Law of Torts: A treatise on the Principles of Obligations Arising from Civil Wrongs in the Common Law*, 15th ed., London, Stevens & sons, 1951.

POLLOCK, Frederick; MAITLAND, Frederic W., *The History of English Law before the Time of Edward I*, 2nd ed., London, Cambridge University Press, 1968.

POP, Iftene, *Voisinage et bon voisinage en droit international*, Paris, Pedone, 1980.

POPPER, Karl, *La logique de la découverte scientifique*, trad. Nicole THYSSEN-RUTTEN, Philippe DEVAUX, Paris, Payot, 1978.

POUND, Roscoe, *An Introduction to the Philosophy of Law*, New Haven, Yale University Press, 2nd ed., 1952.

PRIEUR, Michel; LAMBRECHTS, Claude (éds.), *Les Hommes et L'environnement: quels droits pour le vingt-et-unième siècle?* Etudes en hommage à Alexandre Kiss, Paris, Frison-Roche, 1998.

PRIMAKOV, Evgueni, *Le monde après le 11 septembre et la guerre en Irak*, Paris, Presse de la Renaissance, 2003.

PUFENDORF, Samuel, *Du droit de la nature et des gens, ou système général des principes les plus importants de la morale, de la jurisprudence et de la politique*, trad. Jean BARBEYRAC, tome 1, Amsterdam, Gerard Kuyper, 1956.

QUÉNEUDEC, Jean-Pierre, *La responsabilité internationale de l'Etat pour les fautes personnelles de ses agents*, Paris, R. Pichon/Durand-Auzias, 1966.

RALSTON, Jackson H., *International Arbitration from Athens to Locarno*, California, Stanford University Press, 1929.

RAZ, Joseph, *The Authority of Law: Essays on Law and Morality*, 2nd ed., Oxford, Oxford University Press, 2009.

RAZ, Joseph, *The Concept of Legal System. An Introduction to the Theory of Legal System,* Oxford, Clarendon Press, 1970.

REALE, Egidio, *Le Règlement judiciaire du conflit de l'Alabama*, Lausanne/Genève, Payot &Cie, 1929.

REBEYROL, Vincent, *L'affirmation d'un "droit à l'environnement" et les dommages environnementaux*, Paris, LGDJ, 2010.

RIALS, Stéphane, *Le juge administrative français et la technique du standard. Essai sur le traitement juridictionnel de l'idée de normalité*, Paris, LGDJ, 1980.

RIGAUX, François, *La loi des juges*, Paris, O. Jacob, 1997.

RIVIER, Alphonse, *Principes du droit des gens*, tome 1er, Paris, Arthur Rousseau, 1896.

ROMANO, Santi, *L'ordre juridique*, trad. Lucien FRANÇOIS, Pierre GOTHOT, Paris, Dalloz, 1975.

ROTH, Andreas H., *The Minimum Standard of International Law Applied to Aliens*, Leiden, Sijthoff, 1949.

ROUSSEAU, Charles, *Droit international public. Tome 5: Les rapports conflictuels*, Paris, Sirey, 1983.

ROUSSEAU, Jean-Jacques, *Du contrat social ou principes du droit politique*, 2e éd., Paris, 1865.

RUDDY, Francis S., *International Law in the Enlightenment. The Background of Emmerich de Vattel's Le Droit des Gens*, New York, Oceania Publications, 1975.

SADELEER, Nicolas De, *Environmental Principles: from Political Slogans to Legal Rules*, Oxford, Oxford University Press, 2002.

SALMOND, John W., *Law of torts: a treatise on the English law of liability for civil injuries,* London, Sweet & Maxwell, 1936.

SALMON, Jean J.-A. (dir.), *Dictionnaire de droit international public*, Bruxelles, Bruyllant/AUF, 2001.

SANDS, Philippe, *Principles of International Environmental Law I. Framework, Standards and Implementation,* Manchester/New York, Manchester University Press, 1995.

SAROOSHI, Danesh, *The United Nations and the Development of Collective Security*, Oxford, Clarendon Press, 1999.

SCELLE George, *Manuel élémentaire de droit international public*, Paris, Montchrestien, 1943.

SCELLE George, *Précis de droit des gens: principes et systématique*, Paris, Sirey, 1932.

SCHAMPS, Geneviève, *La mise en danger: un concept fondateur d'un principe général de responsabilité. Analyse de droit comparé*, Bruxelles, Bruylant, 1998.

SCHATCHER, Oscar, *International Law in Theory and Practice*, London, Nijhoff, 1991.

SCHOPFER, Sidney, *Le principe juridique de la neutralité et son évolution dans l'histoire du droit de la guerre*, Lausanne, Corbaz et Cie, 1894.

SCHWARZENBERGER, Georg, *International Law*, vol. 1: *International Law as Applied by International Courts and Tribunals*, 3rd ed., London, Stevens, 1957.

SCHWARZENBERGER, Georg, *The Dynamices of International Law*, Abingdon, Professional Book Ltd, 1976.

SCHWEIGMAN, David, *The Authority of the Security Council under Chapter VII of the UN Charter: Legal Limits and the Role of the International Court of Justice*, The Hague, Kluwer, 2001.

SÉKPONA-MÉDJAGO, Thomas T., *Le principe de précaution: une consécration du principe responsabilité de Hans Jonas*, Québec, Université de Sherbrooke, 2005.

SERRES, Michel, *Le contrat naturel*, Paris, François Bourin, 1990.

SHAW, Malcolm N., *International Law*, 5th ed., Cambridge, Cambridge University Press, 2003.

SICILIANOS, Linos-Alexandre, *Les réactions décentralisées à l'illicite: des contre-mesures à la légitime défense*, Paris, LGDJ, 1990.

SOMMIER, Isabelle, *Le terrorisme*, Paris, Flammarion, 2000.

STEIN, Peter G., *The Character and Influence of Roman Civil Law: Historical Essays*, London, Hambledon Press, 1988.

STEIN, Peter, *Roman Law in European History*, Cambridge, Cambridge University Press, 1999.

STERN, Brigitte B., *Le préjudice dans la théorie de la responsabilité internationale*, Paris, Pédone, 1973.

STRUPP, Karl, *Das völkerrechtliche Delikt*, Berlin, Kohlhommer, 1920.

STRUPP, Karl, *Eléments du droit international public universel, européen et américain*, Paris, Rousseau & cie 1927.

SUR, Serge, *Terrorisme et droit international*, Leiden/Boston, Nijhoff, 2006.

SUR, Serges, *Le Conseil de sécurité dans l'après 11 septembre*, Paris, LGDJ, 2005.

TAMANAHA, BRIAN Z., *Beyond the Formalist – Realist Divide: the Role of Politics in Judging*, Princeton/Oxford, Princeton University Press, 2010.

TAMANAHA, BRIAN Z., *Law as a Means to an End: Treat to the Rule of Law*, Cambridge, Cambridge University Press, 2006.

TAMANAHA, Brian Z., *On the Rule of Law. History, Politics, Theory*, Cambridge, Cambridge University Press, 2004.

TOMUSCHAT, Christian, *International Law: Ensuring the Survival of Mankind on the Eve of a New Century*, The Hague, Nijhoff, 2001.

TRIEPEL, Heinrich, *Droit international et droit interne*, trad. René BRUNET, Paris, Pedone, 1920.

TROUWBORST, Arie, *Precautionary Rights and Duties of States*, The Hague, Nijhoff, 2006.

TROUWBORST, Arie, *Evolution and Status of the Precautionary Principle in International Law*, The Hague, Kluwer, 2002.

TRUYOL Y SERRA, Antonio, *Histoire du droit international public*, Paris, Economica, 1995.

TUCKER, Robert W., *The Law of War and Neutrality at Sea*, Washington DC, Government Printing Office, 1957.

TUNKIN, Grigory, *Droit international public. Problèmes théoriques*, Paris, Pedone, 1965.

ULLMANN, Walter, *A History of Political Thought: The Middle Ages*, Harmondsworth, Penguin, 1965.

VAN ROYEN, Willem P. J. Adriaen, *Analyse du problème de la neutralité au cours de l'évolution de droit des gens*, Gravenhage, Nijhoff, 1938.

VATTEL, Emer de, *Le droit des gents ou principes de la loi naturelle appliqués à la conduite et aux affaires des nations et des souverains*, The Classics of International Law, Carnegie Institution of Washington, 1916.

VERHOEVEN, Joe (dir.), *Le principe de précaution: aspects de droit international et communautaire*, Paris, LGDJ, 2002.

VERHOEVEN, Joe, *Droit international public*, Bruxelles, Larcier, 2000.

VERZIJL, Jan H. W., *International Law in Historical Perspective. Part 9-B: The Law of Neutrality*, Leyden, Sijthoff, 1979.

VILLALPANDO, Santiago, *L'émergence de la communauté internationale dans la responsabilité des Etats*, Paris, PUF, 2005.

VILLERS, Robert, *Rome et le droit privé*, Paris, Albin Michel, 1977.

VILLEY, Michel, *La formation de la pensée juridique moderne*, Paris, PUF, 1ere éd. "Quadrige", 2006.

VILLEY, Michel, *Le droit et les droits de l'homme*, Paris, PUF, 2e éd., 1990.

VILLEY, Michel, *Leçon d'histoire de la philosophie du droit*, Paris, Dalloz, 1962.

VINOGRADOFF, Paul, *Roman Law in Medieval Europe*, 3rd ed., Oxford, Oxford University Press, 1961.

VIRALLY, Michel, *La pensée juridique*, Paris, LGDJ, 1998.

VIRALLY, Michel, *Le droit international en devenir. Essais écrits au fil des ans*, Paris, PUF, 1990.

VITORIA, Francisco de, *De Indis et De Ivre Belli Relectiones*, Transl. By John P. BATE, The Classics of International Law, Carnegie Institution of Washington, 1917.

VOIGT, Christina, *Sustainable Development as a Principle of International Law. Resolving Conflicts between Climate Measures and WTO Law*, Leiden, Nijhoff, 2009.

VOLLENHOVEN, Cornelis van, *Les trois phases du droit des gens*, La Haye, Nijhoff, 1919.

WALKER, Thomas A., *A History of the Law of Nations. Vol 1: From the Earliest Times to the Peace of Westphalia, 1648*, Cambridge, Cambridge University Press, 1899.

WATSON, Alan, *Studies in Roman Private Law*, London, Hambledon Press, 1991.

WESTLAKE, John, *International Law. Part I: War,* Cambridge, Cambridge University Press, 1907.

WETTBERG, Gregor, *The International Legality of Self-Defence against Non-State Actors: State Practice from the UN Charter to the Present*, Frankfurt, Lang, 2007.

WHEATON, Henry, *Eléments du droit international*, 5e éd., vol. 2, Leipzig, Brockhaus, 1874.

WHEATON, Henry, *Histoire des progrès du droit des gens en Europe et en Amérique depuis la paix de Westphalie jusqu'à nos jours*, 4e éd., tome 1, Leipzig, Brockhaus, 1865.

WILMOT, Richard; ROBYN, Ness (eds.), *Domestic and International Terrorism*, Boston, Pearson Custom, 2005.

WINIGER, Bénédict, *La responsabilité aquilienne en droit commun. Damnum Culpa Datum*, Genève/Bâle/Munich, Helbing & Lichtenhahn, 2002.

WITTGENSTEIN, Ludwig, *Investigations philosophiques*, trad. Pierre KLOSSOWSKI, Paris, Gallimard, 1961.

WOLFRUM, Rüdiger; RÖBEN, Volker (eds.), *Developments of International Law in Treaty Making*, Berlin, Springer, 2005.

WYLER, Eric, *L'illicite et la condition des personnes privées. La responsabilité internationale en droit coutumier et dans la convention européenne des droits de l'homme*, Paris, Pedone, 1995.

YOTOPOULOS-MARANGOPOULOS, alice, WOFGANG, Benedek, *Anti-*

terrorist Measures and Human Rights, Boston, Nijhoff, 2004.

YOUNG, John H. (ed.), *International Election Principles: Democracy & the Rule of Law*, Chicago, ABA Section of Administrative Law and Regulatory Practice, 2009.

ZANNAS, Pavlos A., *La responsabilité internationale des Etats pour les actes de négligence*, Genève, Thèse, IUHEI, 1952.

ZIMMERMANN, Doron; WENGER Andreas (eds.), *How States Fight Terrorism. Policy Dynamics in the West*, London, Lynne Rienner, 2007.

ZIMMERMANN, Reinhard, *The Law of Obligations. Roman Foundations of the Civilian Tradition*, Oxford, Clarendon Press, 1996.

ZYL, D.H. Van, *History and Principles of Roman Private Law*, Durban/Pretoria, Butter Worths, 1983.

2. Cours à l'académie de droit international de La Haye

ABELLÁN HONRUBIA, Victoria, "La responsabilité internationale de l'individu", *RCADI*, vol. 280 (1999), pp. 135-428.

ABI-SAAB, Georges, "Cours général de droit international public", *RCADI*, vol. 207 (1987-VII), pp. 9-463.

ABI-SAAB, Georges, "Wars of National Liberation in the Geneva Conventions and Protocols", *RCADI*, vol. 165 (1979-IV), pp. 353-446.

ACCIOLY, Hildebrando, "Principes généraux de la responsabilité internationale d'après la doctrine et la jurisprudence", *RCADI*, vol. 96 (1959-I), pp. 349-441.

AGO, Roberto, "Le droit international dans la conception de Grotius", *RACDI*, vol. 182 (1983-IV), pp. 297-331.

AGO, Roberto, " Droit des traités à la lumière de la Convention de Vienne", *RCADI*, vol. 134 (1971-III), pp. 297-331.

AGO, Roberto, "Science juridique et droit international", *RCADI*, vol. 90 (1956-II), pp. 851-958.

AGO, Roberto, "Le délit international", *RCADI*, vol. 68 (1939-II), pp. 415-554.

ALEXIDZE, Levan, "Legal Nature of Jus Cogens in Contemporary International law", *RCADI*, vol. 172 (1981-III), pp. 219-270.

ALFARO, Ricardo J., "The Rights and Duties of States", *RCADI*, vol. 97 (1959-II), pp. 91-202.

ANAND, Ram P., "Sovereign Equality of States in International Law", *RCADI*, vol. 197 (1986-II), pp. 9-228.

ARANGIO-RUIZ, Gaetano, " Le domaine réservé: l'organisation internationale et le rapport entre droit international et droit interne. Cours général de droit international public", *RCADI*, vol. 225 (1990-VI), pp. 9-484.

ARANGIO-RUIZ, Gaetano, "The Normative Role of the General Assembly of the United Nations and the Declaration of Principles of Friendly Relations", *RCADI*, vol. 137 (1972-III), pp. 419-742.

BAR, Christian von, "Environmental Damage in Private International Law", *RCADI*, vol. 268 (1997), pp. 291-411.

BARBERIS, Julio A., "Nouvelles questions concernant la personnalité juridique internationale", *RCADI*, vol. 179 (1983-I), pp. 145-304.

BARBOZA, Julio, "International Criminal Law", *RCADI*, vol. 278 (1999), pp. 9-199.

BARBOZA, Julio, "International Liability for the Injurious Consequences of Acts not Prohibited by International Law and Protection of the Environment", *RCADI*, vol. 247 (1994-III), pp. 291-405.

BARILE, Giuseppe, "La structure de l'ordre juridique international: règles générales et règles conventionnelles", *RCADI*, vol. 161 (1978-III), pp. 9-126.

BASDEVANT, Jules, "Règles générales du droit de la paix", *RCADI*, vol. 58 (1936-IV), pp. 471-692.

BASTID, Suzanne, "La jurisprudence de la Cour internationale de Justice", *RCADI*, vol. 78 (1951-I), pp. 575-686.

BECKETT, William E., "Les questions d'intérêt général au point de vue juridique dans la jurisprudence de la Cour permanente de justice internationale", *RCADI*, vol. 39 (1932-I), pp. 131-272.

BEDJAOUI, Mohamed, "Non-alignement et droit international", *RCADI*, vol. 151 (1976-III), pp. 337-456.

BELLO, Emmanuel G., "The African Charter on Human and People's Rights: a Legal Analysis", *RCADI*, vol. 194 (1985-V), pp. 9-268.

BENOIST, Charles, "L'influence des idées de Machiavel", *RCADI*, vol. 9 (1925-IV), pp. 127-306.

BERLIA, Georges, "Jurisprudence des tribunaux internationaux en ce qui concerne leur compétence", *RCADI*, vol. 88 (1955-II), pp. 105-157.

BOEGNER, Marc, "L'influence de la réforme sur le développement du droit international", *RCADI*, vol. 6 (1925-I), pp. 241-324.

BOREL, Eugène, "L'acte général de Genève", *RCADI*, vol. 27 (1929-II), pp. 497-595.

BOTHE, Michael, "Environment, Development, Resources", *RCADI*, vol. 318 (2005), pp. 333-516.

BOURQUIN, Maurice, "Le problème de la sécurité internationale", *RCADI*, vol. 49 (1934-III), pp. 469-542.

BOURQUIN, Maurice, " Règles générales du droit de la paix", *RCADI*, vol. 35 (1931-I), pp. 1-232.

BOURQUIN, Maurice, "Crimes et délits contre la sûreté des États étrangers", *RCADI*, vol. 16 (1927-I), pp. 117-246.

BOUTROS-GHALI, Boutros, "Le droit international à la recherche de ses valeurs: paix, développement, démocratisation", *RCADI*, vol. 286 (2000), pp. 9-38.

BOWETT, Derek W., "Contemporary Developments in Legal Techniques in the Settlement of Disputes", *RCADI*, vol. 180 (1983-II), pp. 169-235.

BRIERLY, James L., "Règles générales du droit de la paix", *RCADI*, vol. 58 (1936-IV), pp. 1-242.

BRIGGS, Herbert W., "Reservations to the Acceptance of Compulsory Jurisdiction of the International Court of Justice", *RCADI*, vol. 93 (1958-I), pp. 223-367.

BROUCKÈRE, Louis de, "La prévention de la guerre", *RCADI*, vol. 50 (1934-IV), pp. 1-83.

BROWNLIE, Ian, "Legal Status of Natural Resources in International Law (Some Aspects)", *RCADI*, vol. 162 (1979-I), pp. 245-318.

BROWNLIE, Ian, "International Law at the Fiftieth Anniversary of the United Nations. General Course on Public International Law", *RCADI*, vol. 255 (1996), pp. 9-228.

BUERGENTHAL, Thomas, "Self-executing and Non-self-executing Treaties in National and International Law", *RCADI*, vol. 235 (1992-IV), pp. 303-400.

CAFLISCH, Lucius C., "Cent ans de règlement pacifique des différends interétatiques", *RCADI*, vol. 288 (2001), pp. 245-467.

CAHIER, Philippe, "Changements et continuité du droit international. Cours général de droit international public ", *RCADI*, vol. 195 (1985-VI), pp. 9-374.

CAPOTORTI, Francesco, "Cours général de droit international public", *RCADI*, vol. 248 (1994-IV), pp. 9-343.

CARRILLO SALCEDO, Juan-Antonio, "Le renouveau du particularisme en droit international", *RCADI*, vol. 160 (1978-II), pp. 181-264.

CARRILLO-SALCEDO, Juan-Antonio, "Droit international et souveraineté des états. Cours général de droit international public", *RCADI*, vol. 257 (1996), pp. 35-221.

CAVAGLIERI, Arrigo, "Règles générales du droit de la paix", *RCADI*, vol. 26 (1929-I), pp. 311-585.

CAVARÉ, Louis, "Les sanctions dans le cadre de l'ONU", *RCADI*, vol. 80 (1952-I), pp. 191-291.

CHARNEY, Jonathan I., "Is International Law Threatened by Multiple International Tribunals?", *RCADI*, vol. 271 (1998), pp. 101-382.

CHAUMONT, Charles, "Cours général de droit international public",

RCADI, vol. 129 (1970-I), pp. 333-527.

CHAUMONT, Charles, "Nations Unies et neutralité", *RCADI*, vol. 89 (1956-I), pp. 1-59.

COCK, Henry de, "Effets et exécution des jugements étrangers", *RCADI*, vol. 10 (1925-V) pp. 431-536.

COHN, M.G., "La théorie de la responsabilité internationale", *RCADI*, vol. 68 (1939-II), pp. 207-325.

CONDORELLI, Luigi, "L'imputation à l'état d'un fait internationalement illicite: solutions classiques et nouvelles tendances", *RCADI*, vol. 189 (1984-VI), pp. 9-221.

CONFORTI, Benedetto, "Cours général de droit international public", *RCADI*, vol. 212 (1988-V), pp. 9-210.

CRAWFORD, James R., "Multilateral Rights and Obligations in International Law", *RCADI*, vol. 319 (2006), pp. 325-482.

DAMROSCH, Lori F., "Enforcing International Law through Non-Forcible Measures", *RCADI*, vol. 269 (1997), pp. 9-250.

DAUDET, Yves, "Actualités de la codification du droit international", *RCADI*, vol. 303 (2003), pp. 9-118.

DE ARÉCHAGA, Eduardo J., "International Law in the Past Third of a Century", *RCDAI*, vol. 159 (1978-I), pp. 1-344.

DE ARÉCHAGA, Eduardo J., "Le traitement des différends internationaux par le Conseil de Sécurité", *RCADI*, vol. 85 (1954-I), pp. 1-105.

DE VISSCHER, Charles, "Cours général de principes de droit international public", *RCADI*, vol. 86 (1954-II), pp. 445-556.

DE VISSCHER, Charles, "Le déni de justice en droit international", *RCADI*, vol. 52 (1935-II), pp. 365-442.

DE VISSCHER, Charles, "Les avis consultatifs de la Cour permanente de Justice internationale", *RCADI*, vol. 26 (1929-I), pp. 1-76.

DE VISSCHER, Charles, "La codification du droit international", *RCADI*, vol. 6 (1925-I), pp. 325-455.

DE VISSCHER, Paul, "Cours général de droit international public", *RCADI*, vol. 136 (1972-II), pp. 1-202.

DEGAN, Vladimir-Djuro, "Création et disparition de l'Etat (à la lumière du démembrement de trois fédérations multiethniques en Europe)", *RCADI*, vol. 279 (1999), pp. 195-375.

DINSTEIN, Yoram, "The Interaction between Customary International Law and Treaties", *RCADI*, vol. 322 (2007), pp. 243-427.

DUMAS, Jacques, "La responsabilité des états à raison des crimes et délits commis sur leur territoire au préjudice d'étrangers", *RCADI*, vol. 36 (1931-II), pp. 183-261.

DUPUY, Pierre-Marie, "Le fait générateur de la responsabilité internationale des Etats", *RCADI*, vol. 188 (1984-V), pp. 9-133.

DUPUY, Pierre-Marie, "L'unité de l'ordre juridique international. Cours général de droit international public", *RCADI*, vol. 297 (2002), pp. 9-489.

DUPUY, René-Jean, "Communauté internationale et disparités de développement. Cours général de droit international public", *RCADI*, vol. 165 (1979-IV), pp. 9-232.

EUSTATHIADES, Constantin Th., "Les sujets du droit international et la responsabilité internationale: nouvelles tendances", *RCADI*, vol. 84 (1953-III), pp. 397-633.

FADLALLAH, Ibrahim, "L'ordre public dans les sentences arbitrales", *RCADI*, vol. 249 (1994-V), pp. 369-430.

FALK, Richard A., "The New States and International Legal Order", *RCADI*, vol. 118 (1966-II), pp 1-103.

FEDOZZI, Prosper, "De l'efficacité extraterritoriale des lois et des actes de droit public", *RCADI*, vol. 27 (1929-II), pp. 141-242.

FITZMAURICE, Malgosia A., "International Protection of the Environment", *RCADI*, vol. 293 (2002), pp. 9-488.

FRANCK, Thomas M., "Fairness in the International Legal and Institutional System. General Course on Public International Law", *RCADI*, vol. 240 (1993-III), pp. 9-498.

FRANÇOIS, Jean-Pierre A., "La Cour permanente d'arbitrage son origine, sa jurisprudence, son avenir", *RCADI*, vol. 87 (1955-I), pp. 457-553.

FREEMAN, Alwyn V., "Responsibility of States for Unlawful acts of their Armed Forces", *RCADI*, vol. 88 (1955-II), pp. 263-416.

FROWEIN, Jochen A., "Reactions by not Directly Affected States to Breaches of Public International Law", *RCADI*, vol. 248 (1994-IV), pp. 345-437.

FUR, Louis-Erasme Le, "Le développement historique du droit international: de l'anarchie internationale à une communauté internationale organisée", *RCADI*, vol. 41 (1932-III), pp. 501-601.

GAJA, Giorgio, "Jus Cogens beyond the Vienna Convention", *RCADI*, vol. 172 (1981-III), pp. 271-316.

GARCIA-AMADOR, Francisco V., "State responsibility: Some New Problems", *RCADI*, vol. 94 (1958-II), pp. 365-491.

GARDOT, André, "Jean Bodin et sa place parmi les fondateurs du droit international", *RCADI*, vol. 50 (1934-IV), pp. 545-747.

GIDEL, Gilbert, "Droits et devoirs des nations: la théorie classique des droits fondamentaux des Etats", *RCADI*, vol. 10 (1925-V), pp. 537-597.

GIRAUD, Emile, "La révision de la Charte des Nations Unies", *RCADI*, vol. 90 (1956-II), pp. 307-467.

GIRAUD, Emile, "La théorie de la légitime défense", *RCADI*, vol. 49 (1934-III), pp. 687-868.

GÒMEZ ROBLEDO, Antonio, "Le ius cogens international: sa genèse, sa nature, ses fonctions", *RCADI*, vol. 172 (1981-III), pp. 9-218.

GRAEFRATH, Bernhard, "Responsibility and Damage Caused: Relations between Responsibility and Damages", *RCADI*, vol. 185 (1984-II), pp. 9-149.

GROSS, Leo, "The International Court of Justice and the United Nations", *RCADI*, vol. 120 (1967-I), pp. 313-440.

GUGGENHEIM, Paul, "Contribution à l'histoire des sources du droit des gens", *RCADI*, vol. 94 (1958-II), pp. 1-84.

GUGGENHEIM, Paul, "Les principes de droit international public", *RCADI*, vol. 80 (1952-I), pp. 1-189.

GUGGENHEIM, Paul, "Les mesures conservatoires dans la procédure arbitrale et judiciaire", *RCADI*, vol. 40 (1932-II), pp. 645-764.

GUILLAUME, Gilbert, "Terrorisme et droit international", *RCADI*, vol. 215 (1989-III), p. 287-416.

GUTZWILLER, Max, "Le développement historique du droit international privé", *RCADI*, vol. 29 (1929-IV), pp. 287-400.

HABICHT, Max, "Le pouvoir du juge international de statuer 'ex aequo et bono'", *RCADI*, vol. 49 (1934-III), pp. 277-371.

HAMBRO, Edvard, "The Jurisdiction of the International Court of justice", *RCADI*, vol. 76 (1950-I), pp. 121-215.

HANOTIAU, Bernard, "L'arbitralité", *RCADI*, vol. 296 (2002), pp. 25-253.

HEALY, Thomas H., "La condition juridique de l'étranger, spécialement aux Etats-Unis", *RCADI*, vol. 27 (1929-II), pp. 397-496.

HEALY, Thomas H., "Théorie générale de l'ordre public", *RCADI*, vol. 9 (1925-IV), pp. 407-557.

HEISKANEN, Veijo, "The United Nations Compensation Commission", *RCADI*, vol. 296 (2002), pp. 255-397.

HIGGINS, Rosalyn, "International Law and the Avoidance, Containment and Resolution of Disputes. General Course on Public International Law", *RCADI*, vol. 230 (1991-V), pp. 9-341.

HOSTIE, Jean, "Contribution de la Cour suprême des Etats-Unis au développement du droit des gens", *RCADI*, vol. 69 (1939-III), pp. 237-348.

IRIYE, Keishiro, "The principles of international law in the light of Confucian doctrine", *RCADI*, 1967-I, Vol. 120, pp. 1-59.

JENKS, Wilfred C., "Liability for Ultra-hazardous Activities in International Law", *RCADI*, vol. 117 (1966-I), pp. 99-200.

JENNINGS, Robert Y., "General Course on Principles of International Law", *RCADI*, vol. 121 (1967-II), pp. 323-605.

JESSUP, Philip C., "Parliamentary Diplomacy: an Examination of the Legal Quality of the Rules of Procedure of Organs of the United Nations", *RCADI*, vol. 89 (1956-I), pp. 181-320.

JONKMAN, Hans, "The Role of the Permanent Court of Arbitration in International Dispute Resolution", *RCADI*, vol. 279 (1999), pp. 9-49.

JORDA, Claude, "Du Tribunal pénal international pour l'ex-Yougoslavie à la Cour pénale internationale", *RCADI*, vol. 307 (2004), pp. 9-24.

KELSEN, Hans, "Théorie du droit international public", *RCADI*, vol. 84 (1953-III), pp. 1-203.

KELSEN, Hans, "Les rapports de système entre le droit interne et le droit international public", *RCADI*, vol. 14 (1926-IV), pp. 227-331.

KERAMEUS, Konstantinos D., "Enforcement in the International Context", *RCADI*, vol. 264 (1997), pp. 179-410.

KLAFKOWSKI, Alfons, "Les formes de cessation de l'état de guerre en droit international: (les formes classiques et non classiques)", *RCADI*, vol. 149 (1976-I), pp. 217-286.

KLEIN, Pierre, "Le droit international à l'épreuve du terrorisme", *RCADI*, vol. 321 (2006), pp. 217-479.

KOMARNICKI, Titus, "The Place of Neutrality in the Modern System of International Law", *RCADI*, vol. 80 (1952-I), pp. 395-510.

KOPELMANAS, Lazare, "L'application du droit national aux sociétés multinationales", *RCADI*, vol. 150 (1976-II), pp. 295-336.

KORFF, Serge A., "Introduction à l'histoire du droit international", *RCADI*, vol. 1 (1923-I), pp. 5-23.

KRAUS, Herbert, "Système et fonctions des traités internationaux", *RCADI*, vol. 50 (1934-IV), pp. 311-400.

LACHS, Manfred, "Teachings and teaching of international law", *RCADI*, vol. 151 (1976-III), pp. 161-252.

LAUTERPACHT, Elihu, "The Development of the Law of International Organization by the Decisions of International Tribunals", *RCADI*, vol. 152 (1976-IV), pp. 377-478.

LAUTERPACHT, Hersch, "Les règles générales de la paix", *RCADI*, vol. 62 (1937-IV), pp. 95-422.

LEWALD, Hans, "Questions de droit internationale des successions", *RCADI*, vol. 9 (1925-IV), pp. 1-125.

LEWALD, Hans, "La théorie du renvoi", *RCADI*, vol. 29 (1929-IV), pp. 515-620.

LIMBURG, J., "L'autorité de chose jugée des décisions des juridictions internationales", *RCADI*, vol. 30 (1929-V), pp. 519-618.

MAKONNEN, Yilma, "State Succession in Africa: Selected Problems", *RCADI*, vol. 200 (1986-V), pp. 93-234.

MANI, Vekateshwara S., "Humanitarian Intervention Today", *RCADI*, vol. 313 (2005), pp. 9-323.

MATOS, José, "L'Amérique et la Société des Nations", *RCADI*, vol. 28 (1929-III), pp. 1-104.

MATSCHER, Franz, "Etude des règles de compétence judiciaire dans certaines conventions internationales", *RCADI*, vol. 161 (1978-III), pp. 127-228.

MBAYE, Keba, "L'Intérêt pour agir devant la Cour Internationale de Justice", *RCADI*, vol. 209 (1988-II), pp. 227-345.

MENDELSON, Maurice H., "The Formation of Customary International Law", *RCADI*, vol. 272 (1998), pp. 155-410.

MERON, Theodor, "International Law in the Age of Human Rights. General Course on Public International Law", *RCADI*, vol. 301 (2003), pp. 9-489.

MIRKINE-GUETZÉVITCH, Boris, "Le droit constitutionnel et l'organisation de la paix (droit constitutionnel de la paix)", *RCADI*, vol. 45 (1933-III), pp. 667-773.

MORELLI, Gaetano, "Cours général de droit international public", *RCADI*, vol. 89 (1956-I), pp. 437-604.

MORIN, Jacques-Yvan, "L'État de droit: émergence d'un principe du droit international", *RCADI*, vol. 254 (1995), pp. 9-462.

MOSK, Richard M., "The Role of Facts in International Dispute Resolution", *RCADI*, vol. 304 (2003), pp. 9-179.

NAHLIK, Stanislaw E., "La protection internationale des biens culturels en cas de conflit armé", *RCADI*, vol. 120 (1967-I), pp. 61-163.

NIPPOLD, Otfried, "Le développement historique du droit international depuis le congrès de Vienne", *RCADI*, vol. 2 (1924-I), pp. 1-121.

OLIVER, Covey T., "Historical Development of International Law: Contemporary Problems of Treaty Law", *RCADI*, vol. 88 (1955-II), pp. 417-508.

PARRY, Clive, "Some Considerations upon the Protection of Individuals in International Law", *RCADI*, vol. 90 (1956-II), pp. 653-726.

PASTOR RIDRUEJO, José Antonio, "Le droit international à la veille du vingt et unième siècle: normes, faits et valeurs. Cours général de droit international public", *RCADI*, vol. 274 (1998), pp. 9-308.

PHILLIMORE, Georg Grenville, "Immunité des Etats au point de vue de la juridiction ou de l'exécution forcée", *RCADI*, vol. 8 (1925-III), pp.

343-412.

PILLET, Antoine, "La théorie générale des droit acquis", *RCADI*, vol. 8 (1925-III), pp. 489-538.

PINTO, Monica, "L'emploi de la force dans la jurisprudence des tribunaux internationaux", *RCADI*, vol. 331 (2007), pp. 9-161.

PISILLO MAZZESCHI, Riccardo, "Responsabilité de l'État pour violation des obligations positives relatives aux droits de l'homme", *RCADI*, vol. 333 (2008), pp. 175-506.

POCH DE CAVIEDES, Antonio, "De la clause 'rebus sic stantibus' à la clause de révision dans les conventions internationales", *RCADI*, vol. 118 (1966-II), pp. 105-208.

QUADRI, Rolando, "Le fondement du caractère obligatoire du droit international public", *RCADI*, vol. 80 (1952-I), pp. 579-633.

QUÉNEUDEC, Jean-Pierre, "La notion d'État intéressé en droit international", *RCADI*, vol. 255 (1995), pp. 339-462.

RANJEVA, Raymond, "Les organisations non gouvernementales et la mise en œuvre du droit international", *RCADI*, vol. 270 (1997), pp. 9-105.

RAY, Jean, "Des conflits entre principes abstraits et stipulations conventionnelles", *RCADI*, vol. 48 (1934-II), pp. 631-707.

REID, Helen D., "Les servitudes internationales", *RCADI*, vol. 45 (1933-III), pp. 1-73.

REISMAN, Michael W., "The Supervisory Jurisdiction of the International Court of Justice: International Arbitration and International Adjudication", *RCADI*, vol. 258 (1996), pp. 9-394.

RIGAUX, François, "Les situations juridiques individuelles dans un système de relativité générale. Cours générale de droit international privé", *RCADI*, vol. 213 (1989-I), pp. 9-407.

RIPERT, Georges, "Les règles du droit civil applicables aux rapports internationaux: (contribution à l'étude des principes généraux du droit visés au statut de la Cour permanente de justice internationale)", *RCADI*, vol. 44 (1933-II), pp. 565-664.

ROBINSON, Jacob, "Metamorphosis of the United Nations", *RCADI*, vol. 94 (1958-II), pp. 493-592.

ROLIN, Henri, "Les principes de droit international public", *RCADI*, vol. 77 (1950-II), pp. 305-479.

ROSENNE, Shabtai, "The Perplexities of Modern International Law. General Course on Public International Law", *RCADI*, vol. 291 (2001), pp. 9-471.

ROUSSEAU, Charles, "Principes de droit international public", *RCADI*, vol. 93 (1958-I), pp. 369-550.

RUNDSTEIN, Simon, "La Cour permanente de Justice internationale comme instance de recours", *RCADI*, vol. 43 (1933-I), pp. 1-113.

SALDAÑA, Quintiliano, "La justice pénale internationale", *RCADI*, vol. 10 (1925-V), pp. 223-429.

SALMON, Jean J.-A., "Le fait dans l'application du droit international", *RCADI*, vol. 175 (1982-II), pp. 257-414.

SALVIOLI, Gabriele, "Règles générales du droit de la paix", *RCADI*, vol. 73 (1948-II), pp. 369-405.

SALVIOLI, Gabriele, "Les règles générales de la paix", *RCADI*, vol. 46 (1933-IV), pp. 1-164.

SALVIOLI Gabriele, "La responsabilité des Etats et la fixation des dommages et intérêts par les tribunaux internationaux", *RCADI*, vol. 28 (1929-III), pp. 231-289.

SÁNCHEZ RODRÍGUEZ, Luis I., "L'uti possidetis et les effectivités dans les contentieux territoriaux et frontaliers", *RCADI*, vol. 263 (1997), pp. 149-382.

SCELLE, Georges, "Règles générales du droit de la paix", *RCADI*, vol. 46 (1933-IV), pp. 327-703.

SCHACHTER, Oscar, "International Law in Theory and Practice: General Course in Public International Law", *RCADI*, vol. 178 (1982-V), pp. 1-395.

SCHEUNER, Ulrich, "L'influence du droit interne sur la formation du droit international", *RCADI*, vol. 68 (1939-II), pp. 95-206.

SCHINDLER, Dietrich, "Aspects contemporains de la neutralité", *RCADI*, vol. 121 (1967-II), pp. 221-321.

SCHINDLER, Dietrich, "Contribution à l'étude des facteurs sociologiques et psychologiques du droit international", *RCADI*, vol. 46 (1933-IV), pp. 229-326.

SCHOENBORN, Walther, "La nature juridique du territoire", *RCADI*, vol. 30 (1929-V), pp. 81-189.

SCHRIJVER, Nico J., "The Evolution of Sustainable Development in International Law: Inception, Meaning and Status", *RCADI*, vol. 329 (2007), pp. 217-412.

SCHWARZENBERGER, Georg, "The Fundamental Principles of International Law", *RCADI*, vol. 87 (1955-I), pp. 191-385.

SCOTT, James B., "Le principe de l'égalité juridique dans les rapports internationaux", *RCADI*, vol. 42 (1932-IV), pp. 467-630.

SEIDL-HOHENVELDERN, Ignaz, "International Economic Soft Law", *RCADI*, vol. 163 (1979-II), pp. 165-246.

SICILIANOS, Linos-Alexandre, "Entre multilatéralisme et unilatéralisme: l'autorisation par le Conseil de sécurité de recourir à la force",

RCADI, vol. 339 (2008), pp. 9-436.

SIMMA, Bruno, "From Bilateralism to Community Interest in International Law", *RCADI*, vol. 250 (1994-VI), pp. 217-384.

SIOTTO PINTOR, Manfredi, "Les sujets du droit international autres que les Etats", *RCADI*, vol. 41 (1932-III), pp. 245-361.

SOHN, Louis B., "Settlement of Disputes Relating to the Interpretation and Application of Treaties", *RCADI*, vol. 150 (1976-II), pp. 195-294.

SØRENSEN, Max, "Principes de droit international public: cours général", *RCADI*, vol. 101 (1960-III), pp. 1-254.

SOTTILE, Antoine, "Le terrorisme international", *RCADI*, vol. 65 (1938-III), pp. 87-184.

SPERDUTI, Giuseppe, "Le principe de souveraineté et le problème des rapports entre le droit international et le droit interne", *RCADI*, vol. 153 (1976-V), pp. 319-411.

SPERDUTI, Giuseppe, "L'individu et le droit international", *RCADI*, vol. 90 (1956-II), pp. 727-849.

SPIROPOULOS, Jean, "L'individu et le droit international", *RCADI*, vol. 30 (1929-V), pp. 191-270.

STARACE, Vincenzo, "La responsabilité résultant de la violation des obligations à l'égard de la communauté internationale", *RCADI*, vol. 153 (1976-V), pp. 263-317.

STERN, Brigitte, "La succession d'Etats", *RCADI*, vol. 262 (1996), pp. 9-437.

STOWELL, Ellery C., "La théorie et la pratique de l'intervention", *RCADI*, vol. 40 (1932-II), pp. 87-151.

STRUPP, Karl, "L'intervention en matière financière", *RCADI*, vol. 8 (1925-III), pp. 1-124.

SUCHARITKUL, Sompong, "Immunities of Foreign States before National Authorities", *RCADI*, vol. 149 (1976-I), pp. 87-216.

SZÁSZY, Etienne de, "Les conflits de lois dans le temps: (théorie des droits privés)", *RCADI*, vol. 47 (1934-I), pp. 145-257.

TAMMES, Arnold J.P., "Decisions of International Organs as a Source of International Law", *RCADI*, vol. 94 (1958-II), pp. 261-364.

TAUBE, Michel De, "Les origines de l'arbitrage international: antiquité et Moyen Age", *RCADI*, vol. 42 (1932-IV), pp. 1-115.

TAUBE, Michel De, "Études sur le développement historique du droit international dans l'Europe orientale", *RCADI*, vol. 11 (1926-I), pp. 341-535.

TÉNÉKIDÈS, Georges, "Droit international et communautés fédérales dans la Grèce des cités (Vme-IIIme siècles avant J.C.)", *RCADI*, vol.

90 (1956-II), pp. 469-652.

THIERRY, Hubert, "L'évolution du droit international. Cours général de droit international public", *RCADI*, vol. 222 (1990-III), pp. 9-186.

THIRLWAY, Hugh, "Concepts, Principles, Rules and Analogies: International and Municipal Legal Reasoning", *RCADI*, vol. 294 (2002), pp. 265-405.

TOMUSCHAT, Christian, "International Law: Ensuring the Survival of Mankind on the Eve of a New Century. General Course on Public International Law", *RCADI*, vol. 281 (1999), pp. 9-438.

TOMUSCHAT, Christian, "Obligations Arising for States without or against their Will", *RCADI*, vol. 241 (1993-IV), pp. 195-374.

TORRES BERNÀRDEZ, Santiago, "L'intervention dans la procédure de la Cour internationale de Justice", *RCADI*, vol. 256 (1995), pp. 193-457.

TRELLES, Camilo B., "Francisco de Vitoria et l'école moderne du droit international", *RCADI*, vol. 17 (1927-II), pp. 109-342.

TRIEPEL, Heinrich, " Les rapports entre le droit interne et le droit international", *RCADI*, vol. 1 (1923-I), pp. 77-121.

TRINDADE, Antônio A.C., "International Law for Human Kind: Towards a New Jus Gentium. General Course on Public International Law", *RCADI*, vol. 316 (2005), pp. 9-439.

TRUYOL Y SERRA, Antonio, "Théorie du droit international public: cours général", *RCADI*, vol. 173 (1981-IV), pp. 9-443.

TUNKIN, Grigory I., "Co-existence and international law", *RCADI*, vol. 95 (1958-III), pp. 1-81.

UDINA, Manlio, "La succession des États quant aux obligations internationales autres que les dettes publiques", *RCADI*, vol. 44 (1933-II), pp. 665-773.

VERDROSS, Alfred, "Règles internationales concernant le traitement des étrangers", *RCADI*, vol. 37 (1931-III), pp. 323-412.

VERDROSS, Alfred, "Règles générales du droit international de la paix", *RCADI*, vol. 30 (1929-V), pp. 271-517.

VERWILGHEN, Michel, "Conflits de nationalités: plurinationalité et apatridie", *RCADI*, vol. 277 (1999), pp. 9-484.

VILLANI, Ugo, "Les rapports entre l'ONU et les organisations régionales dans le domaine du maintien de la paix", *RCADI*, vol. 290 (2001), pp. 225-436.

VIRALLY, Michel, "Le principe de réciprocité dans le droit international contemporain", *RCADI*, vol. 122 (1967-III), pp. 1-105.

VLUGT, Willem Van der, "L'œuvre de Grotius et son influence sur le développement du droit international", *RCADI*, vol. 7 (1925-II), p. 395-

509.

WALDOCK C. H. M., "The Regulation of the Use of Force by Individual States in International Law", *RCADI*, vol. 81 (1952-II), pp. 451-517.

WEHBERG, Hans, "L'interdiction du recours à la force: le principe et les problèmes qui se posent", *RCADI*, vol. 78 (1951-I), pp. 1-121.

WEIL, Prosper, "Le droit international en quête de son identité. Cours général de droit international public", *RCADI*, vol. 237 (1992-VI), pp. 9-370.

WHITTON, John B., "La règle 'Pacta sunt servanda'", *RCADI*, vol. 49 (1934-III), pp. 147-276.

WILLIAMS, John F., "La doctrine de la reconnaissance en droit international et ses développements récents", *RCADI*, vol. 44 (1933-II), pp. 199-314.

WITENBERG, Joseph C., "La recevabilité des réclamations devant les juridictions internationales", *RCADI*, vol. 41 (1932-III), pp. 1-136.

WOLFRUM, Rüdiger, "Means of Ensuring Compliance with and Enforcement of International Environmental law", *RCADI*, vol. 272 (1998), pp. 9-154.

ZICCARDI, Piero, "Règles d'organisation et règles de conduite en droit international: le droit commun et les ordres juridiques", *RCADI*, vol. 152 (1976-IV), pp. 119-376.

ZICCARDI, Piero, "Les caractères de l'ordre juridique international", *RCADI*, vol. 95 (1958-III), pp. 263-407.

ZIMMERMANN, Michel, "La crise de l'organisation internationale à la fin du moyen âge", *RCADI*, vol. 44 (1933-II), pp. 315-438.

WORTLEY, Ben Atkinson, "The General Principles of Private International Law", *RCADI*, vol. 94 (1958-II), pp. 85-260.

YASSEEN, Mustafa K., "L'interprétation des traités d'après la convention de Vienne sur le droit des traités", *RCADI*, vol. 151 (1976-III), pp. 1-114.

ZEMANEK, Karl, "The Legal Foundations of the International System. General Course on Public International Law", *RCADI*, vol. 266 (1997), pp. 9-335.

3. Articles et contribution à des ouvrages collectifs

ABI-SAAB, Rosemary, "Les principes généraux du droit humanitaire selon la Cour internationale de Justice", *Revue internationale de la Croix rouge*, vol. 69 (1987), pp. 377-389.

AGO, Roberto, "Droit positif et droit international", *AFDI*, 1957, pp. 19-62.

AGO, Roberto, "Pluralism and the Origin of the International Community", *IYIL,* vol. 3 (1977), pp. 3-30.

AKEHURST, Michael B., "International Liability for Injurious Consequences Arising out of Acts not Prohibited by International Law", *Netherlands Yearbook of International of Law*, vol. 16 (1985), pp. 3-16.

AKEHURST, Michael B., "Jurisdiction in International Law", *BYBIL*, vol. 43 (1975), pp. 145-257.

ALABRUNE, François, "La pratique des Comités de sanctions du Conseil de sécurité depuis 1990", *AFDI,* 1999, pp. 226-279.

ALBINE, Gaël, "De l'indépendance du Timor-Oriental", *RGDIP*, vol. 107 (2003), pp. 349-375.

ALLAND, Denis, "De l'ordre juridique international", *Droits*, t. 35 (2002) pp. 79-101.

ALLAND, Denis, "Les contre-mesures d'intérêt général", Pierre-Marie DUPUY (dir.), *Obligations multilatérales, droit impératif et responsabilité internationale des Etats*, Paris, Pedone, 2003 pp. 167-187.

AL-SANHOURY, Abdel A., "Le standard juridique", in: *Les sources générales des systèmes juridiques*, Recueil d'étude en l'honneur de François Gény, tome 2, Paris, Sirey, 1934, pp. 144-156.

AMANN, Diane-Marie, "Le dispositif américain de lutte contre le terrorisme", *Revue de science criminelle et de droit pénal comparé*, n° 4 (oct/déc) 2002, pp. 745-764.

D'AMATO, Anthony, "Softness in International Law. A Self-Serving Quest for New Legal Materials: A Reply to Jean d'Aspremont", *EJIL*, vol. 20 (2009-3), pp. 897-910.

AMSELEK, Paul, "Brèves réflexions sur la notion de sources du droit" *Archives de philosophie du droit*, vol. 27 (1982), pp. 251-258.

AMSELEK, Paul, "La teneur indécise du droit", in: *Le doute et le droit*, Paris, Dalloz, 1994, pp. 57-78.

AMSELEK, Paul, "The phenomenological description of law", in: *Phenomenology and the Social Sciences*, Evanston, Northwestern University Press, 1973, pp. 367-449.

AMSLEK, Paul, "L'étonnement devant le droit", *Archives de Philosophie du Droit*, vol. 13 (1968), pp. 163-183.

ANTONOPOULOS, Constantine, "Force by Armed Groups as Armed Attack and the Broadening of Self-defence", *Netherlands International Law Review*, vol. 55 (2008), pp. 159-180.

ANZILOTTI, Dionisio, "La responsabilité internationale des Etats à raison des dommages soufferts par des étrangers", *RGDIP*, t. 13 (1906), pp. 5-29 et pp. 285-309.

ARANGIO-RUIZ, Gaetano, "On the Security Council's "Law-Making"", *Rivista di diritto internazionale*, vol. 83 (2000), pp. 609-725.

ARANGIO-RUIZ, Gaetano, "State fault and the Forms and Degrees of International Responsibility: Questions of Attribution and Relevance", in: *Le droit international au service de la paix, de la justice et du développement. Mélanges Michel Virally*, Paris, Pedone, 1991, pp. 25-41.

D'ARGENT, Pierre, "Examen du projet de Convention générale sur le terrorisme international", in: Karine BANNELIER, *et al.* (dir.), *Le droit international face au terrorisme*, Paris, Pedone, 2002, pp. 121-140.

ARIAS, Harmodio, "The Non-Liability of States for Dammages suffererd by Foreigners in the Course of a Riot, an Insurrection or a Civil War", *AJIL*, vol. 7 (1913), pp. 724-765.

ASADA, Masahiko, "Security Council Resolution 1540 to Combat WMD Terrorism: Effectiveness and Legitimacy in International Legislation", *Journal of Conflict and Security Law*, vol. 13 (2008), pp. 303-332.

ASCENCIO, Hervé, "Souveraineté et responsabilité pénale internationale", in: Jean-Pierre MARGUÉNAUD *et al.* (dir.), *Apprendre à douter. Questions de droit, questions sur le droit, Etudes offertes à Claude Lombois*, Limoge, Pulim, 2004, pp. 603-619.

ASCENSIO, Hervé, "La responsabilité selon la Cour internationale de Justice dans l'affaire du génocide bosniaque", *RGDIP*, vol. 111 (2007), pp. 285-302.

D'ASPREMONT, Jean, "Softness in International Law. A Self-Serving Quest for New Legal Materials: A Rejoinder to Tony D'Amato", *EJIL*, vol. 20 (2009), pp. 911-917.

D'ASPREMONT, Jean, "Softness in International Law: A Self-Serving Quest for New Legal Materials", *EJIL*, vol. 19 (2008), pp. 1075-1093.

D'ASPEMONT, Jean, "La création internationale d'Etats démocratiques", *RGDI*, vol. 109 (2005), pp. 889-908.

D'ASPREMONT, Jean, "Les travaux de la Commission du droit international relatifs aux actes unilatéraux des Etats", *RGDIP*, vol. 109 (2005), pp. 163-189.

ATIBASAY, Jean-Faustin B., "La double impuissance du positivisme juridique au regard de la normativité du droit international", *Revue générale de droit*, vol. 33 (2003), pp. 1-38.

BANIFATEMI, Yas, "Lutte contre le financement du terrorisme", *AFDI*, 2002, pp. 103-128.

BANTEKAS, Ilias, "The International Law of Terrorist Financing", *AJIL*, vol. 97 (2003), pp. 315-333.

BARBERIS, Julio A., "Bilan de recherches de la section de langue française du Centre d'étude et de recherche de l'Académie", in: Julio A. BARBERIS, Robert D. HAYTON (éd.), *Droits et obligations des pays riverains des fleuves internationaux*. Centre d'étude et de recherche de droit international et de relations internationales de l'Académie de droit international de La Haye, Dordrecht, Nijhoff, 1992, pp. 15-57.

BARBERIS, Julio, "Les résolutions des organisations internationales en tant que source du droit des gens", in: Ulrich BEYERLIN *et al.* (eds.), *Recht zwischen Umbruch und Bewahrung*, Festschrift für R. Bernhardt, Berlin, 1995, pp. 21-39.

BARNIDGE, Robert P. Jr., "The Due Diligence Principle under International Law", *International Community Law Review*, vol. 8 (2006), pp. 81-121.

BARNIDGE, Robert P. Jr., "States' Due Diligence Obligations with regard to International Non-State Terrorist Organisation Post- 11 September 2001: the Heavy Burden that Stats must bear", *Irish Studies in international Affairs*, vol. 16 (2005), pp. 103-125.

BARRAL, Virginie, "Johannesburg 2002: quoi de neuf pour le développement durable?", *RGDIP*, vol. 107 (2003), pp. 415-432.

BARTON, Charmian, "Status of the Precautionary Principle in Australia. Its Emergence in Legislation and as a Common Law Doctrine", *Harvard Environmental Law Review*, vol. 22 (1998), pp. 509-558.

BASSIOUNI, Chérif, "Legal Control of International Terrorism: A Policy-Oriented Assessment", *Harvard International Law Journal*, vol. 43 (2002), pp. 82-103.

BEAULAC, Stéphane, "Emer de Vattel and the Externalization of Sovereignty", *Journal of the History of International Law*, vol. 5 (2003), pp. 237-292.

BEDERMAN, David J., "Contributory Fault and State Responsibility", *Virginia Journal of International Law*, vol. 30 (1989-1990), pp. 335-369.

BEDJAOUI, Mohamed, "Responsibility of States: Fault and Liability", *Encyclopedia of Public international Law*, vol. IV (1987), pp. 212-216.

BEDJAOUI, Mohamed, "Un contrôle de la légalité des actes du Conseil de sécurité est-il possible?", in: SFDI, *Le chapitre VII de la Charte des Nations Unies*, Colloque de Rennes, Paris, 1995, Pedone, pp. 255-297.

BENCHIKH, Madjid, "Le terrorisme, les mouvements de libération nationale et de sécession et le droit international", in: Karine BANNELIER et al (dir.), *Le droit international face au terrorisme*, Paris, Pedone, 2002, pp. 69-82.

BERWICK, Teresa A., "Responsibility and Liability for Environmental Damage: A Roadmap for International Environmental Regimes", *Georgetown International Environmental Review*, (1998), pp. 257-267.

BIANCHI, Andrea, "Looking Ahead: International Law's Main

Challenges", in: David ARMSTRONG (ed.), *Routledge Handbook of International Law*, New York, Routledge, 2009, pp. 392-409.

BIANCHI, Andrea, "The International Regulation of the Use of Force: The Politics of Interpretative Methods", *Leiden Journal of International Law*, vol. 22 (2009), pp. 651-676.

BIANCHI, Andrea, "Assessing the Effectiveness of the UN Security Council's Anti-terrorism Measures: the Quest for Legitimacy and Cohesion", *EJIL*, vol. 17 (2006), pp. 881-919.

BIANCHI, Andrea, "Security Council's Anti-terror Resolutions and their Implementation by Member States. An Overview", *JICJ*, vol. 4 (2006), pp. 1044-1073.

BIANCHI, Andrea, "Dismantling the Wall: the ICJ's Advisory Opinion and its Likely Impact on International Law", *GYIL*, vol. 47 (2005), 343-391.

BIANCHI, Andrea, "Enforcing International Law Norms against Terrorism: Achievements and Prospects", in: Andrea BIANCHI (ed.), *Enforcing International Law Norms against Terrorism,* Oxford, Hart, 2004, pp. 491-534.

BIANCHI, Andrea, "L'immunité des Etats et les violations graves des droits de l'homme: la fonction de l'interprète dans la détermination du droit international", *RGDIP*, vol. 108 (2004), pp. 63-98.

BIANCHI, Andrea, "Ad-hocism and the Rule of Law", *EJIL*, vol. 13 (2002), pp. 263-272.

BITAR, Fouad, "Les mouvements transfrontaliers de déchets dangereux selon la Convention de Bâle", in: *Étude des régimes de responsabilité*, Paris, Pedone, 1997, pp. 79-137.

BLANC, Antonio, "La réforme du Conseil de sécurité des Nations Unies: quelle structure et quels membres?", *RGDIP*, vol. 110 (2006), pp. 801-826.

BOBBIO, Norberto, "Réflexion sur les normes primaires et secondaires", in: Chaïm PERELMAN (dir.), *La règle de droit*, Bruxelles, Bruylant, 1971, pp. 104-122.

BONNEFOUS, Marc, "L'islamisme, encore et encore", *Défense nationale*, n° 56 (2000), pp. 116-122.

BORE, Valérie E., "Le contrôle juridictionnel des résolutions du Conseil de sécurité: vers un constitutionnalisme international?", *RGDIP*, vol. 110 (2006), pp. 827-826.

BORELLI, Silvia, "The Rendition of Terrorist Suspects to the United States: Human Rigths and the Limits of International Cooperation", in: Andrea BIANCHI (ed.), *Enforcing International Law Norms against Terrorism,* Oxford, Hart, 2004, pp. 331-376.

BORELLI, Silvia, "The Treatment of Terrorist Suspects Captured Abroad: Human Rights and Humanitarian Law", in: Andrea BIANCHI (ed.), *Enforcing International Law Norms against Terrorism,* Oxford, Hart, 2004, pp. 39-62.

BOSSIS, Gaëlle, "Gestion des risques alimentaires et droit international: la prise en compte de facteurs non-scientifiques", *RGDIP*, vol. 107 (2003), pp. 693-713.

BOTHE, Michael, "Legal and Non-Legal Norms. A Meaningful Distinction in International Relations", *NYIL*, vol. 11 (1980), pp. 65-95.

BOTHE, Michael, "The International Community and Terrorism", in: SFDI, *Les nouvelles menaces à la paix et à la sécurité internationales*, Paris, Pedone, 2004, pp. 47-62.

BOUTILLON, Sonia, "The Precautionary Principle: Development of an International Standard", *Michigan Journal of International Law*, vol. 23 (2002), pp. 429-469.

BOYLE, Alan E., "State Responsibility and International Liability for Injurious Consequences of Acts not Prohibited by International Law: A Necessary Distinction", *ICLQ*, vol. 39 (1990), pp. 1-26.

BOWETT, Derek W., "Jurisdiction: Changing Patterns of Authority over Activities and Resources", *BYBIL*, vol. 53 (1982), pp. 1-26.

BOY, Laurence, "La valeur juridique de la normalisation", in: Jean CLAM, Gilles MARTIN (dir.), *Les transformations de la régulation juridique*, Paris, LGDJ, 1998, pp. 181-192.

BOYLE, Alan E., "State Responsibility and International Liability for Injurious Consequences of Acts not Prohibited by International Law: A necessary distinction?", *International and Comparative Law Quarterly*, vol. 39 (1990), pp. 1-25.

BOYLE, Alan E., "Soft Law in International Law-Making", in: Malcolm D. EVANS (ed.), *International Law*, Oxford, Oxford University Press, 2006, pp. 141-157.

BOYLE, Alan E., "Some Reflections on the Relationship of Treaties and Soft Law", *International and Comparative Law Quarterly*, vol. 48 (1999), pp. 901-912.

BRADLEY, Wendel W., "Government Lawyers, Democracy, and the Rule of Law", *Fordham Law Review*, vol. 77 (2009), pp. 1333-1362.

BRIBOSIA, Emmanuelle; WEYEMBERGH, Anne, "L'impact de la lutte contre le terrorisme sur les politiques d'asile et d'immigration de l'Union européenne", in: *Mélanges en l'honneur de Jean-Victor Louis*, Université Libre de Bruxelles, 2003, pp. 62-82.

BRIERLY, James L., "The Theory of Implied State Complicity in International Claims", *British Year Book of International Law*, vol. 9 (1928), pp. 42-49.

BRODEUR, Jean-Paul, "Comment définir le terrorisme", in: Stéphane LEMAN-LANGLOIS, Jean-Paul BRODEUR, *Terrorisme et antiterrorisme au Canada*, Montréal, Presse universitaire de Montréal, 2009, pp. 17-37.

BROWNLIE, Ian, "State Responsibility and the International Court of Justice", in: Malgosia FITZMAURICE, Dan SAROOCHI (éd.), *Issues of State Responsibility before International Judicial Institutions*, Oxford, Hart, 2004, pp. 11-18.

BURGORGUE-LARSEN, Laurence, "A propos de la notion de compétence partagée. Du particularisme de l'analyse en droit communautaire", *RGDIP*, vol. 110 (2006), pp. 373-390.

BUZZINI, Gionata P., "La théorie des sources face au droit international général. Réflexions sur l'émergence du droit objectif dans l'ordre juridique international", *RGDIP*, vol. 106 (2002), pp. 581-617.

CAHIER, Philippe, "Le comportement des Etats comme source de droits et d'obligations", in: *Recueil d'études de droit international en hommage à Paul Guggenheim*, Genève, IUHEI, 1968, pp. 237-265.

CAHIN, Gérard, "L'Etat défaillant en droit international: quel régime pour quelle notion?", in: *Droit du pouvoir, pouvoir du droit. Mélanges offerts à Jean Salmon*, Bruxelles, Bruylant, 2007, pp. 177-209.

CAHIN, Gérard, "La notion de pouvoir discrétionnaire appliquée aux organisations internationales", *RGDIP*, vol. 107 (2003), pp. 535-600.

CAHIN, Gérard, "Les Nations Unies et la construction de la paix en Afrique: entre désengagement et expérimentation", *RGDIP*, vol. 104 (2000), pp 73-105.

CAMERON, James; ABOUCHAR, Juli, "The Status of the Precautionary Principle in International Law", in: David FREESTONE, Ellen HEY (eds.), *The Precautionary Principle and International Law: the Challenge of Implementation*, The Hague, Kluwer, 1996, pp. 29-53.

CANNIZZARO, Enzo, "Entités non-étatiques et régime international de l'emploi de la force. Une étude sur le cas de la réaction israélienne au Liban", *RGDIP*, vol. 111 (2007), pp. 333-354.

CARON, David D., "If Afghanistan has failed, then Afghanistan is dead. "Failed States" and the Inappropriate Substitution of Legal Conclusion for Political Description", in: *The Torture Debate in America*, New York, Cambridge University Press, 2006, pp. 214-222.

CARTIER, Marie-Elisabeth, "Le terrorisme dans le nouveau code pénal français", *Revue de Science criminelle et de droit comparé*, n° 2 (1995), pp. 225-246.

CASSESE, Antonio, "Terrorism as an International Crime", in: Andrea BIANCHI (ed.), *Enforcing International Law Norms against Terrorism*, Oxford, Hart, 2004, pp. 213-226.

CASSESE, Antonio, "Terrorism is Also Disrupting Some Crucial Legal Categories of International Law", *EJIL*, vol. 12 (2001), pp. 993-1001.

CAZALA, Julien, "Jeremy Bentham et le droit international", *RGDIP*, vol. 109 (2005), pp. 363-387.

CHADWICK, Elizabeth, "The Impossibility of Maritime Neutrality during World War 1", *NILR*, vol. 54 (2007), pp. 337-360.

CHANDLER, David, "Great Power Responsibility and 'Failed States'. Strengthening Sovereignty?", in: *Facets and Practices of State-building*, Leiden, Nijhoff, 2009, pp. 15-30.

CHAPPEZ, Jean "La lutte internationale contre le blanchiment des capitaux d'origine illicite et le financement du terrorisme", *AFDI*, 2003, pp. 542-562.

CHEVALLIER, Jacques, "L'obligation en droit public", *Archives de philosophie du droit*, vol. 44 (2000), pp. 179-194.

CHEVALLIER, Jacques, "Vers un droit post-moderne? Les transformations de la régulation juridique", *Revue du Droit Public*, vol. 3 (1998), pp. 660-690.

CHEVALLIER, Jacques, "L'ordre juridique", in: *Le droit en procès*, Paris, PUF, 1983, pp. 7-49.

CHINKIN, Christine M., "The Challenge of Soft Law: Development and Change in International Law", *ICLQ*, vol. 38 (1989), pp. 850-866.

CHOQUET, Anne, "Contribution française à la mise en œuvre du Protocole de Madrid relatif à la protection de l'environnement en Antarctique à propos de la loi du 15 avril", *RGDI*, vol. 107 (2003), pp. 907-931.

CHRISTIE, George C., "Due Process of Law – a Confused and Confusing notion", in: Chaïm PERELMAN, Raymond VANDER ELST (dir.), *Les notions à contenu variable en droit*, Bruxelles, Bruylant, 1984, pp. 157-180.

CLAPHAM, Andrew, "Terrorism, National Measures and International Supervision" in: Andrea BIANCHI (ed.), *Enforcing International Law Norms against Terrorism,* Oxford, Hart, 2004, pp. 283-306.

CLASSEN, Claus D., ""Failed States" and the Prohibition of the Use of Force", in: *Les nouvelles menaces contre la paix et la sécurité internationales*, Paris, Pedone, 2004, pp. 129-140.

COHEN-JONATHAN, Gérard, "Responsabilité pour atteinte aux droits de l'homme", in: SFDI*, La responsabilité dans le système international. Colloque du Mans*, Paris, Pedone, 1991, pp. 101-135.

COHEN-JONATHAN, Gérard, "Sur la force obligatoire des mesures provisoires. L'arrêt de la Grande Chambre de la Cour européenne du 4 février 2005, Mamatkulov et Askarov contre T", *RGDIP*, vol. 109 (2005), pp. 421-434.

COHEN-JONATHAN, Gérard, "Un arrêt de principe de la " nouvelle" Cour européenne des droits de l'homme: Selmouni contre France (28 juillet 1999)", *RGDIP*, vol. 104 (2000), pp. 181-203.

COING, Helmut, "The Roman Law as a *ius commune*", *Law Quarterly Review*, vol. 89 (1973), pp. 505- 517.

COMBACAU, Jean, "L'illicite et le fautif", *Droits*, vol. 5 (1987), pp.3-8.

COMBACAU, Jean, "Le droit international: bric-à-brac ou système?", *Archives de philosophie du droit*, vol. 31 (1986), pp. 85-105.

COMBACAU, Jean, "Obligation de résultat et obligation de comportement. Quelques questions et pas de réponse", in: *Le droit international: unité et diversité. Mélanges Paul Reuter*, Paris, Pédone, 1981, pp. 181-204.

CONDORELLI, Ligui, "Les attentats du 11 septembre et leurs suites: où va le droit international?", *RGDIP*, vol. 105 (2001), pp. 829-848.

CONDORELLI, Ligui; NAQVI, Yasmi, "The War against Terrorism and *Jus in Bello*: Are the Geneva Convention Out of Date?", in: Andrea BIANCHI (ed.), *Enforcing International Law Norms against Terrorism*, Oxford, Hart, 2004, pp. 25-38.

CORTEN, Olivier, "L'interdiction du recours à la force dans les relations internationales est-elle opposable aux groupes "terroristes"?", in: Rafâa BEN ACHOUR, Slim LAGHMANI et al. (dir.), *Acteurs non étatiques et droit international. VIIe Rencontre internationale de la Faculté des Sciences juridiques, politiques et sociales de Tunis*, Paris, Pedone, 2007, pp. 129-159.

CORTEN, Olivier, "Opération "liberté immuable": une extension abusive du concept de légitime défense", *RGDIP*, vol. 106 (2002), pp. 51-77.

CORTEN, Olivier, "Vers un renforcement des pouvoirs du Conseil de sécurité dans la lutte contre le terrorisme?", in: Karine BANNELIER et al. (dir.), *Le droit international face au terrorisme*, Paris, Pedone, 2002, pp. 259-277.

CORTEN, Olivier; DUBUISSON, François, "L'hypothèse d'une règle émergente fondant une intervention militaire sur une autorisation implicite du Conseil de Sécurité", *RGDIP*, vol. 104 (2000), pp. 873-920.

CORTEN, Olivier, "L'interprétation du raisonnable par les juridictions internationales: au delà du positivisme juridique?", *RGDIP*, vol. 102 (1998), pp. 5-44.

COTTEREAU, Gilles, "Système juridique et notion de responsabilité", in: SFDI, *La responsabilité dans le système international. Colloque du Mans*, Paris, Pedone, 1991, pp. 3-90.

COULÉE, Frédérique, "Quelques remarques sur la restitution interétatique des biens culturels sous l'angle du droit international public", *RGDIP*, vol. 104 (2000), pp. 359-392.

COURTINE, Jean-François, "Vitoria, Suarez et la naissance du droit naturel", in: Alain RENAUT (ed.), *Histoire de la philosophie politique*. Tome 2: *Naissance de la modernité*, Paris, Calmann-Levy, 1999, pp. 126-181.

COYLE, Sean, "Positivism as a Statist Philosophy of Law", *Northern Ireland Legal Quarterly*, vol. 59 (2008), pp. 49-72.

COYLE, Sean, "Positivism, Idealism and the Rule of Law", *Oxford Journal of Legal Studies*, vol. 26 (2006), pp. 257-288.

CRAIG, Paul P., "Formal and Substantive Conception of the Rule of Law: An Analytical Framework", *Public Law*, 1997, pp. 467-487.

CRAWFORD, James, "International Law and the Rule of Law", *Adelaide Law Review*, vol. 24 (2003), pp. 3-12.

CRAWFORD, James *et al.*, "La seconde lecture du projet d'articles sur la responsabilité des Etats de la Commission du droit international: évolution ou bouleversement?", *RGDIP*, vol. 104 (2000), pp. 911-938.

CRIMM, Nina J., "post-September 11 Fortified Anti-Terrorism Measures Compel Heightened Due Diligence", *Pace Law Review*, vol. 25 (2005), pp. 203-219.

DAVID, Eric, "Le terrorisme en droit international (définition, incrimination, répression)", in: *Réflexions sur la définition et la répression du terrorisme,* Bruxelles, Université libre de Bruxelles, 1974, pp. 109-127.

DE ARÉCHAGA, Eduardo J.; TANZI, Attila, "La responsabilité internationales des Etats", in: Mohammed BEDJAOUI (dir.), *Droit international, Bilan et perspectives*, Paris, Pedone, 1991, pp. 367-403.

De CHAZOURNES, Laurence B., "The World Bank Inspection Panel", in: Alfredsson GUDMUNDUR *et al.*, *International Human Rights Monitoring Mechanisms: Essays in Honour of Jakob Th. Möller*, Leiden, Nijhoff, 2009, pp. 307-312.

De CHAZOURNES, Laurence B., "Préface", in, Makane M. MBENGUE, *Essai sur une théorie du risque en droit international public. L'anticipation du risque environnemental et sanitaire*, Paris, Pedone, 2009, pp. V-VII.

De CHAZOURNES, Laurence B., "Normes, standards et règles en droit international", in: Estelle BROSSET, Ève TRUILHÉ-MARENGO (dir.), *Les enjeux de la normalisation technique internationale: entre environnement, santé et commerce international*, Paris, Documentation française, 2006, pp. 43-56.

De CHAZOURNES, Laurence B., "De la "responsabilité de protéger", ou d'une nouvelle parure pour une notion déjà bien établie", *RGDI*, vol. 110 (2006), pp. 11-18.

De CHAZOURNES, Laurence B., "Le principe de précaution: nature, contenu et limites", in: Charles LEBEN, Joe VERHOEVEN (dir.), *Le principe de précaution: aspects de droit international et communautaire*, Paris, LGDJ, 2002, pp. 65-94.

De CHAZOURNES, Laurence B., " Le panel d'inspection de la banque mondiale: à propos de la complexification de l'espace public international", *RGDIP*, vol. 105 (2001), pp.145-162.

De CHAZOURNES, Laurence B., "Les mécanismes conventionnels d'assistance économique et financière et le fonds pour l'environnement mondial", in: Claude IMPÉRIALI (ed.), *L'effectivité du droit international de l'environnement, contrôle de la mise en œuvre des conventions internationales*, Paris, Economica, 1998, pp. 187-199.

DE CHAZOURNES, Laurence B., "La mise en œuvre du droit international dans de la protection de l'environnement: enjeux et défis", *RGDIP*, vol. 99 (1995), pp 37-76.

De SADELEER, Nicolas, "Le statut juridique du principe de précaution", in: François EWALD, et al, *Le principe de précaution*, Paris, PUF, 2008, pp. 73-103.

DE SCHUTTER, Olivier, "La Convention européenne des droits de l'homme à l'épreuve de la lutte contre le terrorisme", *Revue universelle des droits de l'homme*, n° 13 (2001), pp. 185-206.

De VISSCHER, Charles, "La responsabilité des Etats", *Bibliotheca Visseriana*, t. 2 (1942), pp. 89-119.

De VISSCHER, Charles, "Notes sur la responsabilité internationale des Etats et la protection diplomatique d'après quelques documents récents", *RDILC*, vol. 8 (1927), pp. 245-259.

DE VISSCHER, Paul, "Remarques sur l'évolution de la jurisprudence de la Cour Internationale de Justice relative au fondement obligatoire de certains actes unilatéraux", in: Jerzy MAKARCZYK (éd.), *Essays in International Law in Honour of Judge Manfred Lachs,* La Haye, Nijhoff, 1984, pp. 459-465.

De WET, Erika, "The Security Council as a Law Maker: the Adoption of (Quasi)-judicial Decisions", in: Rüdiger WOLFRUM, Volker RÖBEN (eds.), *Developments of International Law in Treaty Making*, Berlin, Springer, 2005, pp. 183-225.

DE WET, Erika; NOLLKAEMPER, André, "Review of Security Council Decisions by National Courts", *GYIL*, vol. 45 (2002), pp. 166-202.

DECAUX, Emmanuel, "Responsabilité et réparation", in: SFDI, *La responsabilité dans le système international.* Colloque du Mans, Paris, Pedone, 1991, pp. 147-190.

DELBEZ, Louis, "La responsabilité internationale pour crimes commis sur le territoire d'un Etat et dirigés contre la sûreté d'un Etat étranger", *RGDIP*, t. 37 (1930), pp. 470-489.

DIAZ-BARRADO, Castor M., "The Definition of Terrorism in International Law", in: Pablo A. FERNANDEZ-SANCHEZ (ed.), *International Legal Dimension of Terrorism*, Leiden/Boston, Nijhoff, 2009, pp. 27-41.

DIGGELMANN, Oliver, "Fault in the Law of State Responsibility – Pragmatism *ad infinitum?*", *German Yearbook of International Law*, vol. 49 (2006), pp. 293-306.

DINSTEIN, Yoram, "The "War On Terrorism"", in: Pablo A. FERNANDEZ-SANCHEZ, *International Legal Dimension of Terrorism*, Leiden/Boston, Nijhoff, 2009, pp. 241-252.

DOMINICÉ, Christian, "Obligation de prévention et droit international de l'environnement", in: Paulo B. CASELLA (dir.), *Dimensão internacional do direito: estudos em homenagem a G.E. do Nascimento e Silva*, São Paulo, ed. LTr, 2000, pp. 187-199.

DOMINICÉ, Christian, "Le principe de prévention en droit international de l'environnement", *Zeitschrift für Europarechtliche Studien*, vol. 1 (1998), pp. 329-346.

DOMINICE, Christian, "Le Conseil de sécurité et l'accès aux pouvoirs qu'il reçoit du Chapitre VII de la Charte des Nations Unies", *RSDIE*, vol. 5 (1995), pp. 417-439.

DOMINICE, Christian, "La responsabilité non contentieuse", in: *La responsabilité dans le système international.* SFDI, colloque du Mans, Paris, Pedone, 1991, pp. 191-223.

DOMINICE, Chistian, "Observations sur les droits de l'Etat victime d'un fait internationalement illicite", in: *Droit international, cours et travaux*, Institut des Hautes Etudes Internationales de Paris, Paris, Pedone, 1982, pp. 1-130.

DOMINICÉ, Christian, "Á propos du principe de l'estoppel en droit des gens", in: *Recueil d'études de droit international en hommage à Paul Guggenheim*, Genève, IUHEI, 1968, pp. 327-365.

DUBIN, Laurence, "Les garanties de non-répétition à l'aune des affaires LaGrand et Avena: la révolution n'aura pas lieu", *RGDIP*, vol. 109 (2005), pp. 859-888.

DUBUISSON, François, "Vers un renforcement des obligations de diligence en matière de lutte contre le terrorisme", in: Karine BANNELIER, *et al.* (dir.), *Le droit international face au terrorisme*, Paris, Pedone, 2002, pp. 140-157.

DUEZ, Denis, "De la définition à la labellisation: le terrorisme comme construction sociale", in: Karine BANNELIER, *et al.* (dir.), *Le droit international face au terrorisme*, Paris, Pedone, 2002, pp. 105-118.

DUNN, Frederick S., "International Law and Private Property Rights", *Columbia Law Review*, vol. 28 (1928), pp. 166-180.

DUPUY, Pierre-Marie; HOSS, Cristina, "Trail Smelter and Terrorism: International Mechanism to Combat Transboundary Harm", in: Rebecca M. BRATSPIES, Russell A. MILLER (eds), *Transboundary Harm in International Law. Lesson from the Trail Smelter Arbitration*, Cambridge, Cambridge University Press, 2006, pp. 225-239.

DUPUY, Pierre-Marie, "State Sponsors of Terrorism: Issues of International Responsability", in: Andrea BIANCHI (ed.), *Enforcing International Law Norms against Terrorism,* Oxford, Hart, 2004, pp. 3-16.

DUPUY, Pierre-Marie, "La communauté internationale et le terrorisme", in: SFDI, *Les nouvelles menaces à la paix et à la sécurité internationales*, Paris, Pedone, 2004, pp. 35-42.

DUPUY, Pierre-Marie, "Bilan général des rencontres de la dimension multilatérale des obligations avec la codification de la responsabilité", in: Pierre-Marie DUPUY (dir.), *Obligations multilatérales, droit impératif et responsabilité internationale des Etats*, Paris, Pedone, 2003, pp. 207-240.

DUPUY, Pierre-Marie, "Quarante ans de codification du droit de la responsabilité internationale des Etats", *RGDIP*, vol. 107 (2003), pp. 305-348.

DUPUY, Pierre-Marie, "L'obligation en droit internationale", *Archives de philosophie du droit*, vol. 44 (2000), pp.217-231.

DUPUY, Pierre-Marie, "Les "considérations élémentaires d'humanité" dans la jurisprudence de la Cour internationale de Justice", in: Réné-Jean DUPUY (éd.), *Mélanges en l'honneur de Nicolas Valticos: Droit et Justice*, Paris, Pedone, 1999, pp. 117-130.

DUPUY, Pierre-Marie, "À propos des mésaventures de la responsabilité internationale des États dans ses rapports avec la protection internationale de l'environnement", in: Michel PRIEUR, Claude LAMBRECHTS (éds.), *Les Hommes et L'environnement: quels droits pour le vingt-et-unième siècle?* Etudes en hommage à Alexandre Kiss, Paris, Frison-Roche, 1998, pp. 269-282.

DUPUY, Pierre-Marie, "Où en est le droit international de l'environnement à la fin du siècle?", *RGDIP*, vol. 101 (1997), pp. 873-903.

DUPUY, Pierre-Marie, "L'Etat et la réparation des dommages catastrophiques", in: Francesco FRANCIONI, Tullio SCOVAZZI (eds), *International Responsibility for Envionmental Harm*, London, Graham &Trotman, 1993, pp. 125-147.

DUPUY, Pierre-Marie, "Sécurité collective et organisation international", *RGDIP*, vol. 97 (1993), pp. 617-627.

DUPUY, Pierre-Marie, "Responsabilité et légalité", in: SFDI, *La responsabilité dans le système international*. Colloque du Mans, Paris, Pedone, 1991, pp. 263-297.

DUPUY, Pierre-Marie, "Le juge et la règle générale", *RGDIP*, vol. 93 (1989), pp. 569-598.

DUPUY, Pierre-Marie, "Faute de l'Etat et 'fait internationalement illicite'", *Droits*, vol. 5 (1987), pp. 51-63.

DUPUY, Pierre-Marie, "Le droit à la santé et la protection de l'environnement", in: René-Jean DUPUY (éd.), *Le droit à la santé en tant que droit de l'homme*, Colloque de l'Academie de droit international de La Haye, 27-29 juillet 1978, Alphen aan den Rijn, Sijtoff & Noordhoff, 1979, pp. 340-427.

DUPUY, Pierre-Marie, "La diligence due dans le droit de la responsabilité", in: *Aspects juridiques de la pollution transfrontière*, Paris, OCDE, 1977, pp. 369-377.

DURAND, Charles, "La responsabilité internationale des États pour déni de justice", *RGDIP*, vol. 33 (1931), pp. 694-748.

EAGLETON, Clyde "The Responsibility of the State for the Protection of foreign Officials", *AJIL*, vol. 19 (1925), pp. 293-314.

EAGLETON, Clyde, "Measure of Damages in International Law", *Yale Law Journal*, vol. 39 (1929-1930), pp. 52-75.

ECKHOFF, Torstein, "Guiding Standards in Legal Reasoning", *Current Legal Problems*, vol. 29 (1976), pp. 205-219.

ENDICOTT, Timothy A. O., "The Impossibility of the Rule of Law", *Oxford Journal of Legal Studies*, vol. 19 (1999), pp. 1-18.

EWALD, François, "The Return of the Crafty Genius: An Outline of a Philosophy of Precaution", *Connecticut Insurance Law Journal*, vol. 6 (1999), pp. 70-77.

EWALD, François, "Philosophie politique du principe de précaution", in: François EWALD *et al*, *Le principe de précaution*, 2e éd., Paris, PUF, 2008, pp. 6-72.

EYAL, Benvenisti, "Rethinking the Divide between Jus ad Bellum and Jus in Bello in Warfare against Non-state", *Yale Journal of International Law*, vol. 34 (2009), pp. 541-548.

FALK, Richard A., "Toward Authoritativeness: The ICJ Ruling on Israel's Security Wall", *AJIL*, vol. 99 (2005), pp. 42-52.

FASSBENDER, Bardo, "The UN Security Council and International Terrorism", in, Andrea BIANCHI (ed.), *Enforcing international law norms against terrorism*, Oxford, Hart, 2004, pp. 83-102.

FEENSTRA, Robert, "Grotius's doctrine of liability for negligence: its origin and its influence in Civil Law countries until modern codifications", in: Eltjo J. H. SCHRAGE (ed.), *Negligence. The Comparative Legal History of the Law of Torts*, Berlin, Duncker & Humblot, 2001, pp. 129-171.

FERRAJOLO, Ornella, "Les réunions des Etats Parties aux traités relatifs à la protection de l'environnement", *RGDIP*, vol. 107 (2003), pp. 73-87.

FIEVET, Gilles, "Réflexion sur le concept de développement durable: prétention économique, principes stratégiques et protection des droits fondamentaux", *RBDI*, vol. 34 (2001), pp. 128-184.

FINAUD, Marc, "L'abus de la notion de "combattant illégal": une atteinte au droit international humanitaire", *RGDIP*, vol. 110 (2006), pp. 861-888.

FITZMAURICE, Gerald, "The Law of the International Court of Justice: General Principles and Substantive Law", *BYBIL*, vol. 27 (1950), pp. 1-41.

FITZMAURICE, Malgosia A., "International Environmental Law as a Special Field", *Netherlands Yearbook of International Law*, vol. 25 (1994), pp. 181-226.

FLAUSS, Jean-François, "Le contentieux des décisions de refus d'exercice de la protection diplomatique: à propos de l'arrêt du Tribunal fédéral suisse du 2 juillet 2004", *RGDIP*, vol. 109 (2005), pp. 407-419.

FLUECKIGER, Alexandre, "La preuve juridique à l'épreuve du principe de précaution", *Revue européenne des sciences sociales*, t. 41 (2003), pp. 107-127.

FLYNN, E. James, "Counter-terrorism and Human Rights: the View from the United Nations", *European human rights review*, vol. 10 (2005), pp. 29-49.

FORGET, Louis, "Le panel d'inspection de la banque mondiale", *AFDI*, vol. 42 (1996), pp. 644-661.

FORIERS, Paul, "Règles de droit: essai d'une problématique", in: Chaïm PERELMAN (dir.), *La règle de droit*, Bruxelles, Bruylant, 1971, pp.7-20.

FOSTER, Caroline E., "Precaution, Scientific Development and Scientific Uncertainty under the WTO Agreement on Sanitary and Phytosanitary Measures", *Review of European Community & International Environmental Law*, vol. 18 (2009), pp. 50-58.

FRANCIONI, Francesco, "International Soft Law: A Contemporary Assessment", in: Vaughan LOWE, Malgosia FITZMAURICE (eds), *Fifty Years of the International Court of Justice: Essays in Honour of Sir Robert Jennings*, Cambridge, Cambridge University Press, 1996, pp. 167-178.

FRANCK, Thomas M.; LOCKWOOD, Bert B., "Preliminary Thoughts

towards an International Convention on Terrorism", *AJIL*, vol. 68 (1974), pp. 69-90.

FRANCK, Thomas, "Terrorism and the Right of Self-Defense", *AJIL*, vol. 95 (2001), pp. 839-843.

FROUVILLE, Olivier de, "Une société servile à l'ONU?", *RGDIP*, vol. 110 (2006), pp. 391-432.

GAJA, Giorgio, "Réflexions sur le rôle du Conseil de sécurité dans le nouvel ordre mondial à propos des rapports entre maintien de la paix et crimes internationaux des Etats", *RGDIP*, vol. 97 (1993), pp. 297-320.

GARDELLA, Anna, "The Fight against the Financing of Terrorism between Judicial and Regulatory Cooperation", in: Andrea BIANCHI (ed.), *Enforcing International Law Norms against Terrorism,* Oxford, Hart, 2004, pp. 415-452.

GARNER, James W., "The International Binding Force of Unilateral Oral Declarations", *AJIL*, vol. 27 (1933), pp. 493-497.

GATTINI, Andrea, "Breach of the Obligation to Prevent and Reparation Thereof in the ICJ's Genocide Judgment", *EJIL*, vol. 18 (2007), pp. 695-713.

GATTINI, Andrea, "Un regard procédural sur la fragmentation du droit international", *RGDIP*, vol. 110 (2006), pp. 303-336.

GATTINI, Andrea, "Les obligations des Etats en droit d'invoquer la responsabilité d'un autre Etat pour violation graves d'"obligations découlant de normes impératives du droit international"", in: Pierre-Marie DUPUY (dir.), *Obligations multilatérales, droit impératif et responsabilité internationale des Etats*, Paris, Pedone, 2003, pp. 145-165.

GATTINI, Andrea, "La notion de faute à la lumière du projet de convention de la Commission du droit international sur la responsabilité internationale", *European journal of International Law*, vol. 3 (1992), pp. 253-284.

GAUDEMET, Jean, "Naissance d'une notion juridique: les débuts de l'obligation dans le droit de la Rome antique", *Archives de philosophie du droit*, vol. 44 (2000), pp. 19-32.

GAZALA, Julien, "L'invocation de l'estoppel dans le cadre de la procédure de règlement des différends de l'OMC", *RGDIP*, vol. 107 (2003), pp. 885-905.

GAZZANIGA, Jean-Louis, "Note sur l'histoire de la faute", *Droits*, vol. 5 (1987), pp. 17-28.

GAZZINI, Tarcisio, "The Rules on the Use of Force at the Beginning of the XXI Century", *Journal of Conflict and Security Law*, vol. 11 (2006), pp. 319-342.

GEARTY, Conor, A., "Terrorism and human rights", *European human rights law review*, vol. 10 (2005), pp.1-6.

GEHR, Walter, "Le Comité contre le terrorisme et la résolution 1373 (2001) du conseil de sécurité", *Actualité et droit international*, 2003, http://www.ridi.org/adi.

GEISS, Robin, "Failed States: Legal Aspects and Security Implications", *GYIL*, vol. 47 (2004), pp. 457-501.

GESLIN, Albane, "Réflexions sur la répartition de la responsabilité entre l'organisation internationale et ses Etats membres", *RGDIP*, vol. 109 (2005), pp. 539-579.

GHESTIN, Jacques, "Ordre public, notion à contenu variable en droit privé français", in: Chaïm PERELMAN, Raymond VANDER ELST (dir.), *Les notions à contenu variable en droit*, Bruxelles, Bruylant 1984, pp. 77-98.

GILL, Terry D., "The Temporal Dimension of Self-Defence: Anticipation, Pre-emption, Prevention and Immediacy", *Journal of Conflict and Security Law*, vol. 11 (2006), pp. 361-369.

GLENNON, Michael J., "The Emerging Use-of-Force Paradigm", *Journal of Conflict and Security Law*, vol. 11 (2006), pp. 309-317.

GLENNON, Michael J., "De l'absurdité du droit impératif (Jus cogens)", *RGDIP*, vol. 110 (2006), pp. 529-536.

GODARD, Olivier, "Le principe de précaution: s'éloigner du positivisme scientifique pour civiliser les risques", *Cahiers français*, n°294 (2000), pp. 14-19.

GOL, Jean, "Aspects internationaux du terrorisme et de sa répression", *Studia diplomatica*, n° 38 (1985), pp. 379-389.

GOLD, Joseph, "Strengthening the Soft International Law of Exchange Arrangements", *AJIL*, vol. 77 (1983), pp. 443-489.

GOLDIE, L. F. E., "International Principles of Responsibility for Pollution", *Columbia Journal of Transnational Law,* vol. 9 (1970), pp. 283-295.

GOLDIE, L. F. E., "Liability for damage and the progressive development of international law", *International and Comparative Law Quarterly,* vol. 14 (1965), pp. 1189-1264.

GOMEZ-ROBLEDO, Juan Manuel, "L'avis de la CIJ sur les conséquences juridiques de l'édification d'un mur dans le territoire palestinien occupé: timidité ou prudence?", *RGDIP*, vol. 109 (2005), pp. 521-537.

GOWLLAND-DEBBAS, Vera; PERGANTIS, Vassilis, "Rule of Law", in: Vincent CHETAIL (ed.), *Post-conflict Peacebuilding: A Lexicon*, Oxford, Oxford University Press, 2009, pp. 320-336.

GOWLLAND-DEBBAS, Vera, "Challenge of International Terrorism to the International Security System", in: *From Government to Governance,* 2003 Hague Joint Conference on Contemporary Issues of International Law, The Hague, T.M.C. Asser Press, 2004, pp. 273-288.

GOWLLAND-DEBBAS, Vera, "The Role of the Security Council in the New International Criminal Court", in: Vera GOWLLAND-DEBBAS, Laurence B. DE CHAZOURNES (eds.), *The International Legal System in Quest of Equity and Universality/L'Ordre juridique international, un système en quête d'équité et d'universalité, Liber Amicorum Georges Abi-Saab*, The Hague, Nijhoff, 2001.

GRAEFRATH, Bernhard, "Complicity in the Law of International Responsibility", *Revue belge de droit international*, vol. 29 (1996) pp. 370-380.

GRAY, Kevin R., "World Summit on Sustainable Development: Accomplishments and New Directions?", *ICLQ*, vol. 52 (2003), pp. 256-268.

GREENWOOD, Christopher, "State Responsibility for the decisions of National Courts", in: Malgosia FITZMAURICE, Dan SAROOCHI (éd.), *Issues of State Responsibility before International Judicial Institutions*, Oxford, Hart, 2004, pp. 55-73.

GREENWOOD, Christopher, "Terrorism and Humanitarian Law: The debate Over Additional Protocol I", *Israel Yearbook on Human Rights*, vol. 19 (1989), pp. 187-207.

GRZEGORCZYK, Christophe, "Evaluation critique du paradigme systémique dans la science du droit", *Archives de philosophie du droit,* vol. 31 (1986), pp. 281-301.

GUILLAUME, Gilbert, "Crimes sans frontières: Juridictional Problems in English Law", *BYBIL*, vol. 63 (1992), pp. 415-443.

GUILLAUME, Gilbert, "Transformations du droit international et jurisprudence de la Cour internationale de Justice", in: Rafâa BEN ACHOUR, Slim LAGHMANI, *Les nouveaux aspects du droit international*. Colloque de la Faculté des sciences juridiques, politiques et sociales de l'Université de Tunis des 14-16 avril 1994, Paris, Pedone, 1994, pp. 175-192.

GUILLAUME, Gilbert, "La Compétence universelle, formes anciennes et nouvelles", in: *Mélange en l'honneur du professeur Levasseur*, Paris, Litec, 1992, pp. 22-36.

GUIORA, Amos N., "Anticipatory Self-Defence and International Law: A Re-Evaluation", *Journal of Conflict and Security Law*, vol. 13 (2008), pp. 3-24.

HAARSCHER, Guy, "Les droits de l'homme, notion à contenu variable", in: Chaïm PERELMAN, Raymond VANDER ELST (dir.), *Les notions à contenu variable en droit*, Bruxelles, Bruylant, 1984, pp. 329-336.

HAGGENMACHER, Peter, "Droits subjectifs et systèmes juridiques chez Grotius", in: Luc FOISNEAU (ed.), *Politique, droit et théologie chez Bodin, Grotius et Hobbes*, Paris, Kimé, 1997, pp. 73-130.

HAGGENMACHER, Peter, "Kant et la tradition du droit des gens", in: Pierre LABERGE *et al.* (éds.), *L'année 1795. Kant. Essai sur la paix*, Paris, Vrin, 1997, pp. 122-139.

HAGGENMACHER, Peter, "La paix dans la pensée de Grotius", in: Lucien BÉLY (dir.), *L'Europe des Traités de Westphalie - Esprit de la diplomatie et diplomatie de l'esprit*, Paris, PUF, 2000, pp. 67-79.

HAGGENMACHER, Peter, "Les origines du droit international au début des temps modernes: projections et perspectives", in: *500 anni di solitudine. La conquista dell'America e il diritto internazionale*, Verona, Bertani, 1994, pp. 125-139.

HAGGENMACHER, Peter, "L'Etat souverain comme sujet du droit international de Vitoria à Vattel", *Droits*, 1992, pp. 11-20.

HALPÉRIN, Jean-Louis, "L'apparition et la portée de la notion d'ordre juridique dans la doctrine internationaliste du XIXe siècle", *Droit*, vol. 33 (2001), pp. 41-52.

HAMBRO, Edvard, "The Ihlen Declaration Revisited", in: *Grundprobleme des Internationalen Rechts. Festschrift für Jean Spiropoulos*, Bonn, Schimmelbusch, 1957, pp. 227-236.

HAMMARSKJÖLD, Knut H. L., "La neutralité en général: leçons données à l'académie de droit international de La Haye, août 1923", *Bibliotheca Visseriana dissertationum ius internationale illustrantium*, t. 3 (1924), pp. 53-141.

HANDL, Günther, "Liability as an Obligation Established by a Primary Rule of International Law: Some Basic Reflections on the International Law Commission's work", *Netherlands Yearbook of International Law*, vol. 16 (1985), pp. 49-79.

HANDL, Günther, "International Liability of States for Marine Pollution", *The Canadian Yearbook of International Law*, vol. 21 (1983), pp. 85-117.

HANDL, Günther, "Balancing of Interests and International Liability for the Pollution of International Watercourses: Customary Principles of Law Revisited", *The Canadian Yearbook of International Law*, vol. 13 (1975), pp. 156-194.

HANDL, Günther, "Territorial Sovereignty and the Problem of Transnational Pollution", *AJIL*, vol. 69 (1975), pp. 50-76.

HAPPOLD, Matthew, "Security Council Resolution 1373 and the Constitution of the United Nations", *Leiden Journal of International Law*, vol. 16 (2003), pp. 593-610.

HAURIOU, Maurice "Police juridique et font du droit", *Revue trimestrielle de droit civil*, 1926, pp. 265-308.

HENZELIN, Marc, "La compétence pénale universelle. Une question non résolue par l'arrêt Yerodia", *RGDIP*, vol. 106 (2002), pp. 819-854.

HESSBRUEGGE, Jan A., "The Historical Development of the Doctrine of Attribution and due Diligence in International Law", *Journal of International Law and Politics*, vol. 36 (2003-2004), pp. 265-306.

HEY, Ellen, "The Precautionary Concept in Environmental Policy and Law: Institutionalizing Caution", *Georgetown International Environmental Law Review*, vol. 4 (1992), pp. 303-318.

HIGGINS, Rosalyn, "A Babel of Judicial Voices? Ruminations from the Bench", *ICLQ*, vol. 55 (2006), pp. 791-804.

HIGGINS, Rosalyn, "Issues of State Responsibility before the International Court of Justice", in: Malgosia FITZMAURICE, Dan SAROOSHI (eds.), *Issues of State responsibility before International Judicial Institutions*, Oxford, Hart, 2004, pp.1-9.

HIGGINS, Rosalyn, "The General International Law of Terrorism", in: Rosalyn HIGGINS, Maurice FLORY (eds.), *Terrorism and International Law*, London/New York, Routledge, 1997, pp. 13-29.

HUSSAIN, Mohammed, "World Summit on Sustainable Development, Johannesburg: An Appraisal", *Indian Journal of International Law*, vol. 42 (2002), pp. 348-369.

JACQUÉ, Jean-Paul, "À propos de la promesse unilatérale", in: *Le droit international: unité et diversité*. Mélanges offerts à Paul Reuter, Paris, Pedone, 1981, pp. 327-345.

JANIS, Mark W., "Bentham and the Fashioning of International Law", *AJIL*, vol. 78 (1984), pp. 405-418.

JESSUP, Philip C., "Responsibility of States for Injuries to Individuals", *Columbia Law Review*, vol. 46 (1946), pp. 903-928.

JESSUP, Philip, "Today and Tomorrow", in: Philip JESSUP, Francis DEAK (eds), *Neutrality: Its History, Economics and Law*, 4 vols., New York, Colombia University Press, 1936, pp. 115-120.

JOUANNET, Emmanuelle, "Le juge international face aux problèmes d'incohérence et d'instabilité du droit international. Quelques réflexions à propos de l'arrêt CIJ du 6 novembre", *RGDIP*, vol. 108 (2004), pp. 917-948.

JOYNER, Daniel H., "Non-proliferation Law and the United Nations System: Resolution 1540 and the Limits of the Power of the Security Council", *Leiden Journal International Law*, vol. 20 (2007), pp. 489-518.

JUROVICS, Yann, "Les controverses sur la question de la qualification du terrorisme: crime de droit commun, crime de guerre ou crime contre l'humanité?", in: Karine BANNELIER *et al.*, (dir.), *Le droit international face au terrorisme*, Paris, Pedone, 2002, pp. 95-104.

KALLIOPI, Koufa, "Le terrorisme et les droits de l'homme", in: Karine BANNELIER *et al.*, (dir.), *Le droit international face au terrorisme*, Paris, Pedone, 2002, pp. 189-201.

KAMMERHOFER, Jörg, "The Armed Activities Case and Non-State Actors in Self-Defence Law", *LJIL*, vol. 20 (2007), pp. 89- 113.

KAMTO, Maurice, "Regard sur la jurisprudence du tribunal international du droit de la mer depuis son entrée en fonctionnement (1997-2004)", *RGDIP*, vol. 109 (2005), pp. 793-828.

KELSON, John M., "State responsibility and the abnormally dangerous activity", *Harvard International Law Journal,* vol. 13 (1972), pp. 197-206.

KERSTEN, Charles M., "Rethinking Transboundary Environmental Impact Assessment", *Yale Journal of International Law*, vol. 34 (2009), pp. 173-206.

KHERAD, Rahim, "La question de la définition du crime d'agression dans le Statut de Rome entre pouvoir politique du Conseil de sécurité et compétence judiciaire de la", *RGDIP*, vol. 109 (2005), pp. 331-361.

KHERAD, V. Rahim, "La paix et la sécurité internationales à l'épreuve du régime des Tâlebân", in: *Les Nations Unies et l'Afghanistan.* Onzièmes Rencontres internationales d'Aix-en-Province, Colloque des 17 et 18 janvier en l'honneur d'Ahmed Mahiou, Paris, Pedone, 2003, pp. 47-76.

KISS, Alexandre C., "State Responsibility and Liability for Nuclear Damage", *Denver Journal of International Law and Policy*, vol. 35 (2006), pp. 67-83.

KISS, Alexandre C., "Les origines du droit à l'environnement: le droit international", *Revue Juridique de l'Environnement*, 2003, pp. 13-14.

KISS, Alexandre C., "Droit et risque", *Archives de Philosophie du Droit*, vol. 36 (1991), pp. 49-53.

KISS, Alexandre, "La responsabilité pour atteintes à l'environnement", in: SFDI, *La responsabilité dans le système international.* Colloque du Mans, Paris, Pedone, 1991, pp. 225-237.

KISS, Alexandre, "Tchernobâle ou la pollution accidentelle du Rhin par les produits chimiques", *AFDI*, vol. 33 (1987), pp. 719-727.

KLEIN, Pierre, "Responsabilité pour violation d' "obligation découlant de normes impératives du droit international général et droit des Nation Unies"", in: Pierre-Marie DUPUY (dir.), *Obligations multilatérales, droit impératif et responsabilité internationale des Etats*, Paris, Pedone, 2003 pp. 189-206.

KNIGHT, William S. M., "Neutrality and Neutralization in the Sixteenth Century Liège", *Journal of Comparative Legislative and International Law*, vol. 2 (1920), pp. 98-104.

KNOX, John H., "The Myth and Reality of Transboundary Envionmental Impact Assessment", *AJIL*, vol. 96 (2002), pp. 291-319.

KOHEN, Marcelo G., "La relation titres/effectivités dans le contentieux territorial à la lumière de la jurisprudence récente", *RGDIP*, vol. 108 (2004), pp. 561-595.

KOHEN, Marcelo G., "Les questions territoriales dans l'arrêt de la CIJ du 16 mars 2001 en l'affaire *Qatar c. Bahrein*", *RGDIP*, vol. 106 (2002), pp. 295-328.

KOHEN, Marcelo G., " Les controverses sur la question du terrorisme d'Etat", in: Karine BANNELIER *et al.*, (dir.)*Le droit international face au terrorisme*, Paris, Pedone, 2002, pp. 83-93.

KOIVUROVA, Timo, "What is the Principle of Due Diligence?", in: *Nordic Cosmopolitanism. Essays in International Law for Martti Koskenniemi,* Leiden, Nijhoff, 2003, pp. 341-349.

KOKOTT, Julianne, "Soft Law Standards under Public International Law", in: Peter NOBEL (ed.), *International Standards an the Law*, Berne, Staempfli, 2005, pp. 15-42.

KOLB, Robert, "Du domaine réservé – Réflexions sur la théorie du domaine réservé", *RGDIP*, vol. 110 (2006), pp. 597-629.

KOLB, Robert, "Jus cogens, intangibilité, intransgressibilité, dérogation "positive" et "négative"", *RGDIP*, vol. 109 (2005), pp. 305-330.

KOLB, Robert, "La bonne foi en droit international public", *RBDI*, vol. 31 (1998), p. 661-732.

KOLB, Robert, "The Exercise of Criminal Jurisdiction over International Terrorists", in: Andrea BIANCHI (ed.), *Enforcing International Law Norms against Terrorism,* Oxford, Hart, 2004, pp. 227-281.

KOSKENNIEMI, Martti, "Le Comité des sanctions (créé par la résolution 661(1990) du Conseil de sécurité)", *AFDI*, vol. 37 (1991), pp. 119-137.

KOSKENNIEMI, Martti, "Breach of Treaty or Non-Compliance? Reflections on the Enforcement of the Montréal Protocol", *Yearbook of International Environmental Law*, vol. 3 (1992), pp. 123-162.

KOURILSKI, Philippe; VINEY, Généviève, "Le principe de précaution", *Rapport au premier ministre*, http://www.ladocumentation francaise.fr/rapports-publics/ 004000402/index.shtml, 1999.

KUNZ, Joseph L., "The Covenant of the League of Nations and Neutrality", *American Society of International Law Proceedings*, vol. 29 (1935), pp. 36-41.

LABAYLE, Henri, "Droit international et lutte contre le terrorisme", *AFDI*, vol. 32 (1987), pp. 105-138.

LAGRANGE, Evelyne, "Libres propos sur la juridiction internationale permanente. Autour de l'ordonnance de la CIJ du 10 juillet 2002", *RGDIP*, vol. 107 (2003), pp. 89-108.

LAMB, Susan, "Legal Limits to United Nations Security Council Powers", in: Guy S. GOODWIN-GILL, Stefan TALMON (eds.), *The Reality of International Law: Essays in Honour of Ian Brownlie*, Oxford, Clarendon Press, 1999, pp. 361-388.

LAUTERPACHT, Elihu; BETHLEHEM, Daniel L., "The Scope and Content of the Principle of Non-refoulement", in: *Refugee Protection in International Law: UNHCR's Global Consultations on International Protection*, Cambridge, Cambridge University Press, 2003, pp. 87-177.

LEBEN, Charles, "De quelques doctrines de l'ordre juridique", *Droits*, vol. 33 (2001), pp. 19-39.

LEBEN, Charles, "Un nouveau bilan des théories et réalités du droit international: le Cours général de Pierre-Marie Dupuy", *RGDIP*, vol. 109 (2005), pp. 75-100.

LEGROS, Robert, "Les notions à contenu variable en droit pénal", in: Chaïm PERELMAN, Raymond VANDER ELST (éds.), *Les notions à contenu variable en droit*, Bruxelles, Bruylant, 1984, pp. 21-37.

LESNES, Corine, "Le Conseil de sécurité, législateur mondial?", *Le monde*, 10 avril 2004, p. 17.

LÉVY, Dénis, "La responsabilité pour omission et la responsabilité pour risque en droit international public", *RGDIP*, vol. 32 (1961), pp. 744-756.

LIETZAU, William K., "Combating Terrorism: the Consequences of Moving from Law Enforcement to War", in: David WIPPMAN, Matthew EVANGELISTA, (eds.), *New Wars, new Laws?: Applying the Laws of War in 21st Century Conflicts*, New York, Transnational, 2005, pp. 31-51.

LILLICH, Richard B., "The Current Status of the Law of State Responsibility for Injuries to Aliens", in: Richard B. LILLICH (ed.), *International Law of State Responsibility for Injuries to Aliens*, Charlotteville, University Press of Virginia, 1983, pp. 1-60.

LIM, Darren, "United Nations Governance of Failed States. Proposing the Foundations of a Comprehensive Framework", *Monash University Law Review*, vol. 32 (2006), pp. 296-334.

LOIBL, Gerhard, "Environmental Law and Non-Compliance Procedures: Issues of State Responsibility", in: Malgosia FITZMAURICE, Dan SAROOSHI (eds.), *Issues of State Responsibility before International Judicial Institutions*, Oxford, Hart, 2004, pp. 201-218.

LOWE, Vaughan, "The Politics of Law-making: Are the Method and Character of Norm Creation Changing?", in: Michael BYERS (ed.), *The Role of Law in International Politics*, Oxford, Oxford University Press, 2000, pp. 207-226.

LUCY, William, "Abstraction and the Rule of Law", *Oxford Journal of Legal Studies*, vol. 29 (2009), pp. 481-509.

LUHMANN, Niklas, "L'unité du système juridique", *Archives de philosophie du droit*, vol. 31 (1986), pp. 163-188.

MAISON, Rafaëlle, "Le crime de génocide dans les premiers jugements du Tribunal international pour le Rwanda", *RGDIP*, vol. 103 (1999), pp. 129-145.

MALJEAN-DUBOIS, Sandrine, "*Projet Gabčikovo-Nagymaros* (Hongrie/Slovaquie)", *AFDI*, vol. 43 (1997), pp. 286-332.

MAMPUYA, Auguste, "Responsabilité et réparations dans le conflit des Grands-Lacs au Congo-Zaïre", *RGDIP*, vol. 108 (2004), pp. 679-707.

MANI, Vekateshwara S., "national Terrorism: Is A Definition Possible?", *Indian Journal of International Law*, vol. 18 (1978), pp. 207.

MANOUVEL, Mita, "Métamorphose de l'article 41 du Statut de la CIJ", *RGDIP*, vol. 106 (2002), pp. 103-135.

Martin KRYGIER, "The Rule of Law: Legality, Teleology, Sociology", in: Palombella GIANLUIGI, Walker NEIL (eds.), *Relocating the Rule of Law*, Oxford, Hart, 2009, pp. 45-69.

MARTIN, Gilles J., "Le concept de risque et la protection de l'environnement: évolution parallèle ou fertilisation croisée?", in: Michel PRIEUR, Claude LAMBRECHTS (dir.), *Les hommes et l'environnement: quels droits pour le vingt-et-unième siècle? Mankind and the Environment: what Rights for the Twenty-first Century? Etudes en hommage à Alexandre Kiss*, Paris, Frison-Roche, 1998, pp. 451-460.

MARTIN, Jean C. "Quelques remarques sur la Convention de l'OUA sur la prévention et la lutte contre le terrorisme", *Observateur des Nations Unies*, n°9 (2000), pp. 59-91.

MARTIN-BIDOU, Pascal, "Le principe de précaution en droit international de l'environnement", *RGDIP*, vol. 103 (1999), pp. 631-666.

MASQUELIN, Jean, "La formulation de la règle de droit", in: Chaïm PERELMAN (dir.), *La règle de droit*, Bruxelles, Bruylant, 1971, pp. 21-38.

MASSET, Adrien, "Aspects juridiques de la lutte contre le terrorisme international", *Studia diplomatica*, vol. 55 (2002), pp. 171-180.

MAUREEN, Williams, S.J. CHATTERJEE, "Suggesting Remedies for International Terrorism, Use of Available International Means", *International Relations*, vol. 5 (1976), pp. 10-71.

MCLNTYRE, Owen; MOSEDALE, Thomas, "The Precautionary Principle as a Norm of Customary International Law", *Journal of Environmental Law*, vol. 9 (1997), pp. 221-241.

MENDELSON, Maurice H., "State Responsibility for Breach of Interim Protection Orders of the International Court of Justice", in: Malgosia FITZMAURICE, Dan SAROOCHI (éd.), *Issues of State Responsibility before International Judicial Institutions*, Oxford, Hart, 2004, pp. 35-53.

MERCIER, Jean-Roger, "The World Bank and Environmental Impact Assessment", in: Kees BASTMEIJER, Timo KOIVUROVA (eds.), *Theory and Practice of Transboundary Environmental Impact Assessment*, Leiden, Nijhoff, 2008, pp. 291-311.

MOLINER-DUBOST, Marianne, "Le mécanisme pour un développement propre: une nouvelle voie de coopération et de transferts Nord/Sud?", *RGDIP*, vol. 108 (2004), pp. 963-986.

MOREAU, Defrarges P., "L'irréductible terrorisme", *Défense nationale*, n°56 (2000), pp. 133-139

MORRIS, Madeline, "Arresting Terrorism: Criminal Jurisdiction and International Relations", in: Andrea BIANCHI (ed.), *Enforcing International Law Norms against Terrorism,* Oxford, Hart, 2004, pp. 63-82.

MOUSSA, Ahmed, "L'étranger et la justice nationale", *RGDIP*, t. 41 (1934), pp. 441-459.

MUIR-WATT, Horatia, "Droit naturel et souveraineté de l'Etat dans la doctrine de Vattel" *Archives de philosophie du droit*, vol. 32 (1987), pp. 71-83.

MURPHY, Sean D., "Self-Defense and the Israeli Wall Advisory Opinion: An Ipse Dixit from the ICJ?", *AJIL*, vol. 99 (2005), pp. 62-76.

MURPHY, Sean D., "Contemporary Practice of the United States Relating to International Law. U.S. Nationals Detained as Unlawful Combatants", *AJIL*, vol. 97 (2003), pp. 196-200.

NARDIN, Terry, "Theorising the International Rule of Law", *Review of International Studies*, vol. 34 (2008), pp. 385-401.

NGUYEN-ROUAULT, Florence, "L'intervention armée en Irak et son occupation au regard du droit international", *RGDIP*, vol. 107 (2003), pp. 835-864.

NICHOLAS, Rostow, "International Law and the Use of Force: A Plea for Realism", *Yale Journal of International Law*, vol. 34 (2009), pp. 541-548.

NOLTE, Georg, "The Limits of the Security Council's Powers and Its Functions in the International Legal System: Some Reflections", in: Michael BYERS (ed.), *The Role of Law in International Politics*, Oxford, Oxford University Press, 2000, pp. 315-326.

NOLTE, Georg, "De Dionisio Anzilotti à Roberto Ago: le droit international classique de la responsabilité internationale des Etats et la prééminence de la conception bilatérale des relations interétatiques", in: Pierre-Marie DUPUY (dir.), *Obligations multilatérales, droit impératif et responsabilité internationale des Etats*, Paris, Pedone, 2003, pp. 5-23.

NOYES John E.; SMITH, Brian D., "State Responsibility and the Principle of Joint and Several Liability", *Yale Journal of International Law*, vol. 13 (1988), pp. 225-267.

NYS, Ernest, "Introduction", in: *Francisci de Vitoria , De Indis et De Ivre Belli Relectiones*. Transl. John P. BATE, The Classics of International Law, Carnegie Institution of Washington, 1917, pp. 3-22.

O'CONNEL, Mary E., "Lawful Self-Defense to Terrorism", *University of Pittsburgh Law Review*, 2002, pp. 889-908.

ONUF, Nicholas G. "Civitas Maxima: Wolff, Vattel and the Fate of Republicanism", *AJIL*, VOL. 88 (1994), pp. 280-303.

OREND, Brian, "Jus Post Bellum: The Perspective of a Just-War Theorist", *LJIL*, vol. 20 (2007), pp. 571-591.

OSINBAJO, Yemi, "Legality in a Collapsed State: The Somalia Experience", *ICLQ*, vol. 45 (1996), pp. 910-923.

Owen MCLNTYRE; Thomas MOSEDALE, "The Precautionary Principle as a Norm of Customary International Law", *Journal of Environmental Law*, vol. 9 (1997), pp. 221-241.

OWEN, Dave, "Climate Change and Environmental Assessment Law", *Columbia Journal of Environmental Law*, vol. 33 (2008), pp. 57-119.

PALCHETTI, Paolo, "La protection des intérêts d'Etats tiers par la Cour internationale de Justice: l'affaire de la frontière terrestre et maritime entre le Cameroun et le Nigeria", *RGDIP*, vol. 107 (2003), pp. 865-884.

PALMISANO, Giuseppe, "Fault", in: Rüdiger WOLFRUM (ed.), *The Max Planck Encyclopedia of Public International Law*, Oxford University Press, 2010, online edition, [www.mpepil.com], visité le 24 mars 2010.

PALMISANO, Giuseppe, "Les causes d'aggravation de la responsabilité des Etats et la distinction entre 'crimes' et 'délits' internationaux", *RGDIP,* vol. 98 (1994), pp. 629-674.

PALMISANO, Giuseppe, "Les garanties de non-répétition entre codification et réalisation juridicationnelle du droit à propos de l'affaire LaGrand", *RGDIP*, vol. 106 (2002), pp. 753-790.

PAPASTAVRIDIS, Efthymios, "Security Council Resolution 1368/2001 and 1373/2001: Collective Security or The Right of Self Defence?", *Revue hellénique de droit international*, vol. 55 (2002), pp. 501-512.

PELLET, Alain, "L'Etat victime d'un acte terroriste peut-il recourir à la force armée?", in: SFDI, *Les nouvelles menaces à la paix et à la sécurité internationales*, Paris, Pedone, 2004, pp. 95-107.

PELLET, Alain, "La codification du droit de la responsabilité internationale: Tâtonnements et affrontements", in: Vera GOWLLAND-DEBAS, Laurence B. DE CHAZOURNES (eds), *The International Legal System in Quest of Equity and Universality/L'ordre juridique international en quête d'équité et d'universalité*, Liber Amicorum Georges Abi-Saab, La Haye, Kluwer, 2001, pp. 285-304.

PELLET, Alain, "Malaise dans la guerre: à quoi sert l'ONU?", *le monde*, 15 novembre 2001, p. 16.

PELLET, Alain, "The Normative Dilemma: Will and Consent in International Law-making", *Australian Yearbook of International Law*, vol. 12 (1988-1989), pp. 22-53.

PERELMAN, Chaïm, "A propos de la règle de droit, réflexion de méthode", in: Chaïm PERELMAN (dir.), *La règle de droit*, Bruxelles, Bruylant, 1971, pp. 313-323.

PERRIN, Georges, "Le problème de la faute dans la responsabilité internationale de l'Etat", in: *Im Dienst an der Gemeinschaft*, Bâle, Verlag Helbing & Lichtenhahn, 1989, pp. 127-136.

PETCULESCU, Ioana, "La contribution du droit international de la responsabilité à la protection des droits de l'homme – CEDH du 8/07/2004 *Ilascu c. Rep. Moldova*", *RGDIP*, vol. 109 (2005), pp. 581-608.

PEYROLLOPIS, Ana, "La place du droit international dans la jurisprudence récente de la Cour suprême des Etats-Unis", *RGDIP*, vol. 109 (2005), pp. 609-642.

PIETTE, Jean, "Les problèmes de pollution transfrontière et de déchets dangereux en Amérique du Nord", *Revue Québécoise de droit international*, vol. 7 (1991-1992), pp. 154-159.

PINTO, Monica, "De la protection diplomatique à la protection des droits de l'homme", *RGDIP*, vol. 106 (2002), pp. 513-548.

PISILLO MAZZESCHI, Ricardo, "The Due Diligence Rule and The Nature of International Responsibility of States", *German Yearbook of international law*, 1992, pp. 9-51.

POLITI, Mauro, "Le Statut de Rome de la Cour pénale internationale: le point de vue d'un négociateur", *RGDIP*, vol. 103 (1999), pp. 817-850.

POMERANCE, Michla, "The ICJ's Advisory Jurisdiction and the Crumbling Wall between the Political and the Judicial", *AJIL*, vol. 99 (2005), pp. 26-42.

POULANTZAS, Nicos A., "Notes sur la phénoménologie et l'existentialisme juridiques", *Archives de Philosophie du droit*, vol. 8 (1963), pp. 213-220.

POUND, Roscoe, "The Administrative Application of Legal Standard", Harvard Law School Library, 1919. http://www.library.yorku.ca/eresolver/?id=448114 Full text online.

PRINCEN, Thomas, "Principles for Sustainability: From Cooperation and Efficiency to Sufficiency", *Global Environmental Politics*, vol. 3 (2003), pp. 33-50.

QUIGLEY, John, "Complicity in International Law: A New Direction in the Law of State Responsibility", *BYBIL*, vol. 57 (1986), pp. 77-132.

RAMPELBERG, Réné-Marie, "L'obligation romaine: perspective sur une évolution", *Archives de philosophie du droit*, vol. 44 (2000), pp. 51-68.

RAZ, Joseph, "The Rule of Law and Its Virtue", *The Law Quarterly Review*, vol. 93 (1977), pp. 195-211.

REISMAN, Michael W., "Assessing Claims to Revise the Laws of War", *AJIL*, vol. 96 (2002), pp. 82-90.

REISMAN, Michael W., "International Legal Responses to Terrorism", *Houston Journal of International Law*, vol. 22 (1999), pp. 3-62.

REISMAN, Michael, "In Defense of World Public Order", *AJIL,* vol. 95 (2001), pp. 833-835.

REISMAN, Michael, "The Concept and Functions of Soft Law in International Politics", in: Emmanuel G. BELLO, Bola A. AJIBOLA (eds), *Essays in Honour of Judge Taslim Olawale Elias*, Dordrecht, 1992, vol. I, pp. 135-144.

RIALS, Stephane, "Les standards, notions critiques du Droit", in: Chaïm PERELMAN, Raymond VANDER ELST (dir.), *Les notions à contenu variable en droit*, Bruxelles, Bruylant, 1984, pp. 39-55.

RIEDEL, Eibe, "Standards and Sources. Farewell to the Exclusivity of the Sources Triad in International Law?", *EJIL*, vol. 2 (1991), pp. 58-84.

RIGAUX, François, "La liberté de mouvement dans la doctrine du droit des gens", in: Vincent CHETAIL (ed.), *Mondialisation, migration et droits de l'homme: le droit international en question / Globalisation, Migration and Human Rights: International Law under Review*, Bruylant, Bruxelles, 2007, pp. 137-160.

RIGAUX, François, "Les notions à contenu variable en droit international privé", in: Chaïm PERELMAN, Raymond VANDER ELST (dir.), *Les notions à contenu variable en droit*, Bruxelles, Bruylant, 1984, pp. 237-250.

ROBAYE, René, "Responsabilité objective ou subjective en droit romain", *Tijdschrift voor rechtsgeschiedenis*, vol. 58 (1990), pp. 345-360.

ROBERTS, Anthea, "Righting Wrongs or Wronging Rights? The United States and Human Rights Post-September 11", *EJIL*, vol. 15 (2004), pp. 721-749.

ROMANO, Cesare, "Tribunaux pénaux internationalisés: état des lieux d'une justice "hybride"", *RGDIP*, vol. 107 (2003), pp. 109-124.

RONZITTI, Natalino, "The Expanding Law of Self-Defence", *Journal of Conflict and Security Law*, vol. 11 (2006), pp. 343-359.

RONZITTI, Natalino, "The 2006 Conflict in Lebanon and International Law", *IYIL*, vol. 16 (2006), pp. 3-40.

RONZITTI, Natalino, "The Legality of Covert Operations against Terrorism in Foreign States", in: Andrea BIANCHI (ed.), *Enforcing International Law Norms against Terrorism,* Oxford, Hart, 2004, pp. 17-24.

ROOT, Elihu, "The Basis of Protection of Citizens Abroad", *American Society of International Law Procedings,* vol. 4 (1910), pp. 16-22.

ROSAN, Eric, "Security Council Resolution 1373, the Counter-Terrorism Committee, and the Fight against Terrorism", *AJIL,* vol. 97 (2003), pp. 333-341.

ROSAS, Allan, "State Responsibility and Liability under Civil Liability Regimes", in: Ove BRING, Said MAHMOUDI (eds.), *Current International Law Issues: Nordic Perspectives. Essays in honour of Jerzy Sztucki,* Boston, Nijhoff, 1994, pp. 161-182.

ROUSSEAU, Jean-Jacques, "Discours sur les sciences et les arts", in: Bernard GAGNEBIN, Marcel RAYMOND (dir.), *Œuvres complètes,* Société J.-J. Rousseau, Gallimard, 1964, vol. 3, Première Partie, pp. 6-121.

RUBIN, Alfred, P., "The International Legal Effects of Unilateral Declarations", *AJIL,* vol. 71 (1977), pp. 1-30.

RUIZ FABRI, Hélène, "Le juge de l'OMC: ombres et lumières d'une figure judiciaire singulière", *RGDIP,* vol. 110 (2006), pp. 39-84.

RUIZ FABRI, Hélène, "Règles coutumières générales et droit fluvial", *AFDI,* vol. 36 (1990), pp. 818-842.

RUYS, Tom; VERHOEVEN, Sten, "Attacks by Private Actors and the Right of Self-Defence", *Journal of conflict & security law,* vol. 10 (2005), pp. 239-320.

RUZIÉ, David, "L'avis consultatif de la Cour Internationale de Justice du 29 avril 1999 sur la demande du Conseil économique et sociale des Nations Unies", *RGDIP,* vol. 103 (1999), pp. 667-683.

SADELEER, Nicolas de, "The Precautionary Principle as a Device for Greater Environmental Protection: Lessons from EC Courts", *Review of European Community & International Environmental Law,* vol. 18 (2009), pp. 3-10.

SALERNO, Francesco, "La demande reconventionnelle dans la procédure de la Cour Internationale de Justice", *RGDIP,* vol. 103 (1999), pp. 329-378.

SALMON, Jean, J.-A., "Les obligations quantitatives et l'illicéité", in: Vera GOWLLAND-DEBAS, Laurence B. DE CHAZOURNES, (eds), *The International Legal System in Quest of Equity and Universality/L'ordre juridique international en quête d'équité et d'universalité,* Liber Amicorum Georges Abi-Saab, La Haye, Kluwer, 2001, pp. 305-325.

SALMON, Jean J.-A., "L'intention en matière de responsabilité internationale", in: *Le droit international au service de la paix, de la justice et du développement*. Mélanges Michel Virally, Paris, Pedone, 1991, pp. 413-422.

SALMON, Jean J.-A, "Les circonstances excluant l'illicéité", in: *Responsabilité internationale: Cours et Travaux*, Paris, Pedone, 1987, pp. 89-235.

SALMON, Jean, J. A., "Les notions à contenu variable en droit international public", in: Chaïm PERELMAN, Raymond VANDER ELST (dir.), *Les notions à contenu variable en droit*, Etudes publiées par, Bruylant, Bruxelles, 1984, pp. 251-268.

SALMON, Jean J.-A., "Le fait étatique complexe: une notion contestable", *AFDI*, vol. 28 (1982), pp. 709-738.

SALMON, Jean J.-A., "La règle de droit en droit international public", in: Chaïm PERELMAN (dir.), *La règle de droit*, Bruxelles, Bruylant, 1971, pp. 193-213.

SANDOZ, Yves, "Lutte contre le terrorisme et droit international: risques et opportunités", *RSDIE*, vol. 12 (2002), pp. 319-354.

SANDS, Philippe, "Towards an International Rule of Law?", in: Andenas MADS, Fairgrieve DUNCAN (eds.), *Tom Bingham and the Transformation of the Law: a Liber Amicorum*, New York, Oxford University Press, 2009, pp. 461-476.

SANTULLI, Carlo, "Travaux de la Commission du droit international (cinquante-troisième session)", *AFDI*, vol 47 (2001), pp. 349-378.

SAPIENZA, Rosario, "Les déclarations interprétatives unilatérales et l'interprétation des traités", *RGDIP*, vol. 103 (1999), pp. 601-629.

SASSÒLI, Marco, "L'arrêt Yerodia: quelques remarques sur une affaire au point de collision entre les deux couches du droit international", *RGDIP*, vol. 106 (2002), pp. 791-818.

SASSOLI, Marco, "La " guerre contre le terrorisme", le droit international humanitaire et le statut de prisonnier de guerre", *The Canadian Yearbook of International Law*, vol. 39 (2001), pp.1-28.

SAURA, Jaume, "Some Remarks on The Use of Force Against Terrorism in Contemporary International Law and The Role of The Security Council", *Loyola of Los Angeles international and comparative law review*, vol. 26 (2003), pp. 7-30.

SCHACHTER, Oscar, "The Use of Force against Terrorists in Another Country", *Israel Yearbook on Human Rights*, vol. 19 (1989), pp. 225-232.

SCHACHTER, Oscar, "The Twilight Existence of Non-binding Agreements", *AJIL*, vol. 71 (1977), pp. 296-304.

SCHANZE, Erich, "International Standards: Functions and Links to Law", in: Peter NOBEL (ed.), *International Standards and the Law*, Berne, Staempfli, 2005, pp. 83-103.

SCHINDLER, Dietrich, "Human Rights and Humanitarian Law", *American University Law Review*, vol. 31 (1982), pp. 935-977.

SCHLAG, Pierre, "Rules and Standards", *Ucla Law Review*, vol. 33 (1985), pp. 383-390.

SCHMALENBACH, Kirsten, "Preventing and Rebuilding Failed States", in: *A Wiser Century? Judicial Dispute Settlement, Disarmament and the Laws of War 100 Years after the Second Hague Peace Conference*, Berlin, Duncker & Humblot, 2009, pp. 231-256.

SCHORLEMER, Sabine von, "Human Rights: Substantive and Institutional Implications of the War against Terrorism", *EJIL*, vol. 14 (2003), pp. 267-282.

SCHREIBER, Vera, "What are International Standards?", in: NOBEL, Peter (ed.), *International Standards and the Law*, Berne, Staempfli, 2005, pp. 1-13.

SCHREUER, Christoph, "Recommendations and the Traditional Sources of International Law", *GYIL*, vol. 20 (1977), pp. 103-118.

SCHRIJVER, Nico, "Responding to International Terrorism: Moving the Frontiers of International Law for "Enduring Freedom"?", *NILR*, vol. 48 (2001), pp. 271-291.

SCHUTTER, Oliver de, "La Convention européenne des droits de l'homme à l'épreuve de la lutte contre le terrorisme", *Revue universelle des droits de l'homme*, n° 13 (2001), pp. 185-206.

SCOBBIE, Iain, "Invocation de la responsabilité pour violation d' "obligations découlant de normes impératives du droit international général"", in: Pierre-Marie DUPUY (dir.), *Obligations multilatérales, droit impératif et responsabilité internationale des Etats*, Paris, Pedone, 2003 pp. 121-144.

SCOTT, Shirley V., "How Cautious is Precautious?: Antarctic Tourism and the Precautionary Principle", *International and Comparative Law Quarterly*, vol. 50 (2001), pp. 963-971.

SEPÚLVEDA, César, "Methods and Procedures for the Creation of Legal Norms in the International System: An Inquiry into the Progressive Development of International Law in the Present Era", *GYIL*, vol. 33 (1990), 432-459.

SERMET, Laurent, "De la carence dans la Charte africaine des droits de l'homme et des peuples de la clause de dérogation aux droits de l'homme", *RGDIP*, vol. 109 (2005), pp. 389-406.

SHAH, Niaz A., "Self-defence, Anticipatory Self-defence and Preemption: International Law's Response to Terrorism", *Journal of Conflict and Security Law*, vol. 12 (2007), pp. 95-126.

SHAW, Malcolm, "The International Court, Responsibility and

Remedies", in: Malgosia FITZMAURICE, Dan SAROOCHI (éd.), *Issues of State Responsibility before International Judicial Institutions*, Oxford, Hart, 2004, pp. 19-33.

SICAULT, Jean-Didier, "Du caractère obligatoire des engagements unilatéraux en droit international public", *RGDIP*, vol. 83 (1979), pp. 633-688.

SICILIANOS, Linos-Alexandre, "Classification des obligations et dimension multilatérale de la responsabilité internationale", in: Pierre-Marie DUPUY (dir.), *Obligations multilatérales, droit impératif et responsabilité internationale des Etats*, Paris, Pedone, 2003, pp. 57-77.

SICILIANOS, Linos-Alexandre, "L'autorisation par le Conseil de Sécurité de recourir à la force: une tentative d'évaluation", *RGDIP*, vol. 106 (2002), pp. 5-50.

SKUBISZEWSKI, Krzysztof, "Les actes unilatéraux des États", in: Mohamed BEDJAOUI (éd.), *Le droit international: Bilan et perspectives*, Paris, Pedone, 1991, vol. I, pp. 231-250.

SKUBISZEWSKI, Krzysztof, "Definition of Terrorism", *Israel Yearbook on Human Rights*, vol. 19 (1989), pp. 39-53.

SKUBISZEWSKI, Krzysztof, "Resolutions of the UN General Assembly and Evidence of Custom", in: *Etudes en l'honneur de Roberto Ago*, Milano, Giuffré, vol. I, 1987, pp. 503-519.

SLAUGHTER, Anne-Marie, "Shielding the Rule of Law", in: Andenas MADS, Fairgrieve DUNCAN (eds.), *Tom Bingham and the Transformation of the Law: a Liber Amicorum*, New York, Oxford University Press, 2009, pp. 761-771.

SLAUGHTER, Anne-Marie; BURKE-WHITE, William, "An International Constitutional Moment", *Harvard International Law Journal*, vol. 43 (2002), pp. 1-22.

SOHNLE, Jochen, "Irruption du droit de l'environnement dans la jurisprudence de la CIJ: affaire Gabčikovo-Nagymaros", *RGDIP*, vol. 102 (1998), pp. 85-119.

SOLLIER, Joël, "La politique antiterroriste de l'ONU", in: *Les terrorismes, Questions Internationales*, La Documentation française, n°8 (2004), pp. 52-57.

SOREL, Jean-Marc, "et l'Irak: le vil plomb ne s'est pas transformé en or pur", *RGDIP*, vol. 108 (2004), pp. 845-854.

SOREL, Jean-Marc, "L'épilogue des affaires dites de Lockerbie devant la CIJ: le temps du soulagement et le temps des regrets", *RGDIP*, vol. 107 (2003), pp. 933-946.

SOREL, Jean-Marc, "Some Questions about the Definition of Terrorism and the Fight against Its Financing", *EJIL*, 2003, pp. 365-378.

SOREL, Jean-Marc, "Existe-t-il une définition universelle du terrorisme?", in: Karine BANNELIER et al., (dir.)*Le droit international face au terrorisme*, Paris, Pedone, 2002, pp. 35-68.

SOREL, Jean-Marc, "Le système onusien et le terrorisme ou l'histoire d'une ambiguïté volontaire", *Observateur des Nations Unies*, n° 6 (1999), pp. 31-57.

SOREL, Jean-Marc, "L'élargissement de la notion de menace contre la paix", in, SFDI, *Le chapitre VII de la Charte des Nations Unies*. Colloque de Rennes, Paris, Pedone, 1995, pp. 2- 58.

SPERDUTI, Giuseppe, "Responsibility of States for Activities of Private Persons", *Encyclopedia of Public international Law*, vol. 4 (1987), pp. 216-219.

SPINEDI, Marina, "D'une codification à l'autre: bilatéralisme et multilatéralisme dans la genèse de la codification du droit des traités et du droit de la responsabilité des Etats", in: Pierre-Marie DUPUY (dir.), *Obligations multilatérales, droit impératif et responsabilité internationale des Etats*, Paris, Pedone, 2003, pp. 25-56.

STARITA, Massimo, "L'occupation de l'Iraq. Le conseil de sécurité, le droit de la guerre et le droit des peuples à disposer d'eux-mêmes", *RGDIP*, vol. 108 (2004), pp. 883-916.

Stéphane BEAULAC, "The Rule of Law in International Law today", in: Palombella GIANLUIGI, Walker NEIL (eds.), *Relocating the Rule of Law*, Oxford, Hart, 2009, pp. 197-223.

STERN, Brigitte, "La France et le droit de la responsabilité des Etats", in: Gérard CAHIN, Sandra SZUREK (dir.), *La France et le droit international*, Paris, Pedone, 2007, pp. 169-195.

STERN, Brigitte, "11 septembre 2001: quelles responsabilités juridiques internationales?", in: *Libertés, justice, tolérance*. Mélanges en hommage au Doyen Gérard Cohen-Jonathan, Bruxelles, Bruylant, 2004, pp. 1467-1497.

STERN, Brigitte, "La responsabilité internationale des Etats: perspectives récentes", *Cursos Euromediterráneos Bancaja de derecho internacional,* vol. 7 (2003), pp. 645-722.

STERN, Brigitte, "L'intervention des tiers dans le contentieux de l'OMC", *RGDIP*, vol. 107 (2003), pp. 257-303.

STERN, Brigitte, "Le contexte juridique de l'après 11 septembre 2001", in: Karine BANNELIER et al., (dir.),*Le droit international face au terrorisme*, Paris, Pedone, 2002, pp. 3-32.

STERN Brigitte, "Et si on utilisait le concept de préjudice juridique? Retour sur une notion délaissée à l'occasion de la fin des travaux de la CDI sur la responsabilité des Etats", *AFDI*, vol. 47 (2001), pp. 3-44.

STERN Brigitte, "Responsabilité internationale et succession d'Etats", in: Vera GOWLLAND-DEBAS, Laurence B. DE CHAZOURNES, (eds), *The International Legal System in Quest of Equity and Universality/L'ordre juridique international en quête d'équité et d'universalité*, Liber Amicorum Georges Abi-Saab, La Haye, Kluwer, 2001, pp. 327-355.

STERN, Brigitte, "La responsabilité internationale aujourd'hui... demain...", in: *Perspectives du droit international et européen*. Recueil d'études à la mémoire de Gilbert Apollis, Paris, Pedone, 1992, pp. 75-101.

STERN, Brigitte, "Conclusions générales", in: SFDI, *La responsabilité dans le système international*. Colloque du Mans, Paris, Pedone, 1991, pp. 319-336.

STURMAN, Kathryn, "The AU Plan on Terrorism: Joining the Global War or Leading an African Battle?", *African Security Review*, vol. 11 (2002), pp. 103-110.

SUR, Serge, "La résolution 1540 du Conseil de sécurité (28 avril 2004): entre la prolifération des armes de destruction massive, le terrorisme et les acteurs non étatiques", *RGDIP*, vol. 108 (2004), pp. 855-882.

SUR, Serge, "Conclusions générales", in: SFDI, *le chapitre VII de la Charte des Nations Unies*. Colloque de Rennes, Paris, Pedone, 1995, pp. 311-322.

SUR, Serge "Les affaires des *Essaies nucléaires* devant la CIJ", *RGDIP*, vol. 79 (1975), pp. 927-1027.

SZASZ, Paul C. "The Security Council Starts Legislating", *AJIL*, vol. 96 (2002), pp. 901-905.

SZUREK, Sandra, "La lutte internationale contre le terrorisme sous l'empire du chapitre VII: un laboratoire normatif", *RGDIP*, vol. 109 (2005), pp. 5-49.

TAFT, William H., BUCHWALD, Todd, F., "Pre-emption, Iraq and International Law", *AJIL*, vol. 97 (2003), pp. 557-563.

TALMON, Stefan, "The Security Council as World Legislature", *AJIL*, vol. 99 (2005), pp. 175-193.

TAMS, Christian J., "The Use of Force against Terrorists", *EJIL*, vol. 20 (2009), pp. 359-397.

TAMS, Christina J., "Light Treatment of a Complex Problem: The Law of Self-Defence in the Wall Case", *EJIL*, vol. 16 (2005), pp. 963-978.

TAMS, Christian, "Les obligations de l'Etat responsable: le lien manquant", in: Pierre-Marie DUPUY (dir.), *Obligations multilatérales, droit impératif et responsabilité internationale des Etats*, Paris, Pedone, 2003, pp. 79-103.

TAVERNIER, Paul, "Observations sur le droit intertemporel dans l'affaire de l'île de Kasikili Sedudu (Bostwana/Namibie), CIJ arrêt du 13-12-

1999", *RGDIP*, vol. 104 (2000), pp. 429-444.

THOMAS, Isabelle, "La mise en œuvre en droit Européen des dispositions internationales de lutte contre le terrorisme", *RGDIP*, vol. 108 (2004), pp. 462-481.

THÜRER, Daniel, "Soft Law", in: Rüdiger WOLFRUM (ed.), *The Max Planck Encyclopedia of Public International Law*, Oxford University Press, 2010, online edition, [www.mpepil.com], visité le 24 mars 2010.

THÜRER, Daniel, "The 'failed state' and international law", *International review of the Red Cross/Revue internationale de la Croix-Rouge*, vol. 81 (1999), pp 731-761.

TIGROUDJA, Hélène, "La force obligatoire des mesures provisoires indiquée par la Cour européenne des droits de l'homme. Observations sous l'arrêt du 6 février 2003", *RGDIP*, vol. 107 (2003), pp. 601-633.

TIGROUDJA, Hélène, "Quel(s) droit(s) applicable(s) à la guerre au terrorisme?", *AFDI*, vol. 48(2003), pp. 81-102.

TINKER, Catherine, "Responsibility for Biological Diversity Conservation under International Law", *Vanderbilt Journal of Transnational Law*, vol. 28 (1995), pp. 777-812.

TOMUSCHAT, Christian, "Human Rights and International Humanitarian Law", *EJIL*, vol. 21 (2010), pp. 15-23.

TOMUSCHAT, Christian, "L'immunité des Etats en cas de violations graves des droits de l'homme", *RGDIP*, vol. 109 (2005), pp. 51-74.

TOMUSCHAT, Christian, "L'adaptation institutionnelle des Nations Unies au nouvel ordre mondial", in: Rafâa BEN ACHOUR, Slim LAGHMANI (éds.), *les nouveaux aspects du droit international*, Paris, Pedone, 1994, pp. 159-173.

TORRELLI, Maurice, "La neutralité en question", *RGDIP*, vol. 96 (1992), pp. 6-43.

TORRELLI, Maurice, "Le Conseil de sécurité: un directoire mondial?", *Le Trimestre du monde*, n°20 (1992), pp. 27-40.

TOUBLANC, Alix, "L'article 103 et la valeur juridique de la Charte des Nations Unies", *RGDIP*, vol. 108 (2004), pp. 439-461.

TRIGEAUD, Jean-Marc, "Du cercle sans origine ou l'éternel anti-humanisme du droit abstrait", *Archives de philosophie du droit*, vol. 33, (1988), pp. 207-224.

TROPER, Michel, "Système juridique et Etat", *Archives de philosophie du droit*, vol. 31 (1986), pp. 29-44.

TROUWBORST, Arie, "The Precautionary Principle and the Ecosystem Approach in International Law: Differences, Similarities and Linkages", *Review of European Community & International Environmental Law*, vol. 18 (2009), pp. 26-37.

VALTICOS, Nicolas, "Les droits de l'homme, le droit international et l'intervention militaire en Yougoslavie", *RGDIP*, vol. 104 (2000), pp. 5-18.

VERDROSS, Alfred, "Les principes généraux de droit dans le système des sources du droit international", in: *Recueil d'études de droit en hommage à Paul Guggenheim*, Genève, Tribune de Genève, 1968, pp. 521-530.

VERDROSS, Alfred, "La neutralité dans le cadre de l'ONU", *RGDIP*, vol. 60 (1957), pp. 177-192.

VERHAEGEN, Jacques, "Notion floues en droit pénal", in: Chaïm PERELMAN, Raymond VANDER ELST (dir.), *Les notions à contenu variable en droit*, Bruxelles, Bruylant, 1984, pp. 7-19.

VERHOEVEN, Joe, "Principe de précaution, droit international et relations internationales", *Annuaire français de relations internationales*, vol. 3 (2002), pp. 250-260.

VERHOEVEN, Joe, "Vers un ordre répressif universel?", *AFDI*, vol. 45 (1999), pp. 55-71.

VERHOEVEN, Joe, "Le droit, le juge et la violence, les arrêts Nicaragua c. Etats-Unis", *RGDIP*, vol. 91 (1987), pp. 1159-1239.

VILLALPANDO, Santiago, "L'affaire Pinochet: beaucoup de bruit pour rien? L'apport au droit international de la décision de la chambre des Lords du 24 mars 1999", *RGDIP*, vol. 104 (2000), pp. 393-427.

VILLEY, Michel, "Préface", in: Joseph MIEDZIANAGORA, *Philosophies positivistes du droit et droit positif*, Paris, LGDJ, 1970.

VILLEY, Michel, "Esquisse historique sur le mot *responsable*", *Archives de philosophie du droit*, vol. 22 (1977), pp. 45-58.

VULLIERME, Jean-Louis, "Descriptions systémiques du droit", *Archives de philosophie du droit,* vol. 31 (1986), pp. 155-167.

WAPNER, Paul, "World Summit on Sustainable Development: Toward a Post-Jo'Burg Environmentalism", *Global Environmental Politics*, vol. 3 (2003), pp. 1-10.

WATSON, Geoffrey R., "The "Wall" Decisions in Legal and Political Context", *AJIL*, vol. 99 (2005), pp. 6-26.

WATTS, Sir Arthur, "The International Rule of Law", *GYIL*, vol. 36 (1992), pp. 15-45.

WECKEL, Philippe, "L'arrêt sur le génocide: le souffle de l'avis de 1951 n'a pas transporté la Cour", *RGDIP*, vol. 111 (2007), pp. 305-331.

WECKEL, Philippe, "Terrorisme et droit de la guerre: le droit de la "guerre contre le terrorisme"", in: SFDI, *Les nouvelles menaces contre la paix et la sécurité internationales*, Paris, Pedone, 2004, pp. 177-189.

WCKEL, Philippe, "L'usage déraisonnable de la force", *RGDIP*, vol. 107 (2003), pp. 377-400.

WECKEL, Philippe, "Le statut incertain des détenus sur la base américaine de Guantanamo", *RGDIP*, vol. 106 (2002), pp. 357-369.

WECKEL, Philippe, "L'emploi de la force contre la Yougoslavie ou la Charte fissurée", *RGDIP*, vol. 104 (2000), pp. 19-36.

WECKEL, Philippe, "Cour Internationale de Justice, affaires relatives à la licéité de l'emploi de la force, ordonnance du 2 juin 1999", *RGDIP*, vol. 103 (1999), pp. 697-708.

WECKEL, Phlippe, "Le chapitre VII de la Charte et son application par le Conseil de sécurité", *AFDI*, vol. 37 (1991), pp. 165-202.

WEDGWOOD, Ruth, "Al Qaeda, Terrorism, and Military Commissions", *AJIL*, vol. 96 (2002), pp. 328-337.

WEDGWOOD, Ruth, "The ICJ Advisory Opinion on the Israeli Security Fence and the Limits of Self-Defense", *AJIL*, vol. 99 (2005), pp. 52-61.

WEIL, Prosper, "Towards Relative Normativity in International Law?", *AJIL*, vol. 77 (1983), pp. 413-442.

WEIL, Prosper, "Vers une normativité relative en droit international?" *RGDIP*, vol. 86 (1982), pp. 5-47.

WET, Erika de; NOLLKAEMPER, André, "Review of Security Council Decisions by National Courts", *GYIL*, vol. 45 (2002), pp. 165-202.

WIEK, Schrage, "The Convention on Environmental Impact Assessment in a Transboundary Context", in: Kees BASTMEIJER, Timo KOIVUROVA (eds.), *Theory and Practice of Transboundary Environmental Impact Assessment*, Leiden, Nijhoff, 2008, pp. 29-51.

WILSON, Gary, "The Legal, Military and Political Consequences of the 'Coalition of the Willing' Approach to UN Military Enforcement Action", *Journal of Conflict and Security Law*, vol. 12 (2007), pp. 295-330.

WOLFRUM, Rüdiger, "Purposes and Principles of International Environmental Law", *GYIL*, vol. 33 (1990), pp. 308-330.

WOOD, Michael C., "Comment on Erika de Wet's Contribution "The Security Council as a Law Maker: The Adoption of (Quasi)-Judicial Decisions"", in: Rüdiger WOLFRUM, Volker RÖBEN (eds.), *Developments of International Law in Treaty Making*, Berlin, Springer, 2005, pp. 227-236.

WYLER, Eric, "Henri Batiffol face aux conceptions classique et moderne du droit", *Journal du droit international*, vol. 131 (2004), pp. 109-129.

WYLER, Eric, "L'internationalité en droit international public", *RGDIP*, vol. 108 (2004), pp. 633-678.

WYLER, Eric, "Du "crime d'Etat" à la responsabilité pour "viola-tion graves d'obligations découlant de normes impératives du droit inter-national général"", in: Pierre-Marie DUPUY (dir.), *Obligations multilatérales, droit impératif et responsabilité internationale des Etats*, Paris, Pedone, 2003, pp. 105-120.

Wyler, Eric, "Les rapports entre exceptions préliminaires et fond du litige à la lumière de l'arrêt de la CIJ du 11 juillet 1996 dans l'affaire du Génocide", *RGDIP*, vol. 105 (2001), pp. 25-54.

WYLER, Eric, "Propos sur la fécondité du paradigme systémique en droit international à la lumière de la théorie de Georges Abi-Saab", in: Vera GOWLLAND-DEBBAS, Laurence B. DE CHAZOURNES (eds.), *The Inter-national Legal System in Quest of Equity and Universality/L'Ordre juri-dique international, un système en quête d'équité et d'universalité, Liber Amicorum Georges Abi-Saab*, The Hague, Nijhoff, 2001, pp. 23-49.

ZACKLIN, Ralph, "Responsabilité des organisations internatio-nales", in: SFDI, *La responsabilité dans le système international.* Colloque du Mans, Paris, Pedone, 1991, pp. 91-100.

ZAKR, Nasser, "Approche analytique du crime contre l'humanité en droit international", *RGDIP*, vol. 105 (2001), pp. 281-306.

ZEMANEK, Karl, "State Responsibility and Liability", in: Winfried LANG *et al* (dir.), *Environmental Protection and International Law*, London, Graham & Trotman, 1991, pp. 187-198.

ZEMANEK, Karl, "La responsabilité des Etats pour faits internatio-nalement illicites ainsi que pour faits internationalement licites", in: *Res-ponsabilité internationale: Cours et Travaux*, Paris, Pedone, 1987, pp. 1-88.

ZEMANEK, Karl, "Responsibility of States: General Principles", *Encyclopedia of Public International Law*, vol. 4 (1987), pp. 219-229.